中国经济

国家出版基金项目
NATIONAL PUBLICATION FOUNDATION

中国社会科学院创新工程学术出版资助项目

中国工业化进程40年

金 碚 ◎ 主编　40 Years of Industrialization in China

经济管理出版社
ECONOMY & MANAGEMENT PUBLISHING HOUSE

图书在版编目（CIP）数据

中国工业化进程 40 年/金碚主编 .—北京：经济管理出版社，2018.12
ISBN 978-7-5096-6262-5

Ⅰ.①中… Ⅱ.①金… Ⅲ.①工业化—研究—中国 Ⅳ.①F424

中国版本图书馆 CIP 数据核字（2018）第 284852 号

组稿编辑：张永美
责任编辑：张永美　王格格
责任印制：黄章平
责任校对：张晓燕

出版发行：经济管理出版社
　　　　　（北京市海淀区北蜂窝 8 号中雅大厦 A 座 11 层　100038）
网　　址：www.E-mp.com.cn
电　　话：(010) 51915602
印　　刷：三河市延风印装有限公司
经　　销：新华书店
开　　本：720mm×1000mm/16
印　　张：24
字　　数：419 千字
版　　次：2019 年 12 月第 1 版　2019 年 12 月第 1 次印刷
书　　号：ISBN 978-7-5096-6262-5
定　　价：118.00 元

·版权所有　翻印必究·
凡购本社图书，如有印装错误，由本社读者服务部负责调换。
联系地址：北京阜外月坛北小街 2 号
电话：(010) 68022974　邮编：100836

本书作者分工

绪　言　金　碚

第一篇　金　碚

第二篇　刘戒骄

第三篇　陈晓东

第四篇　胡　伟

总　序

1978~2018年，中国国内生产总值（GDP）总量和人均GDP分别增长了近36倍和24倍强，长达40年的平均9.4%的实际增长率，是同期任何其他国家都未达到的高速增长。在世界经济史上，曾经有过若干个著名的发展里程碑，但是，在一代人的时间内使人民生活水平得到如此大幅度的改善，这个"中国奇迹"确是其他案例都无法比拟的。

例如，我们可以做一个思想模拟，以平均出生时预期寿命代表一代人，以人均GDP作为生活水平改善的代理指标，看一看历史上曾经创造奇迹的几个国家情形，并与中国进行比较。

英国在1880~1930年人均GDP的年均增长率只有0.9%。以1880年时出生人口预期寿命50年来算，平均来看，当时的一个英国人可以在一生中感受到生活水平提高56%。继英国和其他西欧国家之后，美国成为又一个现代化强国。在赶超英国的过程中，即在1920~1975年美国的人均GDP年平均增长率约为2%。以1920年出生的人口预期寿命55年算，美国人终其一生，生活水平可以达到近1倍的改善。日本是下一个成功地实现对先行者赶超的国家，也是亚洲第一个实现了现代化的国家。1950~2010年，日本的人均GDP年平均增长速度超过4%。以平均预期寿命60年算，1950年出生的日本人，一生中生活水平提高了将近10倍。

1981~2017年，中国的人均GDP年均增长率为8.7%，也就是说，1981年出生的中国人，在半生的时间里便已经经历了超过19倍的实际生活水平改善。以平均预期寿命68岁算，那时出生的中国人将期望活到2049年，即中华人民共和国成立100周年之际。可以想见，到中华民族伟大复兴之时，中国人民的人均收入改善会以什么样的奇迹呈现。

因此，这一中国奇迹，无论是从自身的角度还是从人类发展史的角度，都是值得大写特写的。对于经济学家来说，对历史过程大写特写的方式，便是以经验和理论相结合的方式解说既往的经历，从"做对了什么"中提炼智慧，不仅帮助自己认识当下和展望未来，也为其他探寻发展之途的后起国家提供中国方案。

中国取得经济社会发展成就的根本原因，在于坚持实施改革开放，激发劳动者、经营者和各级干部发展经济的积极性，消除阻碍生产要素积累和配置的体制弊端，学习借鉴国外先进技术和管理，利用国际市场把人口红利转化为比较优势和竞争力。因此，解说中国奇迹的重要任务，便是从经验和理论两个角度回顾、总结、分析、反思40年的改革开放历程。

由于以下几个突出特征，中国及其发展对于世界的意义尤其重要。首先，中国拥有世界上最大规模的人口，2017年约为世界总人口的18.5%，占人类1/5的中国人民创造的成就对世界意义的显著性，是其他国家无可比拟的。其次，知识分子天生具有探索兴衰之谜的学术好奇心，而吸引众多学者尝试回答的关于中国科技（发展）为什么由盛至衰的"李约瑟之谜"，正是经济史学中同样著名的、旨在探索为什么16世纪以来世界经济发展出现大分流这个谜题的中国版本。最后，就从另一个方向上满足相同的学术好奇心而言，中国是迄今为止唯一经历了经济发展由盛至衰再至盛，同时接近于完整经历经济发展的每一个必要阶段的发展中国家。

中国的改革开放经验如此引人注目，以至于国内外众多经济学家，无论从正面还是从反面，一直以来都在孜孜不倦地开发这一宝藏。然而，对于中国经济学家来说，解说中国奇迹的学术话语权大有旁落人家的倾向。这样说并非出于某种狭隘的自尊心理，而是因为迄今为止占据学术话语主流地位的很多研究成果，往往只是隔靴搔痒，并没有抓住中国经验的本质和中国智慧的要义。

例如，许多经济学家把已故经济学家哈耶克的一个著名表述作为认识中国经验的经典范式，认为中国在过去几十年里取得的改革成功，是"人类行为的意外结果"（unintended consequence of human action），由此出发产生的一些学术出版物受到追捧。至少由于两个原因，可以说在这种范式下所做的研究具有很大的误导性。首先，这些作者忽略了重要的一点，中国的改革虽然并未从一开始就绘制了蓝图，但却是以"三个有利于"为出发点，并且始终坚持以此评价改革成功与否，以及以此为圭臬设计进一步改革的路径。其次，这些作者也非常不恰当地把中国改革的探索者、设计者、实践者及其付出的艰险、智慧和努力避重就轻地一笔带过。

作为中国本土研究者，有责任和义务以自己的研究弥补上述缺陷。经济管理出版社编辑出版"中国经济改革开放40年系列丛书"，目的就是从中国经济改革开放的各个领域，系统讲述40年制度创新的历程，包括其间经历的种种曲折和取得的辉煌成就。丛书各卷的主编和主要作者，都是中国社会科学院相关学科的杰出学者，既具有深厚的理论素养，其中也不乏改革开放发展的亲历者和参与者。各位作者的学术背景不同，写作风格和论述问题的方式各异，但是，各位作者总体上努力做到把中国故事讲明白，把中国智慧提炼出来，力图从学理角度为人类社会发展提供中国方案。

歌德曾经说：理论是灰色的，而生命之树常青。我认为，这句话并不应该理解为理论不重要。从更加积极的角度理解这句话，可以得出这样的结论：从成功的实践经验中提炼特征化事实，不断丰富乃至修正已有理论体系，创造新的理论范式和体系，可以使理论本身生命常青。包括本丛书作者在内的中国经济学家，责无旁贷地面临着这个重要的使命。希望这套丛书能够为完成这一使命贡献中国社会科学院学者的力量和智慧。

蔡　昉

2019 年 4 月 20 日于中国社会科学院

目 录

绪言：历史的昭示 ··· 1

第一篇　伟大进程

第一章　工业化加速推进历史变迁 ·· 5
　一、改革从反思计划经济出发 ··· 6
　二、改革开放撬动高速工业化进程 ······································· 9
　三、渐进式制度变革终结中国"落后"历史 ··························· 12
　四、新征程要有新思维 ··· 15

第二章　思想解放激发经济增长动力 ···································· 20
　一、计划经济为什么必须变革 ·· 20
　二、市场经济为什么能够创造财富 ······································ 23
　三、价值形式驱动与金融地产繁盛 ······································ 26
　四、转向本真复兴的时代 ·· 30
　五、新时代要有新动能 ··· 33
　六、加快建设协同发展的现代产业体系 ································ 35

第三章　中国工业发展的全球化取向 ···································· 41
　一、中国改革开放改变了经济全球化格局 ···························· 41
　二、人类命运共同体意识是全球化新时代的方向标 ················ 45
　三、"一带一路"构想推动走向人类命运共同体世界 ·············· 46
　四、在经济全球化中建设现代产业体系 ································ 49

第四章　从高速度增长转向高质量发展 ·········· 56
一、经济发展的本真性质 ·························· 56
二、市场经济的理性机制 ·························· 59
三、经济发展需要不忘初心和不失本真 ·········· 62
四、在深刻反思中转向高质量发展 ················ 65

第二篇　改革开放

第五章　企业松绑与改革突破 ······················ 73
一、国有企业改革40年历程 ······················ 74
二、对国有企业性质与功能的认识 ················ 80
三、国有企业管理体制的逐步完善 ················ 89
四、新时代国有企业改革的着力点 ················ 93

第六章　特政激励与产业政策 ······················ 100
一、中国产业政策的历史沿革 ····················· 101
二、发展方式转变中的产业政策 ·················· 109
三、公平竞争制度建设 ···························· 120

第七章　竞争与反垄断 ····························· 127
一、反垄断法律和政策的基本内容 ················ 127
二、反垄断执法的重点领域 ······················· 134
三、反垄断制度改革的不断深化 ·················· 145

第八章　市场与政府 ······························· 152
一、市场与政府的关系 ···························· 152
二、化解产能过剩中的市场政府关系 ············· 155
三、工业用地配置中的市场政府关系 ············· 169

第三篇　发展态势

第九章　高速增长与结构演变 ················· 183
一、问题的提出 ························· 183
二、增长与结构的理论发展演进 ··············· 184
三、结构与增长研究回顾 ··················· 187
四、我国经济增长与结构调整的历史演进 ········· 190
五、改革开放以来经济增长的结构分析 ··········· 195
六、结语与展望 ························· 201

第十章　技术引进与创新发展 ················· 213
一、加快产业结构优化升级 ················· 213
二、推动产业创新快速发展 ················· 218
三、促进创新能力迅速提升 ················· 223
四、积累丰富的科技人力资源 ··············· 227
五、推进高技术产业迅猛发展 ··············· 231
六、结语与展望：完善技术引进结构促进自主创新 ····· 236

第十一章　基础设施与交通建设 ················ 239
一、问题的提出 ························· 239
二、基础设施建设的基本内涵及国际经验 ········· 240
三、国内基础设施建设的变革 ··············· 245
四、我国交通基础设施建设与经济发展 ··········· 257
五、结语与展望 ························· 263

第十二章　城乡统筹与"四化"同步 ············· 274
一、"四化"基本含义与相互关联 ············· 274
二、城乡产业统筹发展演变 ················· 278
三、"四化"同步发展的历史变迁 ············· 280
四、协调发展的内在逻辑 ··················· 282
五、结语与展望 ························· 284

第四篇　空间演进

第十三章　省际差距与非均衡演进 ………………………………… 291
　　一、缩小：1978~1986年 ……………………………………………… 293
　　二、扩大：1987~2003年 ……………………………………………… 294
　　三、缩小：2004~2013年 ……………………………………………… 296
　　四、扩大：2014~2016年 ……………………………………………… 298
　　五、工业南移：南强北弱格局初成 …………………………………… 300

第十四章　"塌陷"现象与地区崛起 ……………………………… 303
　　一、衰退型塌陷 ………………………………………………………… 304
　　二、发展型塌陷 ………………………………………………………… 313
　　三、开放型崛起 ………………………………………………………… 321
　　四、承接型崛起 ………………………………………………………… 332

第十五章　大国工业的经济版图演化 ……………………………… 336
　　一、模型与方法说明 …………………………………………………… 337
　　二、工业重心演化路径：向南向西又向南 …………………………… 338
　　三、竞放，向南而生：改革春风吹东岸 ……………………………… 343
　　四、转移，西快东慢：区域战略大放异彩 …………………………… 347
　　五、转型，路向南方：新常态动能转换南北分异 …………………… 352

第十六章　腹地工业化的新机遇 …………………………………… 358
　　一、西部大开发：政策向西、工业西进 ……………………………… 360
　　二、东北振兴：世易时移、回天乏术 ………………………………… 366
　　三、中部崛起：蓄势待发、后劲可待 ………………………………… 369
　　四、格局再定："四大板块+三大战略" ……………………………… 373

绪言：历史的昭示

站在2018年，回望中国工业化波澜壮阔的40年，亲历者感慨万千，观察者备感震撼，思虑者恍若隔世，新生代难以思议。按照历史分期，中国工业化从1949年中华人民共和国成立开始，而1978年的改革开放彻底改变了中国工业化进程的道路。毛泽东主席曾有"换了人间"的诗句，原本指新中国所发生的变化，而如果用来形容中国工业化40年所创造的颠覆性的历史变迁，恐怕更为贴切，更无夸张之意。改革开放以来的40年，是一段特别值得回顾和专门研究的历史阶段。不过，人们未及庆贺伟大成就而欢欣鼓舞，就开始进入考量未来的深思：过去40年，我们究竟怎样走来？未来的岁月，我们将何去何从？

2018年召开的中共十九大指出："我国社会主要矛盾已经转化为人民日益增长的美好生活需要和不平衡不充分的发展之间的矛盾。"做出这一重大判断，实际上是一个彪炳史册的宣告，意味着改变了我们长期认定的关于中国社会主要矛盾是"人们日益增长的物质文化需要同落后的社会生产之间的矛盾"的表述。那么，新时代的社会主要矛盾与过去时代的社会主要矛盾的政策表述含义的最大不同是什么？是去掉了"落后"两字！

曾几何时，"落后"两字伴随了中国至少一百年。实际上，从西方国家开始工业革命，走上工业化道路以来，中国就历史性地落后于先行工业化的西方国家了，只是当时中国的王朝统治者以闭关锁国的方式，封闭信息，拒绝交往，盲目地对外自视高尊，顽固地对内愚弄民众，才能在落后的事实中，维持着仍然"强大"的"第一天朝"的幻觉。直到19世纪中叶，西方列强用大炮打开中国大门，中国人才不得不承认我们这个曾经视外国为未开化"蛮夷"的"天下中央"之国真的远远落后于西方了。一百多年的中国近现代历史，留下落后挨打的痛苦记忆。几代中国人背负着的"落后"两字，就像是深入肌肤的"文身"和屈辱黥面的印记，无法遮掩，难以抹去，中华民族即使素有"很爱面子"的习性，也不得不承认"落后"的无情事实，如果用鲁迅先生刻画的阿Q式的"精神胜利法"，也不可能抚平中国人内心的屈辱感。就是为了去掉"落后"这两个字，渴望能够自立于世界民族之林而扬眉吐气，亿万中华儿女百年来前赴后继，不惜流血流汗，艰难苦斗。

新中国成立后，毛泽东就立下了要带领中国人民"把贫穷落后的帽子甩到太平洋里去"的誓言，这一夙愿到今天终于实现了！对于经历了漫长苦难岁月的亿万中国人，这是一个激动人心、感慨万千的时刻：此前，我们祖祖辈辈生活在生产力落后的时代，今天，我们和我们的儿孙们终于生活在了一个不再"落后"的时代——数百年的斗转星移，沧桑变迁，历史的伟大转折点就在此时此刻！共和国国歌悲壮地呐喊着"中华民族到了最危险的时候"，而今天的我们正成为亲历一个伟大转变时刻的幸运者："最危险的时候"已成历史警语，不再"落后"的中国已经傲然屹立于世界。

发端于1978年的中国改革开放，历时40年，创造了人类历史上罕见的经济发展"奇迹"，这个"奇迹"是亿万人辛劳拼搏的成就，而非点石成金的神话。改革开放的奋斗精神和敢为人先的创业精神（当年叫"敢闯""敢试"），是过去40年留给新时代的一份最可贵的精神遗产。继承这份遗产，新时代将再创辉煌。

本书是对中国工业40年改革开放和发展历程的回顾性研究和理论性思考。

第一篇

伟大进程

第一章　工业化加速推进历史变迁

自1978年以来的40年，是中国加速工业化的时代，这一时代最突出的社会经济质态和标志性特征就是"改革开放"创造"巨变"。在这40年中，中国经济发展创造了人类发展史上罕见的超大型经济体高速工业化的进程。在此之前，从17~18世纪开始的世界工业化进程，表现为在各个最多数千万人口的经济体中，所发生的工业革命和经济高速增长现象，即使是英、法、美等工业大国，在其工业化初期，也都是4000万~8000万人口的经济体。在那样规模的经济体中，实行市场经济制度，由市场供求机制推进工业化进程，表现出无可否认的有效性，同时也产生了许多难以容忍的问题，付出很大的社会代价。美国学者杜赞奇在《全球现代性的危机——亚洲传统和可持续的未来》一书中指出："在一个社会形态的内部，现代性的到来伴随着对一个在社会上更公正、在物质上更丰裕的未来的启蒙主义的许诺。但它也曾伴随着一系列物质和实践方面的恶行，以及对自然无限制的开采。"[①] 与其他国家的工业化不同的是，新中国成立时，就已是一个6亿左右人口的经济体，如何实现工业化有其很大的特殊性和艰难性。基于对西方国家工业化道路的批判和对社会主义制度的高度自信，新中国基于非常"革命"的理论信念，试图在一个数亿人口的巨大型国家，走出一条"有计划，按比例"发展的道路，尽快赶超发达工业国，创造一个"人间奇迹"。但是，事与愿违，非常"革命"的理论和实践，并没有带来所期望的奇迹，却是事倍功半的后果。实践教训是：要实现工业化和经济现代化，就必须遵循客观经济规律，即使不得不承受现代化的代价，接受工业化先行国家所制定的规则（往往对后发国家不是很有利），也绝不可完全背离世界各国工业化和经济发展的共同路径，另辟计划经济蹊径，即必须走发展市场经济的道路，而没有其他可行道路。这就是中国毅然决然实行"改革开放"的根本缘由和历史背景。依

---

① ［美］杜赞奇：《全球现代性的危机——亚洲传统和可持续的未来》，黄彦杰译，商务印书馆2017年版，第141页。

此逻辑，中国走过改革开放40年，极大地改变了中国工业化进程的基本轨迹，既创造了巨大的成就，也认识到了"不平衡、不协调、不可持续"的突出问题，提出了科学发展观的诉求，并在2012年进行了迈向新时代的新部署，调整战略，转战5年，首战告捷，奠定了未来发展的坚实基础。在漫长的人类发展历史中，40年如弹指一挥间，历史画卷翻过一页，今天中国工业化进入新时代，须有新的理念引领新的征程。

一、改革从反思计划经济出发

现在，我们通常将1978年实行改革开放以前的经济制度称为"传统计划经济体制"，把坚持实行那种体制的主张称为"保守观念"。其实，从工业化和经济现代化的历史看，那样的体制既不"传统"也不"保守"，而恰恰是非常"革命"的，是一种"彻底颠覆""重起炉灶"式的制度设想或安排。它不仅否定资本主义，也否定市场经济；不仅否定经济全球化，也否定经济开放；不仅否定金融自由，而且抑制甚至拒绝各种金融经济关系和金融活动，例如将"既无内债又无外债"视为经济健康的理想标志。

而且同今天许多人所想象的不同，那不仅不是保守的体制设想，也不是保守的发展观，恰恰相反，完全是一个激进主义的和超越客观条件的赶超型发展观（声称"有条件要上，没有条件创造条件也要上""人有多大胆，地有多大产"），即试图采取一种特别"优越"的方式（称为"先进生产关系"）和极大的主观努力，来促进生产力发展和经济高速增长。瞄准的目标则是世界上最发达的资本主义国家即英国和美国的经济发展水平。其思维依据是：既然在军事战场上可以战胜美国，至少是打个平手，那么，为什么在经济战场上就不能尽快赶超英美（以社会主义战胜资本主义）？而且，那时还有苏联作为榜样和提供后援，更增强了赶超先进工业国的自信。总之，现在我们通常将那样的理论和实践称为"传统体制"，而在当时，人们却视之为可以体现非常先进的生产关系的崭新制度，据此可以促进生产力的快速提高，实现工业化的赶超目标。人们相信："天下无难事，只要敢登攀。"

不过，历史有其自身的逻辑，赶超的强烈愿望和激进的"崭新制度"反而可能成为束缚手脚的羁绊。那么，事情为什么会是这样呢？即为什么先进的思想会"事与愿违"？付出了巨大的努力，收获的却仍然是"贫穷"和"落后"。人们可能想当然地认为，那是由于在计划经济制度下，人们普遍"懒惰"，不思进取，躺着吃"大锅饭"。其实从那个时代过来的人都曾感受过，事实并非如此。计划经济中勤劳勇敢、吃苦耐劳、任劳任怨的劳动者，恐怕并不比今天少。那么，问题究竟出在哪里呢？

当时所设想的计划经济体制并非没有其理论的"逻辑自洽性"。众所周知，它有三大基本特征，称为社会主义制度的三大"优越性"：公有制、计划经济（指令性计划）和按劳分配。而且在理论逻辑上，它们之间是三位一体的关系，相互依存，一存俱存，一损俱损。但是，这种理论上具有"优越性"和"逻辑自洽性"的社会主义计划经济体制在现实中却表现出诸多"悖理"的现象和后果。

按照计划经济的理论设想，可以克服市场经济的盲目自发性，确保国民经济按照事前所科学确定的计划安排进行生产和消费，这就可以自觉利用客观规律，并更好地"发挥人的主观能动性"，实现更快速度的经济增长，推进工业化，达到赶超目标。例如，可以发挥国家力量，集中调配资源，实行"优先发展重工业"的战略，以满足加速工业化的要求，即使发生一定程度的不平衡现象，也是体现客观规律的本质要求和必然趋势。但是，这种出于"有计划、按比例"地推进经济高速增长的愿望和行为，却反而导致了国民经济的严重失调和经济困难。理论的"正确"性在实践中碰壁，主观上要"大跃进"，结果事倍功半，甚至适得其反。

当计划执行结果不尽如人意时，人们认为那是由于计划经济的纪律不够严格，或者是由于计划控制之外的因素和力量干扰了计划的严肃性和严格性，特别是由于公有制水平不高，使计划执行的所有制基础不够坚实牢固。因此，为了确保计划的落实，就必须实行更高水平的公有制以确保执行更严格的计划经济管理制度。当时的公有制形式主要分为全民所有制和集体所有制两大类，前者分为国营和地方国营两类，后者则分为"大集体"和"小集体"两类[①]。因此按当年的认识，公有制经济的等级从高到低分别为：国营、地方国营、大集体、小集体四种形式。等级越高的公有制形式，社会化程度越高，就可以在越大范围内以指令性指标方式实行按计划生产。因此，人们相信，作为计划经济的产权制度基础，公有制形式的等级越高，计划纪律越严格，实行计划经济就越顺畅。反过来也可以说，计划经济之所以执行不理想，主要是因为公有制形式不够发达（层级不够高）。人们相信，只要所有的经济活动主体都实行单一的全民所有即国有国营，全国所有的工厂就像一家大企业，执行严格的计划管理，计划经济就能够表现出极大的优越

---

① 按当时的理论解释，大集体是指一个地区，例如全市、全县的全行业全体劳动者共同所有；小集体是指一个企业内的全体劳动者共同所有。

性。可见，计划经济与公有制具有相互强化的关系。而且，按照当时的理论逻辑，实行公有制，可以解放私有制的约束，劳动者不再是为别人干，而是为自己干，消除了"剥削"关系，当然就能够极大地解放劳动生产力，激发生产积极性。所以，公有制是最能适应生产力特别是先进生产力发展的先进生产关系和经济制度。不过，这样的理论设想在现实中却表现出相当悖理的结果，反而阻碍了生产力发展，而且劳动者并未切身感觉到是在"为自己干"。即使通过思想灌输（按照当时的理论，人们的正确思想不是自发产生的，而是从外部灌输的），劳动者明白了是在"为自己的国家"或"为完成自己国家下达的计划指标"而工作，也难以持续保持日常劳动和工作的利益关切性，以动员和政治运动的方式所激发的热情毕竟难以持续和常态化。

与公有制和指令性计划互为前提条件的是，社会主义经济全面实行按劳分配制度。从理论上说，劳动者可以获得自己劳动（做了必要扣除之后）的创造物，称为"消费基金"或"消费资料"，除此之外的部分全部归公，其经济性质为"必要扣除"部分，称为"积累基金"或"生产资料"。这样，劳动者就完全是为自己工作，获得相应的劳动报酬（消费资料），确保不会形成私人财产积累（生产资料），而导致败坏公有制基础的后果。不过，其中有一个显然的矛盾：实行按劳分配或按劳取酬，劳动者是否可以在做了"必要扣除"之后就能够获得与个人贡献完全相等的报酬呢？如果是，那么即使实行严格的按劳分配，劳动贡献大的人也必然报酬会更多，而且，每个劳动者的家庭人口不同，所以，只要不是实行实物供给制，而实行工资薪金制，就必然会产生个人或家庭拥有的私有财产（产生于更多的劳动报酬）；而如果为了防止发生这样的情况，就得实行实物供给制，那么又显然违背了按劳分配原则。所以，当时的理论界借用马克思的有关论述，不得不承认按劳分配仍然是一种"资产阶级法权"，也就是说，即使实行严格的按劳分配制度，在理论逻辑上也会产生资本主义经济关系，即形成私人财产积累，进而可能侵蚀公有制和计划经济。所以，在那个时代，计件工资、等级工资、奖金制度等，也都被视为"资本主义因素"，总是想去之而后快。因为那是关系到能否确保计划经济有效运行的原则问题。

可见，传统社会主义经济的"三位一体"原则，尽管是一个美妙的理论构想，可以论证其"优越性"，似乎是理论领域中的一片朗朗晴空，运用于实践就可以成为美好现实。但在天边却似有隐约存在而难以抹去的乌云，人们总是担心天边的"乌云"可能不断扩展张扬，终而演变形成大气候，彻底改变整个晴朗天空，损害美好世界。因此，社会主义经济体制必须纯而又纯，否则就会潜伏着可能爆发的矛盾，因而使想象的"优越性"难以实现，或者得而复失。在中国改革开放之前的"前30年"中，这样的忧虑一直困扰着中国理论界和政治领导人。特别是由于在中国的现实国情下，实际上很难实行苏联式的严格纯粹的计划经济体制，如果要符合计划经济的理论原则，就必须不断地清除现实中的资本主义因素，"割资本主义尾巴"。这就必须"不断革命""继续革命"，竭尽所能地消除社会主义天空中可能出现的任何一块资本主义"乌云"，时时保持高度警惕（当年叫"年年讲、月月讲、天天讲"），绝不能让其蔓延而成了气候。这似乎成为计划经济的宿命。在这样的逻辑下，计划经济对经济活动的管束必然越来越严格（称为"计划就是法律"）。

其实，如果承认"劳动创造价值"，那么，对于中国经济发展，劳动者的吃苦耐劳从来不是问题，因此，加速工业化也不应成为问题。共产党人即使主张"阶级斗争"，其本意也是为了激发社会底层的积极性，即让劳动者充满"当家做主"的主人翁自豪感和责任心而加倍努力工作，并且拥护共产党为实现国家发展而做出的政治决策和政策安排，坚持社会主义制度，从而解放生产力，实现物质繁荣。但事实为什么会是竭尽极大努力，而且从来未曾懈怠，却仍然事倍功半，难尽人意呢？为什么新中国成立后全力发动，强力推进工业化，并没有取得令人满意的起色？当时以"总路线"的战略高度确立和宣称"鼓足干劲，力争上游，多快好省地建设社会主义"，但人口占世界22%的中国占世界的经济份额（以GDP估算）仍然一直徘徊在不足5%，同新中国成立时相比基本没有进步，甚至使中国经济陷于有可能被"开除球籍"的境地。这无论如何是没法向历史交代的。在理论上更是难以自圆其说的。

40年前开始的改革开放，正是从反思计划经济为何事与愿违和在实践中事倍功半出发。

二、改革开放撬动高速工业化进程

中国推进工业化的愿望是非常急切的，自新中国成立始就试图以革命的思维，依靠政治力量，采取动员方式，实行"大推进"战略。问题是，革命可以打破旧制度建立新国家，但"另起炉灶"式的"革命"思维，如果表现为凭借热情的运动方式和自上而下的命令体制，往往会违背客观规律，难以为中国工业化进程提供一个可以事半功倍地加速其增长的"阿基米德支点"，无论是"全心全意抓生产"还是"抓革命，促生产"，都不能有效推动工业化进程。换句话说，以计划经济为支点，即使采取渐进的"革命性"手段，"抓"字当头，动员起人民的生产热情，也难以撬动中国经济庞大的躯体，将其引入加速工业化的道路，而只能导致事倍功半甚至得不偿失的后果。

其实，人类发展史表明，原本存在一个现成的选择：现代市场经济就是一个可以"事半功倍"地推进经济增长的经济体制，所以绝大多数国家的工业革命和工业化都是在市场经济制度下实现的。在工业革命之前的数千年历史中，以人均收入来衡量，整个世界经济几乎处于停滞状态（据学者估算，人均收入年均增长率仅为0.02%）。而工业革命为经济发展提供了两个巨轮：制造和贸易，即大机器工业和大范围市场的形成。同时表现为市场经济制度的普世化，当然主要表现为资本主义市场经济的主导。

计划经济理论在实践中表现出的悖理现象表明：推进工业化不可能不依靠市场经济制度。因此，改革的关键就是必须接受：在传统社会主义经济经济制度的"三位一体"逻辑链条上打开缺口，即承认市场经济的可行性和合理性，同时又能保持同社会主义的契合。从1978年开始，经过10多年的探索和争论，到1992年，中国才正式肯定了社会主义也可以搞市场经济。尽管这是一个石破天惊的理论突破，因为，如前所述，只要在传统社会主义理论"三位一体"的构架中任意抽取或改变一处，整个理论构架就将发生颠覆性改变。但从人类发展的历史长河看，承认市场经济毕竟不是"彻底颠覆"和"另起炉灶"式的激进革命思维，而是渐进式的和撞击突破式的改革思维。而且承认市场经济并不意味着否定社会主义和计划手段，实际上在世界所有实行市场经济的国家中，有数十个国家也是声称要实行"社会主义"或承认其社会制度具有社会主义因素的（据不完全统计，至少有60个这样的国家）。中国改革过程中，虽然主张"大胆闯，大胆试，大胆破"，但也不是为所欲为，而是试错式践行，"走一步看一步"，形象地称之为"摸着石头过河"。总之，从"革命"转向"改革"，体现了对客观规律的尊重和道路选择的可行。

不过，一旦承认市场经济的正当性，指令性计划就必然会逐步缩小其范围，直至基本上完全退出，这样，以指令性计划指标为特征的计划经济体制就必然彻底改变。尽管中国改革的过程其实是高度受控的，以免发生难以承受的混乱，但指令性计划的体系一旦被打开缺口，即使只是从"边缘"处尝试"变通"，以"双规制"过渡，但一旦尝到"甜头"，就将一发而不可收拾，所有的界限都有可能被突破。起先人们还在为从哪里开始松绑和从何处解扣而争议、犹豫和徘徊，甚至一次次设置制度变革的"底线"和"禁区"。但"渐进式改革"具有难以抗拒的"潜移默化效应"，其向各领域推进的渗透性甚至比休克式改革更强，因为渐进式改革走的是一条利益诱导性很强而结构冲突性较小的道路。所以，"三位一体"原则的链条无论在哪里解开锁扣，都会导致其整体解构，如同多米诺骨牌，推倒一块，连锁反应，局部突破必然演变为全方位变革。只要承认了市场经济具有优于计划经济的可行性，公有制和按劳分配制度也必然发生根本性变化，甚至其核心——国有企业体制也将进入根本性改革进程。改革的突破，牵一发而动全身，使中国经济发展和工业化进程迎来了全新的局面。

在国内经济体制上为市场经济正名，对公有制和收入分配制度进行相应的改革，同时也必然会导致对当代世界经济认识的根本性改变，即对当代资本主义经济以及美国等"帝国主义"国家及其主导制定的国际经济秩序，有新的认识。这实际上就是对资本主义经济全球化的重新认识。因此，国内经济体制的改革必然同对外经济的开放相契合。可以说，改革与开放如同一枚硬币的两面，实际上是同一个理论逻辑在现实政策上的两方面表现。如果说1992年是在改革方向上终于"想明白，下决心了"，那么，2001年中国加入世界贸易组织（WTO），则标志着中国在对外开放上也终于彻底想明白和下决心了。这是一场真正的关于在社会主义制度下放手发展市场经济的伟大启蒙运动，中国经济发展和工业化进程的面貌焕然一新，整个世界的工业化版图和经济全球化格局也将发生根本性改观。[①]

综观40年来中国经济的巨变，改革开放如同一个"阿基米德支点"，支撑着步步深入的各项重大举措，产生强有力的"杠杆"作用，有效地撬动了中国这个超大规模经济体，推动其走上加速工业化进程：

——第一次撬动：1978年，解放思想，突破禁锢。这一年，以中共十一届三中全会为标志，以"实践是检验真理的唯一标准"的理论为思想武器，开始了向教条主义意识形态的挑战，直面传统经济体制的矛盾痼疾，深刻反思，勇于首创，拉开了经济体制改革的大幕，可称为中国的"改革开放元年"。

——第二次撬动：1992年，市场正名，方向明确。经过10多年的探索争论，在这一年，以邓小平在南方视察期间的一系列重要讲话为引领，确定了中

---

① 参阅金碚：《中国工业化的道路：奋进与包容》，中国社会科学出版社2017年版，第46—53页。

国经济改革的方向是建立社会主义市场经济，从此中国经济体制改革具有了市场开放、管制松绑、效益导向的明确方向，可称为中国的"市场经济元年"。

——第三次撬动：2001年，参加"世贸"，融入全球。这一年中国加入了世界贸易组织（WTO），标志着中国决意摆脱自我封闭，实行开放政策，开门拆墙，引进放活，不仅同国际"接轨"，而且要全方位融入经济全球化，可称为中国融入世界经济的"全球化元年"。

——第四次撬动：2008年，逆势勇进，助力擎天。在应对美国次贷危机所引发的国际金融危机和世界性经济危机中，中国有力地发挥了遏制世界经济"自由落体式下滑"势头的重要作用，第一次成为对稳定全球经济增长贡献最大的国家，承担起大国责任。也正是在做出了这一世界性贡献的过程中，中国发展成为GDP总量世界第二（2010年）、进出口贸易总额世界第一（2014年）的国家，国际地位和话语权显著提高。这一年可称为中国重返世界舞台中心的"大中国元年"。

——第五次撬动：2012年，"清洁风暴"，除障稳进。以中共十八大为起点，发起强有力的反腐倡廉斗争、党风政纪整肃、生态环境治理等行动，进行政治、经济、社会、环境、营商等各领域的"大扫除"，驱邪守正，整治纲纪。这是历史转折中跨入新时代的"第一战役"，自此中国经济进入稳中求进的"新常态"，这一年可称为中国特色社会主义的"新时代元年"。

2018年，改革开放40年之际，经历伟大巨变的崭新中国，站在了民族复兴新的历史起点上。

三、渐进式制度变革终结中国"落后"历史

如前所述，中国改革开放尽管具有彻底的创新性，但并非"休克"式的另起炉灶和断然颠覆，它的"革命性"和"颠覆性"蕴含于连续性过程之中，具有渐进式推进的显著特点：改革开放、经济发展、维护稳定始终是三个不可偏废或忽视的"命脉"。改革开放以不破坏稳定为底线，发展成就为衡量改革成败的标志。同时，稳定的要求也不可阻碍改革与发展，因为深刻认识到没有改革发展，最终无法保持长治久安的稳定。可以说，这是中国40年改革开放道路与工业化进程的最突出特点，也是其战略推进的高度技巧性所在。全世界能够成功把握好这一关系的国家尤其是大国实属罕有。

渐进式改革开放必须冲破一个个障碍，松解一道道桎梏，拆除一扇扇藩篱，各种障碍、桎梏、藩篱，有利益性的，也有意识性的，当然更有制度和惯例性的，常常是盘根错节，难以下手。因此，改革开放进程往往是

从呼吁"松绑"开始,经由"变通",逐步"放开手脚",最终才能实现"市场决定"。其实,市场经济之所以是一个"事半功倍"的有效制度,其奥秘就在于,只要"放开""搞活",就会有动力、活力和效率。在中国改革开放进程中,几乎是"松绑""放手""开放"到哪里,经济繁荣就展现在哪里。

如前所述,计划经济下推进经济发展总是倾向于"抓"字当头,而市场经济下促进经济发展更倾向于"放"字当先。直到今天,深化改革,简政放权,优化营商环境的举措仍然是"放"字当先(简称"放、管、服")。

改革开放40年来,在所有领域中,率先松绑、放手和开放的是工业部门,而且松绑、放手和开放最彻底的产业也是工业部门。正是由于对工业的松绑和放手,并且率先对外开放和迎接全球化挑战,给中国工业化的"制造"和"贸易"两个巨轮以强大能量:释放出巨大的加工制造能力和高渗透性的贸易活力。其结果是:在工业统计的所有门类中,中国工业均有不凡表现,这在世界所有国家中是独一无二的。中国工业化呈现加速态势,就成为必然:工业品生产和货物贸易扩展两大巨轮迅速转动,"中国制造"的工业品(尽管主要是处于中低端领域的产品)在全球市场竞争中几乎呈所向披靡之势,在各国市场"攻城略地",占据越来越大的国际市场份额,中国经济发展的成就令世界惊叹。

中国作为世界人口数量第一、国土面积居世界第4位的巨大型国家,在40年前的1978年,国内总产值(GDP)居世界第12位,仅占世界GDP总额不足2%[①](当年中国人口占世界总人口的22%)。而且,当时的中国经济处于高度封闭状态,国际贸易非常不发达,货物进出口贸易总额列世界第29位,外商直接投资列世界第128位。

经过40年的经济高速增长,现在中国国内生产总值(GDP)已跃居世界第2位[②],约占世界GDP的15%。而且毫无悬念,在不太长的时期内,中国的GDP总额就将超过美国,居世界第一。而且,今天的中国经济已经高度开放,货物进出口贸易总额和外商直接投资均居世界前列。经历短短三四十年,中国就从一个十分贫穷、外汇极度缺乏的国家,一跃成为世界外汇储备最多的国家,到2015年,中国的外汇储备约占世界外汇储备的1/3(见表1-1、表1-2)。

---

① 按汇率计算为1.7%,而有的学者按购买力平价计算,大约不足5%。
② 据一些国际组织计算,按购买力平价计算,中国GDP已超过美国,居世界第一。

表 1-1　中国主要指标居世界的位次

指标	1978年	1980年	1990年	2000年	2010年	2014年	2015年
国土面积	4	4	4	4	4	4	4
人口	1	1	1	1	1	1	1
国内生产总值	11	12	11	6	2	2	2
人均国民总收入[①]	175（188）	177（188）	178（200）	141（207）	120（215）	100（214）	96（217）
货物进出口贸易总额	29	26	16	8	2	1	1
外商直接投资	128	55	13	9	2	1	3
外汇储备	23	36	9	2	1	1	1

注：①括号中所列为参加排序的国家和地区数。

资料来源：中华人民共和国国家统计局：《国际统计年鉴2016》，中国统计出版社2016年版，第3页。

表 1-2　中国主要指标居世界的比重　　　　　　　　单位：%

指标	1978年	1980年	1990年	2000年	2010年	2014年	2015年
国土面积	7.1	7.1	7.1	7.1	7.1	7.1	7.1
人口	22.3	22.1	21.5	20.7	19.4	18.9	18.7
国内生产总值	1.7	1.7	1.6	3.6	9.2	13.3	14.8
货物进出口贸易总额	0.8	0.9	1.6	3.6	9.7	11.3	11.9
外商直接投资	—	0.1	1.7	3.0	8.6	10.5	7.7
外汇储备	—	—	—	8.6	30.7	33.2	30.6

资料来源：中华人民共和国国家统计局：《国际统计年鉴2016》，中国统计出版社2016年版，第3页。

正是在40年改革开放所取得的巨大成就的基础上，2018年召开的中共十九大才能宣告"人民日益增长的物质文化需要同落后的社会生产之间的矛盾"时代的结束，中国终于可以摆脱"落后"的困扰和屈辱。在那个"落后生产力"的中国，"外国"几乎就成为"发达"的代名词，"洋人"成为富人的代名词，因此，中国人将"留洋"视为"人往高处走"，国内再好也不如外国"天堂"的月亮圆。经济落后必然导致社会和文化心态上的全面落后感、自卑感和屈辱感。

40年的改革开放和加速工业化回报给中国人民的是百年来苦苦追寻的梦想成真。经历了漫长苦难岁月的亿万中国人，今天，终于生活在了一个不再

"落后"的时代，从此往后的新生代，恐怕再不会有"落后中国"的切身感受。在以往中国人眼中物质丰富、生活水准高的外国，在下一代中国人眼中很可能反倒成为"基础设施破旧""生活没有中国方便"的地方。因此，以往中国人大多是"怕苦才出国"，而到下一代，可能很快会变为"不怕苦才出国"了。总之，中国从此不会再像穷国仰视富国那样羡慕外国，即使是对于工业化的发达国家。40年的改革开放和加速工业化使中国发生了千百年未曾有过的历史巨变：不仅是物质生产和物质生活状况的巨变，而且是民族精神和社会心态的巨变。

四、新征程要有新思维

40年甩掉"落后"的帽子，显然直接得益于改革开放所带来的连续数十年的高速经济增长，特别是，工业化加速推进，规模庞大的中国工业能力，包括强大的基础设施建设能力，铸造了"大国筋骨"。同历史上中国经济也曾有过的规模巨大不同，今天中国经济规模之大是"硬实力"之大，硬产业之实，基础设施建设之强。但是也必须清醒地认识到，中国工业化的进程远未完成，同世界发达国家相比，中国工业的技术水平差距仍然非常大，不再经过30~50年的持续努力，难以进入发达工业国的先进行列。

不过，中国毕竟是进入了工业化的新时代，在社会经济发展的不同历史阶段必然会有不同的思维和方略。在生产力落后的时代，中国曾经有句最著名的口号，体现着那个时代的工业精神，叫作"宁可少活20年，也要拿下大油田！"（大庆油田"铁人"王进喜语）这是那个时代的英雄主义：在面对"落后"这个最大敌人和导致人民最大不利和不满的短板时，为了推进工业化，必须奋不顾身，即使损害一些环境和健康也在所不惜。那也许是不得不付出的代价，甚至可以叫作"不惜一切代价搞工业"。这样的精神在很大程度上被改革开放的40年所继承。当然必须历史地评价那个时代，尽管经济发展和工业化付出了巨大代价，我们仍然应感恩那个"为有牺牲多壮志"的献身时代，创造了今天能够走进小康社会的物质条件，实现了"敢叫日月换新天"的誓言，让中国迎来了不再落后的新时代。

进入新时代，今非昔比，必须要有经济发展新理念：创新、协调、绿色、开放、共享，一切为了人民福祉。这是新时代的"正确"：绝不能再容忍为了"金山银山"而破坏绿水青山，也不允许为了追求财富而牺牲民生健康。因此，习近平总书记在中国共产党第十九次全国代表大会所作的《决胜全面建成小康社会 夺取新时代中国特色社会主义伟大胜利》报告中指出：

>> 中国工业化进程40年

"我国经济已由高速增长阶段转向高质量发展阶段，正处在转变发展方式、优化经济结构、转换增长动力的攻关期，建设现代化经济体系是跨越关口的迫切要求和我国发展的战略目标。"[1]

从高速增长转向高质量发展，是中国经济社会发展新的巨变，也体现为工业化的生产方式和根本模式的深刻变革。当我们充分肯定40年改革开放成就的同时，也须冷静地看到留存和潜伏的问题。正如本书开头所引述的美国学者的告诫："在工业化和现代化进程中，确曾伴随着一系列物质和实践方面的恶行，以及对自然无限制的开采。"究其根源是因为，自西方工业革命以来，"现代性和现代化的模式是以征服自然这一概念为基础，并以扩大生产力为动力的。这一模式已不可持续"[2]。

新时代绝不是坐享其成的时代，不仅没有凭着"等、靠、要"舒舒服服就可以轻松进入小康社会的捷径，而且面临着人类发展及工业化过程中的根本性历史转折。当经济发展创造了大量物质财富，现代化达到一定阶段，如何实现发展的可持续性，就成为更重要的问题。其突出表现是，经济发展和工业化进程中的不平衡和不充分现象处处存在，常常凸显，是整个经济社会突出的"短板"。而且，经济和社会关系中存在的各种"恶行"如果不予遏制和消除，不仅将严重阻碍发展进程，而且在本质上是无法实现可持续发展的。面对受制于这一短板和种种"恶行"，以及发展模式的不可持续性，当前和未来遭遇的问题会更复杂，矛盾会很突出，要使人民满意可能更加不易，因为，人民的需要是"日益增长"的，人民向往的满足是永无止境的。长期的经验告诉我们：要"满足"就必须发展，发展仍然是解决我国一切问题的基础和关键。更重要的是，中国至今还不是一个发达工业化国家，仍然处于社会主义初级阶段，当属发展中国家，还有许多困难任务要完成，许多艰巨目标要实现。因此，如中共十九大所提出的，不仅必须坚定不移把发展作为党执政兴国的第一要务，坚持解放和发展社会生产力，坚持社会主义市场经济改革方向，推动经济持续健康发展，而且，由高速增长阶段转向高质量发展阶段，必须要通过深化改革，转变发展方式，建立现代化经济体系。因此，未来的发展模式要有更严的标准，更高的水平，需要更多的智慧，付出更大的努力。

---

[1] 《决胜全面建成小康社会 夺取新时代中国特色社会主义伟大胜利》，《人民日报》2017年10月28日。
[2] [美]杜赞奇：《全球现代性的危机——亚洲传统和可持续的未来》，黄彦杰译，商务印书馆2017年版，第279页。

这种智慧和努力必须体现为通过全面深化改革和进一步扩大开放，使市场更有效地在资源配置中发挥决定性作用和更好地发挥政府作用。如果说，40年改革开放强有力地推动了中国工业化的加速进程，实现了中国经济社会的伟大巨变；那么，未来的高质量发展新阶段，仍然要通过全面深化改革和进一步扩大开放来促进中国经济社会更高水平上的巨变。从这一意义上说，新时代将迎来中国工业化进程的又一次伟大巨变：40年改革开放的主要目标是建立社会主义市场经济体制，新时代改革的总目标是在40年改革巨变的基础上，建立国家治理体系和治理能力现代化。这一改革总目标的确立，正体现了高质量发展的客观要求和新时代的质态巨变。

高质量发展是能够更好满足人民不断增长的真实需要的经济发展方式、结构和动力状态。从高速增长转向高质量发展，不仅仅是经济增长方式和路径转变，而且是一个体制改革和机制转换的过程。高速增长转向高质量发展的实现，必须基于新发展理念进行新的制度安排，特别是要进行供给侧结构性改革。也就是说，高质量发展必须通过一定的制度安排和形成新的机制才能得以实现。高速增长阶段转向高质量发展阶段，需要改革开放新思维，更精心地安排新制度、新战略与新政策。

新时代的改革是在新的更加开放的形势中进行的，而且，世界各国间的竞争归根结底是制度和治理竞争。因此，一方面，世界各国竞争是关于各国如何"善治"的竞争，即看哪个国家能把自己国家治理和发展得更好，人民更加满意，社会更加安全。在制度和政策安排上做得更好的国家，将成为国际竞争中的赢家。另一方面，在开放条件下，各国的制度和政策安排是相互影响的，一个国家的制度和政策安排的变动，往往会对其他国家形成压力或影响，甚至导致相关国家不得不进行制度和政策调整。当然，各国之间也可以就制度和政策的调整进行协调。总之，在新的全球化时代，各国的改革是在开放条件下进行的，因此，改革的新思维必须体现在更加开放的心态上。各国间所进行的非接触性竞争（如上述第一方面）和接触性竞争（如上述第二方面），都会成为各国发展进程和国家治理现代化的巨大动因。

当今世界，尽管也有逆全球化甚至反全球化的现象，但总体上正处于全方位开放的形势之下，无论是经济的、社会的，还是科学技术的力量，都强力地推动着各国的更大开放和世界经济的全球化。置身于经济全球化新时代，世界各国都在奋力发展，连发达国家也不敢怠慢，甚至为此而"奇招""怪招""损招"频出。在各国的发展进程中，无论是低收入、中等收入，甚至高收入阶段，都可能会有"陷阱"，世界上不乏落入各种"陷阱"而难以自拔的先例,以及因经济不振而遗憾地"失去"年代。今天的中国尽管国运昌盛,社会安全网日益稳固,有力量抵御较大风险,但也绝不是无险避风港和观潮俱乐部。参与全球化竞争,与更强者过招,接受优胜劣汰的洗礼,仍然是人类发展不变的主题。在国际竞争中,谁都逃脱不了这一铁律。

与上述新时代改革思维的开放性同样重要的是,改革新思维的全面性和协调性,即只有全面深化改革,实现国家治理体系和治理能力现代化,才能保持国家长治久安和经济可持续发展。历经40年改革和发展,中国经济"做大经济规模"的目标在高速增长阶段已基本达成,而"提升发展质量"已成为新时代工业化进程的主导方向。从理论上说,高增长的速度目标可以表现为一元性,即以工具性指标GDP(或人均GDP)为代表性核心指标,但发展质量目标则是多元化的,没有任何单一指标或少数几个指标就能刻画发展质量水平。发展质量的内容所表现出的多维性和丰富性,要求发展战略和模式选择的高度创新性和系统性。因此,全面深化改革,系统性地创造发展优势,协调好各方面关系,走符合实际和具有特色的道路,以各种有效和可持续的方式满足人民不断增长的多方面需要,是高质量发展的本质性特征。这就决定了,转向高质量发展阶段,更需要以新的系统性思维方式推进各领域的改革,形成新的发展方式和动力机制,使整个国家从传统发展模式转向新的发展模式,实现长期可持续发展。这不仅是中国发展的历史性转折,也是人类发展所面临的共同问题。①

转向高质量发展的上述改革新思维所引领的工业化新征程,在现实过程中将突出地表现为:工业化进程将转向更具高清洁化特征的道路和模式。如前所述,在40年改革开放的最后5年,中国进行了"清洁风暴"行动。清洁是文明程度的标志,就像高质量的生活体现为高水平的清洁卫生状况一样,高质量的发展,必将在经济、社会和政治各领域中表现为更高的清洁化程度:生产清洁、环境清洁、政纪清洁、营商清洁、社会风气清洁。如果说以往40年工业化进程的巨变主要体现在"高歌猛进"规模迅速扩张上,从而使越来越多的中国人从低收入生活状态改变为中高收入生活状态,那么,未来的工业化新征程所带来的新巨变,将在很大程度上体现为中国人民将生活在各领域都具有更高清洁度的状态中。综观全世界,没有哪个充满"污泥浊水"和"肮脏恶行"的国家可以称得上实现了高质量发展。清洁性将成为高质量发展的一个重要的和具有标志性的特征,也是社会主义的重要标志

---

① 金碚:《关于"高质量发展"的经济学研究》,《中国工业经济》2018年第4期。

之一。从这一角度看，自中共十八大以来，中国在经济、社会、环境、政法、党纪等诸多领域所进行的"清洁风暴"行动，是转向高质量发展的突出体现。这也是中国改革从以建立社会主义市场经济体制为目标，转变为以实现国家治理体系和治理能力现代化为总目标的又一个重要原因。

如果要用一个词语来刻画中国 40 年改革开放所推进的工业化进程及其成就，那么，没有比"巨变"更贴切了。一个十几亿人口的巨大型经济体，在短短 40 年中所发生的巨变，在人类发展史上是空前的。改革开放不仅彻底改变了中国的面貌和国运，而且也改变了整个世界的工业化版图和人类发展的全球态势。这 40 年的巨变，不仅使中国彻底摆脱落后，而且将开启一个新时代。进入新时代，踏上新征程，须有新理念、新体制、新战略、新举措。解放思想，改革开放，勇于创新，奋进包容，是中国 40 年加速工业化的历史留给新时代的最珍贵精神遗产。在继承 40 年改革开放精神的基础上，善治为民、全面系统、清洁高质，将成为新时代改革新思维的突出体现。

参考文献

1. 《决胜全面建成小康社会　夺取新时代中国特色社会主义伟大胜利》，《人民日报》2017 年 10 月 28 日。
2. ［美］杜赞奇：《全球现代性的危机——亚洲传统和可持续的未来》，黄彦杰译，商务印书馆 2017 年版。
3. 金碚：《中国工业化的道路：奋进与包容》，中国社会科学出版社 2017 年版。
4. 金碚：《关于"高质量发展"的经济学研究》，《中国工业经济》2018 年第 4 期。
5. 汪海波、刘立峰：《新中国工业经济史》（第三版），经济管理出版社 2017 年版。

第二章　思想解放激发经济增长动力

如果从最抽象的意义上观察和认识人类的经济活动，经济学必须基于一定的思维逻辑，即假定人的行动总是出于一定的目的，并且采取或寻求一定的手段来努力达到目的（当然可能成功也可能不成功），也就是假定人或人的集体（企业或国家）是有行为目的和行为能力的经济主体。不同的经济学学派对于人的行为目的如何产生，是基于人的本能（人性）、心理倾向（爱好）还是由一定的客观环境（社会条件）所决定，持有不同的理论主张，但（明确的或隐含的）"目的—手段"范式是大致一致的认知框架。康德在《纯粹理性批判》一书中说："幸福是对我们的一切爱好的满足。""出自幸福动机的实践规律我称之为实用的规律（明智的规律）；但如果有这样一种实践，它在动机上没别的，只是要配得上幸福，那我就称它为道德的（道德律）。前者建议我们，如果要享有幸福的话必须做什么，后者命令我们，仅仅为了配得上幸福我们应该怎么做。"[①] 借用他的说法，我们可以把人的行为目的设定为"期望达到的幸福"，所采取的手段则是"必须做什么"和"应该怎样做"的选择。以这样的认知框架来观察和分析中国40年来的经济改革历程，可以看到，经济体制的"目的—手段"机理发生着根本性变迁，可以解释一系列现象的背后逻辑，并预示未来的道路。

一、计划经济为什么必须变革

新中国是在经历了多年战争之后诞生的。因此，尽管中华人民共和国的国体性质是"社会主义"，并且是遵循马克思主义的科学社会主义原理"生产关系适应生产力""上层建筑适应经济基础"作为立国的理论指导，但现实国情并非像经典的理论逻辑所构想的那样，是由于生产力高度发达，因而使得旧制度的生产关系与之不再相适应，由于经济基础充分发达，因而使得旧社会的上层建筑与之不再相适应，从而必须经由社会主义革命来建立新社

---

① ［德］康德：《三大批判合集》（上），人民出版社2017年版，第534页。

会制度，即以新的更发达（先进）的生产关系来适应发达的生产力，以新的更发达（先进）的上层建筑来适应发达的经济基础。相反，当时的中国是一个被战争严重破坏的国家，必须在"一穷二白"极度落后的生产力和社会发展境况下，在"战后"废墟上恢复国民经济。因此，恢复和发展生产，达到一定的实物产量，使人民能够"吃饱肚子""有衣可穿"，国民经济能够正常运行就是最重要的经济目标。所以，实物生产，例如，粮食、棉花、布匹、钢铁、煤炭、石油等产量是国民经济发展最重要的标志性指标，经济发展状况是否满意，首先看这些实物性指标所达到的水平。在恢复和发展国民经济的国家政策安排中，目标指标单位就必须是"斤""吨""吨标准煤"等实物计量指标。

以此为经济发展目标，可以而且必须采取国家指令性计划方式，直接下达各种产品的生产量实物指标，要求生产单位（工厂、农村生产组织）承诺完成。这就同社会主义经济理论所预想的由国家计划中心向生产单位下达生产任务计划，生产单位组织生产活动以确保完成指标任务的计划经济体制有着形式上的相似性和执行方式上的类同性。两者虽不同质，但却有些同形。而且在当时的战后条件下，可以进行动员性资源调动配置，例如将军队转业干部和年轻的复员退伍军人，投入生产建设，组建生产单位，直接"攻克"计划指标，并且鼓励"超额完成任务"。因此，"鼓足干劲，力争上游，多快好省地建设社会主义"，自然可以成为20世纪80年代的社会主义经济建设"总路线"。

按照这样的认识和思维逻辑，人们往往会在强烈的动员性热情中，陷入计划经济的臆想。以为只要计划到位，指令明确，凭借生产热情和政治动员，就可以完成和超额完成计划指标，"人有多大胆，地有多大产"，重要的只是必须发挥计划经济的动员力。于是，原先作为战时和战后经济的动员性手段的国家指令性经济计划体系，转而成为期望达到的社会革命以至"文化革命"的政治目的，即试图在生产力不发达的经济基础上实行计划经济制度。由于手段成为目的，原先是体现目的的经济指标就反而成为国家经济计划的行政性手段，而在具体执行过程中，作为国家经济手段的指令性经济指标，又成为各生产单位的生产行为目的，即为了完成国家指令性经济指标而生产，一切经济活动都变为"服从性"的行政执行行为。

这样，从"目的—手段"的机理逻辑看，计划经济在制度逻辑上不仅必须是以实物生产量作为目标的，而且经济计划是具有法律效力的行政性指令体系，如果背离实物性计划指标，就会破坏计划经济的制度逻辑，所以，背离实物性计划的行为,就会被认定为"破坏计划经济",破坏计划经济就是"违法"行为。计划经济就这样从臆想变为严格的行政性组织行为,必须高度依赖行政体系才能推动经济运转。在这样的"目的—手段"机理体制中,事无巨细都是执行计划,甚至连变动一盒火柴的价格,都必须经过国家最高行政领导机构批准。在那样的制度体系中,没有人可以超越行政性的管制框架,除非甘于成为边缘成分。这样的制度系统具有自我强化的倾向,将未在体系内的"边缘成分"吸纳进体系之内,实际上,那些"边缘成分"也具有进入体系内的强烈动机,因为只有进入这一体系内才算是"正规"地进入了国家经济体系中,在此之外的经济活动均属于不正规的"低级"成分或"低级"形式,其从业者也当然只能拥有低级的甚至是边缘化的社会身份。所以,计划经济体系之外的经济成分,越来越成为可以被忽略的因素,最多不过是"补充"性成分而允许保留。

在这样的体制下,尽管人们也是努力工作的,还要参加各种形式的"劳动竞赛"活动,"劳动模范""生产标兵"层出不穷,可以成为"时代英雄",但生产效率却难以提高,生活水平始终处于非常低下的状态。因为,"以钢为纲""以粮为纲"的实物目标,以及以指令性计划指标为手段的经济机理,无法激励效率提高和实现物质丰富的目标,实际上连如何进行经济核算来衡量经济效率都是非常困难的。所以,计划经济无论在理论上表述得如何"完美",在制度上执行得如何"规范"和"严格",但其运行效果总是难以达到预期。与此相应的是,居民的生活用品也实行实物供给体制,城市居民的主要生活用品,粮食、纺织品、副食品、家具、家用电器等均须凭票证购买,住房也实行实物分配制度。这样的实物供应方式,不仅限制了消费选择权和丰富性,而且供应数量也难以满足实际需要,只能依赖更为严格的票证制度来维持供求关系的勉强平衡,增长潜力非常有限,人民消费水平和生活状况总是难以令人满意。

因此,在计划经济的实际运行中,一方面越来越强调以"严格执行"来达到目标;另一方面又试图通过"完善计划经济"来使僵化的体制适应复杂的现实,挽回不令人满意的计划经济实施效果。但是,现实是顽强的,客观规律难以抗拒。到20世纪70年代,尽管资本主义国家也发生了经济危机和经济衰退现象,但世界资本主义经济增长的中心地区从欧美向东亚扩散,而苏联东欧地区的社会主义中央计划经济却表现出显然的竞争劣势。

此时,中国必须反思:将建立计划经济体制作为目的,必然偏向于采取"政治挂帅"的社会运动方式;将执行指令性计划指标强制性地规定为生产单位的经营目标，必然偏向于忽视经济核算和效率激励的经济管理方式，而采取政治性的动员方式和意识形态灌输力图塑造"社会主义新人"，即通过改变人的行为目标来服从于实现计划经济指标的体制逻辑。这样的"目的—手段"机理构建是可行的吗？强扭的瓜真的也可以很甜吗？

1978年，当政治思维确立为"实践是检验真理的唯一标准"并认识到主观努力必须尊重客观经济规律后，把实行经济计划从制度"目的"，回归为经济计划和市场调节都是"手段"，而认同创造物质财富为经济发展的"目的"，就成为顺理成章的改革思维方向，于是，变革的动因起始于对价值规律和财富观念的反思。过去既然目的被扭曲，手段不可行，那么，进行根本性变革就成为必然。因此，到20世纪70年代后期，人心思变成为中国的民意主流。

二、市场经济为什么能够创造财富

在计划经济臆想的"目的—手段"机理体系中，价值规律是异己性的，因为，实物性生产指标是以实物量单位为计算尺度的，如果以价值规律作为计划经济运行规则，就难以体现计划经济的"有计划，按比例"要求。虽然当时也有经济学家试图论证计划经济也要尊重价值规律，但在以指令性计划指标为生产目的的命令体系中，实际上难以协调实物指标与价值量指标之间的差异性，而且，在没有市场竞争的条件下，根本不存在价值或价格的发现机制，实际上是找不到可以有效使用的价值工具和经济核算方式的。既然价值规律是异己的，那么，追求财富的行为也必然是异己的，因为如果没有价值尺度，实物就谈不上经济价值，超过需要的实物甚至没有使用价值。所以，按照计划经济臆想，在意识形态以至法规政策上，追求财富都是不正当的，甚至是违法的。因为，如果不计价值地生产和囤积实物，会导致物质耗损浪费或者冗余闲置（库存而不消费），而没有实际的财富意义。当财富失去经济功能，即在否定了财富正当性的体制中，财富的创造和积累就失去了动力，而在经济机理上失去财富动力，贫穷就成为必然。总之，否定财富，经济运行和发展就会缺乏有效的"目的—手段"机理，堕入无速状态（没有经济增长机制）。

因此，如果要以实现经济增长和摆脱贫困为目的，那么，经济改革就必须从认可承认追求财富的正当性的价值规律开始，财富觉醒，价值规律发挥作用，经济才可能起飞。于是，中国经济改革的理论反思就从关于价值规律的讨论开始，认识到只有服从价值规律才能实现经济发展。而承认价值规律就必须承认价值规律的基本要求，即经济行为必须以效率为中心，也就是说，要以最小投入获得最大产出（准确的表述应是：以一定的投入获得最大产出，或者，以最小的投入获得一定的产出）。以效率为中心，就必须进行经济核算，而可行的经济核算只能以货币为计量单位。因为作为价值形式的货币，是唯一可以作为统一计量单位进行加总性经济核算的工具（尺度）。

以货币计量的财富同实物财富的差别是，前者是"无限"的，而后者总是有限的，超过一定量就会"过剩"。所以，以作为价值形式的货币额为经济活动目标，就赋予了经济动力以"无限"性和效率可比性。允许一部分人，一部分地区"先富起来"，而富裕的标志显然是货币性的，即以达到一定量的可以货币单位计算的财物收入或存量作为是否"富裕"的标准。于是，创造更多的收入和利润，成为各生产单位的经营目标，这就必然冲击以实物量指标为生产目标的计划经济体制。中国改革开放初期的一个著名口号就是："时间就是金钱，效率就是生命。"因此，反思计划经济和市场经济何者更具历史必然性，进而呼唤以市场经济为取向的变革，就成为经济体制改革的思考方向（以及理论争论的焦点），这称为理论的"思想解放"。回顾40年改革开放的历史，中国经济体制改革的基本取向和清晰脉络就是越来越明确和强调承认市场经济及其调节机制的地位和作为。官方的正式提法从"以计划经济为主、市场调节为辅""计划和市场都是手段""有计划的商品经济"，到"社会主义市场经济"，再到"发挥市场在资源配置中的基础性作用"，进而是"使市场在资源配置中起决定性作用"。

承认和实行市场经济，发挥市场在资源配置中的基础性或决定性作用，意味着经济运行的"目的—手段"机理发生了根本性变化。一方面，以政治第一（"政治挂帅"）为目标，转变为"以经济建设为中心"。而且认识和确定经济发展的目标是发展生产力，必须实现物质财富增长，"富起来"是人心所向。另一方面，财富目标体现为以货币单位计算的价值量，即使是关于使用价值量的核算也必须转换为以货币单位计算的统计数据，例如国内生产总值GDP。这样，如果从商品的二重性——使用价值与交换价值的视角来观察，经济活动的目标就从主要体现使用价值的实物侧转变为财富的价值形式侧即交换价值。与此相应的是，实物生产转而成为获得作为价值形式的交换价值量（货币额）的手段，生产出实物产品，如果不能转变（销售）为货币形态，其价值就没有实现，属于"过剩"现象。

经济改革所指向和实现的"目的—手段"机理的这两个根本性转变，具有巨大的颠覆性作用，产生了难以估量的强大社会能量，神奇地彻底改变了中国经济社会的整个面貌（常常被称为"经济奇迹"）。从世界近现代历史看，工业化总是同市场经济紧密相连，市场经济是工业化的强大推动力和实现机制，工业化进而可以形成市场经济向各领域全面渗透，导致全球化现象（将所有国家都卷入其中）的巨大动能。工业化需要两个互为条件的加速因素：生产和交换。科学技术的工业化运用激发了强大的生产力，大规模生产是工业化的本性，而市场经济的"交换"性，可以使工业化的社会分工特性和大规模生产及大众消费本性得以极大张扬。近40年来，中国经济在市场经济的"目的—手段"机理推动下，工业生产的迂回性充分延展，各领域的产业链不断延长扩展。在此过程中，工业材料、能源供应、产品设计、零部件生产、加工组装、营销物流等产业分工关系日趋复杂交织，同时，由于可以通过市场交易过程形成巨大的供应链和产业系统，使得每一个环节都可以从生产体系中的一个"手段"功能，转变为该产业环节生产者和参与者的特定生产"目标"，同时，各生产者和参与者又将各自的生产目标，转变为追求体现自己经济利益的工具性目标——收入和利润的手段。总之，市场经济使得国民经济中各生产、流通和分配活动的参与者，在庞大的社会分工体系中，以提供各自在分工环节中的产品或服务的方式（手段），实现（追求）工具性目标——获得财富索取权——货币。在市场经济制度下，这样的"目的—手段"机理是非常有效和极为强大的。在整个人类文明史中，市场经济是一个最伟大的制度创造。中国40年的改革开放所推动的高速工业化，是市场经济机制体制高度有效和强大力量的充分体现。与此相应，市场经济的发展使消费品供应彻底摒弃了票证分配制度，完全实行市场调节的供求制度，连城市居民住房也取消实物分配，实行货币化供应，即市场化的商品房制度。近40年来，中国人民的生活水平显著提高，消费品供求极大丰富，相当一部分居民富裕起来。中国的国际形象居然在短短三四十年间就从"贫穷"转变为"有钱"！

同样的国度和人民，在计划经济体制下和市场经济体制下，创造出非常不同的经济业绩并导致了完全不同的工业化态势。计划经济以钢、粮、煤等实物为"目标"，虽然竭尽"干劲"，但始终处于实物短缺状态，欲物而不足，欲速却不达；市场经济以"收入""财富""利润"、GDP 等非实物指标及交换价值为目标，放开手脚，就使经济体充满活力，生产规模大幅扩张，物质财富极大增长，以致可能发生供过于求和"产能过剩"现象。改革开放使中国社会"换了人间"。

三、价值形式驱动与金融地产繁盛

如前所述，市场经济的"目的—手段"机理具有反转性特征，即作为经济活动目的的使用价值（实物）在市场机制中转变为追求价值形式即交换价值的手段，而原本作为经济发展手段的价值形式即交换价值却转变为经济活动的目的，而且整个经济分工系统中的各个微观经济主体都在这一关系反转的"目的—手段"机理体系中发挥生产积极性和产生追求工具性目标的极大欲望力量（有学者称之为"贪婪"的人类心理动因）。

从经济理论上说（或者经济理论试图这样做），以货币单位计量的物质财富是"真实"的财富（称为"真实量"），而其表现的货币量则是其"名义量"。经济理论，所试图研究和分析的主要是真实量关系（尽管采用货币单位），只有当引入了"预期"等心理因素或研究通货膨胀等严重货币现象时才关注名义量。所以，经济理论分析中所假定的人的"目的—手段"行为逻辑中的"目的"通常是（或假定是）真实量，否则就被认为是"非理性"的。问题是，在现实经济中，所谓"真实量"和"名义量"实际上难以截然区分，因为"价格"本身就是以货币单位来表现（除此还能采用什么更合适单位呢？），而要区分真实价格和名义价格，只能是思维中的游戏。

因此，在市场经济反转的"目的—手段"机理中，总是伴随着"使用价值—交换价值"的机理关系反转，而且，交换价值往往直接反转为其纯粹的形式——货币。而货币形态本身的发展也已经过了漫长的历史，今天的货币已经既不是商品本位、金（银）本位，也不再是（美元）金汇兑本位，而已经完全是信用货币（可以说是"信用本位"或"无本位"货币），进而还可以发展为"数字"货币，总之，任何可以被接受的东西（哪怕是"数字"）都可以被视同为"货币"，具有货币性"财富"的价值。不动产就更是可以货币化，例如，同样一座房子，其财富价值取决于其"价格"，并且未必是交换中发生的价格，而是"评估"价格，甚至可能不可评估而只是人们传说中的心理估值价格。同样，对公司的"估值"也会脱离其真实，取决于人们的心理估值，所以，一家严重亏损的公司，只要大家认为（应该是大家认为其他人会认为）它"前途可观"，公司"估值"就可能连连高升。不需要什么理由，只要你"相信"，或者你相信"其他人会相信"，那么其经济价值就是可以"信以为真"的。

如果经济运行越来越具有货币目标特性，货币金融以及作为货币金融伴生现象的资产价格（特别是房地产价格）机制就会发挥更强烈的作用。进入

21世纪以来，中国经济就在很大程度上表现出这样的显著特征，即金融地产因素（实际上是众人"信以为真"的货币化因素）成为推动"亢奋增长"的巨大力量。几乎无论是什么产业，企业创业和投资的第一个行为大多数都是"买地""圈地"，只要有了"地"就可以获得"钱"，至少可以"抵押贷款"而获得"流动性"。地方政府规划推动经济发展的第一个行为也往往都是"划地""圈地"，然后"卖地"筹钱，"以地生钱"，有钱才有可能办成事。居民改善生活和增加家庭资产的行为也是"买房"（因为在中国私人不可以买地），房产的名义价值（价格）成为城市中产阶级最大的家庭财产构成部分。而这样的庞大房地产资产（其名义价值据估已超过GDP数倍，达400万亿元之巨），主要是金融活动（借贷款）的产物。

如果做进一步讨论就不难看到，在以金融活动为主导的"目的—手段"机理中，经济目的和各种经济手段都可以"货币化"，即以货币金融手段，实现货币金融价值增长的目的，这通常就被称为"虚拟资本"增值或"虚拟经济"现象。因为，它与实体经济活动的"目的—手段"机理相脱离，即与满足人的实际需要相脱离，而成为主要是满足货币数字增长欲望的游戏（以货币数字的不断增长而获得满足感或"快乐感"）。这正成为一个越来越受到关注，并难以应对的社会现象。

从改革开放以来的一些统计数据中，也可以看到，大致从世纪之交开始，中国经济增长就体现出金融地产驱动的显著特征。作为价值形式的交换价值层面表现出强劲扩张态势。2017年底，以M2计算，中国的货币供应量为170万亿元人民币，同年的GDP为82万亿元人民币，两者之比为2.1∶1。而被称为"金融资本主义"的美国，这一比例为0.9∶1。金融业增加值占GDP的比重，中国2016年底为8.4%，2017年底为7.9%；而全球仅为4.1%。美国这一比例较高的年份：2001年为最高点，达7.7%，2006年为7.6%，这样高的比例被认为可以预示随后发生的金融危机。日本的这一比例1990年达到6.9%，已被认为畸高，随后爆发经济危机。一般来说，发展中国家往往具有"金融抑制"特征，金融业不发达，金融资产不会占比很高，否则可能爆发恶行通货膨胀。而在中国，尽管金融体系仍然不够发达，但货币量和金融业的比重却已相当高，似乎到处都表现得"很有钱"。过去通常认为，中国人是不太愿意借债的，但有学者指出，现在，以家庭债务/家庭可支配收入测算，中国家庭部门的杠杆率高达110.9%，甚至超过了通常被认为更愿意借债的美国，后者的这一数值为108.1%。不过，尽管金融和债务规模大幅度提高，但中国经济似乎仍处于可以"适应"的状态，即并未爆发恶性通货膨胀（国家货币金融管理部门也总是很有信心地判断"风险可控"），而是表现为资产价格，最突出的就是城市居民房地产价格不断大幅上涨，难以遏制，超出社会容忍限度。幸运的是，中国经济并未因此而崩溃，也许是因为，中国经济凭借其非常高的储蓄率支撑，具有对货币金融更强依赖性和承受力的特性。这还表现为，地方经济高度依赖债务，地方政府的债务杠杆率非常高，如果不是由于中央政府不断出台政策，限制地方政府扩大负债，中国经济的高负债率现象可能更为突出。因此，在进行经济调整中，"去杠杆"成为重要目标之一。

不过，我们也不能就此而否定货币金融业的发展。货币金融是经济运转的"血液"，经济实体与货币金融深度"纠缠"，体现了市场经济的"目的—手段"机理本身具有的高度复杂性和关系反转颠倒的特性，它的运动是快速"旋转"不断"循环"的，各种因素的位势"置换""偏移"是时刻发生的。其实，从不同的角度和断面来观察，市场经济中各种行为和现象的"目的"和"手段"之间的关系是不确定的（甚至是难以确切定义的），往往从一方面看是"手段"，从另一方面看则是"目的"；对于一些经济行为人是"手段"的，对另一些经济行为人可能是"目的"；相反，对一些经济行为人追求的是"目的"，对另一些经济行为人来说却是"手段"。例如，对于满足人类生存需要的经济活动而言，"赚钱"当然只是手段，但却表现为众多经济活动的"目的"。与"赚钱"相对应，产品的使用价值应是"目的"，但生产有用产品却表现为获取货币收入或利润的"手段"。从经济发展的本质看，GDP当然是手段，但在现实中却成为最重要（显示性最强）的目标性指标之一。金融活动只是经济活动的交易方式，货币是交换中介，金融应为实体经济服务，当然属于"手段"侧，但在现实中，以至于在人们的观念意识中，追求货币增值（赚更多的钱），往往成为工具理性主导下的行为"目的"，甚至是终身追求的目的，例如无数老年人都很热衷于"理财"，渴望高利息的"货币增值"而陷于各种"庞氏骗局"之中。因而如马克思所说，在资本主义条件下，资本家只不过是人格化的资本，资本的本性就是无止境地追求剩余价值。而在市场经济条件下，企业的行为目的都被认定为"追求利润最大化"或"实现出资人收益或资产最大化"。

无论是以什么"最大化"为目的，在经济运行中都表现为某个货币形态（至少是可以货币单位计量）的指标最大化。例如，以某某数值的收入水平作为达到"脱贫"的指标，以到达多少年收入水平作为"中等收入阶层"的指标，以拥有多少可投资资产净值作为高收入阶层的标志等。衡量一个地区或国家的经济发展水平,通常也是采用"低收入""中等收入"和"高收入"这类可以货币计量的指标。而这类作为"手段"的工具性指标,在现实中以至人们的观念中,总是难以抗拒地转化为"目的"性的指标,人们竞相追逐这些指标,认为其体现或展示了达到经济发展目的的程度(成就)。如果人们无法接受这样的关系颠倒,那么可以反问:难道还有更具显示性、可比性和更易理解的指标吗?

以货币金融工具的"手段目的化"为特征的经济增长,往往可以促进经济亢奋,这可能表现为经济的高速增长,当然也可能表现为经济的非理性繁荣。前者反映了真实经济增长,后者在很大程度上反映的是虚拟经济的泡沫膨胀。问题还在于,人们在观念上往往难以理智地区分"目的"和"手段",因而在金融地产驱动的经济增长和繁荣中,也往往难以理智地区分实质财富和虚拟财富。市场经济的交换本性决定了,实质经济或实物财富与虚拟财富是可以交易置换的,只要能够等价交换,就没有必要在意它究竟是什么东西。以此来看,最具交换便利性的当然是货币,所以"货币为王""现金为王",拥有货币才是拥有可以万变形态的有效"财富"。因此,亢奋增长的市场经济,往往倾向于"重商主义",即视货币为真实财富。

在这样的"目的—手段"机理推动下,中国改革开放近40年来,一方面取得了经济高速增长的巨大成就;另一方面也形成了很大的金融性资产。而金融性资产的快速膨胀,在很大程度上体现为以资产价格上涨所产生的财富增长和"有钱""富裕"幻象(只要是已经拥有并且不想再买房的人,就会感觉自己挺"富裕";而只要是想买房,就一定会感觉自己是严重缺钱的"穷人")。不过,无论是前者还是后者,都是经济繁荣和经济发展水平的体现。所以,中国可以宣告:"中国特色社会主义进入新时代,我国社会主要矛盾已经转化为人民日益增长的美好生活需要和不平衡不充分的发展之间的矛盾。"[①] 与过去关于中国主要矛盾的表述"人民日益增长的物质文化需要同落后的社会生产之间的矛盾"相比,关于社会主要矛盾的新表述甩掉了"落后"两字,实际上是做出了一个重大判断:今天的中国已经不再"落后",无论是从真实经济面,还是从货币金融面来看,都是这样。至少是以GDP总量计算,没有人怀疑中国确实已经成为世界第二大经济体。

毛泽东当年曾说过:我们的目的一定要达到,我们的目的一定能够达

[①] 习近平:《决胜全面建成小康社会 夺取新时代中国特色社会主义伟大胜利》,《人民日报》2017年10月19日。

到！那么，历经 40 年改革开放和高速经济增长，我们确实是在向着所要达到的目的前进并取得了令人满意的成效了吗？中国的经济发展目的和手段都是非常理智的吗？

四、转向本真复兴的时代

本章导言中所引用康德的一段话中，提出了"必须做什么"和"应该怎么做"的问题。如果说，实行改革开放，我们从违背客观规律转变为尊重客观规律，做了"必须做"的事情，那么，从人类发展的趋势看，那都是"应该做"的吗？例如，为了推动经济增长，"先污染，再治理"是"必须做"还是"应该做"的？更重要的是，即使过去"必须做"，那么，未来"应该怎么做"呢？从本书主要讨论的"目的—手段"机理的视角来看：目的与手段间的关系反转，即手段的目的化和目的的手段化，使"必须做什么"和"应该怎么做"之间可能产生机理性矛盾。当经济发展达到一定水平，人类将更深刻地认识"目的—手段"关系，更理智地处理"必须做什么"和"应该怎么做"的问题。这正是马克思所预见的，人类发展将从"必然王国"走向"自由王国"的历史趋势。如果我们没有十足的把握说，我们过去所选择的目的和手段都是非常理智的，那么，人类有能力更理智地发展经济吗？

进入 21 世纪，中国加入 WTO，市场化改革加速推进，经济高速增长，同时，一些矛盾也开始显现。人们开始反思：为什么要发展，怎样发展？实际上就是将如何认识经济发展的目的和手段的问题提到了关注中心。2007年，在中共十七大上，胡锦涛总书记在《高举中国特色社会主义伟大旗帜 为夺取全面建设小康社会新胜利而奋斗》的报告中对此作了回答，[①] 即认为中国经济发展存在不平衡、不协调和不可持续的突出矛盾，提出了以人为本的科学发展观，要求实现全面协调可持续的发展。2008 年，美国次贷危机诱发了国际金融危机和经济衰退，各国政府都将注意力转向宏观经济政策刺激，以货币金融手段，特别是投资扩张方式，遏制"自由落体式"的经济下滑，应对危机。中国政府也是如此，并采取了非常强烈的举措。尽管取得了宏观调控的效果，保住了增长，经济规模快速增长，GDP 总量达到世界第二，制造业规模世界居首，但也为此进一步付出了偏离科学发展观所要求的

---

① 《高举中国特色社会主义伟大旗帜　为夺取全面建设小康社会新胜利而奋斗》，《人民日报》2007 年 10 月 25 日。

以人为本、全面协调可持续发展路径的较大代价。

以 2012 年中共十八大为标志，中国经济发展进入新时代，即在取得了巨大的物质成就的基础上，中国必须更深刻地反思经济发展的本真目的和本真价值，为此也要更科学理性地选择有效手段，不可饥不择食、不择手段。笔者称之为中国"经济发展的本真复兴"[①]。经济发展根本的"目的—手段"关系，体现人类发展本真意义的理性，也就是人类经济活动最终是为实现人类价值目标，而人类发展的本真价值目标是人类的生存、繁衍和幸福，最终体现为人的能力的充分发挥和实现。而收入、利润和 GDP 等经济指标，归根结底只是实现人类本真价值目标的工具性目标，即实现本真目标所采取的手段。所以，进入经济发展新时代，就要实现人类发展的本真复兴，也就是要在生产力高度发达的基础上，将工具理性（以手段的目的化为特征）与人类价值目标（本真目的的自觉性）的契合。这就必须更自觉地坚持经济发展的本质目的方向，并以工具理性的可行性和有效性，使人类发展回归其本真理性的轨道，更自觉地达成人类发展的本真价值目标。实际上就是更自觉理性地坚持人类发展最本质的目的—手段关系。

从人类发展最本质的目的—手段关系的视角来观察和判断，人类经济发展的本真复兴，就是在市场经济高度发达的基础上，人类再次审视科学理性的根本价值目标，从"目的—手段"关系的工具性颠倒，恢复其本来性质，即人类从曾经发挥了积极作用的工具主义的财富观中进一步觉醒，升华为本真价值观的觉醒。更深刻地认识：市场经济的理性主义是经济价值（交换价值）主导的工具理性，手段驾驭目的；而人类发展本真的理性主义则是人本价值主导的目的理性，目的驾驭手段。人类进行物质生产活动，特别是进行工业生产，目的是将自然物质转变为具有经济价值的物质财富，并进行财富囤积（积累），而这样的经济活动不应同人类发展的本真价值目标相悖，即不应违背通过一定的方式（手段）将原本对人无用甚至有害的物质转变为有用之物这一根本方向。即使是以市场经济的方式进行生产活动，以工具理性主导，将无用物转变为有用物的行为即使是服从于创造或获取经济价值，尤其是价值形式货币，也不应改变这一人类活动的根本性质，这就是"以人为本"的经济发展，即经济发展必须以对人有实质裨益、对人的健康有利、使人居住环境适宜和生活愉快为中轴原理和本真价值。

经济发展观念的再进步则将体现为：对于"以人为本"也不应作狭隘理

---

① 金碚：《论经济发展的本真复兴》，《城市与环境研究》2017 年第 3 期。

解，以为只要是为了获得人的利益，就可以不顾及其他一切，为了使地球成为人类的乐园，就可以不惜牺牲其他一切生命体的生存环境和条件，人类的道德关切只是人自身。实际上，人类是自然的一部分，自然界是一个丰富多彩的物质世界和多样化的生态系统，人类只有在这样的物质世界和多样化的生态系统中，才能生生不息，健康生存和永续繁衍。所以，本真意义的以人为本，不仅是人类的自利，而且要实现人与自然的和谐，使人类成为自然生态系统中负责任的良好成员，而不是除了自己之外目空一切的自私霸主。人类如果破坏了自然，使生态系统失去平衡与和谐，也就从根本上破坏了人类赖以生存繁衍的最基本条件，这就从根本上背离了以人为本的经济发展原则。从这样的发展理念出发，就如习近平总书记所反复强调的，"绿水青山就是金山银山"，如果为了金山银山而损害了绿水青山，就从根本上违背了经济发展的本真价值。中国历经40年的改革开放，深刻吸取正反两方面的经验教训，终于在更高的物质成就基础上，达到了"四十而不惑"的认识境界。

仅仅端正认识转变观念当然是不够的，更重要的是要使理念转化为行动。这是中国改革开放面临的新挑战，即中国必须通过进一步的改革开放，实现中共十九大所提出的从高速度增长到高质量发展的转变。从经济学的基础理论看，所谓质量，是指产品能够满足实际需要的使用价值特性。[①] 高质量发展将更自觉地体现经济发展的本真性质，即更加关切满足人民日益增长的美好生活需要，无论是经济发展的目的导向、行为目标函数确定，还是手段选择，都将更加具有"目的—手段"的抉择理智，即必须更加具有科学性，体现科学发展的根本原则。由于发展质量的高低，最终是以经济发展能否满足人民日益增长的美好生活需要为判断准则的，而美好生活需要绝不仅仅是单纯的物质性要求，还将越来越多地表现为人的全面发展的要求。所以，与高速增长阶段主要以工具理性为动力的"目的—手段"机理机制不同，高质量发展阶段必须有更具本真价值理性的新的"目的—手段"机理机制下的新动能。这种新动能与以往动能的最大区别在于：更具方向自觉性，也就是在经济发展各个环节所体现的"目的—手段"关系中，即使可能仍然含有工具理性性质的环节，也要更加具有体现人类发展本真价值所决定的"目的—手段"机理法则，这就要更自觉地服从本真价值取向，主攻能够更直接体现人民向往目标和经济发展本真目的的发展战略目标。这种新动能机

[①] 金碚：《关于"高质量发展"的经济学研究》，《中国工业经济》2018年第4期。

制的内在要求就是市场经济工具理性与经济发展本真理性的有效契合,即以更具方向自觉性的手段,实现更能体现本真理性的目的。

五、新时代要有新动能

中共十八大报告提出"两个一百年"奋斗目标:第一个一百年,是到中国共产党成立 100 年时(2021 年)全面建成小康社会;第二个一百年,是到新中国成立 100 年时(2049 年)建成富强、民主、文明、和谐的社会主义现代化国家。习近平总书记指出,实现中华民族伟大复兴,就是中华民族近代以来最伟大的梦想。而这"两个一百年"目标就是中华民族伟大复兴的梦想。这样,在中国改革开放 30~40 年之际,更加明确了中国未来数十年的奋斗目标。为此,必须确立达到这一目标的改革方向。

中国共产党第十八届中央委员会第三次全体会议于 2013 年 11 月 12 日通过的《中共中央关于全面深化改革若干重大问题的决定》提出:"全面深化改革的总目标是完善和发展中国特色社会主义制度,推进国家治理体系和治理能力现代化。"[①] 这实际上是决定和宣告了改革与治理并重的改革思路,而且要通过全面深化改革达到更有效的(现代化的)国家治理的目的。中共十九大进一步明确,"发展是解决我国一切问题的基础和关键,发展必须是科学发展,必须坚定不移贯彻创新、协调、绿色、开放、共享的发展理念"。为此,要"使市场在资源配置中起决定性作用,更好发挥政府作用"。这是对中国改革开放近 40 年经验教训的精辟总结,按照这样的思路,可以更好地构建中国经济发展"目的—手段"机理的内在逻辑:通过全面深化改革和国家治理现代化,形成市场决定和有效的政府资源配置机制,贯彻新理念实现科学发展,达到"两个一百年"民族复兴目标。

要实现这一"目的—手段"机理内在逻辑的自洽性,其关键之一是:经济发展必须实现新旧动能的转换。与旧动能所具有的高度工具理性主义特征相区别的是,新动能要更好地实现动力机制与目标达成之间的"激励相容",即新动能中必须内在地含有本真理性的价值取向,而不仅仅是完全的工具理性主导。如前所述,新动能的根本性特征是"更具方向自觉性"。新动能不仅是强劲的"能量",而且含有更能体现经济发展本真价值取向的自觉性"动机",也就是说,新动能是具有更科学的目标指向的驱动能量。因此,进

[①] 《中共中央关于全面深化改革若干重大问题的决定》(2013 年 11 月 12 日中国共产党第十八届中央委员会第三次全体会议通过),《人民日报》2013 年 11 月 16 日。

入新时代，经济发展的"目的—手段"机理中，手段的选择本身必须有助于或至少是不损害达成本真目的，即任何时候，发挥动能的手段作用，都不可偏离正确的方向（本真目的）。例如，不能以严重破坏生态环境的方式来追求GDP增长；不能以容忍腐败行为的方式来争取发展成就；不能以违反合规性的方式来激发进取的"活力"；不能以有损劳动者健康的方式获取收入、利润和财富；不能以允许甚至强化不公平竞争的方式（歧视性政策）来争取（片面的）经济成就；等等。可见，在新时代，经济发展的"目的"与"手段"之间必须具有激励相容的协调性，发展战略要有全面性和统筹性，目的与手段不可顾此失彼，更不能导致"目的"与"手段"的南辕北辙，事与愿违。

进一步的深入思考将发现，要达到这样的"目的—手段"机理要求，当前中国的经济体制和国家治理体系还难以胜任。所以，当我们庆祝中国40年改革开放伟大成就的时候，更要认识到，改革与开放仍然任重道远，推进改革开放还要冲破许多障碍和藩篱。特别是，中国40年来的经济发展成就，已经改变了全球的经济和治理格局。面对中国的崛起，以美国为首的西方国家承受巨大竞争压力，势必会调整战略，以应对挑战。其中，将特别关注中国国家制度和经济体制的"目的—手段"机理机制的演变方向。因为，从根本上说，所谓"中国特色"，就是中国制度的"目标—手段"机理机制的特色。中国以什么样的"手段"，要达到什么"目的"？因而将如何影响整个世界？这对于全世界都是一个新课题。中国宣称：在实现中华民族伟大复兴的同时，倡导构建"人类命运共同体"。既然这样，那么，中国制度的"目的—手段"机理机制变化方向就不仅仅是中国自己的事情，而且也是国际社会关注的事情。例如，在最近发生的中美贸易摩擦中，表面上是关于外贸利益的政策讨价还价，实质上，深层的较量是中国制度体制的"特色"如何与世界接轨与相容？中国实行中国共产党领导的社会主义市场经济制度，这是我们的国本国体，是不容外国干预的内政。但是，在经济全球化条件下，特别是，中国宣称主张和坚持自由贸易，反对保护主义，那么中国经济的体制机制构建实际上就具有了国际性，许多东西是可以而且难免要进入国际谈判的。作为一个世界大国，中国的国家利益遍布世界，中国的体制机制必须同世界接轨和协调。因此，在与世界的关系越来越紧密的条件下，中国经济的"目的—手段"机理机制的变迁，将在全球化环境中进展。中国将以自己经济体制的"目的—手段"机理机制的具体构建，告诉世界：我们所说的"社会主义市场经济"是什么样的经济？我们所主张的"自由贸易"是什样的贸易制度？我们的"一带一路"构想或倡导，目的是什么，将采取怎样的实现手段？具有中国特色的制度，就是中国特色的"目的—手段"机理机制，例如共产中共领导、国有企业、独特的国家安全制度等，如何同全球化的世界经济接轨相容？实行这样的体制机制，在经济全球化的国际竞争中，"中国打法"是否为世界接受？反过来思考，为了全面融入经济全球化，体现中国特色的"目的—手段"机理的"中国打法"应如何进一步改革，使中国经济更加开放，以适应全球化条件下世界各国对"自由贸易"或"公平贸易"的共同理解？

站在改革开放40年的历史时刻，思考未来的改革开放走向，我们不仅要坚持中国特色社会主义的方向，更要有国际观念和全球化观念。绝不能忘记，中国推进改革开放的过程本身就是开放的，中国是在不断扩大开放的条件下推进改革，是在各种"左邻右舍"关系协调中进行新体制机制建设和政策实施，所以，"目的—手段"机理的进一步变迁更加需要体现"方向的自觉性"法则，而不可为所欲为地放肆任性，这也许可以借用康德的"道德律"概念。因而无论从国内还是从国际视角看，体现"目的—手段"机理机制的新动能，其"方向的自觉性"都要展现创新、自律、理智的基本特征，即在新时代，面对新形势，创新性是"目的—手段"机理机制以及新动能的核心特征；而绿色、低碳、协调、克制等要求则是其不可或缺的自律特征；和谐共存、互利共赢、可持续等要求则是其更具包容性的理智特征。在人类发展的21世纪，各种国内和国际因素都会要求或者致使我们循着创新、自律、理智的路径，以更具方向自觉性的新动能，实现新时代的发展目标。

六、加快建设协同发展的现代产业体系

习近平总书记在中共十九大报告中，将"着力加快建设实体经济、科技创新、现代金融、人力资源协同发展的产业体系"作为建设现代化经济体系的重要内容之一，并指出："建设现代化经济体系，必须把发展经济的着力点放在实体经济上，把提高供给体系质量作为主攻方向，显著增强我国经济质量优势。"这就确定了，以提高供给体系质量为发展实体经济的主攻方向，以科技创新、现代金融和人力资源为助攻力量，打造现代化经济体系的产业基础的战略方向，以此作为实现中华民族伟大复兴的决定性重大举措之一。

提高供给体系质量是发展实体经济的主攻方向。产业体系是经济体系的基础和主体，加快建设现代产业体系是建设现代化经济体系的重要任务。经过40年改革开放所推动的高速经济增长，今天的中国已是世界第二大经济

体,成为世界第一大经济体也指日可待。但中国经济体系的质量还不高,特别是产业技术水平与发达工业国相比还有相当大的差距。按照《中国制造2025》的规划设想,到21世纪中叶,即还要经过30~40年的奋斗,中国制造业才能进入世界先进工业国的前列。这意味着,现在我们同发达工业国家的先进技术水平还有近50年的差距。这种差距主要体现为实体经济中的高技术产业差距,以及产业体系的整体素质差距。尽管在少数领域和少数种类中,中国有些产品已达到了世界先进水平,甚至占据了技术领先地位,但产业整体素质和全面质量水平上,中国仍然居于中游,主要的优势还处于产业的中低端。所以,在基本实现了"做大规模"目标的基础上,"做优质量"已成为中国产业发展新的战略方向。

能否做优产品质量,提高经济质量优势,主要取决于供给体系的质量,要实现"做优质量",就必须把提高供给体系质量作为主攻方向。这意味着,在经济发展的新阶段,质量意识应高于规模意识和速度意识,要改变传统理念中以"大"为追求目标和评价标准的竞争意识,而形成以"优"为目标和评价标准的竞争意识,即坚持"质量第一"的观念。数量增长必须以提升质量为前提,"做大做强"也要有更高的质量水准,以"做优"为核心。

特别是要认识到,供给体系质量不仅体现为产品质量,更体现为整个生产和交易过程的质量水平。不仅体现为高效率和高效益的生产流程和交易过程,更体现为保持生态环境高质量的绿色生产和交易。"清洁化"与"高技术""高效率"一样,是供给体系质量的重要标志。也就是说,供给体系质量不仅是实体现象,而且是过程现象;不仅有其内部性特征(通常可以表现为企业内部成本—效益),而且有其外部性特征(通常不直接表现为企业内部成本—效益)。总之,供给体系质量体现为系统和全面的高素质。

与上述性质直接相关的是,供给体系质量特别体现在其结构质态上,结构优化是体系质量的本质特征之一。结构的平衡性、协调性和动态优化性,以及具有较强纠偏能力、抗冲击抗风险的韧性和可持续发展的结构质态,是体系质量的重要内容。所以,供给体系质量的实质性提高是一个系统性和全面性的过程,为达到这一目标,要有各方面的协同努力。

科技创新、现代金融、人力资源助推产业发展。供给体系质量的系统性和实质性提高,不仅体现在实体经济层面,而且体现在同实体经济发展高度相关的广泛产业体系层面。实体经济发展,特别是向着高质量方向的发展,首先要有技术源泉,没有技术或者技术水平低下就不会有有效供给,因为,没有科学技术的进步并成为产业发展的持续动能,产业发展就成为无源之水、无本之木。因此，科技创新是推动发展的第一生产力。

就其物质技术性质而言，所谓产业，其实质就是人类获取创造有用之物或服务产品的经济活动，产业能力归根结底由科技水平所决定。如果科技水平低下，地球上大多数物质都是无用之物，没有产业发展可言；而只要科技水平不断提高，充分发达，地球上（以至太空中）所有的物质都可以经人类的产业活动而成为有用之物，没有绝对的废物。可见，科技创新是现代产业体系的灵魂和根本性拓展力量。建设现代产业体系，就是要构建能够充分吸收和运用现代科技成果的社会生产系统。

社会生产系统及其有效运行，仅仅有物质条件和科技资源还不够，如果没有发达的市场机制特别是金融体系，现代产业体系是难以形成和运行的。构建现代产业体系以市场经济制度为前提，在市场经济制度下，金融是产业运行的"血液"，各种资源包括科技创新资源的配置，都要以金融体系的有效运行为助力。正是在这一意义上，资金（资本）是第一推动力，金融如同产业运行命脉性的操作工具和体系枢纽，现代金融是现代产业体系不可或缺的重要组成部分之一。

产业活动是人的活动，产业体系归根结底是人的劳动分工体系。无论是科技创新、生产活动还是金融服务，人不仅是活动主体和利益主体，而且是第一资源。产业体系的运行，根本的动力机制是实现人力资源的相容激励和有效配置。进一步说，充分发挥人的能力不仅是产业发展的决定性因素，而且是人类发展的最终目的和根本价值。也就是说，人力资源对于产业发展不仅仅是工具性的，而且是目的性和价值性的，人的能力及人力资源的充分发挥是达到人的"满意"价值目标的最终体现，亚里士多德称之为"至高之善"。既然社会发展的最终价值是人的能力的充分发挥和实现，那么，建设现代产业体系，人永远是主体和主角，人在产业体系中的地位是产业价值的判断准则。

总之，形成科技创新、现代金融、人力资源助推产业发展的格局，实现促进实体经济发展的协同机制，是建设现代产业体系的根本方向。

产业体系的内在协同性决定国家产业竞争力。既然现代产业体系包含实体经济、科技创新、现代金融和人力资源等诸多方面，那么，国际产业竞争就必然是国家产业体系的系统优势较量，而不仅仅是古典经济理论所描述的基于某些要素禀赋的"比较优势"国际分工。在现代经济中，社会分工不仅是生产分工，而且是全体系内的分工与协同。尽管各分工参与者分别处于经济、科技、金融、人才等不同领域或部门，各自有其特殊的运行规律和行为规则，但是，在建设现代产业体系上具有共同的方向，所以，各参与方的积极协同，形成有效合力，就是一个十分复杂而关键的问题。

首先，在现代科技条件下，一些最重要、最高端的"产品"已不是个别产业或单一产业链所能制造的，而是整个产业系统协同生产的成果。这些产品，比如高铁、航母、大飞机等，涉及难以计数的产业部门的直接、间接参与者。如果没有具有内在协同性的产业体系的支撑，没有科技研发体系、金融体系和人才资源以及高质量实体经济的综合实力，不可能生产出这类具有"极端技术"和"极端性能"的"极端产品"。而这类产品的研发、设计、生产能力和制造及工艺水平，正是国家产业体系综合竞争力的最重要体现之一。

其次，产品的丰富性和复杂性可以表现经济体的实力，而丰富和复杂产业体系的协同性更体现了其国际竞争力。中国是世界上唯一的在实体产业的所有统计分类项目中都有不凡表现的国家，这不仅是因为中国经济体量大，人口多，幅员辽阔，而且也反映了中国产业体系的高度完整性和系统性实力。这样的产业体系必须具有更强的内在协同性，才能有效运行，避免结构失衡或流转失序。而发生"产能过剩""杠杆过高"甚至"风险失控"等严重不平衡现象，则表明产业体系的内在协同性还有待提高。

最后，在现代科技支撑下，产业结构高度复杂化，原有意义上的第一、第二、第三产业的界限日趋模糊，产业发展的跨界现象层出不穷。产业体系结构的复杂化，导致经济主体和各种经济关系的复杂化和高度交织纠缠，深度嵌入，"我中有你，你中有我"，产业业态模式日新月异，有时甚至已经难以清晰界定经济主体的利益结构以及各利益相关者之间的实质关系。在此形势下，产业体系的有序运行面临各种新问题，对其内在协同性提出了新的更高要求。面对新形势和新挑战，必须深化改革，完善体制，进一步增强产业体系的内在协同性，才能应对急剧变化和日趋复杂的产业发展趋势。

协同发展的现代产业体系依托于更完善的体制机制。据上所述，所谓"协同"是指，在体系构成具有相当的复杂性，而且各构成部分具有不同功能特征的条件下，通过可行方式进行系统性安排或协调，使各构成部分不仅能有效发挥各自的功能作用，而且能形成互补、互推的合力，以促进整个体系实现其运行效能和合意目标。可见，协同是一个多主体的关系性现象，具有不同行为目标的各行为主体，要实现系统性的行为协同，就必须以一定的体制机制为基础。习近平总书记在中共十九大报告中所提出的对这一体制机制的总体性基本要求是："市场机制有效、微观主体有活力、宏观调控有度。"协同发展的现代产业体系应在此体制基础上构建、运行,并不断完善和升级。

由于现代产业体系涉及实体经济、科技创新、现代金融和人力资源等诸多方面,其构成结构十分复杂,所以,在关于经济体制的总体性基本要求的指引下,还需要进行更深入的改革设计和精细安排。不仅在基本制度层面和各领域制度层面,而且要以系统性思维对各类法规和政策进行统筹兼顾的设计和安排,才能真正建设好协同发展的产业体系。

例如,实体经济部门与科技创新部门,具有不同的制度逻辑和行为规则。一般来说,实体经济部门是营利性体制机制,而科技创新部门往往具有非营利性,即使选择实行营利性制度,也通常能够获得公共性资助,具有较高程度的公益性和公共性。那么,这两类部门如何有效协同,才能使科研成果及时有效地实现产业化?在两类部门协同过程中,利益关系、激励机制如何安排?同国家间的关系(例如,知识产权、国家税收、政府补贴等)如何合理处置,才能保证市场竞争的公平性和国家战略意向间的相容与协调?

又如,实体经济以及科技创新,同金融体系,也有不同的制度机理逻辑。实体经济和科技创新具有实物性、有形性或效用性,其成果体现为实际产品的真实效用;而金融活动主要是中介性的,其成果体现为通过为实体经济或科技创新服务而增值,当然也可能自我增值。那么,金融部门如何才能更好地与实体经济及科技创新部门相协同?金融服务不仅要支持实体经济和科技创新活动,适度提供杠杆,而且要为其管理和控制风险,增强其经济实力和抗风险能力,而不是增加它们的负担和风险,就是一个极为重要而现实的问题。

再如,人力资源供给如何适应实体经济、科技创新以及金融服务的需要和促进其发展?这涉及庞大而多层次的教育培训部门及各类相关部门。这些部门的体制机制逻辑同经济、科技及金融部门又不完全相同,人才的成长周期同经济、科技及金融活动的不同周期性如何协调?更重要的是如前所述,人不仅仅是资源,更是主体。在产业体系建设中,如何体现人的资源性和主体性之间的关系,是建设协同发展的现代产业体系的具有核心意义甚至"终极意义"的问题。产业体系的内在协同性,归根结底是人的协同,而人的协同归根结底是产业体系中人的资源性和主体性的协调。这一根本性关系深置于协同发展的现代产业体系之中,决定着协同的质态和成效。

最后,更高层次的开放型经济体制是现代产业体系的本质要求和重要特征,建设协同发展的现代产业体系必须以融入经济全球化为方向。全方位地与世界经济接轨，以人类命运共同体的思维，在更大范围和更深层次上加强国际协同，互联互通，是加快建设协同发展的现代产业体系的必由之路。开放型新体制的建立涉及全球治理体系的变革，是一项更为复杂并需要国际协同的世纪性课题。

总之，加快建设协同发展的现代产业体系，最关键的就是要建立各相关领域的有效体制机制，以及各领域体制机制间和各项政策安排上的相互衔接、相容、配合、贯通，避免摩擦、冲突和障碍，以形成系统性的协同合力优势，不断增强中国经济和产业体系的创新力和竞争力。这是积40年经验所获得的一个重要历史启示。

参考文献

1. ［德］康德：《三大批判合集》（上），人民出版社2017年版。
2. 习近平：《决胜全面建成小康社会　夺取新时代中国特色社会主义伟大胜利》，《人民日报》2017年10月19日。
3. 《高举中国特色社会主义伟大旗帜　为夺取全面建设小康社会新胜利而奋斗》，《人民日报》2007年10月25日。
4. 金碚：《论经济发展的本真复兴》，《城市与环境研究》2017年第3期。
5. 金碚：《关于"高质量发展"的经济学研究》，《中国工业经济》2018年第4期。
6. 《中共中央关于全面深化改革若干重大问题的决定》（2013年11月12日中国共产党第十八届中央委员会第三次全体会议通过），《人民日报》2013年11月16日。

第三章 中国工业发展的全球化取向

任何国家的工业化都不可能在封闭经济条件下实现，中国工业化的加速推进，必须在扩大开放以至经济全球化中实现。作为一个占世界人口1/5左右的巨大型国家，中国工业化必然具有世界意义，可以说，中国工业化实际上是一个全球性事件，即中国工业化的加速推进，不仅彻底改变了中国的面貌，而且极大地改变了世界的面貌。

一、中国改革开放改变了经济全球化格局

20世纪40年代第二次世界大战结束以来，尤其是70年代末80年代初的中国改革开放，极大地改变了世界经济格局。一个最突出的表现就是，发展中经济体特别是中国经济强劲增长，推动经济全球化进入新时代。人口最多、规模巨大是中国经济的一个突出特点。中国高速增长实现工业化，全球工业化版图就会发生巨大变化。从西欧国家发生工业革命以来的近300年间，全世界有60多个国家或地区发生工业化，进入工业社会，其总人口占世界人口总数的比重不足20%。而中国有13.7亿人口，也接近世界总人口的20%。也就是说，中国进入工业社会就意味着全世界工业社会的人口翻一番，这是人类历史上未曾有过的现象：一个国家的工业化就导致世界工业化版图的如此巨变。

中国自20世纪80年代以来的工业化进程，也是走向全方位对外开放的过程。跟其他大国曾经的工业化进程相比，中国实行对外开放的速度和广度是非常显著的。中国进入WTO时所做出的开放承诺，连外国和国际组织的一些专家都承认，在许多方面是"非常激进"的。在工业化程度和人均收入非常低的条件下，就快速而宽领域地实行政策，在世界大国中是很罕见的。[①] 因此，中国经济快速融入世界经济，特别是中国制造业广泛地加入国际分工体系，曾

[①] 在人类历史上，从来没有一个人口超过1亿的国家，在处于中国这样的发展水平时，实行像中国这样的全方位彻底的对外开放政策，特别是对外商直接投资所实行的高度容忍和彻底开放的政策。

经高度封闭的中国市场在短时间内就成为国际市场的重要组成部分。①

工业化的加速得益于对外开放政策：广泛地获得了国际分工所提供的制造业发展机会，技术追赶速度加快。国际分工深化导致产业分解，产业链延长，发达国家和新兴工业化国家的传统产业可以迅速地向中国转移。中国承接制造业供应链的组装加工环节，很快形成了从沿海地区向内地延伸的许多加工区和产业集群。产业分解和产业分工促进技术扩散和产业扩张，不仅传统产业向中国转移，而且，高技术产业中的一些加工组装环节也不断向中国转移。实际上，在分工高度细化和生产环节高度分工的条件下，被统计为"高技术产业"的生产工艺同传统产业的生产工艺之间并没有不可逾越的鸿沟。这样，中国工业很快全面融入国际产业分工体系。②

一个巨大经济体融入经济全球化，不仅会改变全球经济体系的基本结构，而且各国产业体系高度结合，国际分工合作不可阻挡地冲破国界限制，不仅经济活动跨越国界，而且经济主体的组织形态也跨越国界，跨国公司和跨国产业链成为经济全球化的重要载体和实现形式，出现各种犬牙交错的"超国籍"现象，甚至按产（股）权、注册地、所在地、控制权等原则都难以明确定义其国籍归属。在经济全球化新时代，经济国界变得越来越模糊，经济主体和经济行为的"超国籍"现象深刻地改变着整个世界。

中国经济规模巨大并高速增长，但在短时期内不会改变人均水平低下的现实状况。目前，按人均产出或人均收入计算，中国的经济发展尚未达到世界平均水平，仍属于世界"平均数"之下的国家（为世界平均值的2/3~3/4），仅居第80位左右。根据安格斯·麦迪森的预测，到2030年，中国占世界GDP的比重可能增加到23%。也就是说，从现在到2030年，是中国人均产出和收入水平达到和超过世界平均水平的历史性转折时期。③ 可以说，中国改变世界格局的历史才刚刚开始。

经济全球化新时代，表现为利益交织、权力多极、多国共治的特征；工业化向更广阔的陆海空间拓展，形成更为纵深的格局。全球竞争越来越突出地表现为由多国企业参与的复杂"产业链"之间的竞争，不仅制造业竞争是"供业链"竞争，而且国际金融业也呈供业链状。各国经济，包括对手国家经济之间，都处于相互交织的关联网中，那种传统的"你死我活"的竞争格局演变为

---

① ② 金碚：《大国筋骨——中国工业化65年历程与思考》，南方出版传媒集团广东经济出版社2015年版，第91页、第93页。

③ 金碚：《新常态下的区域经济发展战略思维》，《区域经济评论》2015年第3期。

各国"俱荣俱损"的绞合状竞争格局。甚至"消灭对手"也使自己受损。例如，在2008年爆发金融危机时，各国必须联手救市；金融行业闯祸导致了危机，却不得不用纳税人的钱去救助那些闯祸的金融机构；有的制造企业甚至请求政府挽救自己的竞争对手，因为相互竞争的企业有共同的供应商，对手企业如果倒闭，供应商企业难以存活。这成为经济全球化新时代的奇特现象，即各不同经济体（国家、地区或企业）之间利益边界不再截然分明，而是"你中有我，我中有你，你我中有他，他中有你我"，利益交织，相互依存。

在这样的经济全球化新时代，过去那种列强争夺领土的历史已不可能重现，没有国家再会企图获取"占领国"利益，即使是霸权主义的美国也不再谋求"占领"目标。这样，共治共享，将成为世界可持续发展的唯一可行模式，也是符合中国理念和国家利益的经济全球化方向。习近平主席代表中国宣称的"中国永远不称霸"不仅是真诚的表达，实际上也是宣告列强时代与霸权时代已经终结。人类不可能再走回那个旧时代。

经济全球化新时代的上述特点必然推论出新时代的另一个新特点，各国必须主要依靠自己的努力首先"把自己的事情办好"，也难以采取对外扩张和掠夺的方式来转移国内矛盾，解决本国问题。依靠地理空间和产业空间中的"占地为王"和"夺市强掠"已经不是可行的选择。每一个国家都将更加着眼于自己国民的"民生体验"，实际上是进行全球性的治理竞争、文明竞争和国家竞争。各国将在商品、资金、人员、信息等更具国际自由流动性的全球化体系中，进行深度竞争与合作，人民福利体验也将以全球化为背景，因为开放的世界使各国国民可以进行民生体验的国际比较。各国制度的"合法性"和执政者的"合法性"将以国际比较下的民生增进和经济社会发展的包容性、可持续性为依据。通俗地说就是：人民满意不满意，认可不认可，将决定经济全球化新时代的国际竞争输赢。

在全球化新时代，中国对世界的影响，不在于其规模之大，而在于能否以善治示全球，以创新领潮流。奈斯比特说："随着经济实力的增强，中国在国际事务中发挥越来越重要的作用，但它在国际社会的权威性和话语权还属于轻量级水平。国际社会对中国的认可取决于它们对中国国内发展的看法；而我们认为，中国对内将变得更中国化。"[①] "当今中国的发展，首要考虑的都是国内因素。然而中国的进一步开放却必须在全球关系转型的大背景

[①] ［美］约翰·奈斯比特、［奥］多丽丝·奈斯比特：《大变革：南环经济带将如何重塑我们的世界》，中华工商联合会出版社2015年版，第169页。

下进行。"① 在经济全球化新时代，国际竞争的本质是"善治"，即首先是把自己国内的事情办好，最重要的是使自己的国家充满创新活力，从而体现出其强于别国的生命力、竞争力和创造力。所以，中国将从高速度增长转向高质量发展。中国在经济全球化新时代的地位将取决于如何从曾经的"高增长引领世界经济"转变为未来的通过高质量发展以"善治与活力引领世界经济"。诺贝尔经济学奖获得者埃德蒙·菲尔普斯以其长期研究成果表明，真正可持续的经济增长归根结底依赖于经济活力的释放，而"经济制度的巨大活力要求其所有组成部分都具备高度的活力"②。这决定了哪些国家可以释放活力、实现创新、引领世界经济增长。他指出，对于中国自 1978 年后实现的创纪录经济增长，"在其他国家看来，中国展现出了世界级的活力水平，而中国人却在讨论如何焕发本土创新所需要的活力，因为如果不能做到这一点，高增长将很难维持下去"。他认为中国自己的认识和意图是正确的。按他的研究发现，中国 30 多年来还只是属于"活力较弱的经济体"，只是因其"灵活性"而不是高活力实现了高速经济增长。这样的经济体"可以在一段时期内表现出比高活力的现代经济体更高的增长率，但随着这些经济体的相对地位提升，对现代经济实现了部分'追赶'，其增速将回到正常的全球平均水平，高增速会在接近追赶目标时消退"③。

大多数经济学家都认为，中国的超高速增长期将会终结，实际上，中国自己也同意这样的判断。2014 年底，美国著名经济学家兰特·普里切特和劳伦斯·萨默斯在美国国家经济研究局发表的《经济增速回归全球均值的典型化事实》一文中做出明确结论："经济增速回归全球均值是经济增长领域唯一的典型化事实。遵循这一客观规律，中印经济增速均要大幅放缓。印度，尤其是正在经历史无前例超高速增长的中国，已持续增长的时间是常见典型增长的 3 倍。我们预计，中国经济超高速增长阶段将会突然中止，增速回归全球均值。"具体预测为"中印 10 年或 20 年后经济增速为 3%~4%"④。

可见，在经济全球化新时代，中国要走的艰难道路是：从躯体庞大的

---

① ［美］约翰·奈斯比特、［奥］多丽丝·奈斯比特：《大变革：南环经济带将如何重塑我们的世界》，中华工商联合会出版社 2015 年版，第 200 页。
② ［美］埃德蒙·费尔普斯：《大繁荣》，中信出版社 2013 年版，第 32 页。
③ ［美］约翰·奈斯比特、［奥］多丽丝·奈斯比特：《大变革：南环经济带将如何重塑我们的世界》，中华工商联合会出版社 2015 年版，第 24 页。
④ ［美］兰特·普里切特、劳伦斯·萨默斯：《经济增速回归全球均值的典型化事实》，《开放导报》2015 年第 1 期。

"中等生"成长为充满活力的"优等生",即从人均收入处于世界平均值以下,提升为达到世界高水平,这需要有保持经济动力和活力的新观念。奈斯比特曾指出,从一定意义上可以说,"世界经济大变局"的实质就是"中国改变世界格局"。① 而中国能否改变世界,关键不在实力能否雄踞世界,而在观念能否启示和召唤人心。"人类命运共同体"意识就是中国贡献给世界的一个极有价值的思想启示。

二、人类命运共同体意识是全球化新时代的方向标

2012 年,中共十八大报告正式提出"倡导人类命运共同体意识"。此后"人类命运共同体"概念越来越受到人们重视,并走向世界,成为中国话语中的一个激发人心的亮点。2017 年 1 月 17 日,在世界经济论坛(达沃斯)开幕式上所作的主旨发言中,习近平主席进一步强调了人类共同体思想,并于 1 月 18 日在日内瓦万国宫发表了《共同构建人类命运共同体》的演讲,全面系统地阐述了人类命运共同体理念,就事关人类前途命运的重大问题提供中国思路、中国方案,为人类社会发展进步探寻方向、描绘蓝图。这是中国给世界的一个具有深远意义的启示和思想贡献。

人类命运共同体意识的核心是正确认识经济全球化。习近平 2017 年 1 月 18 日在联合国总部的演讲《共同构建人类命运共同体》中指出:"经济全球化是历史大势,促成了贸易大繁荣、投资大便利、人员大流动、技术大发展。21 世纪初以来,在联合国主导下,借助经济全球化,国际社会制定和实施了千年发展目标和 2030 年可持续发展议程,推动 11 亿人口脱贫,19 亿人口获得安全饮用水,35 亿人口用上互联网等,还将在 2030 年实现零贫困。这充分说明,经济全球化的大方向是正确的。当然,发展失衡、治理困境、数字鸿沟、公平赤字等问题也客观存在。这些是前进中的问题,我们要正视并设法解决,但不能因噎废食。""100 多年全人类的共同愿望,就是和平与发展。然而,这项任务至今远远没有完成。我们要顺应人民呼声,接过历史接力棒,继续在和平与发展的马拉松跑道上奋勇向前。"

全人类的共同愿望基于共同的利益,全人类的共同行动缘于身处同一个地球,面临共同挑战:资源约束、环境破坏、气候变异、安全风险。还有许多因发展落后或不平衡而产生的矛盾甚至冲突:贫穷、疾病、不平等。这些

---

① [美]约翰·奈斯比特、[奥]多丽丝·奈斯比特:《大变革:南环经济带将如何重塑我们的世界》,中华工商联合会出版社 2015 年版,第 173 页。

都需要人类共同努力,合作应对,特别是要维护世界和平和国际体系,负责任有能力的国家尤其是大国,要为人类发展提供更多全球性公共品。

在近现代人类史上,工业革命、资本主义市场经济发展与经济全球化是三位一体的过程。经济全球化要求各国或各地区的市场开放,并实现世界市场的一体化。19世纪到20世纪中叶之前,以第二次世界大战为界,为第一次经济全球化;20世纪中叶直到21世纪第一个10年为第二次经济全球化。当前,世界正在兴起第三次经济全球化浪潮。[①] 第一次经济全球化时代,以领土(殖民地)争夺直至世界大战为资本主义工业化开拓世界市场。第二次经济全球化时代,形成霸权国家主导的世界贸易秩序,全球化取得很大成就,但也出现了越来越严重的对抗、分化、极化现象。在这一时代,中国寻求民族复兴,从落后封闭走向开放崛起,开始重回历史中心舞台。更多国家和民族融入全球化,各类经济体的利益越来越相互渗透、融通,虽然矛盾难以避免,但更具包容性和均势性的全球经济,符合大多数国家利益。尤其是对于利益边界扩展至全球的世界大国,要维护经济全球化发展的新均势、新格局同各自的国家利益相一致。在经济全球化的新时代,和平发展、多元共治、包容均势必成主流。

三、"一带一路"构想推动走向人类命运共同体世界

当前,世界工业化和经济全球化正在向欧亚大陆及南方国家的纵深地带发展,可望形成全球繁荣新格局和世界秩序新均势。顺应这样的世界工业化和经济全球化大趋势,中国发出了"一带一路"和"建立新型大国关系"的时代倡议,这将为经济全球化新时代注入新的活力、动力和竞争力。

200多年来,尽管历经巨大的历史变迁,但人类发展并未脱离这三位一体的基本轨迹:今天的世界仍然处于市场经济纵深发展、工业化创新推进、经济全球化势头强劲的时代。当然,今天各国的工业化和市场经济发展同200多年前的工业化先行国家有别,今天的经济全球化同以往时代也大为不同。中国的"一带一路"构想,体现了人类命运共同体的意识,将成为经济全球化新时代具有标志性意义的伟大壮举。而实现"一带一路"构想的关键,则在于必须有顺应经济全球化新时代的全球互通、互利互惠的要求,这是形成人类命运共同体的基本方向。

[①] 金碚:《论经济全球化3.0时代——兼论"一带一路"的互通观念》,《中国工业经济》2016年第1期。

进入经济全球化新时代，更多国家间实现更全面深入的"互联互通"是一个基本的趋势。中国提出"一带一路"构想，其核心含义首先是要实现更通畅的"互联互通"格局。

当前世界地缘政治格局的四大板块（也有学者称之为"战略辖区"）为：海洋国家板块（以美国及濒海欧洲国家为核心）、欧亚大陆国家板块、东亚陆海板块和南亚次大陆板块等。"一带一路"构想几乎同世界的四大地缘板块都有密切关系。要在如此广泛和复杂的地缘空间中实现"互联互通"，牵动全球，可以检验人类命运共同体的观念是否具有现实基础和客观根据。

纵观世界历史，经济全球化几乎与利益冲突及国家战争同行。在陆权时代，国际"互联互通"的客观趋势往往要通过世界范围的大规模战争来实现。那时要实现"互联互通"就要有"势力范围"，即以构建"势力范围"的方式达到互联互通，而各国占有的各"势力范围"之间难以互联互通。因为，与海洋中有"公海"不同，大陆上没有"公陆"作为互联互通的"自由通行"。而且只有在各"势力范围"内才有国家提供"互联互通"的安全保障。所以，占据更大的陆地领土和势力范围以扩展"生存空间"成为陆权时代的地缘政治特点。实际上也成为爆发战争的原因，甚至成为侵略行为的"理由"。

进入海权时代，濒海欧美国家占据优势，20世纪以来美国成为霸权国家。在这一时代，"发现"和拓展海外殖民地被认为是海洋强国的"合法"权利，"发现新大陆"成为"英雄"行为，实际上不过是将原住民赶走或杀戮，而占据他们的领地。当殖民地瓜分完后，海权国家（主要是美国）则将要求和迫使大陆国家"门户开放"作为其实现"互联互通"的全球化战略。并提出一系列主张"自由贸易""自由市场"、公海"自由航行权""经济全球化"等观念，使之成为保证世界"互联互通"格局和维护世界治理秩序的"原则"和法理基础。在所有国家中还有一个"警察"国家，即超级大国美国，自认为拥有维护这样的世界秩序的特权。

这个时代还有一段"插曲"，即在第二次世界大战后的冷战时期，与以美国为首的西方国家相抗衡，苏联也力图形成以其为中心，由苏联东欧国家及亚洲盟国所组成，并向其他地区渗透的势力范围，构造与西方资本主义国家相对立的"平行"地缘政治战略空间。实际上是两大意识形态观念支撑着以对抗为前提的"互联互通"，必然引致严峻的国际紧张局势和冲突。20世纪90年代苏联解体之后，才真正可能出现全球化的"互联互通"整合空间。

可见，以往的"互联互通"主张都具有强国战略的意义，是利益严重冲突和对立前提下的经济全球化，也就是说，有实力的国家才能凭借实力，主张和推进势力范围内的"互联互通"，所以可以说那是一种"帝国"野心笼罩之下的经济全球化，所谓经济全球化可以理解为强权帝国（美国）的"全覆盖"。而面对这样的经济全球化和"互联互通"要求，弱国则往往倾向于自我封闭和实行保守主义政策，除非可以确保安全和利益，否则宁可不要门户开放和互联互通，也宁可拒绝自由贸易和全球化。因为，各国没有共同的利益，不是命运共同体，而是命运相克方。特别是，全球化及其要求的"互联互通"与各国的国家安全利益密不可分。如果危及国家安全，仅仅基于经济上的"互利互惠"，生意再大，"油水"再多，也不足以形成"互联互通"的全球化格局，而相互封闭才是国家安全利益所在。

因此，真正的经济全球化和顺畅而主动的"互联互通"，归根结底取决于各国之间是否存在共同利益，具有相互间的安全承诺和保障，也就是说，只有承认人类命运共同体，感受人类命运共同体的存在，经济全球化和顺畅而主动的"互联互通"才是客观可行和可持续的。中国处于"以复兴中的中国为核心的东亚陆海板块"，其地缘政治地位的特点是兼具海洋和大陆两方面的性质，所以，中国提出的"一带一路"倡议是一个更具包容性的构想。这一构想基于经济全球化的现实，可以促进人类命运共同体的实现，但还需要有各国可以接受的"观念互通"。

"一带一路"所要求的"观念互通"并不是"观念统一"，并不期望更不强制相关各国统一于中国的观念。世界的现实是，尽管自工业革命以来，科学理性成为各国需要接受的"先进思想"，但在实际的经济行为中，各国各地各民族不同的文化理念必然发挥深刻而广泛的影响，可以说，赤裸而纯粹的"科学理性"是不存在的。当前的世界工业化正在向具有深厚历史文化根源的大陆腹地推进，"一带一路"相关国家许多都是人类文明的发源之地，文化观念的丰富性既是财富，也是工业化推进须经之"山丘"，景色美好，路途崎岖。中国主张的"一带一路"，希望实行"全方位对外开放"，但其他国家对此未必有同样的理解。即使相关国家的政府能够认同，社会各界也未必完全服从，而且，政府本身也可能因执政党轮替而改变倾向。所以，"一带一路"构想的实现，必须以最大限度的包容性来实现各国差异观念间的沟通，寻求不同价值观念中的最大"公约数"。

人类命运共同体就是一个最有可能为各国各民族所接受的观念"公约数"。不必谋求"势力范围"，进行强弱竞争，而是在共同利益基础上的伙伴互惠，尊重各国的主权和经济秩序（制度、法律和政策）及发展战略。在经济全球化观念中注入发展意识和包容性意识，促进"全球化均势发展"或"全球化包容发展"，就有可能最大限度地接近人类命运共同体理想。中国向世界贡献的这一新观念不仅可以为经济学理论（尤其是发展经济学）和地缘政治理论所支持，占据理论高地，而且占据了人类发展的道德高地，体现了经济全球化新时代的新观念。

当然，主张人类命运共同体的观念意识，并不是否定矛盾，粉饰太平。尽管以国家间大规模战争、国土占领和霸权国家主导为特征，因而冲突激烈的时代已成过往，和平发展成为世界主流，但是，利益分化、矛盾冲突仍然存在，恐怖主义、阶级斗争、移民困境、政权动荡等现象表现出人类仍然存在深刻的矛盾，仍然是地球上最具内部冲突性的"物种"，人类发展仍然可能陷入巨大困境，今天的世界还不是一个太平、安定、幸福的人类乐园。所以，实现人类命运共同体还是一个美好的向往。而美好向往正是奋斗的目标。中国改革开放40年的历史成就表明，只要方向正确，共同奋斗，人类的美好向往是能够实现的。再过两年，中国将全面建成小康社会，这在改革开放之前极为贫困的中国，是个难以想象的目标。今天中国人完全可以自豪地说：百年之梦在一代人的生命时间里就得以实现，一代人的人生经历就可以体验一个国家的历史巨变：从贫困到小康。因此，中国可以改革开放40年的成就为据，并以初具实力的国家底气为基，自信地向世界贡献"人类命运共同体"观念意识和"一带一路"构想，而这绝不是句空话和无根据的空想，"一带一路"构想正是推动全球走向人类命运共同体世界的务实行动。中华民族是一个乐观而务实的民族，我们相信：人类能够消除种族冲突、国家战争、内部屠杀、恐怖行为，共同携手战胜饥饿、贫困、病魔，实现人类命运共同体的向往。人类将以自己的行为证明可以成为这个地球上的优秀居民！

四、在经济全球化中建设现代产业体系

近年来，世界经济和国际经济政策环境正在发生很大变化，有些事件和国家行为，超出人们预想。中国产业体系建设和发展正面临新的挑战。如何认识和应对新形势和新挑战，是摆在中国产业体系建设面前的一个重要课题。

中国工业化40年的经验告诉我们，现代产业体系是开放性系统。自新中国成立以来，特别是改革开放以来，从提出要建设独立自主、自力更生的

工业经济体系，到建成完整的产业（工业经济）体系，进而提出要建设现代产业体系，一直是中国经济发展和国民经济建设的重要战略方向。在一般语境中，"体系"或"系统"似乎意味着"完整"，应具有自成一体、自我循环、不依赖外部因素的特征。其实，凡是具有生命力或"活性"的体系或系统都必须同体系外或系统外进行能量、物质或信息交换（交流），一定的开放性和"输出—输入"通畅，是任何生命体系的重要特征，"生"与"死"的分水岭。现代产业体系的进步性和更强活力，正表现为与传统产业体系相比具有更大的开放性和协同性，不仅具有国内开放性，而且具有国际开放性，并以开放方式实现广泛的协同性。

在现代产业体系中，绝大多数企业所生产的产品都是社会分工的产物，没有任何一种复杂产品的所有零部件都可以由一个企业自制。所以，现代产业体系的一个重要特征就是：所有产品都是在社会分工和国际分工体系中制造的，所谓"自产""国产"等均只有相对意义，通常只是指其最后的总成（组装）环节，由本企业或在本国完成。各生产企业或单位，为什么会选择这种"有求于人"的生产方式呢？原因很简单：国际分工生产的产品通常比国内分工生产的产品的竞争力更强。国内分工产品是在一国范围之内优选合作者或协同者，国际分工产品是在多国范围内优选合作者和协同者。无论是成本控制还是质量水平，以至技术选择，后者都强于前者，因为其选择性更强，保障性更可靠。

现代生产的这一特征决定了现代产业体系必然具有很大的开放性，无论大国还是小国的产业体系都是开放系统，国际化循环。在现代经济中，除了极为特殊的产品之外，封闭的产业系统是难以生存的。也正因为这样，可以看到，对一国实行所谓"国际制裁"实际上就是对被制裁国产业进行封锁，阻断其开放通道。总之，在现代产业发展中，越是开放，就越是充满活力，越是强健和具有市场适应性；而封闭则意味着落后和被淘汰。

产业国际竞争力体现在全球化分工中。如前所述，由于现代产业的特点是所有产品都是社会分工合作的成果，是多国生产单位参与的"国际制造"产品，那么，各国的产业竞争力如何体现呢？据资料反映，在国民经济统计分类的所有产业类别中，中国都有不俗的表现，甚至可以说中国是世界各国中产业门类最齐全的国家。这当然可以表明中国产业发展所取得的成就，作为制造业生产规模世界第一的大国，中国完整的工业生产体系确实也是中国产业国际竞争力较强的一个重要表现。

那么，除了规模大，门类齐全之外，决定产业国际竞争力的还有什么因素呢？当看到中国企业在各产业门类中都占有一定份额后，进一步更要关注的是，在各个产业类别中，中国企业的分工地位居于整个产业链的哪些环节？各方面的资料信息都反映：在大多数产业类别中，中国企业大都居于产业链或产业分工中的中低端环节。有些高度复杂的产品，如飞机、船舰（航母）等的制造，中国尚处于发达国家 50 年前的水平。而在中国的一些具有优势的产业中，如高铁等，其核心零部件仍然主要依靠外国。

电子信息产业也数中国发展比较好、规模相当大，并具有一定的市场优势的产业，但日前发生的美国政府对中兴公司所做出的芯片禁售决定所导致的后果，表明整个产业链的最核心部分，中国严重受制于美国。这使我们国内产生了一种意见，认为中国必须加大投入，自力更生，自己生产，将芯片的核心技术掌握在自己手里。这样的主张，当然心情可以理解，也确实指出了中国企业在进入制造业高端环节时的徘徊，并往往具有过度追逐短期利益（如偏离主业而大量进入房地产领域）的偏向。在核心技术上的进取确实是中国产业发展的一个战略方向。但是，绝不能因此而认为只有掌握在自己手里的生产能力才是可靠的，融入国际分工就会导致安全风险，处于受制于人的被动境地。这样的推论并不成立，全球化国际分工与产业安全并不是对立关系。相反，在现代产业发展中，产业国际竞争力在很大程度上取决于参与全球化分工的广度和深度，增强产业国际竞争力才是产业安全的根本保证。这是中国改革开放 40 年来的实践所证明的一个重要经验。

当前，美国特朗普政府试图以限制中国与美国进行深度分工的方式来获取短期利益，激烈地表现为，以加征关税的方式来限制中国产品进口，企图强制性地谋求贸易平衡。或者企图以此手段迫使中国更大地开放或自我限制，只可能导致各方产业竞争力的受损，而且破坏了世界产业进步的正常路径，扰乱国际产业竞争秩序。

在当代世界，产业的国际竞争力体现在全球化分工中，如果采取破坏全球化分工的方式，试图损人利己，结果只能是各方受伤。由于各种产品实际上都是"国际制造"，采取增收关税方式根本难以做到"精准打击"。因为，全球化分工条件下，在竞争对手那里实际上也有你的许多利益，当然在你这里也有竞争对手的不少利益，竞争对方既是你的对手，同时也是你的供应者，你是对方的供应者，同时也是对方产品的需求者，无论是禁止供应还是阻止购买或征收惩罚性关税，结果总是"杀敌一千，自损八百"。贸易关系的实质从来就是，参与各方既是对手又是伙伴。所以，以征税为手段的所谓"贸易战"是不可能无限度地打下去的，它只是一个笨拙的战术武器，其实各方都希望找到一个适可而止的妥协点。

中国工业化进入中后期，国际竞争格局发生了极大变化。对于中国工业实力的显著提高，发达国家特别是头号工业强国美国，难免变得备感压力。面对中国工业化所取得的巨大成就，美国特朗普政府以"国家安全"和"美国吃亏"为由，对中国进行竞争限制和要挟，不排除进一步采取措施来施压，确实可能对我们产生重击。那么，我们可以从中获取什么教训呢？

在现代产业分工体系中，各产业链在全球范围分布，各国进入全球化的产业链，可以获得巨大的国际分工利益，但也存在一旦链条的某个环节被破坏，可能导致生产流程难以运转的风险。而所谓"关键零部件"，实际上就是缺乏可替代供应的"卡脖子"环节。这往往存在于只能由某个国家，或者是能达成一致行动的少数国家所生产的特定零部件，即拥有技术垄断能力。一旦国家间的贸易摩擦升级，拥有技术垄断地位的国家，有可能使用垄断势力来获取自己的狭隘贸易利益。尽管发生这种现象的概率很小，但仍然是值得我们关注和研究的。

为了避免发生这样的情况，是否意味着各国都必须做到在各产业链的每个重要环节都要有自己的配套生产技术和生产能力呢？从全球化的产业分工格局来看，这样的要求是难以达到的，即使能够达到，也未必是有效率的和可行的。试图凭借一个国家的产业完整和"大而全"，来同世界产业分工体系抗衡，是很难有胜算的。

一个国家哪怕是一个大国，试图建立"万事不求人"的体系，不仅难以做到，而且会导致严重的资源浪费和配置无效率。产业安全的可行方式是，应努力做到产业链各环节的供应可替代性，即当某一供应方中断合作时，可以由其他供应方来替代。所以，凡具有竞争性（替代）供应方的产业链环节都不会成为产业安全的重要风险点。真正存在产业供应链风险点的是垄断性的（无替代）供应环节。

还有另一种产业安全风险，即缺乏市场替代空间，也就是当产品销售的某国市场大幅度缩小，或者因政府保护政策，例如大幅度提高关税，而导致生产国的产品竞争力无法承受而不得不退出或削减在该国市场的销售时，是否能有其他国家的市场可以开拓？

因此，如果是从国家产业发展战略来看，提高本国重要产业的产业链国际可替代性和市场可替代性是产业安全的关键。要识别和警惕产业链中的哪些环节具有高度的国际供应垄断性，鼓励本国企业，也可以联合更多国家的企业，合作研发，共同努力，打破一国垄断的格局。就如同形成空客与波音的竞争关系，这对整个航空制造业发展都是有积极意义的。作为一个已经具备了相当经济实力的国家，中国产业已到了负有全球责任的发展阶段，联合更多国家进行技术创新合作，打破重要产业链中的垄断性环节，整个世界都可以从中受益。同样，开拓更大的全球市场，是避免市场垄断性的有效战略。

改革开放40年来的中国经验是：**必须以全球化思维进行产业发展路径选择**。封闭是最大的不安全，开放是最有效的安全保障。这一历史经验绝不会因为美国特朗普政府所实行的保护主义政策而失效。所以，中国坚决主张实行自由贸易和更大开放的政策。绝不能因一些意外事件或对手蠢招而引致我们也乱了阵脚，迷失方向。以"更大开放"应对"保护主义"，才是战胜保护主义的根本出路。

需要进一步认识的是，40年来，中国的国际地位已经改变。在其他国家看来，世界经济中出现了一个巨大的而且仍在继续增长着的经济体。一方面，全世界都因此而受益；另一方面，世界市场的竞争压力显然在增加。特别是对于全球性"大玩家"来说，"落后中国"已经成长为庞大的中国，必须刮目相看。我们自己也已宣布告别了"落后生产力"时代。因此，对于战略玩家（经济大国）来说，同中国的产业竞争关系已经从过去的一般性市场竞争，转变为战略性竞争。

中国产业发展从改革开放前的封闭发展，经过实行改革以来的走向开放的发展，将进入开放竞争的发展阶段，这一新时代的到来是不以人的意志为转移的。在这样的新时代，中国产业与世界产业的融合趋势将进一步增强，其他国家离不开中国产业，中国产业实际上也离不开全球产业。我们应该理解，当自认为是"师傅"的发达国家，看到中国开始可以跟他们平起平坐，一决高下时，对于他们的那点"绝活"就会觉得特别宝贵，力图"留一手"，生怕"徒弟超过师傅"抢了师傅饭碗。而且还可能以他们的"绝活"作为同中国竞争的工具。对此我们不必特别义愤，可以理解发达国家看到一个又一个"绝活"被中国掌握的焦虑心态。

重要的是，中国自己的心态和应对之策。未来，中国产业发展应走向开放意识与安全意识并重的方向。绝不能因战略性竞争而采取封闭策略。要看到，越是不开放，风险就越大；凡是开放的产业都可能成为国际竞争力很强的产业；而凡是封闭和被保护的产业，总是越保护越依赖保护，越难以承受开放竞争的风险。实际上中国还有不少这样的产业。所以，产业开放是中国进一步深化改革的方向。由于中国变得如此巨大，对中国开放的国际压力会更大一些。这样的国际压力并非坏事，压力可以变动力，40年的经验表明，许多改革难关就是在开放压力下被突破的。中国作为一个经济大国，是很少有哪个产业真的会在扩大开放中灭亡的。中国国力已经可以保证，开放的步子更大些，产业技术进步会更快，竞争力会更加增强。有可能的只是，在此过程中一些局部利益会有些暂时损失。

我们不能把扩大开放中发生的局部利益损失，误判为国家安全风险。只有当开放可能导致重要产业损失到失去发展机会时，才是产业安全风险问题。这样的产业在中国已经越来越少。有些产业部门要求政府保护的原因，实际上是出于自己的短期局部利益考虑。当然，这样说并不意味着我们可以弱化产业安全意识。相反，如前所述，现在产业安全应该被放在同开放同样重要的地位。这不是因为中国产业变得更承受不了安全风险，而是因为我们的竞争对手可能更倾向于采取保护主义手段，对此我们也需要与时俱进地有自己的应对之策。

产业安全不是靠保护主义就可以得到长期维护的，以保护对保护也不是有效之策。实行保护主义政策的国家总会尝到保护主义对自己的长期损害。但是，竞争对手的保护主义战略手段，在一定时期内毕竟有可能导致我们的产业安全风险程度提高，产生一定的利益损失。所以，需要有正确的产业安全观，在经济全球化中以更大的开放实现产业安全是大趋势，坚持这样的产业安全观实际上是强者逻辑，只有在开放竞争中使自己更强，才是产业发展之路，国家兴旺之道。现代产业的国际竞争，主要不是体现在本国产业体系是否"完整"上，而是本国产业在全球产业中的系统性竞争优势。具有全球化系统性竞争优势的国家，其产业竞争力不仅取决于本国企业，而且得益于各国企业的合作。现代产业竞争本质上是系统的竞争，因此，成长于全球化，壮大于全球化，协同于全球化，兴旺于全球化，是现代产业体系建设和发展的正确路径。

参考文献

1. [美] 兹比格纽·布热津斯基：《大棋局：美国的首要地位及其地缘战略》，上海世纪出版集团2007年版。

2. [美] 罗伯特·卡根：《美国缔造的世界》，社会科学文献出版社2013年版。

3. [美] 约翰·奈斯比特、[奥] 多丽丝·奈斯比特：《大变革：南环经济带将如何重塑我们的世界》，中华工商联合会出版社2015年版。

4. ［美］亨利·基辛格：《世界秩序》，中信出版社2015年版。

5. ［美］埃德蒙·费尔普斯：《大繁荣》，中信出版社2013年版。

6. 金碚、张其仔等：《全球产业演进与中国竞争优势》，经济管理出版社2014年版。

7. 金碚：《大国筋骨——中国工业化65年历程与思考》，南方出版传媒集团广东经济出版社2015年版。

8. 金碚：《论经济全球化3.0时代——兼论"一带一路"的互通观念》，《中国工业经济》2016年第1期。

第四章 从高速度增长转向高质量发展

人类社会发展到今天，正在遭遇新的挑战，处于需要理性抉择的十字路口。为了应对人类发展所导致的环境和气候问题，越来越多的人认识到必须走低碳发展的道路，但也有人认为这个问题并不重要，或者不愿意为此付出代价。例如，美国总统特朗普上任伊始就宣布美国要退出《巴黎气候变化协定》。尽管他有自己的理由，认为美国签署《巴黎气候变化协定》意味着限制传统产业，特别是石油、煤炭等化石能源产业的发展，将会减少600多万人的就业。但是，人类必须理性反思：经济社会发展到今天，要以怎样的新理念进行怎样的行为调整？这涉及人类发展的核心议题：第一，经济发展的本原性质，即为什么要发展经济？第二，怎样实现经济发展？以往的发展道路和模式可否持续？第三，人类发展到今天应该以怎样的新理念来应对当前和未来的严峻挑战？

一、经济发展的本真性质

人类经济活动历史长达数万年，文明史也有数千年，而真正实现高速经济增长和发展的只是工业革命之后的现象，迄今为止仅仅300年左右。也就是说，在人类漫长的演化和发展史上，快速经济增长是个相对很短暂的时期。据估算，工业革命之前，经济增长率非常低，全球人均GDP几乎没有增长，有学者估算，从公元元年到18世纪初，全世界人均产出增长率只有0.02%，统计上几乎可以忽略不计。而发生工业革命的国家，经济增长显著加速。从全球看，工业革命及工业化现象从西欧国家及其移民地，扩散到东亚国家，以至世界各国各地，越来越多的人群进入"工业社会"，世界面貌因此而发生巨变。所以，从一定意义上可以说，迄今为止，经济增长或经济发展就是工业化现象。那么，为什么会这样呢？

当我们说"经济增长"或"经济发展"时，通常是要表示实现了以货币单位计算的人均产出量（人均GDP）的增长，并将人均产出量（人均

GDP）所达到的水平视为经济发达程度的标志。而其所要表达的真实含义究竟是什么呢？其潜在的含义实际上是：人是可以改造自然，使自然物为己所用的，这种被人改造了的物质在经济学上就是人类劳动的产品（产出）。在人类发展的漫长年代中，人类生存于地球，但地球上的大多数物质对人类是没有用处的，准确地说，是人类没有能力使这些物质产生（对人类的）用途；同样，地球上的大多数地方也是不适合人类居住的，甚至是人类无法到达的。那时，人类的主要生存方式是，在非常有限的地理区域（一定纬度、一定海拔高度的有水源之地），采集、猎取或捕捞可以直接供人消费的有用物，通常称为采集狩猎社会。后来，人类开始将原先的采集、猎取之物进行培植、饲养，成为种植物和家禽牲畜，即以人类活动（劳动）促进植物和动物生长，使自然（生命）过程按人的需要产生更多对人有用的动植物，人们称之为农业社会（以及与之并行的游牧社会）。再进一步，人类力图用自己的劳动，并使用越来越复杂的工具，直接参与甚至控制自然物质的形态变化过程，将越来越多原先无用的物质改造成对人直接有用的物品，这就是工业制造，当以手工工具为主的工业制造转变为以机器为主的工业制造，发生"工业革命"，人类就进入工业社会。为了获取更多的工业原材料，就需要大规模地获取地球物质，即进行矿物采掘，在此过程中，还需要使用更多物质，比如木材、煤炭、石油等，作为工业生产活动（机器生产）的能源。当前，全人类发展在总体上正处于这样的工业社会时期，有的国家已进入工业社会，其他国家正在向工业社会迈进。所以，所谓经济发展，其实质就是人类通过自己的行动（生产劳动），把地球上原来对人没有用的东西转化成对人有用的东西，把原来不适合人类居住甚至无法到达的地方变成人类可以到达或居住的。这就是经济发展的本真性。也就是说，人类就是为了将地球物质从无用变有用，才进行经济活动，被改造的物质越多，改造自然物质的过程效率越高，我们就说经济越发达。简言之，所谓发达社会（工业化社会或工业化国家）就是能够将自然物大规模、深度地转变为可为人类所用的物品的社会。所以，经济发展本质上首先而且永远是人与自然界之间的关系。其实，更彻底地说，人类本身归根结底也是自然世界的一部分。

从其与人类的关系而言，自然界的物质可以分为以下几类，并相应地形成几个基本概念：第一，自然物质。离开同人类的关系，自然物质无所谓有用或无用，因而也谈不上是资源还是废物。那不过就是地球上的自在之物。但是，如果从其与人的关系来看，自然物就可以区分为有用物和无用物了，前者称为自然资源，相对而言，后者就只是非资源之物。第二，当自然资源相对于人类使用的需要具有稀缺性时，就会对其进行估价，就可以称之为自然财富，例如水源、矿藏、森林、草原等。而存在量极大（几乎相当于"无限"）的物质，例如阳光、空气、海水等，由于稀缺性不显著，无法估值，一般不计为自然财富（当然，随着科学技术和工业能力的提高，过去的非稀缺物也可能会变为具有稀缺性，例如太阳能产业的发展使阳光具有稀缺性，风电的发展使风力具有稀缺性，海水利用的发展使海水具有稀缺性，这样一来，阳光、空气、海水等以至"空域""空间"等都可以进行估价，成为自然财富）。

自然资源或自然财富是具有潜在有用性的自然物质。当人类将具有潜在有用性的物质，通过人的行为（生产劳动、加工制造）转变为现实有用的物品，可以视之为在自然物质中加入了人的因素，就可以称为"人化财富"，一般称为物质财富。

以上关于物质的分类有一个关键，即什么物质是自然物，什么是自然资源、自然财富，什么是物质财富？这些都取决于科学技术水平特别是工业技术的水平的高低，即人类转变物质形态的能力。也就是说，人类具有多大的工业能力，可以把自然界的物质转化为对人类有用之物，决定了物质分类的概念内涵及外延。一般来说，科技水平和工业技术水平越高，物质中的"资源"和"财富"部分就越大。在这一意义上，"资源"实际上也是由人类活动（工业技术）所创造的，人类生产活动（主要是工业）首先创造"资源"，然后消耗资源。从极端意义上甚至可以说，如果科技水平和工业技术水平充分高，地球上以至人类可达至的宇宙太空中的所有物质，都可以是自然资源和成为人类财富，并没绝对的"废物"。当然，这只是极端的可能性，而现实中，科技水平和工业技术能力总是有限的。所以，在一定时间内，自然物质经人类施加作用而转变为物质财富的量也是有限的。那么，人类尽最大努力以追求物质财富的行为是否应予以肯定，即是否正当呢？

在很长一段历史时期内，人们追求物质财富往往被认为是不正当或不道德的。许多宗教教义都反对信众收敛财富。按照德国著名学者马克斯·韦伯的说法，直到发生宗教革命，人们才转而认可追求财富的正当性，即认为人们追求财富而致富也是遵循上帝的旨意（calling）。并主张富人拥有财富后不应挥霍浪费，而是要"节欲"，或者"延迟消费"，不断将当期未消费掉的财富投入能够创造更多财富的生产活动。17~18世纪，西欧的宗教革命与思想启蒙运动相互影响，解放了财富观念。所谓启蒙运动，对于经济领域而言，实际上就是主张人类应拥有追求财富的自由（权利）。此前，神权、王权、特权压抑了人权，而启蒙运动以后，大力主张人权，而且是人人应有平等人权，因为人权是"天赋"的权利，与生俱来，人人有份。所谓天赋的平等人权，除了有政治、法律、伦理的含义之外，就经济权利而言，实质上就是追求财富的自由选择和平等权利。在人类发展历史上，最能确保追求财富的自由选择和平等权利的制度和社会机制就是市场经济。在市场经济中，神权、王权、特权都不能压抑自由追求财富的平等人权。从这一意义上可以说，所谓启蒙，就是市场经济自由竞争、等价交换和积累财富的观念觉醒，是人人有权发财致富的思想解放。

回顾中国40年来的改革开放，也有十分相似的过程。20世纪70年代（实行改革开放）以前，在中国的官方主流意识形态中，追求和占有财富也是不正当的，甚至是违法的，财富"私有"是罪恶，被视为资产阶级行为，是革命所要消灭的现象。那时，工厂生产不是为了追求利润（因而作为生产单位的组织，只能称为"工厂"，不能是"企业"，因为在语义上，"企业"被认为是追求利润的经营单位）；工人劳动也不能是为了赚取工资。如果工人为了赚取工资（奖金）而劳动，企业为追求利润而生产，就会被批判为资产阶级"经济主义"，是同社会主义计划经济格格不入的资本主义行为，甚至"按劳分配"的社会主义原则也被认为是体现了"资产阶级法权"。在社会主义计划经济条件下这些都是不正当的，至少是属于道德低下的"低级趣味"，丧失了无产阶级的革命精神和劳动行为的崇高性。直到20世纪70年代末80年代初，中国实行改革开放以后，被长期压抑的财富观念才开始觉醒。经历激烈的思想斗争和观念博弈，社会才终于承认了在社会主义制度下追求财富也是正当的，承认和主张生产必须追求利润，因而生产组织才可以从"工厂"变为"企业"或"公司"；同时，工人干得好就应该涨工资，可以并且应该获得奖金，以体现多劳多得的个人利益原则；更重要的是，民众拥有由法律保护的权利组织营利性生产组织——企业，形成民营经济，追求和积累财富。这样的社会制度当然就叫市场经济：人人有生产和拥有财富的平等权利，并据此进行等价交换。因此，中国经济体制改革的实质就是从计划经济转向市场经济。众所周知，这样的观念解放和制度变革，为整个社会经济发展注入了巨大的动力，极大地解放了生产力，进而产生了翻天覆地的社会变化。那么，市场经济何以会有如此巨大的魔力呢？

二、市场经济的理性机制

在人类发展中，市场经济发挥了极为重要的作用，市场经济持续推动了经济增长和进步，没有任何一种其他的经济机制能够像市场经济那样，产生了如此广泛、持续而深远的影响，极大地改变了人类社会的整个面貌。那么，市场经济是一种什么样的经济机制呢？它为什么能够强有力地推动各国的经济发展，特别是，市场经济为什么能够适应工业革命和世界工业化的要求呢？众所周知，西欧17世纪的启蒙运动有两个相互关联并具有决定性的因素：一个是科学精神；另一个是崇尚理性。这种科学精神和理性主义在经济领域里体现为张扬一种工具主义理性。所谓工具主义理性就是，以高效率为中轴原理，追求"最优化"和"最大化"等工具性目标。其具体表现就是：追求收入最大化、利润最大化、财富最大化。而且，这种"最大化"目标都是可以用货币单位来计量的。因为如果不以货币为单位，就无法对成本、产出、收益、财富等进行经济计算和比较。所以，追求以货币计算或估值的收入和财富的最大化，就成为市场经济的最基本特征。例如，当人们问为什么要工作？在市场经济制度下，一般就说是为了"赚钱"；如果要问办企业的经营目标是什么？一般就说追求"利润最大化"或者"为出资人创造最大利润"。每一家上市公司的CEO都会宣称，公司的经营目标是为股东创造最大利润，或使股份价值最大化。这些基本理念和通行说法在市场经济制度下都是"天经地义"的常识。

问题是，收入、利润、财富等是人类生存发展的必需之物吗？显然不是。它们不过是一些工具性手段，而不是人类所需的目的性需要。收入、利润、财富都没有供人享用的性质，而"企业"根本没有衣食住行的需要，既不会痛苦，也不会快乐，那为什么要那些"最大化"？众所周知，根据马克思的定义，作为市场经济"细胞"的商品，有两个属性，一个是使用价值，一个是交换价值。使用价值是商品的有用性，即商品能够满足人的实际需要的"效用"。交换价值则是商品中所包含的人的抽象劳动量，可以据此而同其他生产者或所有者按"等价交换"原则进行交易，以获得对自己有用的商品。尤其重要的是，在以货币为媒介的商品交换中，货币成为交换价值的代表，发挥着对各种有用商品的"索取权"的功能。

那么，对于自然人来说，在商品的使用价值和交换价值这两重属性中，哪一个是"目的"，哪一个是"工具"呢？很显然，在其朴素的原本性质上，使用价值是人类生产活动之目的，而交换价值则是能够据之而可以获得具有人们所需要的使用价值的商品的工具（凭据）。但是，如前所述，在市场经济制度中，起支配作用的是工具理性。所以可以看到，在发达的市场经济条件下，上述目的和工具之间的关系是颠倒的。如美国经济学家大卫·哈维所说,在市场经济中,"无论在哪里,交换价值都是主人,使用价值都是奴隶"①。即使用价值实际上是为交换价值服务的。尤其是当人类所追求的财富形态不断演变,货币形态的财富欲望越来越强烈,直到发展为信用货币成为货币形态的主要成分时,货币(信用货币)本身完全没有使用价值却成为经济活动的目标,而有用商品反倒成为实现货币囤积目标的手段。人类社会似乎变得很荒唐,但正如黑格尔所说的,凡是现实的都是合理的,凡是合理的都是现实的。

市场经济的现实性和合理性就表现为:其推动经济发展的动力机制是最强劲的。不难设想,如果以追求商品的使用价值为目标,那么,其需要量总是有限的。你吃饱了就不能再吃,一个人在同一时间只能穿一套衣服,睡一张床。使用价值超过一定量,其对人的效用越来越小,直至过剩而无用。所以,如果整个经济社会仅仅是将直接追求使用价值作为动力机制,那么,生产规模就受限,经济发展就必然很缓慢。反之,如果以追求交换价值为目的,发展生产和创造积累财富就具有了无限性,即交换价值量尤其是其纯粹形态货币量的最大化可以成为无止境的追求目标。可见,市场经济的长足发展与工业革命具有密切相关性。工业革命所形成的巨大生产力,只有在市场经济中才能获得施展空间。也就是说,正因为市场经济使社会生产的目的与工具(实现目的的手段)相颠倒,工业革命所喷发出来的生产力,成为无止境地追求交换价值、追求金钱的力量,因而使物质财富大量创造和堆积,人们相信这一过程可以永无止境:资本家追求剩余价值没有止境,商人(企业)追求利润没有止境,人们追求货币似乎也会没有止境。这种没有止境的疯狂追求成为市场经济增长的强大动力和无限性。这就是市场经济具有强大生产力的奥秘所在。

但是,在人类发展取得辉煌成就的同时,也伴随着严重问题的出现并有可能日趋恶化。一是无节制的消费主义。只有消费更多的东西,才能生产更多东西。消费更多东西的人,据此而感觉更快乐。因为市场经济有能力创造各种各样的物质产品来供人享用,所以从更多的产品消费中获得快感就成为市场经济的基本信条或社会心理偏向。二是财富的欲望不可遏制,而且财富欲望越来越同物质(商品)的有用性(使用价值)相脱离。当无止境的积累和占有(实体的和虚拟的财富)成为满足财富欲望的方式,而实际上财富欲望又因财富(尤其是虚拟的财富)的无限性而永远不得满足,所以,财富

---

① [美]大卫·哈维著:《资本社会的17个矛盾》,许瑞宋译,中信出版集团2016年版。

就蜕变为无用（或不使用）的东西（冗余物），直至成为纯粹的符号性财富。所谓符号性财富及其欲望，就是从"赚钱"目的蜕变为追求财富符号即货币数量的"增值"。以往的货币是黄金白银，今天的货币已成为银行账户上的数字。追求货币数字的无度增长成为财富贪欲的极端形式，人类经济活动走向虚拟化，越来越远离实际使用价值。

可见，虽然在人类发展史上，市场经济是功不可没的，历史和现实都证明，市场经济是人类所创造的一种非常可行、有效的经济制度。但是，非常可行有效的制度也未必是十全十美而没有缺陷的制度，更不是不需要治理就能合意运行的体制机制。无度扩张并缺乏有效治理的市场经济，不仅会产生一系列难以容忍的社会问题，例如收入分配和财富占有两极分化、弱势群体缺乏安全保障等，而且很可能破坏人类生存的根本条件——生态环境。在市场经济中，无数自利的个人为了追求财富和无度消费，以至为了满足财富欲望，欲壑难填，无节制地掠夺自然，导致对自然生态环境的严重破坏，结果走向了人类发展目标的反面。如前所述，经济发展原本的目的是把原先无用的物质转变为有用的物质（产品），但现实中反而是将大量原本无害的物质变成了有毒有害的污染物。同理，经济发展原本的目的是把一些过去人类不能居住甚至难以到达的地方改变（建设）成人类可以到达并适宜居住的地方，但现在反倒因破坏了自然环境而使许多地方变成不宜生活的地方，居住环境恶化。这样，人类发展中就出现了所谓的"非理性的理性"现象：每个人所做的事情似乎都是理性的，大家都是为了追求财富，似乎都是理所应当的。但是，所有人共同的行为所导致的结果却可能是很不理性的。一个人为了盖房子砍一棵树没有什么大影响，一些人为了烧饭上山砍一些柴火也影响不太大，但是，成千上万的人砍树、砍柴，那就会超过环境承载容量，严重破坏生态平衡。无数个体的理性行为的总和，导致了人类行为的整体非理性（也就是所谓的"合成谬误"）。这表明，在缺乏有效治理的市场经济条件下，出现了人类发展的本真迷失，即人类活动离开了发展的本意，走向了事与愿违的方向。

三、经济发展需要不忘初心和不失本真

正是在市场经济制度下人类发展所取得的巨大成就的时代，经济发展背离其本真性质的问题也越来越凸显。所以，人类发展需要进行第二次启蒙以实现其本真复兴。如前所述，人类的第一次启蒙，以两大思想因素（科学和理性）为实质特征，使人类从宗教和王权压抑的精神蒙昧中解放出来。而在

经济领域，第一次思想启蒙所树立的理性，是工具主义的理性，即以最高效率无节制（最大化）地追求财富，追求无节制的物质主义消费，而不是本真意义上的人类理性。人类发展本真意义的理性是为实现人类价值目标的理性，而人类发展的本真价值是人类的生存、繁衍和幸福，是人的能力的充分实现。而经济价值、收入、利润和财富等，归根结底只是实现人类本真价值目标的工具和手段。所以，人类发展的本真复兴，实质上就是要在生产力高度发达的基础上实现工具理性与人类价值目标的契合。也就是要不失经济发展的本质目的，并以工具理性的可行性和有效性来达成人类发展的本真价值目标，这才能使人类发展回归其本真理性的轨道。从这一意义上说，今天人类发展仍然处于"蒙昧"时代，尚未实现本真理性的主导，因而必须进行第二次启蒙，以实现其本真复兴。

认识到经济发展要不失本真，并不仅仅是对过去错误的幡然醒悟，因为市场经济制度下的人类发展本真迷失，即目的与手段（工具）颠倒，并非一个纯然的主观误断，甚至算不上是"错误"，而是具有现实合理性的历史必然。也就是说，并不是人类过去"弄错了"，而是"不得不那样做"。即使到了今天，人类发展已经处于本真复兴的历史关节点上，要完成本真复兴过程，仍然不只是一个认识维新，而且是一个历史性的实践变革过程。其根本原因是，当今的人类发展在整体上仍然处在工业化阶段，而且，从能源结构来看，基本上还处于化石能源时代。其必然表现是，从工具理性（经济效率）的角度来看，煤炭、石油等化石能源迄今为止仍然还是较经济、较安全、较容易开采使用的能源原料。所以，美国总统特朗普宣布美国退出关于气候变化的《巴黎气候变化协定》，其主要理由就是认为，如果按照《巴黎气候变化协定》的规定，美国就吃亏了，可以使用的资源不使用，还要导致美国减少数百万人的就业，而中国等发展中国家却占便宜了（为碳减排付出的代价太少）。这是一种完全基于利己的工具理性主义算计而做出的判断和决定。可见，自认为是世界"领导"国家的总统，尚且如此认识（其实并非总统的个人认识，而是代表着相当多人的认识和利益诉求），那么，这表明在当今时代，全人类确实需要一次再启蒙，需要考问自己：什么是人类发展的真正理性？在面临本质复兴的人类发展大势中，市场经济的工具理性并未失去其现实性，那么，人类到底应该走怎样的发展道路？

关于启蒙运动中的第二个核心观念——科学，人类在今天的经济发展中，也必须进行新的深刻思考。从一定意义上说，科学是人类认识和改造自然（以及人类社会本身）的工具。在可能性上，科学认识和改造世界的力量是具有无限性的。例如，我们可以说，只要科学技术充分发达，地球上所有的物体都可以是资源，而没有绝对无用的废物。甚至垃圾也可以是资源，城市生活垃圾因而可以成为"第二矿山"。这样，地球上的物质就无所谓无用之物，无论什么国土，包括江、河、湖、海、平原、高山、丘陵、丛林、沙漠、戈壁、冰川、极地，以及附着于广阔国土上的所有物质，无论处于怎样的形态，在科学进步的可能意义上，统统都是"资源"。既然这样，似乎也就无所谓"消耗资源""破坏环境"了。而且，既然科学进步在可能性上是无限的，那么，其改造世界的能力在可能性上也是无限的。如此说来，人类就真的可以"战胜自然"了！但是，可能性只是假定时间无限条件下的一种推断，而在现实中，即处于一定时间（时点和时期）中已获得或者能够获得的科学认识和科学成就总是非常有限的，技术能力也是有限的。与宗教宣称自己（或上帝、真主）全知全能不同，科学永远承认自己的无知和无能，即永远承认存在着人类认识水平和能力没有达到的广大以至无限的未知世界和宇宙。所以，科学精神的一个基本特征就是，承认无知、无能，即承认目前有科学尚没有认识的世界。因而，科学不是战胜自然，而是要敬畏自然。承认自然界的一些东西目前人类认识不了（尚未认识），这才是科学精神的本性和"风度"。总之，任何时候都不能把科学设想为全知全能的上帝。科学公开声称自己有许多的"不知道""不了解"，未知的领域远远大于已知的领域，而且，今天所知道的未来也可能甚至必然会被"证伪"。按照科学精神和思维逻辑，实际上，只有能被"证伪"的才是科学的，科学中没有不可"证伪"的绝对真理天条。因此，从科学意义上说，人类发展中的第一次启蒙并不具有绝对性和终极意义，发生第二次启蒙也是必然的。科学是不断进步的，技术是不断创新的。

在市场经济高度发达的基础上，人类再次审视科学理性的根本价值目标。即人类从财富观的觉醒，升华为本真价值观的觉醒。市场经济的理性主义是经济价值（交换价值）主导的工具理性，而人类发展本真的理性主义则是人本价值主导的目的理性。人类开展物质生产活动，将自然物质转变为具有经济价值的物质财富，并进行财富囤积（积累），不应同人类发展的本真价值目标相悖。即使是以市场经济的方式进行生产活动，也不应改变这一人类活动的根本性质，这就叫"以人为本"，即经济发展必须以对人有实质裨益，对人的健康有利，为人类创造宜居的环境为中轴原理和本真价值。

进一步的经济发展观念启蒙是：对于"以人为本"也不应作狭隘理解，即只要对人有利就可以不顾及其他一切，以为为了使地球成为人类的乐园，就可以不惜牺牲其他一切生命体的生存环境和条件。实际上，人类是自然的一部分，自然界是一个丰富多彩的物质世界和多样化的生态系统，人类只有在这样的环境中，才能生生不息，健康生存和繁衍。所以，本真意义的以人为本，需要人与自然和谐共处，使人类成为自然生态系统中负责任的良好成员，而不是除了自己目空一切的自私霸主。人类如果破坏了自然，使生态系统失去平衡与和谐，也就破坏了人类赖以生存繁衍的最基本条件，这就从根本上背离了以人为本的原则。

四、在深刻反思中转向高质量发展

在市场经济制度下，形象地说，基于商品经济的两重性，当前的人类发展，尤其是各国的经济发展如同一个两轮结构，体现为工具理性与价值目标的纠缠关系。如何构建一套体制机制和有效治理体系，使这两个轮子密切契合、协同运转、相互促进，形成强劲合力，是实现人类经济发展本真价值的根本性问题。市场经济中几乎每一个变量，都深切地体现着这一问题。例如，最常用的概念指标——国内生产总值GDP，就是一个以货币单位计算的使用价值总量。[①] 在现实中，基于工具理性原则，"赚钱""创收"成为各经济主体甚至包括政府部门的行为目标，"以GDP论英雄"。当然，没有GDP是不行的，因为没有GPD就没有就业、没有盈利、没有税收，所以，GDP增长是很重要的。但GDP毕竟只是一个工具理性指标。虽然企业必须追求利润，人要追求收入财产，社会要积累财富，政府必须关注GDP，但有了收入，有了财产，有了利润，有了GDP，人类生活就真的更好了吗？就一定能生活在一个宜居的环境中了吗？如果GDP增长并没有达到这两个目的，使大多数人生活得更健康、舒适、安全，那么，人类一味追求GDP的行为就陷入迷途。现在，我们讨论绿色发展、包容性发展，归根结底就是要解决工具理性和本真价值"两个轮子"契合协同的问题。现实困难在于：人类发展当前仍然处于工业化时期，仍然是市场经济主导的时代，而且，在技术特征上，仍然还是一个以化石能源为主的世界。此时应如何前瞻性地考虑人类发展的现在和未来？让经济发展的道路、模式、理念更自觉地体现其本真性，这就是现代市场经济必须经历的第二次启蒙运动的伟大使命，它将昭示人类发展的可持续增长前景和本真价值的真正复兴。人类如何才能现实地应对当前挑战和前瞻性地考虑世界的未来？经济科学对此应该做出积极贡献，肩负

---

① 金碚：《马克思劳动价值论的现实意义及理论启示》，《中国工业经济》2016年第6期。

起推动经济发展本真复兴的历史使命。

习近平总书记在中国共产党第十九次全国代表大会所作的《决胜全面建成小康社会　夺取新时代中国特色社会主义伟大胜利》报告中指出："我国经济已由高速增长阶段转向高质量发展阶段，正处在转变发展方式、优化经济结构、转换增长动力的攻关期，建设现代化经济体系是跨越关口的迫切要求和我国发展的战略目标。"①

当度过了这个令人兴奋的高速度增长阶段，取得了巨大成就后，其内在的矛盾和问题也积累和日益显现出来。10多年前，人们就开始认识到中国经济发展存在"不平衡、不协调、不可持续"的突出问题。习近平总书记在十九大报告中进一步指出：中国所存在的不足主要是："发展不平衡不充分的一些突出问题尚未解决，发展质量和效益还不高，创新能力不够强，实体经济水平有待提高，生态环境保护任重道远；民生领域还有不少短板，脱贫攻坚任务艰巨，城乡区域发展和收入分配差距依然较大，群众在就业、教育、医疗、居住、养老等方面面临不少难题；社会文明水平尚需提高；社会矛盾和问题交织叠加，全面依法治国任务依然繁重，国家治理体系和治理能力有待加强；意识形态领域斗争依然复杂，国家安全面临新情况；一些改革部署和重大政策措施需要进一步落实；中共建设方面还存在不少薄弱环节"。这表明，我国社会主要矛盾已经转化为人民日益增长的美好生活需要和不平衡不充分的发展之间的矛盾。② 此时，人们不禁产生了新的困惑：为了经济高速增长，我们付出了很大代价，产生了许多矛盾，"这就是我们所需要的经济增长吗"？我们是否因疯狂追求物质财富甚至是虚拟的货币数字，而失去了经济发展的本真目标了？高速增长完全等同于实实在在地实现了经济发展的目的吗？

简言之，当经济增长的量的不足即"落后"问题基本解决后，经济发展质量的问题凸显出来。而经济发展质量不高主要体现在真实经济的结构上。而所谓经济结构，从经济理论上看实际上就是产品及其生产过程的使用价值层面，即供给侧现象。当然，需求侧也有结构性问题，而真实需求的结构问题实际上也是与使用价值相关的现象，即对质量的要求。

我们可以将"高速增长"和"高质量发展"作为区别两个发展阶段的不同质态的概念表达，那么，新时代的中国经济质态发生了哪些新变化？经

---

①② 《决胜全面建成小康社会　夺取新时代中国特色社会主义伟大胜利》，《人民日报》2017年10月28日。

济学能够以什么方法和工具来对其进行观察、研究和判断呢？

同过去 40 年相比，中国经济的质态变化是显著的：从低收入变为中等收入，从生产力落后的贫穷国家变为世界第二大经济体，从 GDP 增长目标最重要变为实现平衡和充分发展更重要，从全力追求"金山银山"变为更要有"绿水青山"，等等。

从高速增长转向高质量发展，不仅是经济增长方式和路径转变，也是一个体制改革和机制转换过程。高速增长转向高质量发展的实现，必须基于新发展理念进行新的制度安排，特别是要进行供给侧结构性改革。也就是说，高质量发展必须通过一定的制度安排和形成新的机制才能得以实现。

从国家整体发展转向对区域发展的观察。高速增长阶段主要表现为"突飞猛进"，高质量发展阶段主要表现为"稳中求进"；高速增长阶段主要表现为"鼓励先富"，高质量发展阶段主要表现为"人民共享"；高速增长阶段的关切主要表现为"GDP 居首"，高质量发展更关切"绿色环保"。基于这样的变化，可以预期，中国经济发展的区域态势也将发生深刻变化。发展质量评价的一定模糊性，反映了发展价值的多维性和丰富性，并且其关切重点从物质成就表象层面逐渐深入到内在实质及体验感受上（外国学者将这一过程称为"物质主义"向"后物质主义"的转变），这决定了各个地区的发展可以有多种路径选择，致力于发挥比较优势，创造各具特色的高质量表现。发展价值的多维性和丰富性以及各地区的地理差异性还决定了不同地区有不同的主体功能，并非 GDP 高速增长一条道。尽管对于高质量发展，一定的经济增长速度特别是可持续的增长是必要的，而且是基础性的，但是追求高质量发展的优化目标则可以是"各显神通""各具特色"的。由于不同的区位、资源和历史条件，各地区的经济增长速度以及经济规模必然会有差别，"高增长"和巨大经济规模（生产规模）并非所有地区都可能达到的目标。但是，各地区特色可以成为高质量经济发展的基础性因素，经济腹地的发展质量未必不如增长极中心地区，经济规模相对较小（经济密度较低）地区的发展质量未必不如具有大规模生产能力（经济密度较高）的地区。中国作为一个超大型国家，各具特点的多样性的区域格局和经济文化特色是一个巨大的优势，为形成各具特色的高质量发展模式和路径提供了条件和很大选择空间。

从理论上说，在现实世界中，凡要获得任何成果都是要付出代价的，经济发展更是如此。人类要争取或生产任何有效用、有价值的东西，都不可能"不惜一切代价"。有时候，如果宣称要"不惜一切代价"达到某一目的，其实只不过是一种宣示决心的姿态。西欧工业革命以来的近 300 年，无疑是人类获得巨大发展成就的历史。但"获得"也伴随着"丧失"，成就总是以代价换取。进入工业革命时期后不久，其代价就开始显现。因此，关于工业化国家是进入了"黄金时代"还是"镀金时代"，在当年就成为人们激烈争论的问题。在追求财富的过程中，丧失了其他许多有价值的东西，这种做法是否值得？

18 世纪的启蒙思想家已经深刻认识到经济发展可能产生的负面影响即社会代价，他们指出："对财富的追求产生了精致的文雅，使得生活更惬意，礼貌更完备，艺术更繁荣，但也把公民转变成自私的逐利之徒，摧毁了所有的共同体意识，引入了错误的价值观——从而埋下了道德失范的祸根，而这种道德失范既是国家衰败的标志，又是导致衰落的原因。"①

从世界范围看，经济增长难以避免的代价至少表现为：生态环境破坏、收入财富分配分化、腐败现象蔓延、风险因素累积、社会道德败坏等。尽管这些现象并非经济发展本身所致，但却是高速增长时期难以完全避免的伴生物，世界各国很少有例外。因此，当高速增长转向高质量发展，缓解和遏制这些反映了发展质量不高（劣质性）的现象，就具有极为重要的意义和紧迫性。可以说，这也是判断是否实现了高质量发展最重要的标志。如果上述经济社会不良现象严重，而且人们对其束手无策，那么，这无论如何也称不上是"高质量发展"的。

很受马克思赞赏的 18 世纪苏格兰启蒙运动思想家亚当·弗格森曾经指出，快速的经济发展可能导致"共同体分崩离析"，财富的普遍增长并没有公平分配，精英集团成为既得利益者，大众的利益受到牺牲，这样一来，分工只给一些人带来了自负和自私，而给大多数人带来嫉妒和奴性。它是福音，也是诅咒；它孕育着光明的发展前途，也带来了巨大的危险。在亚当·弗格森看来，经济问题是个社会问题，更是个政治问题。②

我们可以看到，中共十八大以来，中国的强烈反腐败行动和正在进行的"防范化解重大风险、精准脱贫、污染防治三大攻坚战"，以及以遵守"八项规定"为重点的党政廉洁建设等，都是向着高质量发展转变所做的极大努力。就像高质量的生活体现为清洁卫生一样，高质量发展当然必须体现为经济社会以至政治领域的"高清洁度"：生产清洁、环境清洁、政纪清洁、营

---

① ② [美] 彼得·盖伊：《启蒙时代（下）：自由的科学》，王皖强译，上海人民出版社 2016 年版。

商关系清洁、社会风气清洁。

有一点很容易理解：与"清洁"同样重要的是"安全"。高质量的发展当然必须体现为更具安全性的发展，国家必须有能力将经济和社会风险控制在一定限度内，避免因风险失控而爆发危机。因此，实现高质量发展的一个关键是权衡自由与安全之间的关系，没有自由就没有高质量的发展，而如果失去安全则一切发展成果都会化为乌有。所以，新时代经济发展战略和政策安排的一个重大问题是要实现"宽松"与"管控"相协调的国家治理体系现代化。

可见，高质量发展的经济社会质态不仅体现在经济领域，还体现在更广泛的社会、政治和文化等领域。公平正义是高质量发展的内在要求。以公平促进效率，以高效率实现包容性发展，才是真正的高质量发展。讨论公平正义超出了本章论题的范围，但指出高质量发展对公平正义的要求，却是不可遗漏的告诫。因为如果失去公平正义，就根本谈不上发展质量，可以说，公平正义是高质量发展的基本底线，包容性是高质量发展不可或缺的本质特征之一。

发展质量的高低最终是以经济发展能否满足人民日益增长的美好生活需要为判断准则的，而美好生活需要绝不仅仅是单纯的物质性要求，而将越来越多地表现为人的全面发展的要求。习近平在十九大报告中明确指出："我国稳定解决了十几亿人的温饱问题，总体上实现小康，不久将全面建成小康社会，人民美好生活需要日益广泛，不仅对物质文化生活提出了更高要求，而且在民主、法治、公平、正义、安全、环境等方面的要求日益增长。"所以，高质量的发展必须体现在人民美好生活需要的各个方面都能得到满足上，而且，人们美好生活需要不仅是多方面的，而且是"日益增长"的。经济社会发展水平越高，人的能力也越向全面化发展。高质量的发展从根本上说是为了满足人的能力全面发展的需要和要求。既然人及其能力的发展是趋向于全面和充分的，那么，实现高质量发展必然是一项覆盖社会全领域的伟大事业，而且是一个永远难以尽善尽美的永久持续过程。人民的一些需要满足了，又必然有新的、更高的需要产生，永远不会达到完全满足的终点，因此必须有更高质量的发展，而这也正是高质量发展永无止境的动因。

参考文献

1. 金碚：《基于价值论与供求论范式的供给侧结构性改革研析》，《中国工业经济》2017年第4期。

2. 金碚：《马克思劳动价值论的现实意义及理论启示》，《中国工业经济》2016年第6期。

3. ［美］大卫·哈维：《资本社会的17个矛盾》，许瑞宋译，中信出版集团2016年版。

4. ［奥］路德维希·米塞斯：《经济科学的最终基础》，商务印书馆2015年版。

5. ［美］彼得·盖伊：《启蒙时代（下）：自由的科学》，王皖强译，上海人民出版社2016年版。

第二篇

改革开放

第五章　企业松绑与改革突破

中共十一届三中全会指出："我国经济管理体制的一个严重缺点是权力过于集中，应该有领导地大胆下放，让地方和工农业企业在国家统一计划的指导下有更多的经营管理自主权。"给予企业更多经营自主权拉开了我国国有企业改革的序幕。40年来，国有企业改革取得重大成就。通过现代企业制度改革，国有企业完成了公司制、股份制改造，形成了较为完善的公司法人治理结构。国有企业逐渐成为自主经营、自负盈亏的市场竞争主体和法人实体，总体实现了与社会主义市场经济兼容和共生发展。通过战略性调整国有经济布局，竞争性行业国有资本分布不断优化，更多国有资本投向公益类行业、关系国家安全和国民经济命脉的重要行业和关键领域。国有企业经济效益、运行质量显著提升。统计数据显示，2003~2016年，国有及国有控股工业企业数量由3.43万家减少至1.90万家，年均减少1090家；总资产由9.45万亿元增加至41.77万亿元，增长了3.42倍，年均增长12.11%；主营业务收入由5.80万亿元增加至23.90万亿元，增长了3.12倍，年均增长11.50%；利润总额由0.38万亿元增加至1.23万亿元，增长了2.21倍，年均增长9.39%。与此同时，国有企业的国际竞争力显著增强。据《财富》世界500强统计，入围国有企业数量由2003年的11家增加至2017年的80家，2003年排名第一的中国企业在《财富》世界500强排名第69位，到2016年的排名前10的《财富》世界500强企业中，中国国有企业有3家，依次列第2、3、4名。可见，经过40年改革，国有企业经济实力、竞争活力和国际影响力显著增强，对于巩固经济体制改革成果、增强我国综合国力、开拓国际市场发挥了重要作用。

然而，国有企业改革仍处于现在进行时，依然存在着诸多亟待解决的问题和矛盾，国有企业改革尚未完成。部分国有企业的功能定位和布局调整还没有完成，市场竞争主体地位尚未最终确立，治理水平、治理能力亟待提高，国有资产监督管理体制和国有资本授权经营体制有待加强，国有资本投资和运营效率需进一步提高，国有企业转型升级压力巨大，国有企业面临的国际市场竞争日趋激烈，坚持和加强中共领导与国有企业治理、国有资产监管急需深度融合。学术界对国有企业功能定位、国有经济布局、混合所有制经济等事关国有企业改革的重大问题尚未达成共识，社会上对国有企业的经营业绩也是褒贬不一，更多的是将国有企业贴上垄断、低效的标签。习近平总书记多次强调，"要坚定不移深化国有企业改革"，"必须理直气壮做强做优做大"国有企业，既坚定了国有企业改革的决心，也增强了发展壮大国有企业的信心。改革开放40年来，国有企业改革基本遵循渐进式路径，在不同时期国有企业改革的经济体制环境不同，因而指导思想、目标任务、重点内容存在差异，对不同时期国有企业存在依据与功能有不同的认识，同时，国有企业治理机制也在不断完善。在国有企业改革缺乏现成理论指导和实践经验的情况下，需要在国有企业改革实践中进行理论创新和制度创新，并以理论创新和制度创新指导国有企业改革实践。因此，总结改革开放40年来国有企业改革的做法与经验，对于继续深化国有企业改革，完善各类国有资产管理体制，培育具有全球竞争力的世界一流企业，丰富、完善国有企业和国有经济理论，提高新时代国有企业改革决策的科学性，顺利完成中共十九大提出的新时代国有企业改革任务具有重要作用。

一、国有企业改革40年历程

国有企业改革是我国经济体制改革的关键环节。40年来，国有企业改革基本围绕微观组织形式和宏观管理两条主线进行，即在微观组织形式上对国有企业进行公司制改造，在宏观管理上从管国有企业向管国有资本转变，而改革的基本制度特点是创新国有企业治理，加强国有企业经营管理的激励和约束机制。改革初期，在缺乏国有企业改革经验的情况下，国有企业改革采取了渐进式的基本路径，要求分阶段有步骤地进行。渐进式改革与激进式改革相比，更具有优越性，既能够维持制度创新中制度安排的相对稳定性，也有效降低了改革风险和改革成本。改革开放40年来，国有企业改革具有明显的阶段性特征，大致可以分为三个阶段：第一阶段是改革开放初期（1978~1991年），启动国有企业改革，改革重点是从微观上探索搞活国有企业的体制机制。第二阶段是社会主义市场经济体制的提出和建立时期（1992~2011年），改革重点是对国有企业进行公司制改造和建立现代企业制度，成立国资监管机构加强对国有企业改革的指导和监督管理。第三阶段是全面深化改革时期（2012年至今），改革重点是在分类改革思想下创新国有资产体制，积极发展混合所有制经济，推动国有资本做强做优做大，培育具有全球竞争力的世界一流企业。

(一) 改革开放初期 (1978~1991年)

改革开放初期,在以计划经济为主、市场调节为辅的经济体制改革前提下,国有企业改革主要是从微观组织形式上依次展开,改革重点是从微观组织形式上启动国有企业改革,具体采取了扩大企业自主经营权、转换经营机制等措施(见图5-1)。中共十一届三中全会之后,党和国家的工作重点转移到社会主义现代化建设上来,正式拉开了经济体制改革和国有企业改革的序幕。在改革开放之初及之前的一个较长时期内,高度集中的计划经济体制使国有企业成为行政机构的附属物,政企不分、以政代企现象普遍存在,企业缺乏自主经营管理权,严重束缚了企业和员工积极性,企业社会负担沉重,导致国有企业效率低下。中共十一届三中全会指出,要"在中共一元化领导之下,认真解决党政企不分、以党代政、以政代企的现象",使"地方和工农业企业在国家统一计划的指导下有更多的经营管理自主权"。因此,放权让利、扩大企业自主权成为国有企业改革的突破口。为提高企业自主经营权、调动劳动者积极性,主要采取了扩权让利试点、经济责任制、利改税等具体措施。

随着企业自主权的扩大,给国民经济注入了生机与活力,但仍然未能突破传统计划经济体制下的束缚,企业尚未成长为自主经营、自主决策的市场竞争主体。中共十二届三中全会通过的《中共中央关于经济体制改革的决定》指出:具有中国特色的社会主义,首先应该是企业有充分活力的社会主义。而现行经济体制的种种弊端,恰恰集中表现为企业缺乏应有的活力。所以,增强企业的活力,特别是增强全民所有制的大中型企业的活力,是以城市为重点的整个经济体制改革的中心环节,并强调"增强企业活力是经济体制改革的中心环节",要"实行政企分开",使"企业真正成为相对独立的经济实体"。[①]中共十三大报告进一步指出,要"围绕转变企业经营机制"这一中心任务,通过所有权和经营权分离搞活全民所有制企业。实行两权分离、转换企业经营机制成为这一时期国有企业改革的中心任务,具体采取了对国有大中型工业企业推行承包经营制、国有小型工业企业实行租赁制以及进行股份制试点等改革举措。推行承包经营制进一步扩大了企业自主权,也增强了企业活力,具有积极作用。然而,承包经营制和租赁制推广范围有

[①] 《中共中央关于经济体制改革的决定》(中国共产党第十二届中央委员会第三次全体会议1984年10月20日通过)。

限，对于推动中小型国有企业转换经营机制有积极作用，但不适用于国有大中型企业，也未能触动政企合一的经济体制。同时，政府与企业关系没有理顺，企业经营机制难以转变。以承包制、租赁制为主要实现形式的经营责任制弊端日益突出，需要理论创新和制度创新推进国有企业改革。这一时期出现的股份制试点在推动所有权与经营权分离、转变国有企业经营机制上具有积极作用，为企业筹措资金探索出一条有效途径，但在股份制试点时期，因资产评估机制不健全同样导致国有资产流失以及滋生腐败，股份制试点企业不按股份制原则行事以谋取私利的现象屡见不鲜，管理模式陈旧也不能满足股份制试点企业的正常运转。

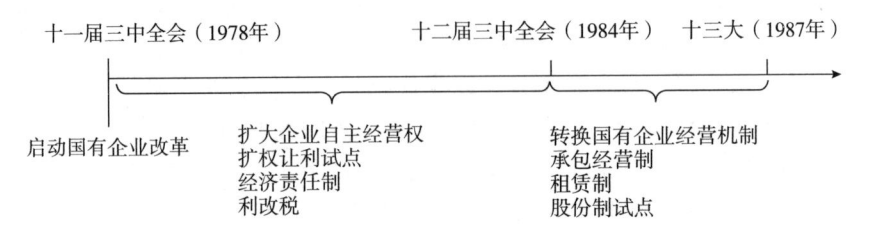

图 5-1 改革开放初期国有企业改革的重要节点、重点内容

（二）社会主义市场经济体制的提出和建立时期（1992~2011年）

1992年中共十四大确立社会主义市场经济体制改革目标，国有企业改革进入微观企业组织形式再造和加强国有企业宏观管理并重时期。建设有中国特色的社会主义，其实质和目标是要从根本上改变束缚我国生产力发展的经济体制，建立充满生机和活力的社会主义新经济体制，同时相应地改革政治体制和其他方面的体制，以实现中国的社会主义现代化。[①] 这一时期，国有企业改革又可以分为两个阶段，前一个阶段为十四大、十五大时期，改革侧重点在于从微观企业组织形式上对国有企业进行公司制改造，建立现代企业制度。后一个阶段为中共十六大、十七大时期，改革重点除了继续完善国有企业公司治理之外，成立国资监管机构加强对国有企业的宏观管理（见图5-2）。

改革开放初期实行的以承包制、租赁制为主要实现形式的经营责任制不能从根本上转换国有企业经营机制，必须要从微观企业组织形式推进国有企业改革。中共十四届三中全会明确指出，建立现代企业制度是国有企业改革

---

① 江泽民：《加快改革开放和现代化建设步伐 夺取有中国特色社会主义事业的更大胜利——在中国共产党第十四次全国代表大会上的报告》（1992年10月12日）。

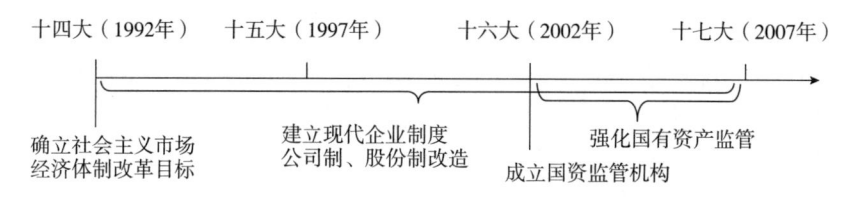

```
十四大(1992年)    十五大(1997年)    十六大(2002年)    十七大(2007年)
     |                |                |                |
     |                |                |                |
确立社会主义市场    建立现代企业制度    强化国有资产监管
经济体制改革目标    公司制、股份制改造  成立国资监管机构
```

图 5-2　社会主义市场经济体制提出和建立时期国有企业改革的重要节点、重点内容

的方向，提出了建立"产权清晰、权责明确、政企分开、管理科学"的现代企业制度改革目标，并积极探索国有企业公司制改革。大中型国有企业现代企业制度改革试点在 1996 年底付诸实施，各地区、各部门也稳步推进。中共十五大报告以及十五届四中全会均要求对国有大中型企业实行规范的公司制改革，把国有企业改造成适应社会主义市场经济体制要求的法人实体和竞争主体。2001 年底，国家统计局调查总队所调查的 4371 家重点企业中，76%的国有企业进行了公司制改造，其中非国有独资公司在改制企业中占比 74%。

按照建立现代企业制度的国有企业改革思路，国有企业从微观组织形式上进行了公司制改造，建立了基本符合法律规范的内部法人治理结构。但国有企业法人治理结构体系不健全，突出表现在出资人职责不明、所有权缺位、内部监督虚化以及内部人控制等问题，造成国有资产流失严重，庞大的国有资产迫切需要加强和完善国有资产监管体制。国有企业改革进入以加强和完善国有资产监督管理体制为重点的宏观管理新阶段。实际上，加强国有资产监督管理的改革实践已经在探索中进行，1998 年国务院成立国家资产监督管理局，对国有大型企业实施稽查特派员制度以及向国有重点企业外派监事会，以加强对国有企业、国有资产的监督与管理。中共十六大及十六届三中全会明确指出要完善国有资产监督管理体制，国有资产监督管理机构履行国有资产出资人职责。2003 年成立国务院国有资产监督管理委员会代表国家履行出资人权利，各级地方国有资产监督管理机构相继成立，代表地方政府履行出资人权利，这意味着中央及地方政府监督管理机构组建完成，即"国资委—国有企业"二级国资监管架构形成。新《公司法》《国有资产法》《企业国有资产监督管理暂行条例》《中央企业负责人经营绩效考核暂行办法》等法律法规的相继实施，进一步完善了国有资产监督管理的法律制度保障。中共十六届三中全会及十七大报告提出要建立、完善国有资本经营预算制度。这一系列改革举措为建立和完善国有资产监管体制提供了坚实的理论指导、组织保障和法制支撑。

经过改革，国有资产监管体制框架基本形成，政府与国有企业之间的关系得以调整，国务院国资委和地方国资委分别代表中央和地方政府履行出资人职责，解决了国有企业所有权缺位问题。政府与市场、政府与国有企业的关系及边界日益清晰，政府公共管理职能与国有资产出资人职能进一步分离，国有企业作为市场竞争主体和法人实体的地位和作用也进一步增强。然而，国有资产监督管理体制还存在明显缺陷。一方面，国资监管机构角色重叠、边界不明，既代表政府履行出资人职责，又代表政府履行国有企业、国有资产监督管理职责，"裁判员""运动员"双重身份叠加影响国资监管机构的监管效率。另一方面，国资监管机构权力过大，监管领域过宽，同时监管重点不突出，"管人、管事、管资产"相结合的国资监管原则表明国有企业人事任免、经营活动以及资产管理都在国资委管辖权范围之内，国资监管机构与国有企业之间部分业务交叉使得国有企业自主经营权受到侵占，而这又与国有企业改革初衷与目标相背离。

（三）全面深化改革时期（2012年至今）

中共十八大以来，在继续推进国有企业现代企业制度改革的同时，国企改革的重点在于分类改革思想指导下改革国有资产监督管理体制和发展混合所有制经济两个方面（见图5-3）。

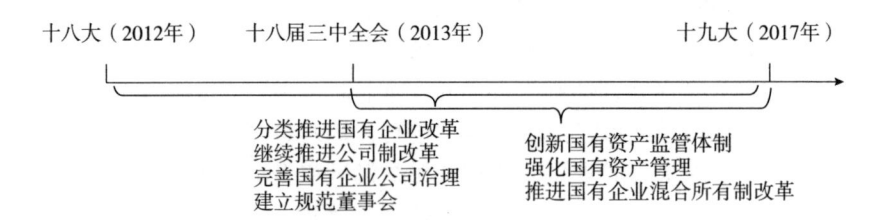

图 5-3 中共十八大以来国有企业改革的重要节点、重点内容

实际上，国有企业分类改革的实践探索早已进行，只不过是国有企业改革的不同时期国有企业分类依据和分类改革着力点不同而已。改革开放初期，中共十三大提出要根据产业性质、企业规模、技术特点实行差异化的所有权与经营权分离的分类改革思想，并采取不同类型的经营责任制。中共十四大以来，国有企业分类改革指导思想则主要依靠企业规模大小，分类推进国有企业改革。十四大提出大中型国有企业要转换经营机制，而小型国有企业可以出租或出售给集体或个人经营；十四届三中全会提出国有大中型企业要建立现代企业制度，并对不同类型的国有企业采取不同的企业组织形式、

股权结构,对于小型国有企业,实行承包经营、租赁经营或出售给集体、个人经营;十五大、十六大期间还提出了根据经营领域和战略意义对国有企业进行分类,从战略上调整国有经济布局。

中共十八大以来,国有企业分类改革的阶段性特征更加明显,在分类基础上推进国有资产监管体制、混合所有制改革等成为新时期国有企业改革的重点。十八届三中全会通过了《中共中央关于全面深化改革若干重大问题的决定》,明确提出要"准确界定不同国有企业功能"。《中共中央、国务院关于深化国有企业改革的指导意见》(以下简称《指导意见》)基于国有资本战略定位和发展目标,以及国有企业在经济社会发展中的作用、现状和实际需要,将国有企业分为商业类和公益类,并将商业类国有企业分为主业处于充分竞争领域的商业一类国有企业,以及主业处于关系国家安全、国民经济命脉的重要行业与关键领域、承担重大专项任务的商业二类国有企业。不同类型国有企业承担的使命不同,公司治理模式、股权结构、考核导向、监管重点有显著差异。地方政府根据《指导意见》"谁出资,谁分类"的原则,也在实施分类推进国有企业改革,如上海、山东、重庆、广东等省(直辖市)出台省(直辖市)属国有企业分类改革文件,在划分本地区国有企业类型的基础上,对不同类型国有企业提出了差异化的公司治理模式、国有股权比例、监管重点等具体举措。这些顶层制度设计为推动国有企业分类改革提供了思想指导和政策支持。

国有企业分类改革要求转变国有资产管理体制。"管资产和管人、管事相结合的国有资产管理体制"解决了国有资产出资人缺位问题,明确了国资监管机构代表国家和地方履行出资人职责。但是,这一国有资产管理体制有明显缺陷,未能从制度层面真正促进政企、政资分开和所有权、经营权分离,国资监管机构集"管人""管事""管资产"大权于一身,对企业选人用人、自主经营决策过度干预,造成企业经营自主权"名存实亡"。特别是对于国有控股、参股公司,以"管企业"为主的国有资产监管体制导致企业市场主体地位严重扭曲。这一国资管理体制存在着一些亟待解决的矛盾和问题,需要改革、完善国资管理体制。中共十八大以来,国有资产管理体制发生重大转变,由以"管企业"为主过渡到以"管资本"为主。这种国有资产监管体制是以分类改革指导思想为前提,并不意味着国资监管机构仅履行出资人代表职责,安全放弃国有企业重大事项决策权、参与权和知情权。对于国有独资公司、全资公司,国资监管机构通过任命董事组建董事会行使决策权,而对于国有控股公司、参股公司,国资监管机构基于市场经济原则和现代公司治理要求,按照股权比例行使股东权力,公司决策权、经营权、监督权分别由董事会、经理层、监事会负责。以"管资本"为主的国有资产管理体制，有助于推进政企分开、政资分开和所有权与经营权进一步分离，确立国有企业市场竞争主体地位；在平等保护各类资本产权的前提下，国有资本有序流动能够提高国有资本配置效率、优化国有经济布局、放大国有资本功能。此外，以"管资本"为主的国有资产监管体制有助于落实国资监管主体责任和建立长效监督机制，从而有助于强化国有资本管理、防止国有资产流失、维护国有资产安全、保证国有资产保值增值。

国有企业混合所有制改革要按照国有企业分类指导思想进行。通过发展混合所有制经济，使之成为我国基本经济制度的重要实现形式。中共十八大及十八届三中全会要求积极"发展国有资本、集体资本、非公有资本等交叉持股、相互融合的混合所有制经济"，将国有企业进行混合所有制改革推向高潮。十九大更是提出，通过"发展混合所有制经济，培育具有全球竞争力的世界一流企业"。中共中央、国务院发布的《关于国有企业发展混合所有制经济的意见》（以下简称《意见》），对国有企业进行混合所有制改革作了具体部署，并选择电力、石油、天然气、铁路、民航、电信、军工等领域进行混合所有制改革试点。然而，由于国有企业所处行业技术经济特征、功能定位导向、市场竞争状况等有显著差异，国有企业混合所有制改革方案不能实行整齐划一的统一标准，应采取不同类型、不同力度的混合所有制改革方案。《意见》指出，国有企业混合所有制改革必须坚持"宜改则改"的基本原则，要充分利用市场机制而非行政手段"分类推进国有企业混合所有制改革"，"不搞拉郎配，不搞全覆盖，不设时间表"。混合所有制改革的重点是商业一类国有企业，国有资本股权结构配置由市场决定不设比例限制，通过股权多元化、公司治理现代化、整体上市等方式使混合所有制企业成为市场竞争主体，完善公司治理结构，激烈的市场竞争能够激发企业活力、提高国有资本运行效率。对于商业二类国有企业，混合所有制改革要确保国有资本控股地位，自然垄断性国有企业的竞争性业务领域允许私有资本平等进入。对于以提供公共产品服务为主的公益类国有企业，不以营利为目的的社会价值目标取向使得私有资本进入积极性不高，出于增进社会公共福利和保证此类物品稳定供应等社会目标的考虑，在私人资本进入条件不完全具备条件下，宜继续实施国有独资模式。

二、对国有企业性质与功能的认识

国有企业并不为社会主义国家所独有，西方资本主义国家同样存在，是一种在世界范围内普遍存在的企业组织形式。国有企业独立于经济体制而普遍存在，体现了国有企业的一般功能，即克服市场失灵和实现国家特定目标而存在。市场作为一种有效的资源配置方式，前提条件是不存在外部性、公共物品以及信息不对称等市场失灵现象，但这一假设前提并不成立，市场失灵无法根除。尽管政府可以通过某种财政、金融等政策工具进行干预以矫正市场失灵，但国有企业是一种有效途径。建立在生产资料私有制基础上的西方资本主义国家，尽管以私有制经济为主体，但并未完全消除国有经济，即便是市场经济高度发达的英、美等国，均存在着一定数量、规模的国有企业。20世纪80~90年代西方资本主义国家进行了大规模私有化改革浪潮，只不过是缩小国有企业数量规模、调整国有经济产业布局而已，并没有彻底消除国有企业。在2007年席卷全球的美国次贷危机救助方案中，美国、英国、德国等国采取了国有化方式逐渐走出金融危机。尤其是垄断产业，私有化并不能根治垄断弊病，相反，因私有化造成的私人垄断不仅不会提高企业绩效，还会在利己动机驱动下造成企业长期投资意愿降低、掠夺利用现有设备以及削减雇员等问题（刘戒骄，2016）。国有企业改革以来，对于国有企业存在依据及其功能的认识不断深化。在不同时期，国有企业存在依据与发挥功能导向不同。

（一）改革开放初期（1978~1991年）

改革开放初期，国有企业主要发挥制度保障、生产供应、税收贡献以及承担社会职能等作用。国有企业在整个国民经济中居于主导地位，对于保证基本经济制度、社会主义方向和经济政治稳定具有决定性作用。生产功能是所有企业存在的前提和依据，但该时期国有企业生产功能具有特殊性，主要表现在国有企业的所有生产活动基本上都是在政府指令性计划或指导性计划下进行的。中共十二届三中全会通过的《中共中央关于经济体制改革的决定》明确指出，"对关系国计民生的重要产品中需要由国家调拨分配的部分，对关系全局的重大经济活动，实行指令性计划"，而对于"部分农副产品、日用小商品和服务修理行业的劳务活动"依靠市场调节，其余生产活动由指导性计划完成。由于计划经济体制下个体企业、集体企业不发达，国有企业成为国家财政收入的最主要来源，体现出国有企业承担的税收贡献功能。此外，国有企业不仅承担生产功能为国家和社会提供产品和服务，还承担了本应该由政府承担的社会功能，如就业、教育、医疗、养老等。由此可见，在计划经济体制下，国有企业的功能定位直接导致了国有企业规模庞大、行业分布广的结果。统计数据显示（见表5-1），尽管这一时期国有及国有控股工业企业在工业总产值中的比重一直呈下降趋势,但在1992年之前这一比例均高于50%。如果考虑到公有制经济(包括国有经济和集体经济)在工业总产值的分布比例,同样可以发现公有制经济占比逐年下降但依旧保持绝对优势。

表5-1 工业领域各类所有制企业工业总产值分布情况
(1978~1992年)　　　　　　　　　　单位:亿元,%

年份	国有及国有控股企业 总产值	比重	集体企业 总产值	比重	个体企业 总产值	比重	其他经济类型企业 总产值	比重
1978	3289	77.63	948	22.37	0	0.00	0	0.00
1980	3916	75.98	1213	23.54	1	0.02	24	0.47
1985	6302	64.86	3117	32.08	180	1.85	117	1.20
1990	13064	54.61	8523	35.63	1290	5.39	1047	4.38
1991	14955	56.17	8783	32.99	1287	4.83	1600	6.01
1992	17824	51.52	12135	35.07	2006	5.80	2634	7.61

资料来源:根据《中国统计年鉴》(1999年)计算得到。

(二)社会主义市场经济体制的提出和建立时期(1992~2011年)

社会主义市场经济体制改革目标确立以来,对国有企业功能的认识发生了深刻变化。计划经济体制时期国有企业四大功能走向分化。一方面,国有企业在组织生产、创造财政收入、提供公共服务等方面的功能与作用逐渐弱化。在社会主义市场经济体制下,以国有企业为主的公有制经济和以私营企业为主的非公有制经济能够相互促进、共同发展。中共十六大报告提出两个"毫不动摇"、一个"坚持"方针,明确了公有制经济与非公有制经济之间的关系。国有企业依旧作为一种特殊形式而存在的企业组织形式为社会生产产品、提供服务,随着非公有制经济的不断壮大,私有企业在国民经济中的生产功能越来越突出,国有企业数量、产值不断降低,其生产功能进一步弱化。同时,私有企业对于国家税收的贡献越来越大,因而国有企业的财政税收创造功能正在不断下降,但国有企业仍然是国家财政收入的重要来源。在这一时期,国有企业与政府的边界逐渐清晰,政企进一步分开,国有企业不再是政府行政机构的附属物,原先代替政府所行使的社会公共服务职能从国有企业中逐渐剥离开来,国有企业不再担负本应该由政府承担的社会服务职能。

另一方面,对于国有企业的制度保障功能有了新的认识。国有企业是国民经济的支柱,是建立社会主义市场经济体制和巩固社会主义制度的重要基石。但对于国有经济主导作用这一重大问题的认识进一步深化,这一主导作用主要体现在控制力上,即在关系国民经济命脉和国家安全的重要行业和关键领域处于支配地位,国有经济既要有量的优势,也要有质的提高以及区域布局的优化。因此,国有企业数量并不是越多越好,产业布局也不是分布得越广越好,而是要担负起经济社会全面发展和区域协调发展的引导和带动作用。

从国有企业规模分布看,在这期间国有企业数量规模总体上呈下降趋势。国有及国有控股企业在工业领域中的数量占比下降明显,从1999年的近40%下降到2006年的10%左右,此后进一步下降至个位数,目前这一比例维持在5%左右。在工业领域国有及国有控股企业数量急剧下降的同时,其总资产、主营业务收入以及利润总额总体上也呈下降趋势,但下降幅度低于企业数量下降幅度。然而,国有及国有控股工业企业平均总资产、平均主营业务收入以及平均利润总额则呈上升趋势,特别是企业平均总资产规模显著增加,而主营业务收入和利润总额均值先升后降,但仍然保持较高水平(见表5-2)。

表5-2 工业领域国有及国有控股企业基本情况(1999~2016年)

年份	比重(%) 企业数量	比重(%) 总资产	比重(%) 主营业务收入	比重(%) 利润总额	均值(亿元) 总资产	均值(亿元) 主营业务收入	均值(亿元) 利润总额
1999	37.83	68.80	51.47	43.61	1.31	0.45	0.03
2000	32.84	66.57	50.15	54.82	1.57	0.50	0.06
2001	27.31	64.92	47.41	50.46	1.88	0.51	0.05
2002	22.65	60.93	43.70	45.52	2.17	0.54	0.06
2003	17.47	55.99	40.53	46.01	2.76	0.61	0.07
2004	12.88	50.94	35.91	45.71	3.08	0.65	0.08
2005	10.11	48.05	34.43	44.04	4.28	0.73	0.08
2006	8.27	46.41	32.34	43.51	5.41	0.75	0.08
2007	6.14	44.81	30.68	39.75	7.65	0.78	0.09
2008	5.00	43.78	29.50	29.66	8.86	0.78	0.06
2009	4.72	43.70	27.96	26.89	10.52	0.70	0.06
2010	4.47	41.79	27.85	27.78	12.23	0.78	0.08

续表

年份	比重（%）				均值（亿元）		
	企业数量	总资产	主营业务收入	利润总额	总资产	主营业务收入	利润总额
2011	5.24	41.68	27.19	26.81	16.52	0.81	0.07
2012	5.19	40.62	26.37	24.51	17.48	0.79	0.06
2013	5.16	40.29	25.09	24.18	18.83	0.75	0.06
2014	4.98	38.81	23.73	21.29	19.74	0.71	0.06
2015	5.03	38.83	21.77	17.25	20.62	0.61	0.05
2016	5.02	38.47	20.62	17.14	21.96	0.57	0.05

资料来源：根据1999~2017年《中国统计年鉴》计算而得。企业数量、总资产、主营业务收入以及利润总额占比是依据规模以上国有及非国有企业相关数据计算得到。

从产业布局看，国有企业持续从一般竞争性行业退出，并向垄断性、公共政策性以及关系国民经济命脉的重要行业和关键领域集中。以工业领域为例，统计数据表明（见表5-3），以采矿业为代表的资源性行业，国有及国有控股企业在采矿业的企业数量占比和总资产占比呈现"双增加"趋势，企业数量占比由2000年的6.24%上升至2016年的8.26%，总资产占比则由10.96%增加至16.87%。而在制造业，国有企业产业布局总体上有所收缩，但幅度较小，并呈现出"一增一减"态势，在竞争性制造业领域，如农副食品加工业、食品制造业、纺织业等领域，企业数量及总资产比重明显降低，而在有色金属冶炼和压延加工业、汽车、铁路、船舶、航空航天和其他运输设备制造业等重要行业和关键领域，国有企业的数量和资产占比不断扩张。对于关系国计民生的电力、热力、燃气及水生产和供应业，国有企业的数量和资产仍占据较大比重，并且其数量和资产比重也在逐渐提高。由此可以看出，国有企业产业布局发生了较大变化，这种变化具有持续性和非均等化等特点，并随着改革发展的深入不断调整。

表5-3 工业领域国有及国有控股企业在不同工业领域中的企业数量、总资产分布情况　　　　单位：%

行业	企业数量分布				企业总资产分布			
	2016年	2010年	2006年	2000年	2016年	2010年	2006年	2000年
采矿业	8.26	7.82	6.69	6.24	16.87	17.31	13.97	10.96
其中：煤炭开采和洗选业	4.58	4.23	3.54	2.47	9.57	8.84	6.74	4.27

续表

行业	企业数量分布				企业总资产分布			
	2016年	2010年	2006年	2000年	2016年	2010年	2006年	2000年
石油和天然气开采业	0.44	0.55	0.35	0.13	4.52	6.51	5.94	4.81
黑色金属矿采选业	0.68	0.67	0.45	0.33	1.22	1.16	0.46	0.30
有色金属矿采选业	1.32	1.30	1.23	1.24	0.70	0.56	0.58	0.49
制造业	61.28	66.22	68.94	80.29	50.99	52.87	52.77	66.03
其中：农副食品加工业	3.58	3.96	4.56	9.50	0.62	0.61	0.60	1.86
食品制造业	1.64	1.87	2.06	3.87	0.27	0.36	0.53	0.82
纺织业	0.98	1.81	2.97	4.92	0.30	0.39	0.94	3.26
有色金属冶炼和压延加工业	2.62	2.38	1.75	1.14	3.44	3.54	2.99	2.45
汽车、铁路、船舶、航空航天和其他运输设备	6.75	6.55	6.40	5.14	10.75	10.47	8.45	7.57
电力、热力、燃气及水生产和供应业	30.01	25.96	24.37	12.36	31.73	29.83	33.26	22.06

资料来源：根据1999~2017年《中国统计年鉴》计算得到。

从国有企业地域分布看，作为区域经济社会协调发展的有力工具和重要承担者，国有企业发挥了重要作用。由于我国经济发展水平的区域性差异，国有企业较多地分布在东部沿海地区和东北地区。改革开放以来我国国民经济总量快速增加的同时，区域间不平衡、不协调的矛盾愈加突出，通过调整国有企业的区域分布，有助于实现国家区域经济结构战略性调整。中共十五届三中全会通过的《中共中央关于国有企业改革和发展若干重大问题的决定》，提出要对国有经济进行区域布局结构调整，支持中西部地区经济发展。数据显示（见表5-4），工业领域国有及国有控股企业数量、总资产及销售收入占比均呈现出东部下降、中西部增加的变化特征。东北地区是国家重工业基地，国有企业数量、资产规模一直保持相对较高的比重，在中共中央、国务院《关于实施东北地区等老工业基地振兴战略的若干意见》和《全面振兴东北地区等老工业基地的若干意见》区域发展战略思想指导下，东北地区国有企业在保持一定比例数量和规模的情况下，重点在于提质增效、转型升级、优化结构和增强自主创新能力。

表 5-4　工业领域国有及国有控股企业地区分布占比情况　　单位：%

	2016 年				2008 年				1998 年			
	东部	中部	西部	东北	东部	中部	西部	东北	东部	中部	西部	东北
企业数量	37.60	22.15	32.86	7.39	42.93	21.44	26.22	9.41	57.18	20.69	14.53	7.61
资产总额	41.03	20.13	29.92	8.92	41.89	21.19	25.34	11.57	50.38	17.96	18.06	13.60
销售收入	44.20	21.69	24.74	9.37	45.71	20.43	20.55	13.31	63.61	14.85	12.35	9.18
利润总额	62.39	13.92	20.84	2.84	38.25	16.85	28.01	16.89	85.19	7.82	2.71	4.28

资料来源：根据 1999~2017 年《中国统计年鉴》计算得到。

（三）全面深化改革时期（2012 年至今）

中共十八大以来，以习近平同志为核心的党中央深刻回答了国有经济和国有企业改革发展全局的重大理论和实践问题，提出坚持和完善公有制为主体、多种所有制经济共同发展的基本经济制度，"必须毫不动摇巩固和发展公有制经济，坚持公有制的主体地位，发挥国有经济的主导作用，不断增强国有经济活力、控制力和影响力"。习近平总书记多次强调，要坚定不移深化国有企业改革，着力创新体制机制，加快建立现代企业制度，发挥国有企业各类人才积极性、主动性、创造性，激发各类要素活力。这一时期，深化了关于国有经济和国有企业作用的认识，进一步明确了国有企业功能与地位、搞好国有企业的自信。国有企业功能和国有资本投资运营更加强调服务于国家战略目标，突出表现在三个方面。

一是执行"一带一路"国家倡议的先行者和主力军。自 2013 年"一带一路"倡议提出以来，共有 47 家中央企业参与投资建设 1676 个项目。国有企业之所以在"一带一路"倡议中发挥先行者和主力军的作用，从需求角度看，"一带一路"沿线国家亟须提升基础实施水平以实现工业化。实现国家工业化必须以完善的基础设施为前提和基础，而"一带一路"沿线大多是发展中国家，经济增长缓慢，工业化水平不高，交通、能源、通信等基础实施不完善，严重阻碍本国工业化进程。要改变"一带一路"沿线国家基础设施供应不足问题，依靠"一带一路"沿线国家自身经济实力、技术水平和人力储备积累不可能实现，需要借助于外力，而这一外力则是中国。从供给角度看，中国国有企业有能力在共商、共享、共建原则下提升"一带一路"沿线国家基础设施水平，尤其在高铁、电力、通信、装备制造业等领域技术优势明显，"一带一路"倡议为沿线国家完善基础设施提供了技术和资金支持。从国有企业特殊功能看，国有企业在"一带一路"倡议中起先行者和主力军作用。基础设施领域投资项目具有规模大、回收期长、风险高等特点，而"一带一路"沿线部分国家政治不稳定又加重了经济风险和政治风险，经济风险与政治风险叠加导致"一带一路"沿线国家基础设施领域投资项目收益具有较大的不确定性和高风险性。因而在实施"一带一路"倡议特别是基础设施领域投资项目方面，私有企业和私人资本出于规避风险的考虑和逐利性本质而具有局限性。国有企业目标多元化，在参与"一带一路"投资项目建设中，能够在一定程度上摆脱短期经济利益目标的限制，更好地体现国家意志和长远综合战略目标，理所当然地成为履行"一带一路"倡议的先锋队，并发挥主力军作用。

二是实施技术赶超战略的重要力量。技术创新对产出增长的贡献越来越重要，是促进一国经济发展的内在核心推动力。技术创新具有高投入、高风险、外部性等特点，尤其在基础研究领域、战略性新兴产业、产业共性技术创新等方面，创新投入更大、风险更高、正外部性更强，私人收益与社会收益之间的偏离程度也就越大。私有企业依据私人边际收益等于私人边际成本原则进行创新行为决策，将导致创新意愿不强、创新投入不足。国有企业尤其是公益类国有企业，行为决策原则并非单独追求利润最大化，而是兼顾经济目标与社会目标和战略目标、经济利益与社会利益和战略利益，甚至倾向于社会目标、战略目标和社会利益、战略利益的实现。因此，相对于私有企业，国有企业自主创新意愿更强。国有企业还具有另外一个自主创新优势，就是国有企业资金实力雄厚，技术水平、人才优势相对明显，能够承担私有企业无力承担的巨额创新成本。大中型国有企业普遍建立了产学研协同创新机制，具有实施原始创新、集成创新、引进消化吸收再创新的经历，以及利用"市场对技术研发方向、路线选择、要素价格、各类创新要素配置导向作用"的经验积累，可以称为技术创新的主体，在增强我国自主创新能力、实施技术赶超战略中发挥重要作用。在2017年度国家科学技术奖励获奖单位和项目中，中央企业获奖不仅数量多、等级高，还具有分布广、带动性强等特点，在航空航天、石油石化、电力、军民融合等关系国家安全和国民经济命脉的重要行业和关键领域，以及装备制造、建筑、冶金和材料、通信和电子信息等重要行业取得重大科技成果，充分体现出包括中央企业在内的国有企业在国家科技创新体系中的骨干带头作用。

三是培育国际竞争优势、提升国际竞争力的重要途径。国家间的竞争体现在以经济实力和技术水平为基础的综合国力的竞争，在微观层面则体现为企业之间尤其是跨国公司之间的激烈竞争。中共十九大报告提出要"培育具有全球竞争力的世界一流企业"。尽管经济体制改革以来私营经济有很大发展，但私营企业总体上企业规模较小、资金实力不强、技术创新能力不足等，加上以家族血脉为纽带的企业组织管理模式难以建立高效的法人治理结构，也难以支撑私营企业在国际竞争中占据优势地位。国有企业尤其是中央企业，凭借其自身经济实力、技术水平和人力资本等优势，能够在国际竞争中占据一席之地。《财富》世界500强统计数据显示（见表5-5），中国内地《财富》世界500强企业数量由1999年的5家增加至2017年的105家，平均每年新增5.56家。从企业所有权性质看，2008年之前，所有进入《财富》世界500强的中国企业均为国有企业，主要是中央企业。即便2008年之后有越来越多的中国私营企业入围《财富》世界500强，但国有企业依旧占绝大多数。2015年之前，国有企业在《财富》世界500强的席位一直增加，由2008年的25家增加到2015年的84家。在《财富》世界500强的中国企业中，2016年之前排名前10位的中国企业均为国有企业，2016年、2017年除了中国平安之外，另外9家上榜企业均为国有企业。近两年来，随着中国私营企业的进一步壮大和国有企业战略性改组，《财富》世界500强中的中国国有企业数量有所减少，但国有企业占比依旧保持在80%左右，同时国有企业资产总额、销售收入也稳步提高。因此，国有企业是培育具有全球竞争力的世界一流企业的重要承担者，是提升国际竞争力的重要途径。

表5-5 中国与主要国家《财富》世界500强入围
企业数量对比情况（1999~2017年）　　　单位：家，%

年份	美国	日本	德国	法国	英国	中国		
						总数	国有企业	国有企业占比
2017	132	51	29	29	23	105	80	76
2016	134	52	28	29	25	98	80	82
2015	128	54	28	31	28	95	84	88
2014	128	57	28	31	27	93	81	87
2013	133	62	29	31	25	90	81	90
2012	132	68	32	32	26	71	63	89
2011	132	68	34	35	30	60	55	92
2010	139	68	37	38	29	43	40	93
2009	140	68	39	40	26	34	33	97

续表

年份	美国	日本	德国	法国	英国	中国		
						总数	国有企业	国有企业占比
2008	153	64	37	39	34	26	25	96
2007	162	67	37	39	35	22	22	100
2006	170	70	35	38	38	19	19	100
2005	176	81	35	39	35	15	15	100
2004	189	82	34	37	35	14	14	100
2003	192	88	37	40	35	11	11	100
2002	199	87	35	36	33	11	11	100
2001	186	105	34	38	35	11	11	100
2000	176	107	37	37	41	9	9	100
1999	185	100	42	38	40	5	5	100

资料来源：根据1999~2017年《财富》世界500强统计数据整理得到。

三、国有企业管理体制的逐步完善

渐进式国有企业改革路径也体现出国有企业治理模式的变迁。国有企业治理模式同样可以分为三个阶段：第一阶段为改革开放初期的厂长负责制。第二阶段为社会主义市场经济体制的提出和建立时期，这一阶段的前10年，国有企业治理重点是初步建立现代企业制度，进行公司制和股份制改造，后10年以2003年国务院国资委成立为标志，国有企业治理主要是完善现代企业制度和加强国有资产监督管理。第三阶段为中共十八大以来国有企业治理进入全面完善公司治理新阶段。

（一）厂长负责制时期（1992年之前）

计划经济体制时期，国有企业治理在国家行政管理体制框架下进行，实行厂长负责制，厂长由企业主管机构或干部管理机构委派任命和免职。厂长为企业法定代表人，行使法人职权，并全面负责企业生产、经营、管理事务。在国有企业内部设立管理委员会，以协助厂长履行企业经营管理职责。厂长须向党委会和职工代表大会报告工作并接受其监督。这一国有企业治理模式与高度集中的计划经济体制密不可分，实质上是一种自上而下的一元化企业治理结构，政府在治理结构体系中居于主导地位并发挥决定性作用，对国有企业的生产经营、人事安排、资产管理等具有绝对控制权，国有企业以执行国家生产计划任务为目标并以事实上的工厂形式而存在，而非一个独立的经济组织，在国有企业内部厂长权力过大，职工代表大会对厂长及企业的监督虚化，国有企业内部并未形成相互监督、相互制衡的监督管理机制。

（二）建立现代企业制度时期（1992~2011 年）

社会主义市场经济体制改革目标提出之后，建立和完善现代企业制度成为国有企业改革的重点和方向。中共十四届三中全会通过《关于建立社会主义市场经济体制若干重要问题的决定》，明确指出国有企业改革的方向是建立现代企业制度，并提出建立现代企业制度的"十六字方针"。为适应建立现代企业制度和规范企业组织行为的需要，1993 年颁布并于次年实施的《公司法》，为国有企业公司治理奠定了法律基础。1994 年国务院出台《关于选择一批国有大中型企业进行现代企业制度试点的方案（草案）》，开始了国有企业现代企业制度改革试点，试点国有企业范围涵盖中央企业和地方企业，并取得了积极成效，但在政企分开、明晰产权、法人治理结构等方面有待进一步完善，国有企业公司治理改革范围较小，尚未覆盖大型国有企业。因此，中共十五大进一步提出要对国有大中型企业实行规范的公司制改造，使企业成为适应市场的法人实体和竞争主体。而且，十五届四中全会通过的《中共中央关于国有企业改革和发展若干重大问题的决定》提出了国有大中型骨干企业建立现代企业制度改革任务时间表，要求用三年左右时间，在 20 世纪末完成大多数国有大中型骨干企业初步建立现代企业制度改革。

然而，国有企业现代企业制度改革尚未完成，主要表现在三个方面：一是国有企业规模存量巨大，短时间内并非所有国有企业都能按照《公司法》要求完成公司制、股份制改造，即便那些已经建立起现代企业制度的国有企业，也是"形似神不似"，仅仅在名义上建立现代企业制度而已。二是公司内部治理结构不完善并由此引致的内部人控制问题尤为严重。由于国有资产出资人代表身份不明，国有企业治理结构体系中所有者缺位、委托人缺位问题凸显，董事会与经理层职能界定不明、权力重叠，董事长兼任总经理现象普遍，董事长权力过大。同时，监督主体缺位形成了事实上的内部人控制问题，尤其那些经过改制而成的国有独资公司，法律建设滞后导致内部监督主体缺位，监督机制长期处于空窗期。1993 年《公司法》仅对有限责任公司和股份有限公司设置监事会做出了明文规定，国有独资公司是否建立监事会未作明确要求，以至于国有独资公司内部监督机制迟迟不能建立，对董事会、经理层的监督机制虚化、弱化，在国有企业内部未能形成权力机构、决策机构、执行机构、监督机构相互制衡的法人治理结构。三是监督机制薄弱，尽管1998年国务院出台《稽查特派员条例》向国有大中型企业派驻稽查特派员，以代表国家履行监督职责。但是，稽查特派员制度难以摆脱行政属性，是一种事后监督而非全过程监督机制，只能事后发现问题而不能事先阻断，与规模庞大的国有企业相比，稽查队伍弱小、力量薄弱、能力不足等缺陷突出，而且稽查特派员制度游离于公司法人治理结构体系之外，监督有效性、威胁性、震慑力不强，难以实施有效监督。

2003年国务院国资委成立，随后地方各级国有资产监督管理机构相继建立，国有企业改革进入以加强和完善国有企业治理为主的新阶段。成立国资监管机构将政府公共管理职能与国有资产出资人职能完全分开，国资监管机构代表国家履行出资人职责，填补了国有企业所有者缺位和委托人缺位问题，明确了中央企业和地方国有企业出资人地位，解决了长期困扰国有企业所有者缺位、委托人虚位这一难题。同时，制定规章制度推动国有企业改革。除了党中央进行国有企业改革顶层制度设计，国家权力机关制定法律、行政机构制定行政法规之外，国资监管机构制定规章制度也是国有企业改革制度体系建设过程中不可缺少的重要组成部分。这些规章制度具有量多、面广、时效性强等特点，为国有企业治理改革提供了制度支撑。以加强董事会建设为重点完善国有企业治理结构，开展国有独资中央企业董事会改革试点，并由"试点"转向为"规范建设"阶段，大多数中央企业及其二级国有独资公司、全资公司按照有关要求建立了比较规范的董事会；董事会组织结构设置规范化，内部组织架构及运作机制基本确立；董事会成员结构得以优化，多数企业外部董事均超过半数，而且外部董事来源渠道、业务技能呈多元化趋势，进一步增强了董事会独立性、专业性和决策能力。强化国有企业监督管理，按照中共十六大"管资产和管人、管事相结合的国有资产管理体制"以及《公司法》等相关法律法规要求，国务院国资委在权力范围内向国有企业派驻监事会，由监事会履行出资人监督职责，通过制度建设强调过程监督、分类监督、审计监督以及队伍建设，以提高监事会监督效率、效果。

（三）完善公司治理时期（2012年至今）

有效的公司法人治理机制是现代企业制度改革的关键环节，国有企业进行公司制改造后必须解决好治理问题。中共十八大以来，国务院国资委积极推进国有企业开展董事会扩权改革，以规范建立国有企业董事会。同时，根据《中央企业公司制改制工作实施方案》的要求，对全民所有制工业企业按照《公司法》的要求进行公司制改造。截止到 2017 年底，全国范围内的国有企业公司制改革基本完成，表明国有企业治理模式进入全面完善公司治理新时代。

国有企业公司治理要求转变国有资产监管体制。"管资产和管人、管事相结合的国有资产管理体制"，容易导致政府对企业的过度干预、越位干预，弱化国有企业市场主体地位，这一国资监管体制需要进一步改革完善。中共十八届三中全会提出"以管资本为主加强国有资产监管"，国有资产监管职能发生重大转变，由"以管企业为主"过渡到"以管资本为主"。国资监管机构职能定位更加清晰，即"该管的"一定要管好，不能缺位，"不该管的"坚决不管，权力下放、绝不越位。国资监管机构履行出资人职责，以实现国有资本保值增值、放大国有资本功能为目标，从战略上优化国有资本布局、规范国有资本运作、推进经营性资产统一集中监管。企业经营决策、人事任免、薪酬分配、绩效考核、奖惩机制等"不该管的"的自主经营权要依法依规归位于企业，确立企业法人财产权和经营自主权，由企业履行"管人""管事""管企业"等职责，国资监管机构不得越位干涉。国资监管机构职能重大转变，客观上要求改革自身内部组织结构，突出表现在完善监事会制度建设以强化国有企业外部监督。国务院国资委调整领导班子分工，在原有一名国资委副主任分管监事会基础上新增一名委领导以加强国资监管领导。整合国务院国资委监管资源，新增三个监督局，以加强与监事会之间的协同配合，形成监督机制完整闭路。优化监督运行机制，建立监督报告、协调处置、领导决策三大平台，加强对国有企业财务、内部控制、重大决策以及运营过程等事项实施有效监督检查。

创新国有企业公司治理模式，实行国有企业分类治理。《中共中央、国务院关于深化国有企业改革的指导意见》提出了分类推进国有企业改革的总要求，国有企业分类治理体现在公司治理结构、股权结构、管理人员产生机制、薪酬分配机制和业绩考核导向等方面的差异化。①公司治理结构差异化。对于公司治理结构体系，国有独资公司不设股东大会，股东会职权由出资机构行使，国有控股公司、全资公司根据股权份额由出资人代表参与股东会，按照法律法规、公司章程行使股东权利、履行股东义务。②股权结构差异化。公益类国有企业以国有独资为主，具备条件之后再进行投资主体多元化，商业一类国有企业则不设股权比例限制，积极发展混合所有制经济，商业二类国有企业，在保持国有资本控股的基础上支持社会资本参股。③管理人员产生机制差异化。坚持党管干部原则与市场选聘机制相结合，逐渐转变国有企业领导人员由"集中统一管理"向"分层分类管理"过渡。公益类国有企业和商业二类国有企业因执行国家特殊使命和功能,主要采取上级党组织和国有监管机构选拔、任免高管人员,但要结合具体情况适当采用市场化方式选聘一定比例的职业经理人充实到国有企业领导班子,商业一类国有企业高管人员任免权由董事会依法产生,主要利用市场机制、聘任制这一选人用人方式。④薪酬分配机制差异化。行政任命类国有企业领导人员薪酬分配以政府为主导、兼顾市场机制,科学制定基本薪酬、绩效薪酬、任期绩效薪酬水平和结构,市场化选聘类管理人员薪酬分配方案由市场机制决定,将企业经营业绩与管理人员薪资挂钩,建立中长期薪酬激励机制。无论哪种薪酬分配机制,都必须规范在职消费,严禁公款私用、超额消费。⑤业绩考核导向差异化。公益类国有企业考核以社会目标导向为主,重点考核公共产品服务供给能力、成本控制以及运营保障效率;商业一类国有企业考核以经济目标为导向,重点考核企业经营业绩、市场竞争力以及国有资产保值增值;商业二类国有企业考核以国家战略目标为导向,重点考核企业完成国家战略、特殊使命、前瞻性战略性产业情况。

党组织嵌入国有企业公司治理结构体系是我国国有企业公司治理改革的重大制度创新。中共领导是我国国有企业的独特优势,总体上看,党组织在国有企业治理中的参与度在上升。但在国有企业公司制改革过程中,对坚持和加强党对国有企业的领导还存在着一些负面声音,国有企业党组织的作用有弱化、淡化、虚化、边缘化倾向。近年来大型国有企业党员领导干部集体式腐败现象频繁发生,暴露出党组织在国有企业公司治理结构体系中的监督作用未能充分有效发挥。习近平总书记多次强调,要坚持和加强党对国有企业的领导不动摇。坚持和加强党对国有企业的领导是我国社会主义国家性质和基本经济制度所决定的,也是我国国有企业的独特政治优势,更是做强做优做大国有企业的根本制度保障。因此,国有企业党组织要主动适应公司治理的新要求,确立党组织在公司法人治理结构中的法定地位,充分发挥党组织的领导核心和政治核心作用。

四、新时代国有企业改革的着力点

中共十八大以来,全面深化改革取得重大突破。蹄疾步稳推进全面深化改革,坚决破除各方面体制机制弊端。改革全面发力、多点突破、纵深推进,着力增强改革系统性、整体性、协同性,压茬拓展改革广度和深度,推出1500多项改革举措,重要领域和关键环节改革取得突破性进展,主要领域改革主体框架基本确立。中国特色社会主义制度更加完善，国家治理体系和治理能力现代化水平明显提高，全社会发展活力和创新活力明显增强。[①] 中共十九大报告指出："要完善各类国有资产管理体制，改革国有资本授权经营体制，加快国有经济布局优化、结构调整、战略性重组，促进国有资产保值增值，推动国有资本做强做优做大，有效防止国有资产流失。深化国有企业改革，发展混合所有制经济，培育具有全球竞争力的世界一流企业。"这是在新的历史起点上以习近平同志为核心的党中央对国有企业改革做出的系统部署，为新时代国有企业改革提供了根本遵循。

（一）坚持和加强党对国有企业的领导

中共十九大报告指出："党政军民学，东西南北中，党是领导一切的。"坚持党对国有企业的领导、加强中共建设，是深化国有企业改革、做强做优做大国有企业的根本保障。当前，国有企业一度存在的党建弱化、淡化、虚化、边缘化问题正在朝着有序、有效方向逐步解决。习近平总书记在全国国有企业中共建设工作会议上指出："坚持党对国有企业的领导是重大政治原则，必须一以贯之。"党对国有企业的领导主要是通过国有企业党组织而实现的。新修订的《中国共产党章程》第三十三条载明："国有企业党委（党组）发挥领导核心作用，把方向、管大局、保落实，依照规定讨论和决定企业重大事项。"坚持党对国有企业的领导体现在政治领导、思想领导和组织领导三个方面。加强党对国有企业的政治领导，关键是要求国有企业全面贯彻、执行党和国家的方针、路线、政策及重大战略部署。加强党对国有企业的思想领导，通过对国有企业党员干部的党性教育、政治教育，严明政治纪律和政治规矩，不断提高党员干部思想政治素质和党性修养。加强党对国有企业的组织领导，将"加强中共领导和完善公司治理统一起来，明确国有企业党组织在公司法人治理结构中的法定地位"。通过"双向进入""交叉任职"的方式将党组织嵌入国有企业公司治理之中，厘清党组织与董事会、经理层、监事会之间的权责边界，充分发挥党组织对国有企业的监督作用，在选人用人问题上坚持党管干部原则与董事会依法自主选择经营者有机结合，加强对国有企业主要负责人和关键岗位监督，对企业投资、工程招投标、企业改制、产权交易等重要环节进行监督。

（二）改革国有资本授权经营体制

国有资本授权经营是当前国有企业改革的重要着力点。中共十九大报告

[①] 习近平：《决胜全面建成小康社会 夺取新时代中国特色社会主义伟大胜利——在中国共产党第十九次全国代表大会上的报告》（2017年10月18日）。

指出,"要完善各类国有资产管理体制,改革国有资本授权经营体制",2017年中央经济工作会议,将改革国有资本授权经营体制摆在突出位置。以"管资本"为主完善国有资产管理体制,要求以改革国有资本授权经营体制为核心,通过组建国有资本投资运营公司,建立"国资机构—国有资本投资运营公司—国有企业"三级国有资产授权经营方式,实现政企分离、政资分离、资企分离和所有权、经营权分开,确立企业市场主体地位。国有资本授权经营体制改革要在明晰所有权与经营权边界的基础上,准确界定经营权授权界限、明确授权方式,既要授权到位,也要防止过度授权并以此引起的国有资产"渎职性"流失、"经营性"流失和"混合型"流失。改组国有资本投资运营公司是改革国有资本授权经营体制的重要环节,既要防止国有资本投资运营公司虚化、行政化和简单翻牌,也不能"一刀切""大跃进",要分类分层推进改组国有资本投资运营公司。基于不同类别国有企业战略定位、发展目标的差异性,分别设置公益类、战略类和商业类国有资本投资运营公司,并实行差异化授权经营模式。同时,将中央企业和地方国有企业改组成国有资本投资运营公司的方式也应差异化。中央企业可以在集团总部基础上改组为国有资本投资运营公司,地方国有企业数量多、规模小、产业分布广,不宜直接将国有企业改组为国有资本投资运营公司,可将若干家国有企业按业务类别和纵向联系组建成国有资本投资运营公司平台,并控制平台数量。

(三)加快推动国有企业分类改革和战略性重组

中共十八大以来,国有企业改革进入分类改革的新阶段。国有企业分类改革的前提条件是准确界定国有企业类别。问题在于,国有企业业务普遍多元化,商业类业务与公益类业务之间、商业一类与商业二类业务之间相互交叉,准确界定国有企业类别非常困难。根据一定标准对国有企业业务领域而非国有企业进行类别划分能够避免分类模糊性。从产品特征角度看,国有企业业务属性具有公共品、准公共品、外部性产品、私人物品等多种类型;从行业竞争状况看,国有企业业务领域涵盖充分竞争到自然垄断等多种市场结构类型,不同业务领域市场竞争程度不同;从功能定位角度看,国有企业不同业务分别具有执行公共政策职能、国家发展战略职能和一般商业竞争职能。因此,综合产品性质、行业竞争程度和功能定位等多维度对国有企业所从事的业务领域再划分,制定国有企业业务分类指导目录,并依据技术水平、市场竞争、外部环境的变化进行动态调整。在界定业务分类的基础上,通过分类改革推进国有企业战略性重组,优化国有经济布局。对于商业一类国有企业，通过市场化手段加快资源整合和并购重组，提高产业市场集中度、增强市场竞争力。商业二类国有企业通过国有资本投资运营公司的平台作用，引导国有资本集中投向于战略性、前瞻性行业，发挥国有资本战略引导作用。公益类国有企业要通过加大国有资本投入，提高公共产品持续供给能力。

（四）积极稳妥推进混合所有制改革

混合所有制经济是公有制经济的实现方式之一，积极发展混合所有制经济是优化国有经济布局、保持国有经济控制力、增强国有企业活力和提升国际竞争力的重要途径。国有企业混合所有制改革需要解决以下问题：一是非国有资本进入程度和领域，直接关系到混改后企业的股权结构问题。《中共中央、国务院关于深化国有企业改革的指导意见》并指出商业一类国有企业非国有资本可以积极参与，商业二类国有企业非国有资本有限参与，公益类国有企业非国有资本视条件有保留参与，但并未对产业类型和业务领域进行明确划分。一个不可回避的现实问题是，国有企业业务多元化现象普遍存在，国有企业可能出于利己动机挤压允许非国有资本进入的业务领域，阻碍非国有资本进入。二是平等对待各类资本权益。国有企业混合所有制改革有多种实现路径，非国有资本入股国有企业、国有资本入股私有企业以及国有企业与私有企业共同设立新企业。当然，无论采取哪种方式，都必须以有效的产权保护制度为前提，按照市场竞争机制确保资本自由流动，平等保护国有资本与非国有资本产权不受侵害，既要防止利用政府行为和国有资本股权优势侵占非国有资本利益，也要防止国有资产流失。三是减少政府对企业经营活动的干预。国有企业混合所有制改革之后，企业股权结构呈多元化，非国有资本比重上升，并未完全消除政府对企业经营活动干预。政府对混改后企业干预主要是通过"官员式"高管人员实现的。"官员式"高管人员身居企业要职，并且拥有较高行政级别，与同等职位的非"官员式"高管人员相比更具有话语权，直接影响企业发展规划、经营管理等重大决策活动，容易将政府意志嫁接于企业之上。完全取消高管人员行政级别短期内不可能实现，可行途径是降低"官员式"高管人员数量，增加通过市场机制选聘职业经理人比例，同时董事会成员应向非国有股东适度倾斜。

（五）完善公司法人治理结构

现代企业制度改革20多年来，国有企业基本上能够按照《公司法》等相关法律法规要求进行公司制、股份制改造，形成了"三会一层"的公司法人治理结构，实现了所有权、决策权、经营权、监督权相互分离、相互制衡的公司法人内部治理结构。但国有企业法人治理结构不完善,内部人控制问题依然存在,突出表现在董事会运作机制不规范、董事会治理水平有待提高。一是国有独资、绝对控股及相对控股国有企业,国有股"一股独大"导致企业内部股权结构失衡以及利益分配倾向问题,董事会成员结构也将朝着有利于国有股的方向进行配置,如何设置相互制衡、相互监督的董事会结构亟待破解。可行办法是在坚持同股同权的前提下,适度增加非国有股股东利益代表在董事会成员结构比例,以提高非国有股东董事会决策的话语权和参与度。二是明确董事会在公司治理结构中的权责边界,董事长与总经理分设,准确、合理界定董事会与经理层权责,将董事会职能限定在战略决策、经理人选拔、财务监督、薪酬分配、绩效考核等方面,斩断董事会干扰经理层正常经营管理活动的体制机制。三是优化董事会成员结构,在外部董事占相对多数和要求一定比例职工董事参加的前提下,董事会成员不仅要真正代表利益相关者的利益诉求,还应该具备履行董事会职责的决策能力,这要求董事会成员除了拥有管理经验、财务知识等通用必备业务素质外,还应该依据企业所处行业技术领域,吸收一定比例的技术专家,从整体上提高董事会决策的中立性、独立性、科学性。当然,公开、透明的董事会成员产生机制也至关重要。

参考文献

1. 李荣融:《宏大的工程　宝贵的经验——记国有企业改革发展 30 年》,《求是》2008 年第 16 期。

2. 肖亚庆:《深化国有企业改革》,《当代电力文化》2017 年第 10 期。

3. 邵宁:《中国国有企业改革的前景和面临的挑战》,《理论前沿》2007 年第 20 期。

4. 刘戒骄:《国有企业下一步改革的几个关键点》,《中央党校学报》2013 年第 3 期。

5. 周叔莲、刘戒骄:《尚未完成的国有企业改革》,《理论前沿》2008 年第 18 期。

6. 黄速建:《国有企业改革三十年:成就、问题与趋势》,《首都经济贸易大学学报》2008 年第 6 期。

7. 周业安、高岭:《国有企业的制度再造——观点反思和逻辑重构》,《中国人民大学学报》2017 年第 4 期。

8. 罗仲伟:《中国国有企业改革:方法论和策略》,《中国工业经济》

2009 年第 1 期。

9. 徐向艺、李一楠：《中国国有企业改革 30 年回顾与展望》，《理论学刊》2008 年第 10 期。

10. 黄速建：《国有企业改革的实践演进与经验分析》，《经济与管理研究》2008 年第 10 期。

11. 王曙光：《转轨经济的路径选择：渐进式变迁与激进主义》，《马克思主义研究》2002 年第 6 期。

12. 林毅夫、蔡昉、李周：《论中国经济改革的渐进式道路》，《经济研究》1993 年第 9 期。

13. 樊纲：《两种改革成本与两种改革方式》，《经济研究》1993 年第 1 期。

14. 楼继伟：《以"管资本"为重点改革和完善国有资产管理体制》，《时事报告》2016 年第 1 期。

15. 张卓元：《从"管企业为主"到"管资本为主"：国企改革的重大理论创新》，《新视野》2016 年第 3 期。

16. 彭建国：《积极发展混合所有制经济》，《人民日报》2014 年 9 月 15 日。

17. 中国宏观经济分析与预测课题组：《新时期新国企的新改革思路——国有企业分类改革的逻辑、路径与实施》，《经济理论与经济管理》2017 年第 5 期。

18. 金碚、刘戒骄：《西方国家应对金融危机的国有化措施分析》，《经济研究》2009 年第 11 期。

19. 刘戒骄：《关于国有企业存在依据的新思考》，《经济管理》2016 年第 10 期。

20. 汪海波：《中国国有企业改革的实践进程（1979~2003 年）》，《中国经济史研究》2005 年第 3 期。

21. 周叔莲：《国有企业改革 30 年的模式、道路与成绩》，《经济研究导刊》2008 年第 8 期。

22. 徐传谌、翟绪权：《国有企业分类视角下中国国有资产管理体制改革研究》，《理论学刊》2016 年第 5 期。

23. 马连福、王佳宁：《党组织嵌入国有企业治理结构的三重考量》，《改革》2017 年第 4 期。

24. 宋方敏：《习近平国有经济思想研究略论》，《政治经济学评论》

2017年第1期。

  25. 龚睿:《政党权力视阈下的国企党建生成逻辑与路径转型》,《理论与改革》2017年第6期。

第六章　特政激励与产业政策

产业政策的重要组成部分是一国政府遵循产业发展规律,推动产业不断向协调化和高度化发展的一系列政策。无论是工业化国家还是后发赶超国家,在其发展过程中都不同程度地运用了产业政策。改革开放40年来,中国经济增长速度举世瞩目,从过去一个贫穷落后的国家发展为今天全球第二大经济体,产业结构不断优化并向高端迈进,产业发展从"追跑"向"并跑"甚至部分领域"领跑"转变,这与我国在不同阶段实施了适合的产业政策是分不开的。但是,随着中国经济由高速增长转向高质量发展阶段,产业发展形势越发复杂,我国产业政策在制定和实施中也暴露出一些缺陷和不足。特别是在当前转变发展方式、优化经济结构、转换增长动力的攻关期,产业政策的制定和实施将面临新的挑战。

40年来,随着改革的不断深入和市场机制的不断完善,我国产业政策在政策目标、内容、理念、类别和实施方式上都发生了很大变化。回顾、分析并评估这些变化有助于我们认识和把握未来产业政策的正确取向。然而,近些年来专门针对产业政策进行历史性回顾与分析的文献并不多。在现有文献中,马晓河等[1](2008)对改革开放30年以来我国产业结构转换和政策演进做了回顾与展望。程锦锥[2](2009)将这30年来学术界关于产业结构理论研究的进展进行了梳理。汪海波[3](2010)以三次产业增加值为依据,对新中国成立以来产业结构的演进过程进行了历史性考察。这些文献为本章提供了研究思路和理论基础,但对中共十八大以来我国产业结构面临的新问题及产业政策的新变化缺乏梳理分析。本章以改革开放40年为背景,梳理了改革开放以来我国制定和实施产业政策的做法与经验,分析了我国产业政策实施

---

[1] 马晓河、赵淑芳:《中国改革开放30年来产业结构转换、政策演进及其评价》,《改革》2008年第6期。
[2] 程锦锥:《改革开放三十年我国产业结构理论研究进展》,《湖南社会科学》2009年第1期。
[3] 汪海波:《对新中国产业结构演进的历史考察——兼及产业结构调整的对策思考》,《中共党史研究》2010年第6期。

理念和类别的演变，并对新时代调整、完善产业政策进行了展望。

在改革开放40周年这个承前启后、继往开来的重要历史节点上，对产业政策进行回顾、分析与展望，对于我国及时进行政策调整以促进产业结构升级，推进产业体系现代化和高质量发展，如期实现中共十九大确立的经济发展目标，具有重要理论和实践意义。

一、中国产业政策的历史沿革

以40年改革开放为主线，我国产业政策的历史沿革大致可分为四个阶段，即改革开放初期（1978~1991年）、全面改革时期（1992~2001年）、深化改革时期（2002~2011年）和全面深化改革时期（2012~2017年）。不同阶段我国面临着不同的产业结构问题，产业政策的目标取向、政策侧重点也有所不同，其中有些政策取得了较好的效果，而有些却未达到政策制定时的预期目标，因此有必要分阶段进行梳理评价（见表6-1）。

（一）改革开放初期（1978~1991年）

改革开放之初，在长期优先支持重工业发展的宏观政策下，我国国民经济失衡问题十分严重，具体表现为工业与农业、轻工业与重工业比例的严重失衡。中共十一届三中全会指出，现在我国经济管理体制的一个严重缺点是权力过于集中，应该有领导地大胆下放，让地方和工农业企业在国家统一计划的指导下有更多的经营管理自主权；应该着手大力精简各级经济行政机构，把它们的大部分职权转交给企业性的专业公司或联合公司；应该坚决实行按经济规律办事，重视价值规律的作用，注意把思想政治工作和经济手段结合起来，充分调动干部和劳动者的生产积极性；应该在中共一元化领导之下，认真解决党政企不分、以党代政、以政代企的现象，实行分级分工分人负责，加强管理机构和管理人员的权限和责任，减少会议公文，提高工作效率，认真实行考核、奖惩、升降等制度。采取这些措施，才能充分发挥中央部门、地方、企业和劳动者个人四个方面的主动性、积极性、创造性，使社会主义经济的各个部门各个环节普遍地蓬蓬勃勃地发展起来。[①] 据统计，1978年改革开放初期，我国轻、重工业比例为42.7∶57.3，轻工产品供应长期紧张，难以满足基本生活需要。因此，改革开放第一个重要工作就是着手对经济结构实施改革。1979年4月中央工作会议提出了"调整、改革、整顿、提高"的八字指导方针。其中，将调整放在第一位，可以看出，改革初

---

① 中国共产党第十一届中央委员会第三次全体会议公报（1978年12月22日通过）。

期我国的主要任务正是调整经济结构重大比例关系的严重失调。1979年《政府工作报告》提出要使粮食生产和其他农副产品的生产同人口增长和工业发展相适应，使轻纺工业的增长速度与重工业增长速度持平或更高，轻纺产品的供应要与国内需求相适应，并增加其出口能力。1980年2月中央决定对轻纺工业实行"六个优先"的扶持政策，从资源、资金、外汇、技术、基本建设、交通运输方面对轻纺工业给予政策倾斜。这一时期国家重点扶持轻纺工业等劳动密集型产业发展，充分利用了我国劳动力比较优势，符合工业化初期阶段的发展特征。经过几年的政策扶持和结构调整，轻工业长期落后的状况得以根本扭转，到1990年轻工业与重工业的比例已调整为49.4：50.6，轻重工业比例严重失衡矛盾基本解决。

然而，以轻纺工业为主的加工工业虽然在这一时期得到了快速发展，但交通运输、邮电通信、能源、原材料等基础产业和基础设施的供应能力却严重滞后，致使我国20世纪80年代后期又出现了基础产业与加工工业比例严重失调的问题。中共十二大提出，要集中主要力量进行各方面经济结构的调整，进行现有企业的整顿、改组和联合，有重点地开展企业的技术改造，同时要巩固和完善经济管理体制方面已经实行的初步改革，抓紧制订改革的总体方案和实施步骤。在1986~1990年的第七个五年计划期间，要广泛进行企业的技术改造，逐步展开经济管理体制的改革，同时继续完成企业组织结构和各方面经济结构的合理化。[①] 据估计，受当时基础产业和基础设施供应制约，全国加工业有30%左右的生产能力无法发挥[②]。为解决这一问题，自1986年起我国的产业政策开始从优先支持轻纺工业发展转向优先支持基础工业和基础设施发展，同时对轻纺工业的过快发展进行控制[③]。例如，这一时期我国对固定资产投资实行了"三保三压"方针，其目的主要是对国民经济薄弱的能源、交通、通信和原材料工业加大投资规模，压缩一般加工工业投资规模。"七五"时期，财政向工业交通部门减税让利约1900亿元，其中60%以上用于支持能源、交通部门发展；同时对大规模重复建设的轻纺工业实施了计划定点和目录管理办法，限制计划之外的企业发展。

总的来看，改革开放初期我国实现了两次产业结构调整，分别是20世

[①] 胡耀邦：《全面开创社会主义现代化建设的新局面——在中国共产党第十二次全国代表大会上的报告》。

[②] 周叔莲：《我国产业结构调整和升级的几个问题》，《中国工业经济》1998年第7期。

[③] 刘鹤、杨焕昌、梁均平：《我国产业政策实施的总体思路》，《经济理论与经济管理》1989年第2期。

纪70年代末80年代初加强轻工业及80年代末90年代初加强基础工业。政策主要着眼于近期目标，出于纠正当时农轻重比例失调的需要，通过政府计划安排和严格管制实现对短缺产品的供给和过量产品的限制，可以说是一种"截长补短"的政策。经过这一阶段的政策实施，我国轻重工业比例失调问题得到了较大改善，尤其是对轻纺工业实施的各项倾斜政策都较为成功，使轻纺工业得到充分发展，以轻纺工业为主导的工业化第一阶段初步完成[①]。然而，国家对基础工业实施的倾斜政策效果不够明显，基础工业供应不足与一般加工工业发展过快的矛盾依然突出，国家限制发展的一般加工工业的生产能力仍在快速扩张。

（二）全面改革时期（1992~2001年）

自20世纪90年代开始，中国经济进入了高速增长阶段，改革开始向各领域全面推进。经过十几年的改革，我国的农业、轻工业有了较快增长，轻重工业比例失调问题得到了较好解决，但基础设施和基础工业仍然是制约我国经济增长的瓶颈产业，产业结构失衡问题依然存在并表现出新的特征，首先是三次产业之间的失衡，表现为第二产业的高速发展却没有带动第一、第三产业的同步发展；其次是加工工业和基础产业之间的失衡，表现为加工工业的盲目扩张而薄弱的基础产业跟不上其需求；最后是加工工业内部的失衡，表现为低水平加工能力过度扩张而高水平加工能力严重不足，致使我国产业结构长期处于低端层次[②]。为缓解上述结构性矛盾，这一时期国家在重点关注产业结构调整的同时，逐渐转向了产业结构的优化升级。中共十四大、十五大报告为当时我国调整和优化产业结构确定了重要方向，不仅提出了要加快发展农业、基础设施、基础工业和第三产业以实现结构调整目标，同时将机械电子、石油化工、汽车制造和建筑业列为带动我国经济增长和结构优化升级的支柱产业予以重点发展，此外还强调了要发展高技术产业，利用高新技术改造和提升传统产业以促进产业结构向高端迈进。

按照这一产业发展思路，1994年我国颁布了《90年代国家产业政策纲要》（以下简称《纲要》）。作为我国第一部正式的产业政策，《纲要》明确指出要加快支柱产业发展，并将支柱产业的部分产品作为幼稚工业品予以保

[①] 孙文博、吴强：《我经济起飞阶段的特点及产业政策取向》，《中国工业经济研究》1994年第9期。

[②] 郭克莎：《我国产业结构调整与结构成长的关系》，《中国社会科学院研究生院学报》1990年第5期。

护①。依据《纲要》，这一时期国家先后编制了《汽车工业产业政策》《电子工业产业政策》《建筑工业产业政策》《水利产业政策》《中国能源产业政策》等，这是国家首次针对某个特定产业制定的专项政策，为这些产业的发展提供了具体指导。与此同时，国家还加大了对第三产业发展的鼓励和引导，政策涵盖了商业、金融、保险、旅游、信息、法律和会计审计咨询、居民服务等诸多领域。例如，1992年颁布的《中共中央、国务院关于加快发展第三产业的决定》正式将第三产业发展作为我国产业结构调整优化的重要方向之一，提出要让第三产业增长速度快于第一、第二产业，第三产业增加值占国民生产总值比重和就业人数占社会劳动者总人数比重达到或接近发展中国家平均水平的发展目标②；2001年颁布的《关于"十五"期间加快发展服务业若干政策措施的意见》提出了优化服务行业结构、扩大服务业就业规模和放宽服务业市场准入等具体政策措施。在发展高技术产业方面，国家也制定了相关政策，例如2000年颁布的《鼓励软件产业和集成电路产业发展若干政策》提出通过税收优惠、信贷支持等方式引导国内外资金、人才等资源投向软件产业和集成电路产业并为其上市融资创造政策条件，促进信息产业发展并带动传统产业改造和产品升级换代。

总的来看，这一时期的政策不仅有结构调整的短期目标，也有通过有重点、分步骤地振兴支柱产业、发展高技术产业实现结构升级的长期目标。经过这一阶段的政策实施，我国产业结构得到了进一步调整和优化，从数量比例关系看，三次产业比例趋于协调，第二、第三产业占GDP比重逐年上升；从结构关系看，基础产业和基础设施"瓶颈"制约得到较大改善，加工工业中技术密集产业比重有所上升，特别是代表高技术产业的电子及通信设备制造业、电气机械及器材制造业的快速发展，家电产业成长为具有国际竞争力的行业③。然而，也有部分政策的实施效果并未达到预期，如加工工业生产能力过剩、低水平重复建设问题依然突出，第三产业发展动力不强、质量不高等。

（三）深化改革时期（2002~2011年）

这一时期以2008年金融危机为分界点，前后阶段的经济形势发生了很大变化，产业政策的目标、内容也进行了调整。进入21世纪，我国改革向

---

① 胡长顺：《中国新时期工业化战略与产业政策》，《管理世界》1996年第2期。
② 陈瑾玫：《中国产业政策效应研究》，北京师范大学出版社2011年版。
③ 马晓河、赵淑芳：《中国改革开放30年来产业结构转换、政策演进及其评价》，《改革》2008年第6期。

更深层次推进,在工业化、城市化加速发展的推动下,重工业获得快速增长。据统计,自1999年起重工业增速开始超过轻工业,2003~2007年重工业增速大幅超越轻工业,最大差距达到4.1%[1]。与此同时,第三产业尤其是服务业发展严重滞后,2001年我国服务业产出占GDP比重为34%,与同类收入水平国家的平均水平相比要低19个百分点[2],许多服务产品的供给数量和质量都无法满足国内需求。可见,这一时期我国产业结构的主要矛盾表现为第三产业尤其是服务业占比过低,第二产业中重化工业占比过高,而高技术和高加工等技术密集型产业的比重过低[3]。重化工业的快速发展虽在短时期能够带来经济的高速增长,但这种粗放型发展方式以大量资源消耗为代价,对环境造成严重破坏,从长期来看是不可持续的,必将阻碍我国产业的健康发展和产业结构的优化升级。因此,中共十六大、十七大报告均强调要坚持以信息化带动工业化、以工业化促进信息化,走出一条科技含量高、经济效益好、资源消耗低、环境污染少、人力资源优势得到充分发挥的新型工业化路子[4]。按照这一思路,国家先后制定了一系列的政策措施,如2005年《促进产业结构调整的暂行规定》、2007年《国务院关于发展服务业的若干意见》《国民经济和社会发展第十一个五年规划纲要》等,历年政府工作报告和中央经济工作会议也提出了很多政策要点。整理这一阶段的政策要点,主要包含以下五点内容:①大力发展信息、生物、新材料、航空航天、海洋等产业,特别是优先发展信息产业;②加快发展先进制造业,努力振兴装备制造业,提升高技术产业并采用高新技术和先进适用技术改造和提升传统产业;③大力发展第三产业特别是现代服务业,加快发展金融保险、信息咨询、现代物流、法律服务、旅游、文化创意等产业;④积极发展节能环保和循环经济产业,突出抓好工业、建筑、交通三大领域节能,积极发展核电、风电、水电、太阳能发电等清洁能源;⑤重点调控能源、资源密集型重化工业的规模扩张,化解部分行业的过剩产能[5]。

2008年,全球金融危机爆发使我国经济遭受了严重打击,同时也面临着

---

[1] 黄群慧、贺俊:《真实的产业政策——发达国家促进工业发展的历史经验与最新实践》,经济管理出版社2015年版。

[2] 江小涓:《产业结构优化升级:新阶段和新任务》,《财贸经济》2005年第4期。

[3] 王允贵:《产业政策的中长期主题:发展中技术产业》,《管理世界》2002年第4期。

[4] 王岳平:《中共十六大以来我国的产业政策及结构调整进展》,《宏观经济管理》2007年第12期。

[5] 《转型时期我国产业政策的发展方向和重点领域》,《中国高新技术企业》2007年第9期。

严峻挑战。一方面，外部经济形势严峻，国际市场需求严重萎缩；另一方面，国内经济下行压力加大，产业发展不平衡、不协调、不可持续问题亟待解决[①]。为减缓金融危机的冲击，2008年后的政策做出了一些调整，主要以应对金融危机的短期目标为主，提出了"保增长、扩内需、调结构"的政策目标。为调整结构，2009年国家将钢铁、汽车、船舶、石化、纺织、轻工、有色金属、装备制造业、电子信息，以及物流业作为十大重点产业实施了为期三年的产业调整振兴规划，并对不同领域制订了专门的实施细则。为保增长，国家将稳定外需，拓展国际市场作为重要途径，针对十大调整振兴产业采取了降低部分产品出口税率、增加出口买方信贷资金投放等支持措施[②]。为扩内需，国家在保障性安居工程、农村基础设施建设、铁路、公路、机场等重大基础设施建设、医疗卫生、文化教育、生态文明建设等10个领域实施了两年共4万亿的投资计划[③]。与此同时，金融危机后我国逐渐开始重视战略性新兴产业发展，于2010年颁布了《国务院关于加快培育和发展战略性新兴产业的决定》，将节能环保、生物、高端装备制造、新能源、新材料、新能源汽车作为国家战略性新兴产业予以重点扶持保护，以促进我国产业结构迈向高端。

总的来看，这一时期的政策分为两个阶段：2008年前的政策较为关注转变经济增长方式和促进工业技术升级，以及2008年后的政策受金融危机影响更为关注稳定国内经济的短期目标。经过这一时期的政策实施，我国产业结构得到进一步优化升级，2012年第三产业首超第二产业成为拉动国民经济增长的主要力量。制造业规模迅速扩大并超越美国成为世界第一制造业大国；在制造业内部，机械、电子、交通运输设备制造等高加工度行业和高技术产业发展迅速，产业技术水平有一定程度的提高。然而，与发达国家相比，我国产业技术仍然处于低端水平，在引进外资过程中没能通过自主研发有效提升技术水平，使我国核心技术和关键零部件的供给严重依赖发达国家。而我国制造业也只是大而不强，且处于全球产业价值链中低附加值的低端，只是以各种"代工厂"模式生存，依靠低廉的劳动成本、大量资源消耗和严重的环境破坏却只能获得最少的利润。

---

① 马凯：《在应对国际金融危机中加快推进经济结构调整》，《求是》2009年第20期。
② 工业和信息化部产业政策司、中国社会科学院工业经济研究所：《中国产业发展和产业政策研究报告（2011）——调整与升级》，中信出版社2011年版。
③ 李淑华：《金融危机以来我国产业政策效果分析》，《中国科技投资》2010年第3期。

（四）全面深化改革时期（2012~2017年）

这一时期，我国进入全面深化改革并迈进工业化后期阶段。我国三次产业之间的协调性不断提高，三次产业内部结构也基本合理，产业结构的主要矛盾已不再是产业之间和产业内部的比例关系高低，而是由粗放的发展方式引发的产业整体发展层次和质量低下[①]，主要表现为高端领域供给不足而低端产能普遍过剩，尤其是钢铁、煤炭、有色等原材料工业产能严重过剩，大量占用资源，致使资源向新兴产业流动受阻，能源消耗与环境污染问题已经非常严重。因此，这一时期的政策目标更加强调建立"结构优化、技术先进、清洁安全、附加值高、吸纳就业能力强的"现代产业新体系。中共十八大报告提出构建现代产业发展新体系要更多依靠现代服务业和战略性新兴产业带动，更多依靠科技进步、管理创新驱动，更多依靠节约资源和循环经济推动。这一时期的产业结构调整重点从以下五个方面着手：①发展现代信息技术产业体系，建设新一代信息基础设施，开发利用网络化、数字化、智能化技术，在一些关键领域抢占先机，取得突破；②加快发展生产性服务业，促进文化创意和设计服务与相关产业融合发展，加快发展保险、商务、科技等现代服务业；③大力发展战略性新兴产业，设立新兴产业创业创新平台，实施高端装备、信息网络、集成电路、新能源、新材料、生物医药、航空发动机、燃气轮机等重大项目，把一些新兴产业培育成主导产业；④着力推进产业发展向绿色低碳和循环利用方向转变，重点抓好工业、交通、建筑、公共机构等领域节能；⑤通过创新手段化解过剩产能，强化环保、能耗、技术等标准，清理各项优惠政策，消化一批存量，严格控制增量，建立健全防范和化解过剩产能的长效机制。在此基础上，国家还颁布了多项产业规划，其中以2012年颁布的《七大战略性新兴产业发展规划》和2015年颁布的《中国制造2025》最具代表性。《七大战略性新兴产业发展规划》将节能环保、新兴信息产业、生物产业、新能源、新能源汽车、高端装备制造业和新材料产业作为我国七大战略性新兴产业予以重点发展；《中国制造2025》作为我国实施制造强国战略的第一个十年行动纲领，明确将新一代信息技术产业、高档数控机床和机器人、航空航天装备、海洋工程装备及高技术船舶、先进轨道交通装备、节能与新能源汽车、电力装备、农机装备、新材料、生物医药及高性能医疗器械等产业作为重点突破的十大战略领域，并提出要加快新一代信息技术、智能制造技术与传统制造业融合发展，这些政策为我国战略

---

① 金碚、吕铁、李晓华：《关于产业结构调整几个问题的探讨》，《经济学动态》2010年第8期。

性新兴产业发展和制造业提升提供了长远规划和指导。

总的来看，这一时期的政策更加强调产业发展的科技含量，更加注重经济发展和环境保护的相互协调，更加立足长远目标，通过积极培育发展潜力大、带动作用强、综合效益高的战略性新兴产业，提升我国产业发展质量。经过这一时期的政策实施，我国产业层次有了较快提升，高新技术产业和战略新兴产业发展十分迅速，在高铁、核电、4G移动通信、电商、特高压输变电等领域，我国已处于和发达国家"并跑"甚至"领跑"的地位。然而也存在一些问题有待进一步解决，如粗放的产业发展方式仍未得到根本改观，现代生产性服务业仍为经济发展短板；核心基础零部件、先进基础工艺、基础软件、产业技术基础等方面仍未摆脱从国外进口的局面；产能过剩矛盾仍未缓解，同时在一些新兴产业领域也出现了严重的重复建设和产能过剩问题（见表6-1）。

表6-1 改革开放以来我国产业政策阶段划分

历史阶段	产业结构存在问题	政策目标	政策要点	政策成效	政策未达到预期目标
改革开放初期（1978~1991年）	1986年前：工与农、轻与重比例失衡	调整经济结构重大比例关系的严重失调	优先发展农业；重点扶持轻纺工业发展	轻重工业比例失调得到较大改善；轻纺工业成为传统优势产业	基础工业供应不足与一般加工工业发展过快的矛盾依然突出
	1986年后：基础工业与一般加工工业比例失衡		优先发展基础产业，同时控制轻纺工业过快扩张		
全面改革时期（1992~2001年）	三次产业之间的比例失衡；加工工业和基础产业之间比例失衡；加工工业内部低水平加工能力过度扩张而高水平加工能力不足	重点加强产业结构调整，同时促进产业结构优化升级	加快发展农业、基础设施和基础工业；加快发展第三产业；扶持保护支柱产业发展；发展高技术产业	第二、第三产业占比上升；基础产业和基础设施瓶颈制约较大改善；电子及通信设备、电气机械及器材制造业快速发展，家电产业具备国际竞争力	一般加工工业生产能力依然过剩；第三产业发展动力不强、质量不高

续表

历史阶段	产业结构存在问题	政策目标	政策要点	政策成效	政策未达到预期目标
深化改革时期（2002~2011年）	第三产业尤其是服务业占比低；第二产业中重化工业占比过高而高技术和高加工业占比过低	2008年前：转变经济增长方式和促进工业技术升级	优先发展信息产业；发展高技术产业并改造提升传统产业；发展先进制造业和装备制造业；发展现代服务业；发展节能环保和循环经济产业；重点调控重化工业规模扩张，化解过剩产能	第三产业超越第二产业成为国民经济增长的主要动力；制造业规模迅速扩大并成为世界第一制造业大国；高技术和高加工产业发展迅速	制造业大而不强，处于产业价值链中低端；产业技术水平整体偏低，核心技术和关键零部件严重依赖发达国家
		2008年后：保增长、扩内需、调结构	十大重点产业调整振兴；基础设施建设投资；扶持战略性新兴产业发展		
全面深化改革时期（2012~2017年）	发展方式粗放引发的产业发展层次和质量低下，能源消耗与环境污染严重	建立"结构优化、技术先进、清洁安全、附加值高、吸纳就业能力强的"现代产业新体系	发展现代信息技术产业体系；发展生产性服务业和现代服务业；发展战略性新兴产业；推进产业发展向绿色低碳和循环利用方向转变；化解过剩产能	高新技术产业和战略新兴产业发展迅速，高铁、核电、4G移动通信、电商、特高压输变电等领域已处于"并跑""领跑"地位	产业发展方式仍粗放，生产性服务业仍滞后；产业核心技术仍受制于人；产能过剩矛盾仍未缓解并开始在新兴产业显现

资料来源：笔者整理。

二、发展方式转变中的产业政策

改革开放以来，我国经济发展取得了举世瞩目的成就。现在经济总量仅次于美国，位居世界第二大经济体，2016年人均GDP为7993美元。世界银行每年7月1日都根据前一年的人均GDP水平来修订世界经济体的分类。2017年7月1日，世界银行根据人均国民总收入做出的世界经济体分类如下：低收入为1005美元以下，下中等收入为1006~3955美元，上中等收入为3956~

12235美元，高收入为12235美元以上。根据世界银行的这个分类，以人均国民收入为标准，我国已经进入上中等收入发展中国家的行列，人均国民收入在上中等收入国家中处于较低水平。中共十八大提出了"两个倍增"的经济指标，即国内生产总值和城乡居民人均收入2020年比2010年翻一番。2020年两个倍增目标实现以后，我国人均国民收入按目前汇率估算大约1万美元，按2017年标准仍处于上中等收入国家水平。如果考虑到人民币升值因素，到2020年我国人均收入可能在上中等收入国家中处于较高水平。实现两个倍增目标的难点是实现人均GDP和城乡人均收入的同步增长。在上中等收入国家中稳步提高自己的位次，缩短与高收入国家的差距，努力实现人均GDP和城乡人均收入的同步增长，这样才能为2020年全面建成小康社会后向高收入国家迈进奠定坚实基础。

一般来说，一个国家的经济发展需要经历三个阶段：第一个阶段是从低收入到中等收入阶段。这是经济发展的起飞阶段，从传统经济向现代经济发展转变的阶段。第二个阶段是从下中等收入到上中等收入阶段。这是又一个重要的经济和社会转型期，是从经济欠发达成为经济比较发达的关键阶段。在此期间，如果转型成功，经济将保持持续增长，顺利实现经济起飞，进入上中等收入国家行列；如果转型不成功，经济增长缓慢甚至出现负增长，则可能落入"中等收入陷阱"。第三个阶段是中等偏上收入向高收入经济体的过渡阶段。这是知识和技术为导向的创新驱动的经济发展阶段，经济发展主要依靠制度、管理、技术、人力资本实现要素利用效率的提高。从国际经验看，在进入上中等收入阶段后经济增长需要新的动力驱动，如果找不到新的驱动力，经济增长将面临下行压力，难以进入高收入经济体。我国经济发展前景有两种可能性：一是经济持续稳定协调发展，人均收入稳步提高，成功完成工业化，实现现代化，顺利进入高收入发达国家行列。二是经济发展停滞甚至社会动荡，落入"中等收入陷阱"。

从低收入到中等收入主要是从传统农业社会向工业化社会转变，生产内容和形式虽有很大变化，但劳动本质变化不大，传统农业是以重复性劳动为主，工业则以引进和消化其他国家和地区的技术为主，自主创新不多。从中等收入到高收入，则是工业化从初级阶段到高级阶段的变化，经济发展必须建立在技术、管理和制度创新基础上，实现从重复性劳动向创造性劳动的跨越。重复性劳动与创造性劳动的比重和质量的变化，在经济发展阶段上具有本质差别，是经济社会发展阶段演进的决定性力量。社会经济发展依赖于扩大再生产，而扩大再生产又依赖于生产要素的数量和利用效率。低收入阶段建立在手工劳动基础上，扩大再生产规模很小，速度极慢。以外延扩大再生产为特征的中等收入阶段，主要依靠生产要素数量增加。以内涵扩大再生产为特征的高收入阶段，主要依靠技术、管理、人力资本、制度创新来提高生产要素利用效率。可见，生产要素利用方式不同导致生产要素利用效率差异，进而形成不同的经济发展方式。不同收入阶段所处的本质特征不同，如果认为从中等收入到高收入阶段不只是量变过程，更重要的是质的差异，以为只要复制高收入国家有关经济和社会方面的政策措施，就可以顺利进入高收入阶段，将会事与愿违。

缩小居民收入差距，形成中等收入者占绝对多数的"两头小、中间大"的橄榄型收入分配格局是全面小康社会区别于总体小康社会的重要标志，也是减少社会冲突和动荡、实现社会公平和经济社会可持续发展的客观要求。由于收入的边际消费倾向递减，收入分配差距过大容易导致有效社会消费总需求不足，对经济增长具有遏制效应。收入分配不公还在微观经济层面加剧劳动力的不合理流动，使企业缺乏稳定的技术人员和熟练的职工队伍，降低企业的创新能力。过去几年，我国出现了收入分配不公、贫富差距扩大的问题，劳动收入增长缓慢而资本的收入增长较快，一线技术人员和生产人员收入偏低，制造业和实体经济部门吸引高素质人员的能力降低。如果这种状况持续下去，收入分配差距和不平等程度继续扩大，就会对制造业和实体经济发展造成更大损害，进而制约国民经济发展。陷入"中等收入陷阱"的国家，普遍没有解决好收入差距扩大、贫富不均问题。全面小康要求收入差距合理，中等收入群体持续扩大，贫困人口大幅度减少。人民收入水平全面提高持续增加，必须依靠生产要素效率的提高和形成合理的收入分配制度。这也是全面建成小康社会面临的困难。

经济发展是全面建成小康社会的基础，但经济发展目标并不是全面建成小康社会目标。全面建成小康社会由五个目标体系组成，除了经济建设目标之外，还包括人民民主不断扩大的政治建设目标、文化软实力显著增强的文化建设目标、人民生活水平全面提高的社会建设目标与资源节约型、环境友好型社会建设取得重大进展的生态文明建设目标。随着收入和生活水平的提高，人们越来越强烈地感觉到人与自然和谐的重要性。一旦人与自然失去和谐，没有清新的空气，没有洁净的水，没有充分的阳光，没有良好的生产生活环境，物质生活条件再优越也无法带来幸福。事实充分表明，即使如期完成了经济建设这一重要目标，如果其他目标没有达到，也不能说全面建成小康社会的目标实现了。

我国已经实现的总体小康是低水平、低标准、不全面、不平衡的小康。低水平、低标准是指刚刚跨入小康社会门槛，人均 GDP 还比较低，人们享受的小康生活水平不高，不仅同发达国家相比差距比较大，同一些比较富裕的发展中国家相比也有很大差距。不全面是指所覆盖的人群不全面，农村有很多贫困人口的温饱问题还没有解决，城镇中有许多人还生活在最低生活保障线以下。总体小康对提升精神文明、生态环境建设和可持续发展等方面要求不高，社会保障不健全，精神生活需要丰富，环境质量亟待改善。全面小康是经济、政治、文化、生态和社会全面发展，强调平衡、协调和可持续发展，是一个更高水平、更高标准、更加全面、发展质量更高的小康阶段，人民生活更加殷实、宽裕。全面建成小康社会前行道路上需要破解工业化、信息化、城镇化、农业现代化等难题，继续巩固和推进初步建成的小康社会，完成从"总体小康"到"全面小康"的转变。

改革开放 40 年来我国取得了经济持续快速发展的奇迹，但发展代价过高，社会不公平与矛盾不断积累，发展中不平衡、不协调、不可持续问题突出，部分地区的资源环境承载能力接近极限，主要依靠物质投入的传统发展方式与资源环境间的矛盾日益加剧。不仅中西部地区与东部沿海地区差距过大，东中西部内部欠发达地区与发达地区差距也很大，许多欠发达地区经济社会发展水平明显低于全国平均水平，发展不平衡的态势没有根本扭转。在人民生活方面，人均收入增长长期低于人均 GDP 和财政收入增长，城乡发展差距和居民收入分配差距过大，一些关系群众切身利益的问题尚未处理好，生态环境恶化的局面还没有得到有效控制，群体性事件时有发生，社会矛盾和社会冲突有所加剧。如果继续通过牺牲环境追求经济增长，不仅需要支付巨额的环境治理费用从而制约经济发展和收入增长，而且可能陷入环境危机和社会危机。

长期以来，我国经济发展在相当程度上依靠劳动密集型产品和高技术产业中的低技术环节，国际竞争力过度依赖劳动力、资源和环境的低价格。制造业主要集中在产业链中低端，国际分工地位亟待改善。当今国际竞争力越来越取决于自主创新能力，如果跟不上科技进步的步伐，势必拉大与发达国家的差距。我国创新能力与发达工业化国家相比还有很大差距，总体上看，整体自主创新能力不高，缺乏核心技术和自主知识产权，企业创新能力不强。随着人均收入提高，生产要素供给发生新的变化，能源资源约束更趋强化，低成本优势逐步削弱，在低端市场难以延续以往的发展方式。在中高端市场，由于研发能力和人力资本条件制约，提高国际竞争力也困难重重。在这种上下挤压的环境中，必须及时调整产业结构，培育新的竞争优势，以免在国际市场竞争中丧失优势和发展后劲，最终失去经济增长的动力，导致经济增长大幅度减速甚至停滞。

转变经济发展方式的经济学标志是生产要素利用效率的持续提高。提高生产要素利用效率，要求通过技术创新、管理创新和制度创新优化生产要素配置，使经济发展从依靠生产要素量的投入为主转变为依靠技术管理进步和生产要素利用效率提高为基础，从依靠土地、矿产、能源、环境等可耗竭资源为主转变为依靠人力资本、技术、管理、制度等不可耗竭资源为主。当前我国的经济发展方式之所以过度依靠可耗竭资源，原因在于制度和体制缺陷，主要是土地、资本和一些重要矿产资源税收体系不健全，开发和利用的监管不到位，资源产品价格不能反映市场供求关系、资源稀缺程度和环境成本，助长对它们的滥用和浪费。低技术、低附加值为主要特征的劳动密集型产业与部分资本密集型产业转型升级缓慢，高技术、高附加值的技术密集型产业和知识密集型产业发展滞后，也与不正确的市场信号导向有关。

我国国际竞争力相当程度上仍表现为价格优势。近几年生产要素成本的上涨对企业竞争力的影响非常明显。2005年汇改以来，人民币实际有效汇率升值的幅度在30%左右。劳动力生产和再生产成本以及劳动者的实际工资也有较大幅度上涨。据估计，自2008年金融危机至2016年，单位产出劳动力成本上升了30%左右，同一时期欧洲和美国由于工资稳定和生产效率提高，单位产出劳动力成本略有降低。今后一个时期这种趋势可能延续。如何化解成本上涨对经济的冲击，是我国面临的长期挑战。

转变经济发展方式的基本和主要机制是市场的激励和约束作用。在成熟市场经济体制中，企业具有自觉转变经济发展方式的外在压力和内在动力。市场机制越完善，企业转变经济发展方式的压力和动力也越强。企业能否自觉转变经济发展方式，关系到自身市场竞争力的强弱。市场竞争力的强弱直接影响企业的切身利益，为了自身经济利益，企业必须不断提高发展质量，转变自己的经济发展方式。市场机制促进企业转变经济发展方式，主要通过竞争机制来实现。充分竞争的市场环境能够对企业加快转变经济发展方式形成巨大的外部压力，企业经济发展方式与其自身利益直接结合，能够对企业加快转变经济发展方式产生内在动力。由于企业利益机制和市场竞争机制内在于成熟的市场经济中，所以，成熟的市场经济体制具有促进企业加快转变经济发展方式的功能。我国必须形成既具有自己特色又能发挥竞争作用的成熟的市场经济体制，构建能够反映资源稀缺程度和市场供求关系的价格形成机制，规范企业开发利用资源的行为，将环境污染、生态破坏等负外部性内部化，形成正确的市场信号和利益导向，才能发挥市场激励和约束机制对企业转变经济发展方式的促进作用，促进产业结构从劳动密集型、低附加值为主向资本和技术密集型、高附加值为主转变，铲除制约经济发展方式转变的体制障碍。

转变经济发展方式是党中央深切把握发展规律、深刻总结国内外发展经验、深入分析我国发展阶段，在深化对经济增长与经济发展认识的基础上，在推动产业结构优化升级、统筹城乡区域和经济社会发展、调整投资出口消费关系、促进可持续发展等实践中提出的科学命题。中共十八大站在新的历史高度，对经济发展方式转变问题进行了更为深刻的阐述，明确了加快形成新的经济发展方式的四个着力点和五个具体方向，强调要适应国内外经济形势新变化，加快形成新的经济发展方式，把推动发展的立足点转到提高质量和效益上来，着力激发各类市场主体发展新活力，着力增强创新驱动发展新动力，着力构建现代产业发展新体系，使经济发展更多依靠内需特别是消费需求拉动，更多依靠现代服务业和战略性新兴产业带动，更多依靠科技进步、劳动者素质提高、管理创新驱动，更多依靠节约资源和循环经济推动，更多依靠城乡区域发展协调互动，不断增强长期发展后劲。

中共十八届三中全会提出"使市场在资源配置中起决定性作用"和"更好发挥政府作用"，进一步明确生产什么样的商品、采用什么方法生产以及生产出来以后谁将得到它们等经济发展问题，在根本上应该依靠市场来解决，实现了对经济发展方式认识上的再次飞跃。十八届五中全会通过的《中共中央关于制定国民经济和社会发展第十三个五年规划的建议》提出破解发展难题，厚植发展优势，必须牢固树立创新、协调、绿色、开放、共享的发展理念，并强调发展是硬道理，发展必须是科学发展。我国仍处于并将长期处于社会主义初级阶段，基本国情和社会主要矛盾没有变，这是谋划发展的基本依据。必须坚持以经济建设为中心，从实际出发，把握发展新特征，加大结构性改革力度，加快转变经济发展方式，实现更高质量、更有效率、更加公平、更可持续的发展。从"加快转变经济发展方式"到"加快形成新的经济发展方式"，再到新发展理念的形成，体现了我们党对经济发展方式认识的深化。

全面深化改革是加快转变经济发展方式必不可少的保障。转变经济发展方式要求加快建设社会主义市场经济、民主政治、先进文化、和谐社会和生态文明，解决发展中不平衡、不协调、不可持续的问题，推动经济更有效率、社会更加公平、国家更可持续发展,让改革发展成果更多更公平地惠及全体人民,逐步实现全体人民共同富裕。也就是要求正确处理政府和市场关系,加快形成成熟、定型的社会主义市场经济体制,构建服务型政府,形成公平发展的制度环境,实现经济、社会以及其他领域的协同进步。经济发展方式转变必须以全面深化改革推进要素配置和发展制度创新为保障。

当前我国处于工业化、信息化、城镇化和农业现代化快速推进的黄金期,也是经济发展方式加快调整和社会利益格局剧烈变化、体制改革不断应对新挑战的关键时期,短期困难和长期问题交织在一起,经济社会发展中有许多突出矛盾和问题亟待解决,尤其是经济增长动力不足、发展质量不高、科技创新能力不强、资源环境约束加大、城乡发展不协调不平衡和居民收入差距过大、制约科学发展的障碍较多等一系列突出问题。如果不能全面深化改革,破除妨碍经济社会平衡协调可持续发展的思想观念和体制机制弊端,解决发展中面临的一系列突出矛盾和问题,就不能实现经济发展方式的转变。

从《中共中央关于全面深化改革若干重大问题的决定》提出到2020年,在重要领域和关键环节改革上取得决定性成果,形成系统完备、科学规范、运行有效的制度体系,使各方面制度更加成熟、更加定型。经济体制改革是全面深化改革的重点,核心问题是处理好政府和市场的关系,使市场在资源配置中起决定性作用和更好发挥政府作用。习近平总书记在《关于〈中共中央关于全面深化改革若干重大问题的决定〉的说明》中进一步提出,面对新形势新任务新要求,全面深化改革,关键是要进一步形成公平竞争的发展环境,进一步增强经济社会发展活力,进一步提高政府效率和效能,进一步实现社会公平正义,进一步促进社会和谐稳定,进一步提高中共领导水平和执政能力。

转变发展方式不仅为我国深化经济体制改革指明了方向,而且需要不断完善市场经济体制提供制度保障。处理好政府和市场的关系,使市场在资源配置中起决定性作用和更好发挥政府作用,需要我们加深对社会主义市场经济的认识。在现代市场经济条件下,市场是"看不见的手",在资源配置中发挥决定性作用;政府是"看得见的手",主要是加强市场监管,克服市场失灵。无论是使市场在资源配置中起决定性作用,还是更好发挥政府作用,关键是明确政府和市场的边界及"两只手"的协调配合。社会主义市场经济体制与其他类型的市场经济体制一样,都是以市场作为资源配置的基础性、决定性手段,在市场这只"看不见的手"作用下,社会资源获得优化配置。

只有公平的市场竞争，才能有效地决定价格，优胜劣汰。不公平的竞争尽管也是竞争，却难以达到资源优化配置的目标。从这个意义上说，公平竞争是社会主义市场经济的命脉和本质性特征。无论国有企业还是民营企业都需要在竞争中锻炼自己，发展自己。如果存在公平竞争的环境，国有企业和民营企业的效率都会增加。在竞争充分的环境中，无论国有企业还是民营企业，如果效率没有增加，不能和同行业的其他企业进行竞争，就会在市场竞争中淘汰。对于国民经济中的可竞争性领域，应该允许国有企业与民营企业公平竞争，鼓励企业通过提高创新能力和生产效率来获得经济资源和竞争优势。各类企业公平竞争、适者生存、优胜劣汰，整个经济体才能充满活力和不断提高效率。

在经济发展方式转型中，政府的行为目标是更好地发挥市场监管、经济调节、公共服务和社会管理的作用，以弥补"市场失灵"，并为经济主体创造良好公平的环境。作为制度安排的提供者，政府可以运用法律法规、政策以及管理措施，引导或强制性地改变市场主体的行为，以达到节约资源和保护环境的目的。这就必然会使各主体间的利益关系发生改变，甚至会调整整个社会的物质利益结构。

更好地发挥政府作用要求构建服务型政府，进一步提高政府效率和效能。服务型政府是在人本理念指导下和民主秩序的框架下，通过法定程序组建起来的以为人民服务为宗旨的政府。构建服务型政府，必须科学界定政府职能，将市场可以有效发挥作用的领域交还市场，依靠市场规律发挥作用。政府则在经济调节、市场监管、环境保护、社会管理和公共服务方面发挥积极作用，弥补市场失灵，保持宏观经济稳定。当前要以解决市场体系不完善、政府干预过多和监管不到位问题为重点，进一步简政放权，最大限度减少中央政府对微观事务的管理，尽快做到"三个一律"，即市场机制能有效调节的经济活动，一律取消审批；直接面向基层、量大面广、由地方管理更方便有效的经济社会事项，一律下放地方和基层管理；深化投资体制改革，除关系国家安全和生态安全、涉及全国重大生产力布局、战略性资源开发和重大公共利益等项目外的企业投资项目，一律由企业依法依规自主决策。要提供更多优质公共服务，通过保障和改善民生，使广大群众共享改革发展成果，促进共同富裕。

在社会主义市场经济体制下，政府与市场都具有配置资源和调节利益关系的功能，但其性质和作用方式不同。政府是一个集中决策、层级管理的组织体系，而市场是一个分散决策、自由竞争的组织体系。市场和政府在资源环境保护和生态环境建设中的作用有所不同。市场机制通过反映环境资源稀缺程度的价格信号和优胜劣汰的竞争机制，消除资源环境利用方式不合理和企业内部效率低下引起的生态代价和社会成本问题。政府通过法律、制度和补偿机制，创造市场机制起作用的条件，消除外部性引起的生态代价和社会成本，实现资源和环境的合理分配与有效利用。由于市场体制在解决资源和环境问题方面具有滞后性和局限性，竞争和淘汰落后的过程需要较长的时间，并造成不可逆和难以挽回的损失。政府的角色要从传统的直接管制和直接干预向主要通过制定市场规则、为产业发展提供完善的制度环境、提高市场运行效率转变，以更好地适应产业转型升级的新要求。我国转变发展方式的障碍主要源于市场经济体制不完善、不健全，为转变发展方式提供制度保障在当前尤其要注重以下几个方面：

第一，完善有利于节约能源资源和保护生态环境的法律和政策，加快形成可持续发展体制机制。在推动经济发展方式向"创新发展"转变的过程中，政府应适时适度提高环保、技术、质量等各类标准，引导企业把"创新"作为其提高市场竞争力的唯一途径，而不是"低质量、低层次"的竞争，这样才有利于产业的转型升级。在环境污染治理方面，充分发挥政府规制的作用，采取适当的具有法律约束力的管控手段，对于企业生产经营产生的外部不经济性，应通过补偿污染受害者将其内化为企业的内部成本，从而调动企业治理污染的积极性，减少资源消耗和污染排放。当务之急是建立能够反映市场供求关系、稀缺程度以及环境治理等外部成本的资源类产品价格形成机制，优化资源综合利用、循环利用和废旧物资回收利用的税收、信贷优惠和国家投资与补贴政策，扩大节能、节水产品实施政府采购的范围，硬化资源对投资者、经营者和消费者的约束。资源领域要完善自然资源有偿开采、有偿使用制度，加快用水、用地、用电和排污全价交易制度建设，使利益相关者和受影响者共同分担资源开采所带来的影响。环境领域要全面实施主要污染物排放总量控制，完善污染物和废弃物有偿排放制度、污染排放权交易制度。在控制整体污染物排放总量的前提下，通过市场交易来实现污染控制的目标。

第二，加强公平竞争制度建设，处理好产业政策和竞争政策的关系。市场经济体制不仅需要竞争，而且需要公平和有效的竞争。随着我国经济融入世界经济体系，市场化进程向前推进，我国关于竞争秩序和竞争环境的法制和制度建设得到加强，在放宽市场准入、监管体制改革、纵向结构重组、引入非国有资本、建立特许经营制度等方面取得进展，地方保护行为有所收敛，竞争在促进创新、经济增长和社会发展方面的作用为人们所重视。我国竞争秩序和竞争环境仍然面临地方保护、行政垄断、垄断性并购、知识产权保护和知识产权滥用以及行业自律限制定价等难点问题。政府必须着眼于整个国民经济，推动公平竞争制度建设，营造各种所有制经济依法平等使用生产要素、公平参与市场竞争、同等受到法律保护的体制环境，在确保公平竞争的前提下，按照有利于产业转型升级的内在要求，不要让部门利益或部门垄断成为制约产业升级的因素。

当前改革应以可竞争性市场结构构建和公平竞争制度建设为主线，统筹社会福利、产业效率和企业绩效，加强反垄断的力度和机构建设，改善监管，推动网络设施开放使用，形成兼有规模经济和竞争效率的全国统一市场。同时，我国应改变长期以来重视产业政策、忽视竞争政策的倾向，将竞争政策确立为社会主义市场经济体制的一项基础政策，防止并依法惩治各种损害效率和公平的限制竞争行为。改革妨碍公平竞争的政策，清理要素配置、市场准入、进出口管制中保护垄断企业的政策。对于邮政、铁路、公路、石油天然气管道、重要桥梁、大型水利工程和电力生产供应等基础设施和公用事业领域，其产品或服务具有公共物品的性质，规模经济性强，在技术经济上要求保持物理和经营管理上的整体性，可以授权一家或少数几家国有企业垄断经营，非国有资本可以股权投资形式进入，但要防止相关企业凭借网络设施排挤竞争者，滥用市场优势地位。随着社会主义市场经济体制的成熟定型和民营经济成长，逐步降低上述领域对国有经济的依赖，实现从一股独大向股权分散的社会化企业的转变。对于资源类产品和服务的进出口，应放宽市场准入，允许更多的经营者经营，以便对国内垄断企业形成一定的竞争压力。

第三，建立城乡开放、统一的生产要素市场。城乡二元结构是我国经济社会发展中长期没有解决的一个结构问题，是制约城乡发展一体化的主要障碍。我国农业基础仍然薄弱，城乡之间在劳动力就业、居民收入、基础设施建设和公共服务水平等方面还存在明显差距。我国以往城镇化的基本特点是以农民工为主体，以流动就业为主要形式，没有很好地完成农村人口向城镇人口的"落户"迁徙。能否确立公平、分享、关怀的理念，摒弃传统的城乡隔离政策和城市倾斜政策，建立城乡开放、统一的生产要素市场，尤其是城乡统一的劳动力市场，解决农民市民化问题，保证城镇公用基础设施和基本公共服务、社会福利与保障的普遍提供，消除针对进城农民工的歧视性政策和非均等化待遇，是全面建成小康社会必须完成的一个艰巨任务。为此，必须通过全面深化改革，加快构建以工促农、以城带乡、工农互惠、城乡一体的新型工农城乡关系，大力促进公共服务资源在城乡、区域之间的均衡配置，缩小基本公共服务水平差距，完善城镇化健康发展体制机制，促进城镇化和新农村建设协调推进。

第四，缩小收入差距遏制贫富差距过大。缩小居民收入差距，形成中等收入者占绝对多数的"两头小、中间大"的橄榄型收入分配格局是减少社会冲突和动荡、实现社会公平和经济社会可持续发展的客观要求。由于收入的边际消费倾向递减，收入分配差距过大容易导致有效社会消费总需求不足，对经济增长具有遏制效应。收入分配不公还会在微观经济层面加剧劳动力的不合理流动，使企业缺乏稳定的技术人员和熟练的职工队伍，降低企业的创新能力。过去几年，我国出现了收入分配不公、贫富差距扩大的问题，劳动收入增长缓慢而资本的收入增长较快，一线技术人员和生产人员收入偏低，制造业和实体经济部门吸引高素质人员的能力降低。如果这种状况持续下去，收入分配差距和不平等程度继续扩大，就会对制造业和实体经济发展造成更大损害，进而制约国民经济发展。陷入"中等收入陷阱"的国家，普遍没有解决好收入差距扩大、贫富不均问题。全面小康要求收入差距合理，中等收入群体持续扩大，贫困人口大幅度减少。人民收入水平全面提高持续增加，必须依靠生产要素效率的提高和形成合理的收入分配制度。这也是全面建成小康社会面临的困难。

缩小收入差距要求大力推进城镇化与工业化协同发展，解决城乡发展不协调不平衡的问题。城乡协调平衡发展不仅是工业化的结果，也是工业化进一步推进的条件。城乡协调平衡发展既是资源从低效率部门向高效率部门转移的过程，也是经济结构优化和人均收入增长的过程。城镇化通过大规模基础设施建设来消化工业产能，释放消费潜力，推动经济增长。由于城镇化加快人口集聚，不同利益群体近距离聚集，也使社会矛盾传导速度加快，城乡不协调不平衡的问题显化。城镇化过度滞后于工业化和城镇化过度超前于工业化都不利于经济社会健康发展。发展经济学将城乡发展不协调不平衡定义为二元社会。西里尔·E. 布莱克（1984）在分析日本和俄国的现代化时，曾经对二元社会进行过形象的描述："在这两个国家都出现了二元社会。一端是官员、知识分子和大公司的许多雇员，他们分享着工作有保障这种难得的权利。另一端是普通的农民，他们缺乏最起码的教育，在城市社会里往往只能找到临时和低等的工作。"刘易斯等创立的二元经济理论被认为是分析发展中国家二元经济社会的基础理论。根据二元经济理论，发展中国家的工业化，使农业劳动力源源不断地从农村转向城市，因而工业化的过程也是农民的市民化过程。城镇化不是把低收入的农村居民转化为低收入的城镇居民，也不是为城市工商业发展提供低价格的劳动力以及为城市居民提供低价格的服务。给予进城农民群体公平的就业机会及提高其收入水平，是城镇化的基本要求。

我国城乡二元结构的外在表现主要是城乡发展不协调不平衡。城市化滞后于工业化，农民市民化滞后于城市化。农民工市民化受到多方面制约，农民工中只有少部分人能够享有与城镇居民基本等值的公共服务，普遍处于半市民化状态。他们的职业与身份相分离，普遍以农民的身份从事非农职业。能否在经济发展的基础上，实现农民市民化和人的城市化，是我国全面建成小康社会面临的又一个难题。这个难题难在城乡居民收入差距过大，农村社会保障制度不健全，教育机会不均等，公共服务产品匮乏等现实问题。必须通过推进城乡户籍制度、农村土地产权制度、城乡社会保障制度和政府财政税收制度等领域改革，推动农民工市民化进程，妥善处理农民工和农村人口在城市就业、定居与社会融入等方面的问题，同时着力新农村建设，加快农村现代化步伐，这样多管齐下，才能解决好城乡二元结构、城镇化与工业化发展不协调等问题。

三、公平竞争制度建设

经过多年改革，我国初步建立了社会主义市场经济体制，但这个体制还不成熟、定型，目前的市场既有政府主管部门从上到下的条条分割，又有各地方政府的块块分割。中共十八届三中全会提出紧紧围绕使市场在资源配置中起决定性作用深化经济体制改革，建设统一开放、竞争有序的市场体系是使市场在资源配置中起决定性作用的基础。现代市场体系所要求的统一、开放和竞争有序三个方面是相辅相成的。统一市场要求竞争和开放，竞争有序依赖于统一市场。统一是现代市场体系的基础环节，直接关系到市场配置资源作用的范围和程度，建设统一市场是我国经济体制改革新阶段的一项紧迫任务。但是，由于地方保护、部门本位和内幕交易，公平竞争、平等准入等统一市场建设制度的缺失和不合理行政性壁垒的存在，我国国内市场条条分割和块块分割的问题一直没有解决，土地、矿产资源、政府投资项目招投标等重要生产要素和领域的市场被分割的问题尤其突出，垄断行业过度垄断和封闭运行的问题至今没有解决，不少关键和重要稀缺资源的配置仍然过度依靠行政手段，一些改革措施局限于区域性市场而不是全国性市场建设，市场配置资源的作用没有得到充分发挥，稀缺资源没有实现在全国范围内优化配置。产业政策必须以完善市场准入政策和改革产业监管、创新市场内在制度推进全国统一市场建设为导向，重点研究垄断行业、产业政策、环境监管、土地和矿产能源等要素等重点环节和领域的市场化改革和全国统一市场建设。

统一市场有交易场所和交易制度两层含义。从交易场所看，统一市场要求能够允许尽可能多的买者和卖者进入市场参与交易，所有潜在买者和卖者进入市场不受除自然因素以外的其他因素的阻碍，尤其不能受到同类经营者的排挤和不当竞争政策的限制。从交易制度看，进入市场的买者和卖者能够平等地获得信息，公平地展开竞争，尤其不能受到主导企业滥用垄断地位的不公平对待和内幕交易的损害。垄断及其导致的行业封闭运行和限制用户选择权，将潜在竞争者排挤在市场以外，不能使低效率企业失去市场，削弱了企业降低成本和进行产品和服务创新的激励，并进而对厂商行为、产业绩效、用户利益和配置效率产生消极影响，严重制约着市场配置资源的范围和效果，是阻碍当前统一市场建设的一个主要因素。

改革开放前，我国经济学者对统一市场问题进行了研究，有的学术论文明确使用统一市场一词。改革开放以来，我国经济学界对市场经济体制的认识不断深入，对市场分割、地方保护的弊端和全国统一市场建设的重要性、紧迫性进行了深入研究。2013年十八届三中全会以来，国内学者根据《决定》要求加强了对国内统一市场建设的研究，取得了不少有价值的成果，对于如何推进全国统一市场建设提出了不少有价值的建议。尽管国内学术界对统一市场建设问题投入不少力量开展了相关研究，但从现有研究成果看，存在以下三点不足：一是对统一市场建设涉及的问题进行孤立、个别的研究多，系统的研究不多，能够深入统一市场形成机理进行透彻分析的研究更少。二是对国外统一市场建设的研究不够系统，对国外研究动态和实践缺乏了解和追踪研究。三是对统一市场相关配套体制和政策的研究不够。总体来看，理论界和实践界都认同要加快统一市场建设，但对统一市场形成的条件和机理，如何构建加快统一市场形成的体制机制和政策体系等问题，还需要进一步深入研究。

统一开放、竞争有序的市场体系是市场优胜劣汰机制、协调供需平衡及化解过剩产能机制、激励企业创新与提升效率机制、促进产业转型升级机制充分发挥作用的基础。中共十八届三中全会将建立统一开放、竞争有序的现代市场体系作为全面深化改革的一项重要的任务，并进一步指出：建立统一开放、竞争有序的现代市场体系,"必须加快形成企业自主经营、公平竞争,消费者自由选择、自主消费,商品和要素自由流动、平等交换的现代市场体系,着力清除市场壁垒,提高资源配置效率和公平性"。只有把公平竞争作为经济发展方式和经济体制的内在要素,才能调动各类经济主体参与市场交易和竞争的积极性,实现市场对资源的有效配置和经济领域的互联互通。这迫切要求更好地发挥政府在放宽市场准入、限制和监管垄断、保护公众利益等方面的作用,深化垄断行业国有企业改革,破除垄断、封闭和不合理的政策对公平竞争的阻碍,避免不公平竞争制度的永久化,推动垄断行业向可竞争性市场结构转变,实现垄断行业与国民经济其他产业协调发展。

然而,我国的产业政策仍保留了投资项目审批或核准、准入、项目用地审批等许多直接干预市场与管制微观经济的措施作为主要政策手段,并挑选特定的产业、特定的园区、特定的企业、特定技术路线与特定的产品给予种种优惠政策进行扶持,在钢铁、汽车、石化等资本密集型行业还具有很强的"扶大限小"(扶持特定的大企业,限制中小企业发展)的特征。不难看出,我国现阶段产业政策模式是典型的选择性产业政策模式,并且具有更为突出的"以政府选择代替市场机制、直接干预微观经济以及限制市场竞争"的特征,这种产业政策模式显然与建设统一开放、竞争有序的现代市场体系格格不入。加快建设统一开放、竞争有序的市场体系,迫切需要对当前产业政策的取向做出重大调整。

因而,无论从反思和重构产业政策角度来看,还是从加快建立统一开放、竞争有序的市场体系的角度来看,中国都亟须将当前产业政策取向做重大调整,放弃直接干预市场、限制竞争、选择性的产业政策模式,转为"放松管制与维护公平竞争",实施功能型产业政策(增进与扩展市场型产业政策)。具体而言,可从以下九个方面着手:

第一,取消所有不必要的审批、核准与准入管理。坚持"非禁即准、平等待遇"的原则,除生态与环境保护、生产与产品安全、国家安全方面可适当保留外,取消所有不必要的审批、核准和准入管理。让不同所有制、不同规模、不同技术路线选择、不同技术装备选择的企业均具有公平进入市场的权利。此外,还需消除一些行业和领域存在的隐性市场进入壁垒,例如政策影响力、指定采购、资源和要素的原始占有、在位企业战略性阻止行为等。在企业登记、申请立项、税收收费标准、政府采购、财政补贴、土地使用等方面,不同所有制企业、不同规模企业应享有同等的政策待遇。

第二,制定全面、完善的公平竞争法。切实保障各种所有制企业依法平等使用生产要素、公平参与市场竞争、同等受到法律保护，严格约束地方保护主义行为以及为本地企业提供损害公平竞争的各类补贴与优惠政策。同时还要修订《劳动法》《产品质量法》《消费者权益保护法》《反不正当竞争法》《环境保护法》等法律法规，加强保护劳动者权益、消费者权益与公众利益的保护，加大违法行为的惩处力度，禁止企业采用损害消费者权益、损害劳动者权益、破坏环境、虚假广告等不正当方式进行市场竞争。公平税负与社会责任，让不同所有制的企业在税负、社会责任要求方面能得到同等对待。此外，还需完善《政府采购法》，严格约束各级地方政府在公共采购中的地方保护主义。

第三，调整产业补贴和税收优惠政策。将选择性补贴政策转为普遍性补贴，普遍性补贴不是针对特定的企业或者个人，而是面向某产业的所有企业或所有消费某商品的经济主体的补贴或优惠措施。将产业补贴的重点由生产环节转为研发与创新、消费环节。同时，控制补贴的范围和规模，规范补贴制度，提高补贴的透明度。应尽量淡化税收优惠政策的所有制取向；逐步取消以区域（园区）为主的税收优惠，代之以鼓励企业创新与研发、技术改造、节能与环境保护投资以及促进新兴产业发展为主的税收优惠政策。这种优惠政策应该是一种普惠型的优惠政策，对于所有符合要求的企业，应进一步简化优惠的审批手续，促进税收优惠政策的落实。

第四，进一步规范政府与国有企业的关系。坚持政企分离的方向，进一步区分和规范政府作为市场监管者和调控者以及作为国有企业出资人的职能，把垄断行业管理机构改造成为独立的监管机构，把垄断行业运营者改造成为独立于监管机构并按商业化原则运营的公司制企业，彻底剥离应该由政府和行业协会承担的职能，使垄断行业运营者成为符合现代企业制度要求的市场主体。作为市场监管者或调控者，政府集中履行经济调节、市场监管、社会管理和公共服务职能，平等对待各类企业。作为出资人，政府可以行使相应的权能，但应该规范干预国有企业的领域和手段，超越私人投资的局限，兼顾国有企业的经济目标和社会目标，避免过度追求自身经济利益。

第五，解决垄断行业国有企业经营活动和招投标系统内封闭运行而向社会开放不够的问题。推动电信、电力、油气、公用事业等领域招投标向社会开放，鼓励民营企业申请勘察设计、施工、监理、咨询、信息网络系统集成、网络建设、项目招标代理机构等企业资质。凡具有相应资质的民营企业，平等参与建设项目招标，不再设立其他附加条件。鼓励民间资本参与基础设施投资、建设和运营维护。引导大型国有企业积极顺应专业化分工日趋深化的趋势，将基础设施投资、建设和运营维护外包给第三方民营企业，加强基础设施的共建共享。

第六，加强和改善网络设施监管，防止主导企业凭借网络设施排挤竞争者。改革后的一个时期，一些行业往往存在一体化企业和独立企业，前者拥有网络设施，后者没有网络设施。这两类企业之间竞争极易出现一体化企业凭借网络设施排挤独立企业的问题。这就要求着眼于整个国民经济而不仅仅是某个行业或经济主体自身的视角，谋划和评估网络设施开放使用，通过网络设施平等开放推动可竞争性市场结构构建和公平竞争制度建设。当前要重点推动国有企业的网络设施向各类企业平等开放，积极研究将电信基础设施和长距离输油、输气管网从企业剥离出来，组建独立网络运营企业的方式。对于在技术经济上要求保持物理和经营管理上的整体性垄断性业务，可以授权一家或少数几家国有企业垄断经营，非国有资本可以股权投资形式进入，但要防止主导企业凭借网络设施排挤竞争者，滥用市场优势地位。随着社会主义市场经济体制的成熟定型和民营经济成长，逐步降低上述领域对国有经济的依赖，实现从一股独大向股权分散的社会化企业的转变。对于资源类产品和服务的进出口，应放宽市场准入，允许更多的经营者经营，以便对国内垄断企业形成一定的竞争压力。

第七，构建可竞争性市场结构，扩大用户选择权和自主权。油气产业上游领域重点解决石油天然气探矿权和采矿权过度集中和一家独大的问题，引进一批具有资质和能力的企业从事页岩气、页岩油、煤层气、致密气等非常规油气资源开发。下游领域，重点加强符合条件企业的炼油业务，改变原油和成品油进口管制，增加从事原油和成品油进口业务的主体，取消非国营贸易进口的原油必须交给两大石油公司加工的"隐性政策"，放宽进口原油在国内自由贸易，允许非国有企业根据市场需求组织进口。电信、电力等领域通过扩大用户选择权和自主决策权，引导资源流动和改善资源配置。电信应完善关于码号资源、市场竞争行为管理的相关规定，维护好消费者权益，对企业退出机制、个人隐私保护、服务质量保证等方面作出更为细致的规定。解决中国移动"一家独大"掌握绝对市场控制力，中国电信和中国联通难以对中国移动构成实质性竞争的问题。电力重点解决发电领域缺乏竞争、电网垄断监管不到位和购电、售电过度垄断问题，赋予电厂卖电、用户买电的选择权和议价权。放宽发电企业向用户直接售电的限制，允许全部分布式发电自用或直接向终端用户售电，允许全部规模以上工业企业和其他行业大中型电力用户直接、自主选择供电单位，大幅度增加直购电用户的数量，改变电网企业独家购买电力的格局。解决调度与交易、发电厂与用户接入电网审批等权力不透明、电费结算不公平和电网接入审批困难等问题。

第八，改革妨碍垄断行业有效竞争的政策，清理要素配置、市场准入、进口管制中片面保护在位垄断企业的政策。石油天然气、电力、民航等领域通过改革形成了可竞争性市场结构，但由于不少环节限制竞争、保护垄断的政策没有改变，有效竞争的格局没有形成。为实现改革的预期目标，迫切需要配套调整相关政策和管理措施，清理和改革生产要素配置、市场准入、进口管制中片面保护在位企业的政策。资源类产品和服务的进出口，应放宽市场准入，允许更多的经营者经营，以便对国内垄断企业形成一定的竞争压力。重新研究各类专卖、专营制度的合理性和必要性。对于降低资源配置效率和损害社会福利的专营，坚决取消。需要继续保留专卖的产品，要避免从原材料供应、生产到运输、销售全过程的各个环节都实行垄断经营，运输、产品销售和专营产品生产需要的原材料可以允许私人或其他社会团体经营。

第九，政府作用向维护公平竞争和公众利益转变。政府直接经济性管理逐步收缩，管理重点从市场准入限制、直接定价转向对价格、经营者集中和市场势力等方面的监管，加强安全、环境、职业健康监管和各利益相关方的协调，更加重视公平竞争制度建设、保护公众利益和用户利益。对竞争环节和垄断环节、主导运营企业和非主导运营企业采取不同的价格形成机制，加强对非竞争领域价格的评估和审查。对于市场机制能够发挥作用的可竞争环节，应当以事后监管和竞争效果评估取代事前的市场准入、价格管制。具体做法可以是，在竞争性环节，对非主导企业和新进入企业放开价格管制，以市场定价取而代之。对竞争环节的主导运营企业，放开新产品和新服务的价格管制，垄断性产品和服务实施价格上限管制，尽快取消电信漫游费等不合理收费。

参考文献

1. 阿马蒂亚·森：《以自由看待发展》（中译本），中国人民大学出版社2013年版。

2. 胡锦涛：《坚定不移沿着中国特色社会主义道路前进，为全面建成小康社会而奋斗——在中国共产党第十八次全国代表大会上的报告》，人民出版社2012年版。

3. 中共中央：《中共中央关于全面深化改革若干重大问题的决定》，人民出版社2013年版。

4. 习近平：《关于〈中共中央关于全面深化改革若干重大问题的决定〉的说明》，人民出版社2013年版。

5. 周叔莲、刘戒骄：《宏伟艰巨的任务：全面建成小康社会》，《中国延安干部学院学报》2014年第2期。

6. 周叔莲、刘戒骄：《从转变经济增长方式到转变经济发展方式》，《光明日报》2007年12月25日。

7. 钱纳里、塞尔昆：《发展的形式：1950~1970》（中译本），经济科学出版社1988年版。

8. 西里尔·E. 布莱克：《日本和俄国的现代化——一份进行比较的研究报告》（中译本），商务印书馆1984年版。

9. Albert Feuerwerker, Presidential Address: Questions about China's Early Modern Economic History that I Wish I Could Answer [J]. Journal of Asian Studiesin (Ann Arbor), Vol. 5, No. 4, 1992.

第七章 竞争与反垄断

完善反垄断法律和政策体系是促进有效竞争的制度保障。反垄断法律和政策是国家为促进市场公平竞争而实施的直接干预市场结构和企业行为的政策体系。目前，我国已经形成由《中华人民共和国反垄断法》《中华人民共和国反不正当竞争法》《中华人民共和国价格法》等法律、国务院以及国务院反垄断委员会和反垄断执法部门制定的法规、发布的各种政策指南构成的反垄断政策体系框架，内容涵盖制止垄断协议、打击滥用市场支配地位、审查经营者集中和纠正行政垄断等相关法规及执行机制。上述法律、法规和执法机制的形成是我国社会主义市场经济体制建设的重要里程碑，标志着中国社会主义市场经济竞争法律体系的完善和中国竞争政策基本框架的形成。

一、反垄断法律和政策的基本内容

从反垄断的基本原则来看，反垄断的首要经济目标是阻止市场力量的获得或行使。当某一企业降低产量或实施其他限制竞争的行为使产品价格提高至竞争水平之上时，就属于行使市场力量。当一个市场竞争者或企业在市场中获得了反垄断法所关注的"市场力量"时，其可能实施损害竞争的行为。从反垄断经济分析框架来看，只有当企业实施的某些行为使其获得市场力量，致使价格超过市场竞争水平或产生其他实质性损害，危害到整个市场竞争时，才会以反垄断法律法规和政策体系来规制这种行为。

中国反垄断机构由国务院反垄断委员会和反垄断执法机构两个层面构成。国务院反垄断委员会负责组织、协调、指导反垄断工作，反垄断执法机构负责相关的反垄断执法工作。国务院反垄断委员会于2008年8月成立，其总体职责是"组织、协调、指导反垄断工作"。也就是说，国务院反垄断委员会从总体和全局出发，对反垄断工作进行全面组织、协调和指导，但并不直接参与具体的反垄断执法工作。按照《中华人民共和国反垄断法》和国务院的职责分工，国家发展和改革委员会负责反价格垄断方面的工作，商务部负责经营者集中反垄断审查工作，国家工商行政管理总局负责垄断协议、滥用市场支配地位、滥用行政权力排除限制竞争方面的反垄断执法工作（价格垄断行为除外）。商务部还承担国务院反垄断委员会的具体工作，表7-1反映了《反垄断法》实施至2018年国务院机构改革前的反垄断执法机构及职能分工。

表7-1 中国反垄断执法机构及职能分工

机构名称	职能
2008年《反垄断法》实施至2018年国务院机构改革前	
国家发展和改革委员会价格监督检查与反垄断局	指导全国价格监督检查与反垄断工作，拟定价格监督检查与反垄断政策、任务、工作计划及实施意见。负责价格垄断执法工作，调查、认定和处理重大的价格垄断行为和案件。起草有关价格监督检查与反垄断法律法规草案和规章，依法界定各类价格违法行为、价格垄断行为。指导全国价格监督检查与反垄断干部队伍的业务建设
商务部反垄断局	1. 起草经营者集中相关法规，拟定配套规章及规范性文件。 2. 依法对经营者集中行为进行反垄断审查；负责受理经营者集中反垄断磋商和申报，并开展相应的反垄断听证、调查和审查工作。 3. 负责受理并调查向反垄断执法机构举报的经营者集中事项，查处违法行为。 4. 负责依法调查对外贸易中的垄断行为，并采取必要措施消除危害。 5. 负责指导我国企业在国外的反垄断应诉工作。 6. 牵头组织多双边协定中的竞争条款磋商和谈判。 7. 负责开展多双边竞争政策国际交流与合作。 8. 承担国务院反垄断委员会的具体工作。 9. 承担部领导交办的其他事项
国家工商行政管理总局反垄断与反不正当竞争执法局	拟定有关反垄断、反不正当竞争、直销监督管理和禁止传销的具体措施、办法；承担有关反垄断执法工作；查处市场中的不正当竞争、商业贿赂、走私贩私及其他经济违法案件，督察督办大案要案和典型案件；承担监督管理直销企业和直销员及其直销活动工作，查处违法直销和传销大案要案，协调相关方面开展打击传销联合行动工作。承办总局交办的其他事项
2018年国务院机构改革后	
国家市场管理总局	将国家工商行政管理总局的反垄断执法职责、国家发展和改革委员会的价格监督检查与反垄断执法职责、商务部的经营者集中反垄断执法与国务院反垄断委员会办公室等职责整合，统一归属市场监督管理总局。国务院反垄断委员会将继续保留，具体工作由国家市场监督管理总局承担

资料来源：笔者根据上述三个部门网站资料整理。

根据 2018 年全国人大通过的国务院机构改革方案，国家发展和改革委员会的价格监督检查与反垄断执法职责、商务部的经营者集中反垄断执法以及国务院反垄断委员会办公室等职责整合纳入组建的国家市场监督管理总局，承担反垄断统一执法，规范和维护市场秩序。根据《中华人民共和国反垄断法》的规定，垄断行为包括经营者达成垄断协议、经营者滥用市场支配地位和具有或者可能具有排除、限制竞争效果的经营者集中。这部反垄断法有一个重要特点，就是具有域外适用的效力。《中华人民共和国反垄断法》第一章第二条明确规定中华人民共和国境外的垄断行为，对境内市场竞争产生排除、限制影响的，适用本法。这意味着这部法律的适用范围不仅仅限定于国内的垄断行为，还将根据国外垄断行为对国内市场的影响而延伸到国外市场。"域外适用效力"原则并非只存在于我国的反垄断法中，美、德、欧盟等国家和区域的反垄断都采用了"域外适用效力"原则，这一原则对跨国垄断行为具有约束作用。我国反垄断法的域外适用效力原则正在发挥作用，一些跨国垄断企业的国际并购需要我国反垄断执法机构提请审查。例如，制药巨头辉瑞惠氏合并案、铁矿石巨头必和必拓与力拓合资案等，都接受了我国商务部的反垄断调查。

《反价格垄断规定》明确规定经营者在同一或相近时间内，以相同或相近的标准和幅度，固定或者变更同种商品价格的，可以认定经营者的价格行为具有一致性，即可以被认定为协同行为。协同行为是价格垄断行为的表现。《反价格垄断规定》还细化了对价格垄断行为的判断标准，明确规定认定"不公平的高价"和"不公平的低价"，应当综合考虑下列因素：销售价格是否明显高于该产品的成本，或者购买价格是否明显过低，甚至低于该产品的成本；在成本基本稳定的情况下，是否超过正常幅度提高销售价格或者降低购买价格；销售商品的提价幅度是否明显高于成本增长幅度，或者购买商品的降价幅度是否明显高于交易相对人成本降低幅度；是否明显高于或者低于其他经营者销售或者购买的同种商品的价格。

中共十八大以来，我国反垄断政策体系建设和执法工作得到进一步加强（见表 7-2）。《中共中央关于全面深化改革若干重大问题的决定》提出，经济体制改革是全面深化改革的重点，在市场资源配置中起决定性作用。推动资源配置依据市场规则、市场价格、市场竞争实现效益最大化和效率最优化。提出建设统一开放、竞争有序的市场体系，使市场在资源配置中起决定性作用。加快形成企业自主经营、公平竞争，消费者自由选择、自主消费，商品和要素自由流动、平等交换的现代市场体系，着力清除市场壁垒，提高资源配置效率和公平性。国务院及有关反垄断机构加强了整治地区封锁、清理不公平竞争制度、滥用知识产权、公用企业限制竞争和汽车等行业垄断的立法和执法工作。

《国务院关于禁止在市场经济活动中实行地区封锁的规定》提出，为了建立和完善全国统一、公平竞争、规范有序的市场体系，禁止市场经济活动中的地区封锁行为，破除地方保护，维护社会主义市场经济秩序，明确规定禁止各种形式的地区封锁行为。禁止任何单位或者个人违反法律、行政法规和国务院的规定，以任何方式阻挠、干预外地产品或者工程建设类服务（以下简称服务）进入本地市场，或者对阻挠、干预外地产品或者服务进入本地市场的行为纵容、包庇，限制公平竞争。第四条提出，地方各级人民政府及其所属部门（包括被授权或者委托行使行政权的组织，下同）不得违反法律、行政法规和国务院的规定，实行下列地区封锁行为：（一）以任何方式限定、变相限定单位或者个人只能经营、购买、使用本地生产的产品或者只能接受本地企业、指定企业、其他经济组织或者个人提供的服务；（二）在道路、车站、港口、航空港或者本行政区域边界设置关卡，阻碍外地产品进入或者本地产品运出；（三）对外地产品或者服务设定歧视性收费项目、规定歧视性价格，或者实行歧视性收费标准；（四）对外地产品或者服务采取与本地同类产品或者服务不同的技术要求、检验标准，或者对外地产品或者服务采取重复检验、重复认证等歧视性技术措施，限制外地产品或者服务进入本地市场；（五）采取专门针对外地产品或者服务的专营、专卖、审批、许可等手段，实行歧视性待遇，限制外地产品或者服务进入本地市场；（六）通过设定歧视性资质要求、评审标准或者不依法发布信息等方式限制或者排斥外地企业、其他经济组织或者个人参加本地的招投标活动；（七）以采取同本地企业、其他经济组织或者个人不平等的待遇等方式，限制或者排斥外地企业、其他经济组织或者个人在本地投资或者设立分支机构，或者对外地企业、其他经济组织或者个人在本地的投资或者设立的分支机构实行歧视性待遇，侵害其合法权益；（八）实行地区封锁的其他行为。

《国务院关于在市场体系建设中建立公平竞争审查制度的意见》（以下《意见》）指出，建立实施公平竞争审查制度，有利于使市场在资源配置中起决定性作用和更好地发挥政府作用，深入推进经济体制改革和全面推进依法治国，也有利于激发市场主体活力，促进大众创业、万众创新，培育和催生经济发展新动能，对当前深入推进供给侧结构性改革，促进经济持续健康发展具有重要的现实意义。建立公平竞争审查制度，要按照加快建设统一开放、竞争有序市场体系的要求，确保政府相关行为符合公平竞争要求和相关法律法规，维护公平竞争秩序，保障各类市场主体平等使用生产要素、公平参与市场竞争、同等受到法律保护，激发市场活力，提高资源配置效率，推动大众创业、万众创新，促进实现创新驱动发展和经济持续健康发展。审查对象。行政机关和法律、法规授权的具有管理公共事务职能的组织制定市场准入、产业发展、招商引资、招标投标、政府采购、经营行为规范、资质标准等涉及市场主体经济活动的规章、规范性文件和其他政策措施，应当进行公平竞争审查。行政法规和国务院制定的其他政策措施、地方性法规，起草部门应当在起草过程中进行公平竞争审查。未进行自我审查的，不得提交审议。该意见明确，政策制定机关在政策制定过程中，要对照市场准入和退出、商品和要素自由流动、影响生产经营成本、影响生产经营行为四个方面共18条标准，进行公平竞争审查。经审查具有排除、限制竞争效果的，应当不予出台，或调整至符合要求后出台。对未进行公平竞争审查的，不得出台。同时，《意见》明确了维护国家经济安全和文化安全、实现扶贫开发和救灾救助等方面的例外规定。

知识产权领域反垄断是反垄断工作的重要内容。反垄断与保护知识产权具有共同目标，即促进竞争和创新，提高经济运行效率，维护消费者利益和社会公共利益。但如果知识产权行使行为超越正当界限，排除、限制了竞争，就会产生滥用知识产权排除、限制竞争问题。近年来，滥用知识产权排除、限制竞争问题越来越受到反垄断执法机构的关注。滥用知识产权排除、限制竞争行为不仅不会促进创新，反而会阻碍创新和损害竞争，背离知识产权保护的宗旨，甚至引发垄断问题。需要通过竞争法律的有效实施，协调保护知识产权与反垄断的关系，规制滥用知识产权排除、限制竞争行为。我国《反垄断法》第五十五条专门对滥用知识产权排除、限制竞争行为作出了规定：经营者依照有关知识产权的法律、行政法规规定行使知识产权的行为，不适用本法；但是，经营者滥用知识产权，排除、限制竞争的行为，适用本法。鉴于反垄断问题比较复杂，涉及滥用知识产权排除、限制竞争问题的情况就更加复杂，为有效执行《中华人民共和国反垄断法》第五十五条的规定，进一步明确正当的权利行使行为和排除、限制竞争的滥用行为之间的界限，国家工商行政管理总局颁布实施了《关于禁止滥用知识产权排除、限制竞争行为的规定》，国家发展和改革委员会起草了《关于滥用知识产权的反垄断执法指南》。这是国务院反垄断委员会有关《中华人民共和国反垄断法》的重要配套立法，旨在通过规制滥用知识产权排除、限制竞争有关行为，增强经营者对自身经营活动的预判性，引导经营合规，营造激励创新的公平竞争市场环境实现保护竞争、激励创新和维护消费者利益的最终目的。

《关于禁止公用企业限制竞争行为的若干规定》明确公用企业是指涉及公用事业的经营者，包括供水、供电、供热、供气、邮政、电信、交通运输等行业的经营者，规定公用企业在市场交易中，不得实施下列限制竞争的行为：（一）限定用户、消费者只能购买和使用其附带提供的相关商品，而不得购买和使用其提供的符合技术标准要求的同类商品；（二）限定用户、消费者只能购买和使用其指定的经营者生产或者经销的商品，而不得购买和使用其他经营者提供的符合技术标准要求的同类商品；（三）强制用户、消费者购买其提供的不必要的商品及配件；（四）强制用户、消费者购买其指定的经营者提供的不必要的商品；（五）以检验商品质量、性能等为借口，阻碍用户、消费者购买、使用其他经营者提供的符合技术标准要求的其他商品；（六）对不接受其不合理条件的用户、消费者拒绝、中断或者削减供应相关商品，或者滥收费用；（七）其他限制竞争的行为。

《关于相关市场界定的指南》提出，任何竞争行为（包括具有或可能具有排除、限制竞争效果的行为）均发生在一定的市场范围内。界定相关市场就是明确经营者竞争的市场范围。在禁止经营者达成垄断协议、禁止经营者滥用市场支配地位、控制具有或者可能具有排除、限制竞争效果的经营者集中等反垄断执法工作中，均可能涉及相关市场的界定问题。科学合理地界定相关市场，对识别竞争者和潜在竞争者、判定经营者市场份额和市场集中度、认定经营者的市场地位、分析经营者的行为对市场竞争的影响、判断经营者行为是否违法以及在违法情况下需承担的法律责任等关键问题，具有重要的作用。因此，相关市场的界定通常是对竞争行为进行分析的起点，是反垄断执法工作的重要步骤。该指南将相关市场定义为经营者在一定时期内就特定商品或者服务（以下统称商品）进行竞争的商品范围和地域范围。在反垄断执法实践中，通常需要界定相关商品市场和相关地域市场。

《关于汽车业的反垄断指南（征求意见稿）》旨在预防和制止汽车业垄断行为，降低行政执法和经营者合规成本，推进科学、有效的反垄断监管，保护公平竞争，维护消费者利益和社会公共利益，促进汽车业健康发展。自2011年开始，我国反垄断执法部门对包括美、欧、日系汽车在内的多家汽车生产厂商与经销商发起了反垄断调查。经调查发现，我国汽车行业存在大量涉嫌价格垄断协议的行为和现象。价格垄断协议的性质及其违法性认定是当前我国反垄断执法机构在反垄断调查过程中必须解决的重要问题，只有在通过正当程序认定价格协议违法的前提下，反垄断执法机构才能对汽车行业的排除、限制竞争行为予以规制和处罚，并对泛滥成灾的价格垄断协议行为进行有效的治理。

表7-2 中国反垄断的法律法规和政策体系

法规名称	发布单位	发布年份
关于禁止公用企业限制竞争行为的若干规定	国家工商局令第20号	1993
中华人民共和国反不正当竞争法	第八届全国人民代表大会常务委员会第三次会议通过	1993
中华人民共和国价格法	第八届全国人民代表大会常务委员会第二十九次会议通过	1997
国务院关于禁止在市场经济活动中实行地区封锁的规定	国务院令第303号	2001
国务院关于整顿和规范市场经济秩序的决定	国发〔2001〕11号	2001
中华人民共和国反垄断法	第十届全国人民代表大会常务委员会第二十九次会议通过	2007
国务院关于经营者集中申报标准的规定	国务院第20次常务会议通过	2008
经营者集中审查办法	商务部第26次部务会议审议通过	2009
经营者集中申报办法	商务部第26次部务会议审议通过	2009
关于相关市场界定的指南	国务院反垄断委员会	2009
关于实施经营者集中资产或业务剥离的暂行规定	商务部公告2010年第41号	2010
反价格垄断规定	国家发展和改革委员会2010年第7号令	2010
工商行政管理机关禁止垄断协议行为的规定	国家工商行政管理总局令第53号	2010
工商行政管理机关禁止滥用市场支配地位行为的规定	国家工商行政管理总局令第54号	2010
工商行政管理机关制止滥用行政权力排除、限制竞争行为的规定	国家工商行政管理总局令第55号	2010

续表

法规名称	发布单位	发布年份
关于评估经营者集中竞争影响的暂行规定	商务部公告 2011 年第 55 号	2011
未依法申报经营者集中调查处理暂行办法	商务部令 2011 年第 6 号	2011
关于经营者集中简易案件适用标准的暂行规定	商务部公告 2014 年第 12 号	2014
关于经营者集中附加限制性条件的规定（试行）	商务部令 2014 年第 6 号	2014
关于禁止滥用知识产权排除、限制竞争行为的规定	国家工商行政管理总局令	2015
关于滥用知识产权的反垄断指南（征求意见稿）	国务院反垄断委员会	2015
国务院关于在市场体系建设中建立公平竞争审查制度的意见	国发〔2016〕34 号	2016
关于汽车业的反垄断指南（征求意见稿）	国家发展和改革委员会	2016
关于认定经营者垄断行为违法所得和确定罚款的指南（征求意见稿）	国务院反垄断委员会	2016
工商总局关于公用企业限制竞争和垄断行为突出问题的公告	工商竞争字〔2016〕54 号	2016

资料来源：笔者整理。

二、反垄断执法的重点领域

（一）垄断协议

垄断协议又被称为"卡特尔"，是指具有竞争关系的市场主体之间以及虽无竞争关系但处于同一产业不同环节但有交易关系的企业之间，达成的固定价格、划分市场、串通投标、限制产销量等排除或限制市场竞争的协议、决定或者其他协同行为。由于垄断协议参与者人为操控商品价格、市场划分、产品产销量，直接削弱市场竞争机制，妨碍资源有效配置，使消费者无法获得质优价廉的商品，因此成为各国反垄断法规制的重中之重。《中华人民共和国反垄断法》不仅在总则中规定"经营者之间达成垄断协议"属于本法所界定的垄断行为需要规制，而且在分则中设置专章对垄断协议作了规制。

依据《反垄断法》的相关规定，垄断协议有横向垄断协议、纵向垄断协议和行业协会组织本行业经营者达成的垄断协议三种形式。其中，横向垄断协议是指具有竞争关系的经营者达成垄断协议；纵向垄断协议是指经营者与交易相对人达成的垄断协议；行业协会组织本行业经营者达成垄断协议是指行业协会利用自己的职能，组织本行业的经营者从事排挤竞争对手，排除、限制竞争的行为。就协议性质而言，行业协会组织本行业经营者达成的垄断协议既可能是横向协议，也可能是纵向协议，要根据具体案例进行判断。

价格垄断协议是对竞争危害最严重的垄断协议。这是因为价格垄断协议排除或者限制了企业之间的价格竞争，对于企业之间的自由、公平和有效率的竞争损害远大于非价格垄断协议，并且直接损害消费者利益。在市场经济中，价格是生产者之间以及生产者与消费者之间互通信息的工具，是调节社会生产和需求的最主要机制。而价格竞争是市场竞争的主要内容和形式。市场主体的价格行为是否规范和合法，能够直接影响市场经济秩序和国民经济的发展。因此，一旦商品的价格被固定下来，价格的传递供求信息的功能和调节生产的功能就丧失殆尽，其结果必然严重损害市场的竞争机制，从而使市场机制优化配置资源的作用不能发挥或不能得到充分发挥。由于价格垄断协议会严重损害市场竞争和广大消费者的利益，具有明显的社会危害性，《中华人民共和国反垄断法》将其直接定性为本身违法的垄断协议而予以禁止。

《中华人民共和国反垄断法》第十三条禁止横向垄断协议，第十四条禁止纵向垄断协议，第十五条规定了垄断协议的豁免情形和条件。根据《中华人民共和国反垄断法》第十五条，经营者主张其协议不适用《中华人民共和国反垄断法》第十三条或第十四条，首先需要证明其协议属于第十五条列出的情形之一。其次，除"为保障对外贸易和对外经济合作中的正当利益的"和"法律和国务院规定的其他情形"这两种情形以外，经营者还应当证明其协议不会严重限制相关市场的竞争，并且能够使消费者分享由此产生的利益。

根据《中华人民共和国反垄断法》第十三条的规定，协议、决定和协同行为都是横向垄断协议的表现形式。协议也好，决定也罢，其与协同行为最大的区别就在于，它们表现为明示的合谋，而协同行为则表现为默契的合谋。所谓明示合谋，必须是案件中具有直接可查的合谋证据。协同行为则是指经营者通过默契的、心照不宣的配合达成共同的排除限制竞争的行动。虽然没有明示的合同、协议或决定，但参与企业都能步调一致地共同实施这一行为，其实质上仍是多个企业的合意共谋行为。

为证明其协议不会严重限制相关市场的竞争，经营者可以评估其在相关市场的市场力量。评估经营者的市场力量，可以参考《中华人民共和国反垄断法》第十八条所列举的各项因素。评估一项协议是否能够使消费者分享由此产生的利益，可以从价格降低、质量提高、技术创新、技术升级、产品和服务的更多选择等角度加以考察（国家发展和改革委员会等，2016）。

作为同业竞争者保护和增进全体会员的共同利益而组织起来的非营利性社会团体，行业协会具有规范市场交易行为、维护市场竞争秩序、促进行业健康发展的合理性功能。中国目前大概有362个国家级的行业协会，由于历史体制的原因，其中大部分都是由原来的政府主管部门演变而来的，保留了相当多的行政职能，还要兼顾行业管理、产业发展政策等。行业协会多由营利性的经营者组成，维护行业内多数主体的利益并实现行业利益最大化是其成立的直接动因和最高目标。当行业利益与社会整体利益发生冲突时，行业协会必然会成为行业利益的维护者和代言人。实践中行业协会在维护会员利益并实现行业利益最大化时，常不可避免地发生行业利益与社会公共利益冲突的问题，实质是会员或者行业对自身利益的追求违背了公共利益。行业协会作为本行业企业的联合会，其运行依赖会员的经济支持，导致其自主性往往受到会员的影响，也很难独立地依照章程活动，其行为常受到行业内大企业的支配和干预。因此，在行业利益和社会公共利益发生冲突时，行业协会基于利益选择常会站在行业利益一边，采取数量控制、统一价格、划分市场等手段组织和实施垄断行为，排除或限制市场竞争。对行业协会的垄断行为进行法律规制，减少和消除其消极影响，已成为反垄断法关注的一个突出问题。

《中华人民共和国反垄断法》通过"补充标准"的方式将行业协会纳入反垄断法的规制范围。国家发展和改革委员会与国家工商行政管理总局先后于2010年12月29日和31日公布了《反价格垄断规定》和《工商行政管理机关禁止垄断协议行为的规定》，分别对行业协会组织本行业的经营者达成价格垄断协议和垄断协议及其法律责任作出了规定。上述"一法两规"构成了我国行业协会限制竞争行为反垄断规制的基本法律框架，是我国查处和规制行业协会限制竞争行为的法律依据。《工商行政管理机关禁止垄断协议行为的规定》第九条针对行业协会垄断明确规定禁止行业协会以下列方式组织本行业的经营者从事本规定禁止的垄断协议行为：（一）制定、发布含有排除、限制竞争内容的行业协会章程、规则、决定、通知、标准等；（二）召集、组织或者推动本行业的经营者达成含有排除、限制竞争内容的协议、决议、纪要、备忘录等。国家发展和改革委员会制定的《反价格垄断规定》第九条针对行业协会的价格垄断行为明确规定禁止行业协会从事下列行为：

(一)制定排除、限制价格竞争的规则、决定、通知等;(二)组织经营者达成本规定所禁止的价格垄断协议;(三)组织经营者达成或者实施价格垄断协议的其他行为。

表 7-3 关于垄断协议的典型案件

当事人	事实	结果
华中药业股份有限公司	2014年9~10月,当事人与山东信谊、常州四药有关人员在河南郑州未来康年大酒店房间内会面,与具有竞争关系的经营者就艾司唑仑原料药达成"联合抵制交易"的垄断协议、就艾司唑仑片剂达成"固定或者变更商品价格"的垄断协议	当事人在垄断协议的达成、实施过程中起到组织、主导作用。责令当事人立即停止违法行为,处当事人2015年度艾司唑仑片剂销售额22454700元人民币7%的罚款,计人民币1571829元
常州四药制药有限公司	2014年9~10月,当事人与华中制药、山东信谊有关人员在河南郑州未来康年大酒店房间内会面,与具有竞争关系的经营者就艾司唑仑原料药达成"联合抵制交易"的垄断协议、就艾司唑仑片剂达成"固定或者变更商品价格"的垄断协议	当事人在垄断协议的达成、实施过程中属于跟随者。责令当事人立即停止违法行为,处当事人2015年度艾司唑仑片剂销售额16147691元人民币3%的罚款,计人民币484431元
山东信谊制药有限公司	2014年9~10月,当事人与山东信谊、常州四药有关人员在河南郑州未来康年大酒店房间内会面,与具有竞争关系的经营者就艾司唑仑原料药达成"联合抵制交易"的垄断协议、就艾司唑仑片剂达成"固定或者变更商品价格"的垄断协议	当事人是垄断协议达成、实施的参与者。责令当事人立即停止违法行为,处当事人2015年度艾司唑仑片剂销售额21902501元人民币2.5%的罚款,计人民币547563元
华轮威尔森物流有限公司	在2008年至2012年9月,针对滚装货物制造商发出的与中国进出口海运相关的市场调研、询价、招标等事项,当事人频繁与具有竞争关系的滚装货物海运企业通过电话、会议、聚餐、专程访问等方式进行双边或多边沟通,交换敏感信息、进行价格协商、分配客户及航线,多次就特定滚装货物制造商涉及中国航线海运业务报价达成协议并予以了实施,构成了与具有竞争关系的经营者达成并实施"固定或者变更商品价格""分割销售市场"垄断协议的行为	当事人的违法行为持续时间长、涉及范围广,且当事人在部分违法事件中起主导作用,违法情节严重,国家发展和改革委员会决定责令当事人立即停止违法行为,并对当事人处以2014年度与中国市场相关的滚装货物国际海运服务销售额8%的罚款,计人民币45061269元

续表

当事人	事实	结果
高通公司	2013年11月立案，依法对当事人滥用在CDMA、WCDMA和LTE无线通信标准必要专利（以下简称无线标准必要专利）许可市场及CDMA、WCDMA和LTE无线通信终端基带芯片（以下简称基带芯片）市场的支配地位，实施垄断行为进行了调查。认定当事人滥用在无线标准必要专利许可市场的支配地位，收取不公平的高价专利许可费；滥用在无线标准必要专利许可市场的支配地位，在无线标准必要专利许可中，没有正当理由搭售非无线标准必要专利许可；当事人滥用在基带芯片市场的支配地位，在基带芯片销售中附加不合理条件	当事人滥用市场支配地位行为的性质严重，程度较深，持续时间较长，决定对当事人处2013年度在中华人民共和国境内销售额761.02亿元人民币8%的罚款，计60.88亿元人民币
山东天元同泰会计师事务所有限公司临沂分所等25家会计师事务所	2012年12月至2013年5月，当事人与其他会计师事务所共同达成了《临沂会计师事务所行业自律检查标准》《业务检查监督办法》《关于实行业务收入统筹的决议》《业务收入统筹及分配方案》《关于统筹款收交和分配的有关规定》等协议。其中，协议要求所有会员单位每月将临沂本地实行业务报备的审计、验资等相关业务收入交纳至某专用银行账户，再按照各会员单位以往年度收入占全体收入的市场份额和注册会计师人数等指标，对各会员单位的当年收入进行重新分配	当事人对临沂所有会计师事务所相关业务市场收入重新统筹划分，其行为构成分割销售市场的行为。山东省工商局根据涉案垄断协议组织、达成和实施过程中的参与情况，分三类分别处罚：参与达成和实施涉案协议，但在达成协议前明确提出反对意见的7家当事人，按照垄断涉及业务销售额的1%进行处罚。参与涉案垄断协议的达成和实施的10家当事人，未在达成协议前明确提出反对意见，也不是协议的组织者，按照垄断涉及业务销售额的2%进行处罚。垄断协议的组织者有7家当事人，其作为临沂自律委员会的会长单位，在组织、达成和实施涉案垄断协议过程中起到了关键性作用，对其按照垄断涉及业务销售额的3%进行处罚

资料来源：笔者根据国家发展和改革委员会、商务部以及国家工商行政管理总局的有关公告整理。

(二）经营者集中

"经营者集中"是外来词汇，又被称为经营者合并，是指经营者通过合并、购买资产或股份、签订合同、安排人事、进行技术控制等手段获取对其他经营者经营的企业或公司的控制权，或者能够施加决定性影响于其他经营者的形式。根据《中华人民共和国反垄断法》及其配套立法的规定，达到申报标准的经营者集中要事先申报，商务部批准以后才可以实施，否则将构成违法，这是一种强制性的要求。《中华人民共和国反垄断法》第二十条将经营者集中定义为经营者合并、经营者通过取得股权或者资产的方式取得对其他经营者的控制权以及经营者通过合同等方式取得对其他经营者的控制权或者能够对其他经营者施加决定性影响三种情形。其中，经营者集中最重要和最为公众熟悉的一种形式为企业合并。

经营者集中包括横向集中、纵向集中、混合集中三种类别。经营者的横向集中是指生产或销售同类产品的企业间并购的市场主体之间的合并或联合，横向集中一般是为了通过集中整合各种优势资源，实现规模经济，加强自身在行业内的核心竞争力，扩大企业在行业中的影响力，最终实现企业在行业中所占市场份额的提高。横向集中同时会提高市场集中度，削弱竞争，是现阶段反垄断执法关注的重点。经营者的纵向集中是指具有上下游供给关系的市场主体之间的合并或联合，纵向集中一般是为了把上下游企业之间的外部性内部化，降低企业生产经营的交易成本，提高产品生产和销售的效率，最终强化企业的获利能力。纵向集中同时可能导致关键设施垄断、市场封锁、抬高进入壁垒，产生阻碍或削弱实际的和潜在的竞争对手获得供给或进入市场的机会等反竞争效果，涉及关键设施垄断的纵向并购是反垄断执法关注的重点。经营者的混合集中是指不存在竞争关系的市场主体间的跨行业合并，混合集中一般是为了拓宽企业经营范围，分散企业经营风险，实现跨行业经营的交叉互补，提高企业应对环境变化的能力。混合集中一般不会产生排除、限制竞争的效果，较少受到反垄断机构的限制。反垄断部门需要高度关注的是市场集中且进入壁垒很高行业的经营者集中行为，而对进入壁垒很低的行业，潜在的竞争压力会对在位厂商的行为形成牵制，约束主导性厂商滥用市场支配力的行为。

我国最早对经营者集中的管制可追溯到2003年对并购的反垄断审查，当时原外经贸部等四部委制定了《外国投资者购境内企业暂行规定》，规定并购方在营业规模等达到一定标准后应向外经贸部及工商管理总局申报。2006年该暂行规定被商务部等六部委《关于外国投资者并购境内企业的规定》取代，当时的反垄断审查只针对外资并购，对内资并购并无要求。2008

年 8 月 1 日《中华人民共和国反垄断法》实施后，将内资并购也纳入反垄断审查范围，并且对内、外资按同一规定进行经营者集中管制，随后制定了经营者集中申报标准。《国务院关于经营者集中申报标准的规定》，经营者集中达到下列标准之一的，经营者应当事先向国务院商务主管部门申报，未申报的不得实施集中：（一）参与集中的所有经营者上一会计年度在全球范围内的营业额合计超过 100 亿元人民币，并且其中至少两个经营者上一会计年度在中国境内的营业额均超过 4 亿元人民币；（二）参与集中的所有经营者上一会计年度在中国境内的营业额合计超过 20 亿元人民币，并且其中至少两个经营者上一会计年度在中国境内的营业额均超过 4 亿元人民币。《关于经营者集中附加限制性条件的规定（试行）》明确，对不予禁止的经营者集中，商务部可以附加减少集中对竞争产生不利影响的限制性条件。限制性条件可以包括如下种类：（一）剥离有形资产、知识产权等无形资产或相关权益等结构性条件；（二）开放网络或平台等基础设施、许可关键技术（包括专利、专有技术或其他知识产权）、终止排他性协议等行为性条件；（三）结构性条件和行为性条件相结合的综合性条件。当经营者集中达到申报标准时应依法申报并接受反垄断审查。商务部又制定了《经营者集中申报办法》《经营者集中审查办法》《未依法申报经营者集中调查处理暂行办法》等多部规章，用以规范反垄断的申报及审查程序。

表 7-4　近年有关经营者集中的典型案例

当事人	事实	结果
北京北车投资有限责任公司（现已更名为中车金证投资有限公司）	2013 年 3 月 15 日，北京北车与日立制作所及其子公司日立（中国）有限公司签署协议，拟设立合营企业从事轨道交通信号系统业务。北京北车、日立制作所和日立中国分别持股 51%、39% 和 10%，并委派了相应董事和管理人员	涉嫌未依法申报，2016 年商务部决定对北京北车和日立制作所分别处以 15 万元人民币罚款的行政处罚
百视通新媒体股份有限公司	2013 年 9 月 17 日，百视通与微软在上海签署合资合同，在上海自贸试验区设立合营企业百家合。2013 年 10 月 1 日，合营企业注册成立，其中百视通持股 51%，微软持股 49%。合营企业负责设计、开发、生产和销售游戏娱乐应用软件，主要用于微软的 XboxOne 设备	涉嫌未依法申报，商务部决定对百视通和微软分别处以 20 万元人民币罚款的行政处罚

续表

当事人	事实	结果
百威英博啤酒集团	2015年11月11日，百威英博和南非米勒达成《收购协议》，百威英博将收购南非米勒全部股权	商务部决定附加限制性条件批准此项经营者集中
诺基亚公司	2015年4月21日，商务部收到诺基亚公司（NokiaOyj）收购阿尔卡特朗讯公司（AlcatelLucent）股权的经营者集中反垄断申报	商务部决定附加限制性条件批准此项经营者集中
丹麦穆勒马士基集团	2013年10月，马士基、地中海航运、达飞（以下称交易方）签署协议，拟在英格兰和威尔士设立一家有限责任合伙制的网络中心，统一负责交易方在亚洲—欧洲、跨大西洋和跨太平洋航线上集装箱班轮的运营性事务	商务部认为此项经营者集中形成了交易方紧密型联营，在亚洲—欧洲航线集装箱班轮运输服务市场可能具有排除、限制竞争效果，商务部决定禁止此项经营者集中

资料来源：根据商务部公告整理。

（三）行政垄断

《中共中央关于全面深化改革若干重大问题的决定》指出要进一步破除各种形式的行政垄断，《国务院关于促进市场公平竞争维护市场正常秩序的若干意见》强调打破地区封锁和行业垄断，对破除行政垄断提出了要求。中共十八届四中全会《关于全面推进依法治国若干重大问题的决定》提出，"深入推进依法行政，加快建设法治政府"，为破除行政垄断提出了切实的路线图和明确要求。行政垄断是我国从计划经济向市场经济转型面临的一个突出问题，与政府权力长期得不到有效制约、政府主导经济发展有着极为密切的关系。

行政垄断是指行政机关滥用行政权力限制公平竞争的违法行为。《中华人民共和国反垄断法》在第七条、第八条、第五十一条中都对管制行政垄断进行了规定。从实践看，行政垄断主要有地区垄断、部门或行业垄断以及行政强制交易行为三种类型。2014年修订的《中华人民共和国行政诉讼法》第十二条将"认为行政机关滥用行政权力排除或者限制竞争的"明确为人民法院受理公民、法人或其他组织提起诉讼的案件类型。简言之，《中华人民共和国反垄断法》第五章第三十二条至第三十七条规定的"限定或变相限定购买""妨碍商品在地区之间自由流通的各种行为""排斥、限定招投标""排斥或者限制外地经营者在本地投资或者设立分支机构"等行为都能成为原告提起行政垄断诉讼的依据。这一新规定将《中华人民共和国反垄断法》与《行政诉讼法》有机地衔接起来，降低了行政垄断案件的受案难度，对涉嫌行政垄断的政府及其部门构成更有效的制约，既有助于法院判断案件性质和类型的确定性，也有助于提高法院的立案效率（黄勇，2015）。

尽管破除行政垄断的根本出路在于经济和政治体制改革，单纯依靠《中华人民共和国反垄断法》和《行政诉讼法》无疑具有一定的局限性。但是，长远目标的实现需要从立足当前、脚踏实地开始。目前来说，竞争执法机构应该从法治理念出发，充分用好这两部法律，配合十八届三中全会、四中全会的改革目标，努力协调政府与有关部门的关系，重视实施产业政策和补贴过程中的排除、限制竞争问题，更加关注管制行业中涉嫌行政垄断的问题。同时，竞争执法机构需要及时公布案件信息，提高执法透明度，开展普法宣传与警示，提高政府的守法意识，最大限度地维护市场竞争，限制公权力的滥用（黄勇，2015）。

公用企业作为公用事业的经营者，向社会提供基础公用产品或公共服务，事关广大经营者和消费者合法权益。目前，供水、供电、供气、公共交通、殡葬等行业的强制交易、滥收费用、搭售商品、附加不合理交易条件等限制竞争和垄断行为十分突出，社会反映强烈。当前公用企业经营中的突出问题主要表现在一些公用企业强制交易、滥收费用、搭售商品、附加不合理条件等限制竞争的行为仍十分突出，如供水、供电、供气企业垄断市场，制定不公平条款；公共交通行业的一些公用企业收取或变相收取不合理费用，严重损害消费者合法权益；殡葬行业由于公众缺乏议价权，收费之高、之乱超出很多人的承受能力。国家工商总局《关于公用企业限制竞争和垄断行为突出问题的公告》决定，2016年在全国范围内开展集中整治公用企业限制竞争和垄断行为专项执法行动。

本次专项整治的第一个重点行业是供水、供电、供气公用企业。凡是强制或变相强制申请办理水、电、气入户的经营者或消费者购买其提供的入户设备和材料；强制或变相强制用户接受其指定经营者提供的服务；强制或变相强制向用户收取最低限水（电、气）费用，强行收取用户用水（电、气）押金、保证金，或者强行指定、收取预付水（电、气）费的最低限额等，均在整治之列。整治的第二个重点行业是公共交通企业。整治内容包括用户初次申领公交IC卡时，公交公司收取或变相收取明显高于成本价的工本费或押金；强制或变相强制乘客购买意外伤害保险；在办理公交IC卡时，强制或变相强制乘客接受其指定的经营者提供的延伸服务或滥收费用。整治的第三个重点行业为殡葬行业企业。整治内容包括强制死者家属购买其销售的骨灰盒、祭奠用品；在殡葬费用中直接计入骨灰盒、祭奠用品等的费用，滥收死者家属费用；强制或变相强制死者家属接受其他收费祭奠服务。

表7-5　关于滥用行政权力实施排除、限制竞争行为的典型案件

蚌埠市卫生和计划生育委员会	2015年4~5月，蚌埠市卫计委分三次组织发布公告，进行药品采购。其中，4月10日发布的《蚌埠市公立医疗机构临床用药单品种带量采购询价公告》（皖C-2015-CG-X-111）中不仅确定了30种药品的品种、规格和剂型，还直接确定了生产企业，排除和限制了同种药品不同生产企业之间的竞争。在4月10日发布的市区组竞争性磋商公告（皖C-2015-CG-C-112）和5月22日发布的三县组竞争性磋商公告（皖C-2015-CG-C-168）中，对本地和外地经营者设置不同的资质要求，排除了外地潜在投标者，不利于促进相关市场充分竞争，控制药品虚高价格	国家发展和改革委员会建议安徽省责令蚌埠市卫计委改正相关行为，并对本省药品集中采购中是否还存在其他违反《中华人民共和国反垄断法》排除限制竞争行为，从总体上予以清理和规范
山东省交通运输厅	自2011年以来，山东省交通运输厅在贯彻落实交通运输部、公安部、国家安全监管总局关于开展道路运输车辆动态监管工作文件精神的过程中，多次印发有关文件，要求全省"两客一危"车辆必须直接接入省技术服务平台，重型载货汽车和半挂牵引车必须直接接入省北斗货运动态信息平台，并明确上述两平台的技术支持单位均为山东九通物联网科技有限公司；同时，要求进入山东省市场的车载卫星定位终端，必须通过省技术服务平台（即山东九通物联网科技有限公司）的统一调试，并公布2012年交通运输部北斗示范工程招标中标价格作为终端最高限价	建议山东省人民政府责令交通运输厅改正相关行为
中石油昆仑燃气有限公司咸宁分公司、仙桃中石油昆仑燃气有限公司等5家天然气公司	自2013年以来，凭借在相关区域内管道天然气供应及相关服务的特许经营权，通过与非居民用户签订管道燃气设施建设安装合同的形式，取得了在相关区域内非居民管道燃气设施建设安装市场的市场支配地位，并且滥用该市场支配地位，在非居民管道燃气设施建设安装经营成本、市场价格没有显著变化的情况下，剥夺了交易相对人自行选择设计、施工、监理等单位以及自行购买建设安装材料的权利，以不公平的高价收取非居民管道燃气设施建设安装费用	滥用市场支配地位，依据《行政处罚法》第二十七条之规定和情节，分别处以上一年度相关销售额2%和4%的罚款

续表

青岛新奥新城燃气有限公司	自2010年4月16日起，当事人利用其在青岛市城阳区管道燃气供应服务领域的市场支配地位，要求工商业户在供气前按当事人测算的开口气量的50%交纳一个月的预付气费款，若工商业户不交纳该笔款项，当事人即不予供气。强行要求工商业户交纳预付气费款的行为，损害了工商业户的合法权益和社会公共利益，破坏了公平竞争的市场交易规则，其行为构成无正当理由在交易时附加不合理交易条件的滥用市场支配地位行为	山东省工商局责令当事人停止违法行为，没收当事人违法所得，对当事人处以2013年度相关市场销售额3%的罚款

资料来源：笔者根据国家发展和改革委员会和商务部的有关公告整理。

（四）滥用知识产权

保护知识产权通过激励创新和反垄断来维护竞争是市场经济各国重要的公共政策。然而，这两种政策之间有一个协调的问题。保护知识产权通过奖励经营者在创新上的投资，为创新提供动力，促进技术传播和利用。知识产权是一种合法的垄断，它对竞争的限制应被视为国家建立和实施知识产权制度的必要代价，因而应当得到反垄断法的容忍。但是，知识产权行使行为有可能背离知识产权制度的初衷，排除、限制竞争，阻碍创新，这就违背了国家建立和实施知识产权制度的基本宗旨，需要反垄断法对滥用知识产权排除、限制竞争的行为进行规制。

《中华人民共和国反垄断法》第五十五条对此有原则性规定，即"经营者依照有关知识产权的法律、行政法规规定行使知识产权的行为，不适用本法；但是，经营者滥用知识产权，排除、限制竞争的行为，适用本法"。这虽然表明了我国对知识产权领域实施《反垄断法》的基本态度，但是该规定原则性非常强。在实践中，正确理解滥用知识产权排除、限制竞争的行为并明确正当的权利行使行为和排除、限制竞争的滥用行为之间的界限，进而准确地适用法律，则需要制定相关规章或者指南，以更好地指导反垄断执法实践，增强经营者对自身经营活动的预期性。近年来，随着执法机构和法院对IDC和高通等垄断案件的调查和审理，进一步明确我国知识产权领域的反垄断规则成为一个紧迫的任务。

随着我国经济的逐渐开放和发展，知识产权成为影响市场竞争的一个重要因素，一些企业特别是跨国公司滥用知识产权，采取以不公平的高价许可知识产权、拒绝许可、搭售、附加不合理的交易条件、对条件实质相同的被许可人实施不同的许可条件等手段，排除、限制相关市场的竞争，损害消费者利益或者公共利益。根据举报，国家发展和改革委员会价格监督检查与反垄断局调查处理了高通公司、数字交互公司以及涉及数字接口、音频解码、铜冶炼等知识产权领域的垄断案件，纠正了一些具有市场支配地位的企业存在的不公平高价、强制免费反向许可、附加不合理条件等行为，为相关企业开展技术创新、公平参与全球市场竞争创造了条件，同时促进了标准专利在产品中的运用。

2015年2月10日，震惊中外的高通公司反垄断案以被罚处高达60.88亿人民币和停止违法行为、实施一揽子整改措施而落下帷幕。国家发展和改革委员会根据《中华人民共和国反垄断法》等法律法规，于2013年11月立案，依法对当事人滥用在CDMA、WCDMA和LTE无线通信标准必要专利许可市场及CDMA、WCDMA和LTE无线通信终端基带芯片市场的支配地位，实施垄断行为进行了调查。

根据国家发展和改革委员会对高通公司的专利许可模式的调查，发现高通公司实施了三类滥用市场支配地位的垄断行为。一是滥用在无线标准必要专利许可市场的支配地位，收取不公平的高价专利许可费，包括对过期无线标准必要专利收取许可费、要求被许可人将专利进行免费反向许可。二是滥用在无线标准必要专利许可市场的支配地位，在无线标准必要专利许可中，没有正当理由搭售非无线标准必要专利许可。三是滥用在基带芯片市场的支配地位，在基带芯片销售中附加不合理条件，将签订和不挑战专利许可协议作为被许可人获得当事人基带芯片的条件。如果潜在被许可人未与当事人签订包含不合理许可条件的专利许可协议，当事人则拒绝与该潜在被许可人签订基带芯片销售协议并拒绝向其供应基带芯片；如果已经与当事人签订专利许可协议的被许可人与当事人就专利许可协议产生争议并提起诉讼，则当事人将停止向该被许可人供应基带芯片。依据《中华人民共和国反垄断法》第四十七条、第四十九条的规定，国家发展和改革委员会对当事人上述滥用无线标准必要专利许可市场和基带芯片市场支配地位的行为作出如下决定：（一）责令当事人停止滥用市场支配地位的违法行为。（二）对当事人处以2013年度销售额8%的罚款。经核定，当事人2013年度在中华人民共和国境内的销售额为761.02亿元人民币，处2013年度在中华人民共和国境内销售额8%的罚款，计60.88亿元人民币。

三、反垄断制度改革的不断深化

（一）确立竞争政策的基础地位

竞争是市场的本质和精髓，市场经济本质上是竞争经济。市场决定资源配置是市场经济的一般规律，统一市场建设必须遵循这条规律。只有把公平竞争作为经济发展方式和经济体制的内在要素，才能调动各类经济主体参与市场交易和竞争的积极性，实现市场对资源的有效配置和经济领域的互联互通。竞争是一个国家产业和企业竞争力的根本来源，没有竞争就没有竞争力。企业只有不断推进创新，开发适合市场需求的新产品，降低生产成本，提高经营效率，才能在市场中生存和发展。没有创新，企业必将在竞争中落伍，面临被淘汰的命运。特别是在当前市场竞争激烈、产品生命周期缩短、技术飞速进步的时代，创新对于企业发展具有尤为重要的意义。

中国由于缺少以竞争为特征的市场经济传统，竞争文化可能没有西方市场经济国家深厚。这种情况不仅使各类市场经营者缺乏运用反垄断法律武器保护自己利益的意识，也有可能使掌握着经济管理权的各类公权机关缺乏维护竞争机制、尊重竞争规则的意识（吴汉洪、蒲艳，2013）。建议中央政府制定一个长期的、综合的竞争政策，系统地考虑竞争与反竞争问题。经济全球化和社会主义市场经济体制要求中国在立足国情的同时，在国际经济大背景下设计竞争政策和竞争法制。不仅考虑企业的垄断和不正当竞争问题，而且统筹考虑政府可以采取的、旨在促进竞争的所有行动措施，包括政企分离、放松管制、政府守法、竞争性配置稀缺要素以及对网络设施管制等问题。目前，中国经济中的绝大多数垄断势力是由政府干预和管制引起的，垄断权主要为政府部门和垄断行业的国有大型企业所拥有。行政垄断以及政府对垄断制止不力，是当前妨碍中国市场准入和有效竞争形成的主要原因。

确立竞争政策的基础地位，必须改革妨碍有效竞争的政策，清理片面保护在位企业的政策。经过多年改革，石油、天然气、电力、民航等垄断行业从全国看基本上形成了可竞争性市场结构，但从区域和航线看，主导企业的市场占有率过高，不少市场准入、进口管制、土地矿产等资源配置和环境监管措施具有客观上限制竞争的弊端，行业垄断的问题依然存在，企业之间的有效竞争没有形成。为实现改革的预期目标，迫切需要配套调整相关政策和管理措施，清理和改革片面保护在位企业的政策。资源类产品进口应放宽市场准入，取消对经营者以往业绩、加工能力和各类设施的不合理要求，允许更多的经营者经营，通过扩大进口增强国内市场的竞争性，给在位垄断企业形成足够的竞争压力。重新研究各类专卖、专营制度的合理性和必要性。对于损害资源配置效率和社会福利的专营专卖，坚决取消。需要继续保留专卖的产品，要避免从原材料供应、生产到运输、销售全过程的各个环节都实行垄断经营，运输、产品销售和专营产品生产需要的原材料可以允许私人或其他社会团体经营。

（二）实现政府的"竞争中立"

"竞争中立"最初是作为一项国内规则由澳大利亚提出的，其宗旨是促进本国国内企业之间的公平竞争。欧盟在欧洲统一大市场建设中，也形成了以促进区内竞争为主要目的的竞争中立框架。2008年国际金融危机爆发以来，美国在双边、区域和国际组织等多个层面推行竞争中立原则，使该原则逐渐从一项起源于澳大利亚的国内政策向国际规则演进。所谓"竞争中立"，旨在重新规划现存国际经济规则或制度，实现不受外来因素干扰的市场竞争，从而保证在国有企业和非国有企业之间实现公平竞争，包括税收中立、债务中立、规则中立。"竞争中立"要求各成员国制定反垄断的法律和采取相应的措施，确保在获得信贷以及其他形式的政府资助上不存在不公平竞争。在跨太平洋伙伴关系协定（Trans-Pacific Partnership Agreement，TPP）谈判中，美国强调缔约方须对贸易、投资及竞争作出有约束力的承诺，提出加入TTP的条件为"高标准的政策协议"，其中包括取消给予国有企业的大量补贴，严格知识产权保护，严格劳工、环境标准等，这些条款使TPP超出了一般贸易协定所涵盖的边境措施，并涉及边境内政策的干预。

我国政府在实施产业政策过程中经常对某些行业进行补贴，以支持产业和地方发展。不过，对于补贴如何在行业内分配，通常缺乏相对公平的方案。政府不但直接补贴给竞争性行业，而且选择性地补贴给某个或者某几个企业。地方政府倾向于补贴本地企业，使外地企业处于竞争劣势，无法进行公平竞争。例如，我国各地多家汽车生产商都在从事新能源汽车的研发生产，一些地方政府通过各类措施，尤其是直接补贴以及对外地产品设置各种形式的准入障碍等方式，对本地区研发、生产新能源汽车的企业给予大力扶持，严重破坏了市场的公平竞争。必须按中共十八届三中全会的要求，清理、整合、规范专项转移支付项目，逐步取消竞争性领域专项资金和地方资金配套。

确保政府处于竞争中立地位，要求政府作用向维护公平竞争和公众利益转变。政府直接经济性管理逐步收缩，管理重点从市场准入限制、直接定价转向对价格、经营者集中和市场势力等方面的监管，加强安全、环境、职业健康监管和各利益相关方的协调，更加重视公平竞争制度建设、保护公众利益和用户利益。对竞争环节和垄断环节、主导运营企业和非主导运营企业采取不同的价格形成机制，加强对非竞争领域价格的评估和审查。对于市场机制能够发挥作用的可竞争环节，应当以事后监管和竞争效果评估取代事前的市场准入、价格管制。具体做法是，在竞争性环节，对非主导企业和新进入企业放开价格管制，以市场定价取而代之。对竞争环节的主导运营企业，放开新产品和新服务的价格管制，垄断性产品和服务实施价格上限管制，尽快取消电信漫游费等不合理收费。

(三) 加强中央和地方反垄断执法的协调配合

当前，我国反垄断法实施的主要力量集中于中央政府层面实施，地方层面的实施力度相对较弱，在国家实施中涉及价格垄断的执法机构主要是国家发展和改革委员会，具体负责的部门为价格监督检查与反垄断局，下设与反价格垄断执法直接有关的机构有反价格垄断调查一处、反价格垄断调查二处，编制相对较少，面对全国范围内价格垄断违法行为的调查、认定和处理明显力量不足。为解决价格垄断违法案件"案多人少"的矛盾，《中华人民共和国反垄断法》第十条第二款"国务院反垄断执法机构根据工作需要，可以授权省、自治区、直辖市人民政府相应的机构，依照本法规定负责有关反垄断执法工作"之规定，为反垄断地方执法活动的开展提供了合法性与正当性依据。为此，必须加大反垄断地方执法的力量和力度。

赋予反垄断执法机构对行政垄断的执法权。滥用市场支配地位、垄断协议、经营者集中等垄断行为，一经反垄断执法机构查明，即可对其实行相应处罚。《中华人民共和国反垄断法》仅赋予上级行政机关要求下级机关对涉嫌垄断的事项"责令改正"的权限，反垄断执法机构对实施行政垄断行为的行政机关或法律、法规授权组织只能向其上级机关建议依法处理的权力，没有直接查处权力。建议修改相关规定，一经调查确认存在行政垄断，赋予反垄断执法机构直接作出处罚权力。在实践中，实施行政垄断的行政机关可能级别较高，此时应将级别置于一侧，行政考量时设计好相互之间的独立性，不使行政机关可以左右反垄断执法机构的决策。

(四) 重视相关市场界定和市场势力评估问题

相关市场界定和市场势力评估是反垄断执法中技术性很强的难题。所谓相关产品市场，是指相互存在竞争关系的一组产品范围。相关产品市场要回答的基本问题是哪些产品在市场上相互竞争。对于相关产品市场的界定，美国法院的很多早期判决就明确指出存在两种方法，分别是替代性分析法和需求交叉弹性法。替代性分析的理论基础是如果市场上存在足够的替代产品，垄断企业就不能随意地提高产品的价格，因为替代产品可以弥补产品价格提升所产生的需求空缺，因此这一替代产品与被替代产品之间就能形成同一个相关产品市场。替代性分析又可分为需求替代分析和供给替代分析。需求替代分析主要是通过产品价格变动所产生的需求交叉弹性的大小,来权衡两个产品是否属于同一相关市场。如果某一产品的价格上涨幅度越大,对于另一产品的需求幅度也随之大幅增加。两者之间的比例关系数值越大,两者之间的替代程度也就越高。相反,如果两者的比值越小,则说明两个产品之间的替代程度越低。除了从消费者角度来分析产品之间的替代性之外,还可以通过市场竞争者或潜在竞争者对于产品价格的影响来确定产品之间的替代性,也即供给替代性分析。如果某一产品的价格上涨能够促使其竞争者扩大生产、增加产量来满足提价之后的市场需求,说明该市场的竞争者就同属于一个相关产品市场。无论是需求替代还是供给替代都有其难以克服的理论缺陷。对于需求替代分析来说,主要是通过产品价格的变动测试需求弹性,然而这一价格必须能够真实反映市场的消费者对于产品的需要,如果产品的价格本身是垄断价格,就会使需求交叉弹性丧失测试产品之间替代性的作用。对于供给替代性分析来说,由于决定产品生产的因素更多,如竞争者的生产规模、转化生产的成本和时间都会影响竞争者的产品供给数量,因此供给替代性分析相较于需求替代分析更为复杂。因此,美国1982年发布的《企业合并指南》,在替代性分析的基础上又提出了需求交叉弹性理论,该理论的代表性方法是"假定垄断者分析法",又称为"小幅但是显著而非临时性的价格上涨"(Small but Significant Not-transitory Increase in Price,简称SSNIP测试法),该方法经过1992年和1997年《企业合并指南》的修订后,至今仍在美国反垄断审查中广泛使用。该方法在界定一个相关产品市场时,通常遵循以下三个步骤。第一,确定相关当事人所销售产品的候选市场,这个市场所包容的产品是涉案产品以及与其具有替代关系的产品构成。第二,测试替代产品的范围。将涉案产品的价格作"小幅度但是很显著而且是非临时性的价格上涨",美国将这一价格幅度定位于5%,查看涉案产品的价格波动会不会导致消费者转向某一个同类产品或者相邻产品的需求。如果涉案产品的价格上涨后,某一同类产品销量大增,说明两者之间存在同一个相关产品市场。第三,确定相关产品市场。重复第二步骤,直至涉案产品的价格上涨,能够让垄断者获利,从而最终确定此时的市场为相关市场。SSNIP虽然相对于替代性分析法,由于测试的过程中更偏重于量化的指标和数据,因此更为客观。但是该方法也并非完美无缺,比如基于不同行业的特殊性,SSNIP所确定的5%涨价幅度似乎过于刚性。此外,SSNIP测试依存于客观准确的产品成本数据,这些数据的获得在现实中也是比较困难的(郑伦幸,2015)。

关于市场势力评估问题,美国的反垄断执法机构针对传统的反垄断分析思路进行了创新,现在已经很少单纯依靠市场份额标准来判断一个企业的市场势力,而是采用一种基于效果的分析,评估企业在相关市场上会采取什么行为,是否会单边控制市场价格,是否会阻止其他竞争者的进入,是否会减缓市场上应有的创新。如果有市场力量的话,就能实施这些行为。如果不存在这个效果,那么很有可能这个市场力量就不存在。为什么要说可能不存在呢?因为这个分析还要结合市场份额和其他经济学指标进行综合分析。但是,在全世界130多个竞争执法机构中,有很多竞争执法机构在进行市场力量分析时还是完全依赖于市场份额,这会出现什么问题?从经济学的角度来说,即使是在单边平台的市场中,如果仅依据市场份额来评估一个企业的市场力量,可能都会出现问题,更不用说在复杂的多边平台领域。在传统的单边市场中可能没有这些相互影响或者相互依赖的用户组群,可以通过市场的一边来判断市场份额。在多边平台中,约束不仅来自这一边,还来自平台的另外一边或者另外几边,这时在考虑替代性或者竞争约束的时候就会变得非常复杂(KorenWong-Ervin,2016)。

(五)加强滥用知识产权整治

与美国欧盟等发达国家不同,我国反垄断法立法起步晚,对知识产权垄断规制的法律规定少之又少,分散于相关法律和行政法规中,规定的内容十分笼统,且原则性太强,严重缺乏实际操作性,对一些重要的问题也并没有阐明。在知识产权反垄断立法工作中,我国面临诸多问题,除了理论体系不成熟外,在司法实践中缺乏相关经验也是制约因素之一,因此我国在建立知识产权反垄断法体系的过程中,既要充分借鉴和吸收美国和欧盟等发达国家和地区在该领域的成功经验和成果,又要切合我国国情,做到因地制宜。

标准必要专利,也称关键实施理论、基础实施理论,是指包含在国际标准、国家标准和行业标准中,生产者在生产某种商品时必须要使用的专利。当某一专利权人的专利成为标准必要专利之后,其往往以独特的技术优势占据着市场支配地位,而且其他企业若要生产相关产品又必须使用其专利,否则就可能面临产品被市场淘汰的风险,甚至引发企业的倒闭。在某些情况下,专利权人出于经济利益的驱动,常常凭借自身的技术优势、市场优势向被许可人收取过高的、不公平的专利许可费,使得被许可人苦不堪言。因此,为防范该种情形的出现,平衡专利权人和被许可人的利益,一方面促使有能力的专利持有者披露其标准必要专利,另一方面又尽可能地维护其他生产者和消费者的权益,在长期的实践过程中形成了FRAND原则,即公平、合理、无歧视原则。FRAND原则要求专利持有者不得径直拒绝给予善意的技术实施者以专利许可,既保证专利权人通过收取必要的许可费来弥补其在技术研发、科技创新中的巨额投入,也要防止专利权人为经济利益所驱动而收取高昂的专利许可费;既促进技术标准的推广实施,也推进科技进步与行业发展。FRAND 原则就是尽可能寻求私权保护与标准的推广实施之间的最大平衡。

参考文献

1. 国家发展和改革委员会等:《关于汽车业的反垄断指南》(征求意见稿),http://www.ndrc.gov.cn,价监局子站(http://jjs.ndrc.gov.cn/)"反垄断"栏目,2016 年。

2. 黄勇:《新形势下反行政垄断执法与司法:挑战、思考与展望》,《价格理论与实践》2015 年第 1 期。

3. 吴汉洪、蒲艳:《中国的反垄断政策:成就、困难和展望》,《中国物价》2013 年第 10 期。

4. 郑伦幸:《标准必要专利反垄断纠纷中相关市场的界定——兼评华为公司诉美国 IDC 公司案》,《南京理工大学学报》(社会科学版)2015 年第 3 期。

5. Joshua D. Wright:《反垄断与反不正当竞争的关系》,《竞争政策研究》2016 年第 5 期。

6. KorenWong-Ervin:《多边平台的经济学分析及反垄断启示》,《竞争政策研究》2016 年第 3 期。

第八章 市场与政府

一、市场与政府的关系

全面深化改革是坚持和发展中国特色社会主义的必由之路，也是全面建成小康社会必不可少的保障。全面建成小康社会要求加快建设社会主义市场经济、民主政治、先进文化、和谐社会和生态文明，解决发展中不平衡、不协调、不可持续的问题，推动经济更有效率、社会更加公平、国家更可持续发展，让改革发展成果更多、更公平地惠及全体人民，逐步实现全体人民共同富裕。也就是要求正确处理政府和市场关系，加快形成成熟、定型的社会主义市场经济体制，构建服务型政府，形成公平发展的制度环境，实现经济、社会以及其他领域的协同进步。因此，中共十八大统一提出了全面建成小康社会和全面深化改革的"两个全面"的纲领。全面建成小康社会必须以全面深化改革为保障。没有改革的全面深化，就不可能实现全面建成小康社会的目标。

从现在起到2020年全面建成小康社会只有不到3年的时间，经济社会发展任务千头万绪。这期间既是工业化、信息化、城镇化和农业现代化快速推进的黄金期，也是经济发展方式加快调整和社会利益格局剧烈变化、体制改革不断应对新挑战的关键时期，短期困难和长期问题交织在一起，经济社会发展中有许多突出矛盾和问题亟待解决，尤其是经济增长动力不足、发展质量不高、科技创新能力不强、资源环境约束加大、城乡发展不协调不平衡和居民收入差距过大、制约科学发展的障碍较多等一系列突出问题。如果不能全面深化改革，破除妨碍经济社会平衡、协调、可持续发展的思想观念和体制机制弊端，解决发展中面临的一系列突出矛盾和问题，就不能全面建成小康社会，并为全面建成小康社会之后继续向高收入经济体迈进奠定体制基础。全面建成小康社会面对的困难和问题只能通过全面深化改革来加以解决。因此，全面建成小康社会需要全面深化改革来保障。

自《中共中央关于全面深化改革若干重大问题的决定》的提出到2020

年，在重要领域和关键环节改革上取得决定性成果，形成系统完备、科学规范、运行有效的制度体系，使各方面制度更加成熟、更加定型。经济体制改革是全面深化改革的重点，核心问题是处理好政府和市场的关系，使市场在资源配置中起决定性作用并且更好地发挥政府作用。习近平总书记在《中共中央关于全面深化改革若干重大问题的决定的说明》中进一步提出，面对新形势新任务新要求，全面深化改革，关键是要进一步形成公平竞争的发展环境，进一步增强经济社会发展活力，进一步提高政府效率和效能，进一步实现社会公平正义，进一步促进社会和谐稳定，进一步提高中共领导水平和执政能力。

处理好政府和市场的关系，使市场在资源配置中起决定性作用并且更好地发挥政府作用，需要我们加深对社会主义市场经济的认识。在现代市场经济条件下，市场是"看不见的手"，在资源配置中发挥决定性作用；政府是"看得见的手"，主要是加强市场监管，克服市场失灵。无论是使市场在资源配置中起决定性作用，还是更好地发挥政府作用，关键是明确政府和市场的边界及"两只手"的协调配合。社会主义市场经济体制与其他类型的市场经济体制一样，都是以市场作为资源配置的基础性、决定性手段，在市场这只"看不见的手"的作用下，社会资源获得优化配置。只有公平的市场竞争，才能有效地决定价格，优胜劣汰。不公平的竞争尽管也是竞争，却难以达到资源优化配置的目标。从这个意义上说，公平竞争是社会主义市场经济的命脉和本质性特征。无论是国有企业还是民营企业都需要在竞争中锻炼自己，发展自己。在公平竞争的环境，国有企业和民营企业的效率都会提高。在竞争充分的环境中，无论国有企业还是民营企业，如果效率没有提高，不能和同行业的其他企业进行竞争，都会在市场竞争中被淘汰。对于国民经济中的可竞争性领域，应该允许国有企业与民营企业公平竞争，鼓励企业通过提高创新能力和生产效率来获得经济资源和竞争优势。各类企业公平竞争、适者生存、优胜劣汰，整个经济体才能充满活力和不断提高效率。

更好地发挥政府作用要求构建服务型政府，进一步提高政府效率和效能。服务型政府是在人本理念指导下和民主秩序的框架下，通过法定程序组建起来的以为人民服务为宗旨的政府。构建服务型政府，必须科学界定政府职能，将市场可以有效发挥作用的领域交还市场，依靠市场规律发挥作用。政府则在经济调节、市场监管、环境保护、社会管理和公共服务方面发挥积极作用，弥补市场失灵，保持宏观经济稳定。当前要以解决市场体系不完善、政府干预过多和监管不到位问题为重点，进一步简政放权，最大限度地减少中央政府对微观事务的管理，尽快做到"三个一律"，即市场机制能有效调节的经济活动，一律取消审批；直接面向基层、量大面广、由地方管理更方便有效的经济社会事项，一律下放地方和基层管理；深化投资体制改革，除关系国家安全和生态安全、涉及全国重大生产力布局、战略性资源开发和重大公共利益等项目外的企业投资项目，一律由企业依法依规自主决策。要提供更多优质公共服务，通过保障和改善民生，使广大群众共享改革发展成果，促进共同富裕。

能否着眼于整个国民经济，推动公平竞争制度建设，营造各种所有制经济依法平等使用生产要素、公平参与市场竞争、同等受到法律保护的体制环境，事关全面建成小康社会的制度保障。当前改革应以可竞争性市场结构构建和公平竞争制度建设为主线，统筹社会福利、产业效率和企业绩效，加强反垄断的力度和机构建设，改善监管，推动网络设施开放使用，形成兼有规模经济和竞争效率的全国统一市场。同时，改革妨碍公平竞争的政策，清理要素配置、市场准入、进出口管制中保护垄断企业的政策。对于邮政、铁路、公路、石油天然气管道、重要桥梁、大型水利工程和电力生产供应等基础设施和公用事业领域，其产品或服务具有公共物品的性质，规模经济性强，在技术经济上要求保持物理和经营管理上的整体性，可以授权一家或少数几家国有企业垄断经营，非国有资本可以股权投资形式进入，但要防止相关企业凭借网络设施排挤竞争者，滥用市场优势地位。随着社会主义市场经济体制的成熟定型和民营经济成长，逐步降低上述领域对国有经济的依赖，实现从一股独大向股权分散的社会化企业的转变。对于资源类产品和服务的进出口，应放宽市场准入，允许更多的经营者经营，以便对国内垄断企业形成一定的竞争压力。

城乡二元结构是我国经济社会发展中长期未得到解决的一个问题，是制约城乡发展一体化的主要障碍。我国农业基础仍然薄弱，城乡之间在劳动力就业、居民收入、基础设施建设和公共服务水平等方面还存在明显差距。我国以往城镇化的基本特点是以农民工为主体，以流动就业为主要形式，没有很好地完成农村人口向城镇人口的"落户"迁徙。能否确立公平、分享、关怀的理念，摒弃传统的城乡隔离政策和城市倾斜政策，建立城乡开放、统一的生产要素市场，尤其是城乡统一的劳动力市场，解决农民市民化问题，保证城镇公用基础设施和基本公共服务、社会福利与保障的普遍提供，消除针对进城农民工的歧视性政策和非均等化待遇，是全面建成小康社会必须完成的一个艰巨任务。为此，必须通过全面深化改革，加快构建以工促农、以城带乡、工农互惠、城乡一体的新型工农城乡关系，大力促进公共服务资源在城乡、区域之间的均衡配置，缩小基本公共服务水平差距，完善城镇化健康发展体制机制，促进城镇化和新农村建设协调推进。

二、化解产能过剩中的市场政府关系

产能过剩是指某一行业生产能力超过市场需求形成的剩余生产能力，表现为实际产出低于潜在最优产出。此时，生产者的实际产出小于最优生产点对应的产出，企业平均生产成本高于最低平均生产成本，因此会造成一定的生产能力闲置。经济学和实务部门至今对产能过剩的衡量标准没有一个公认确定的说法。国际上，尤其是美国、日本等国家通常采用产能利用率来判断是否出现产能过剩以及衡量产能过剩的程度。欧美地区与中国香港地区通常用产能利用率或者设备利用率指标衡量是否存在产能过剩。美联储认为产能利用率达到85%以上则为产能充分利用，超过90%为产能不足，79%~83%为产能过剩。中国则大致将生产能力超出市场需求25%的行业定义为产能过剩行业。一般而言，15%~20%的剩余产能属于正常范围，超出该区间则表明产能短缺或过剩。合理的产能利用率可以提升并巩固市场的竞争性，增强企业忧患意识，使企业加快企业创新步伐，提高产品性能与技术更新。过低的产能利用率则会导致产能闲置，失业率提高，企业经营困难，而过高的产能利用率则代表产能的严重不足，阻碍经济增长与产业发展。可见，适度的产能剩余属于正常现象，过剩产能问题不宜过度夸大。中国水泥、钢铁、煤炭、有色金属、平板玻璃、光伏等多个行业产能持续出现30%~40%的产能剩余，已经超出了产能剩余的合理区间。

（一）产能过剩的原因

从经济学原理上讲，产能规模受要素价格、市场需求和政府管制等多方面因素影响。市场外部因素可以扭曲市场作用，被外力扭曲的生产成本会使市场自然均衡点产生偏离。企业生产成本降低、技术水平提高、相关产品价格的提高以及生产对市场的乐观预期等因素，会使企业在相同价格下选择更大规模的投资，生产更多的产品，进而导致市场供给曲线整体向右移动，使企业均衡产量过大，形成了过剩的产能。

1. 外部性

在现行财政和考核方式下，地方政府为谋求本辖区竞争优势，普遍采取措施吸引投资者在本地投资建厂，以增加本地税收和GDP，促进地方发展。地方政府的一些扶植保护措施刺激了地方经济增长，也等同于为企业承担了一定的成本。过度给予企业政策性优惠会使企业向社会和当地政府转嫁过多成本，为产能过剩埋下隐患。在花样迭出的各类招商引资刺激政策中，最为常用的是低价供地、地方财政奖励和补贴、放松环境监管、加大融资支持等方面，有的甚至默许、纵容企业违法排污。从转嫁成本的角度来看，这些措施使当地企业以较低的成本获得土地与融资，使政府和社会替企业承担了部分成本，造成严重的外部负效应。在环境的隐性补贴方面，外部负效应最为明显。随着环境管制强度的弱化，企业可以减少治污费用，这会相应增加生产投资，从而导致企业产出水平扩大。环境之所以成为地方政府可以竞相消耗的"公地"，企业能够在贡献地方税收和 GDP 的前提下获超标排污默许，基本原因是环保制度存在缺陷。虽然监管部门名义上执行独立的监督权，但一方面是由于地方监管部门、司法体系无法与地方行政彼此独立，另一方面是由于环境监管上下级机构的信息不对称，导致地方环境监管部门屈从于当地政府的放任要求。对污染环境的处罚力度也非常薄弱，大多数都是以罚款和停产整顿为核心的行政处罚，不入刑法，这使违法成本很低，不构成对违法者的威慑。这些原因导致了越是经济欠发达的地区越是容易用宽松的环境政策，对污染的纵容来吸引资本流入，这无疑加剧了环境污染并将企业的内部成本转移给了社会。在信贷审批方面，资本市场与融资市场预算软约束使地方政府有能力帮助企业以低成本获取融资。地方政府采取行政手段以及对地方金融的控制力来帮助企业以低成本获取信贷资本和金融租金，有时还会给予企业贷款担保和贴息政策来吸引投资。这种行为干扰了金融市场正常运行，破坏信贷市场有效性，使企业用较小的资本撬动大量社会资本为其服务并从中获取巨额利润。总的来看，无论是政府的保护措施、优惠政策或者是放任的监管状态，都会使企业向社会或政府转嫁部分风险与成本，这一方面会促进企业的过量生产，使供给曲线向右移动，另一方面也会降低企业的生产经营成本，使均衡点向右移动，企业忽视外部性成本而生产过多的产品。

2. 政府管制

改革开放以来，中国逐步走上了市场经济道路。政府为放开市场、维护市场有效性做出了不懈的努力。但是，由于市场经济体制有一个较长期的完善过程以及中国社会主义初级阶段的性质，中国的市场经济体制还不成熟、不定型。在化解产能过剩方面，政策部门倾向于以市场失灵来解释产能过剩的成因，强调依靠政府干预调节产需关系。然而这种"预测、计划、制定措施"的调节模式往往是依靠政策部门自身对市场的理解展开的，可靠性差。以政府的主观判断代替市场规律而产生的投资引导政策为产能过剩埋下隐患（韩保江等，2017）。政府部门往往偏向于对强势部门的需求做出积极回应，对弱势部门的需求考虑不够，并以项目审批、供地审批、强制性清除等行政手段治理产能过剩。这种以政府代替市场来调节产能的做法，很难制订一个符合经济规律和市场需求的过剩产能化解方案，容易导致对经济形势的误判，最终使政策部门做出不恰当的结论并采取不得当的调节手段。例如，在钢铁产业的发展中，政策部门一直在采用预测的方式来控制总量，以人为预测代替市场机制，而预测数据与实际情况有较大差距（李平、江飞涛等，2010）。实现的难点在于，总量控制指标需要分解落实到有关行政区和企业，实践上总量控制指标在地区和企业之间的分配普遍缺乏科学依据，经常是各相关方博弈的结果，力量较弱的地区和企业承担的减排量较大。这种缺乏科学依据的做法不仅不利于产能过剩的化解，反而还会干扰市场机制对产能的自主调节，使市场调节产能的机制进一步失灵，甚至使市场陷入越调越乱、越乱越调的死循环，供求越来越偏离理性的均衡点。

表 8-1 部分去产能政策的措施与问题

文件号	文件名	去产能方面的部分措施	措施的主要问题
国发〔2006〕11号	《国务院关于加快产能过剩行业结构调整的通知》	加快推进产能过剩行业结构调整，提高市场准入标准，淘汰落后产能。规定了落后产能的具体衡量标准，对不达标的产能进行兼并或淘汰	强调以规模大小来判断落后产能
发改工业〔2006〕1084号	《关于钢铁工业控制总量、淘汰落后、加快结构调整的通知》	物价部门及水、电供应单位，对落后钢铁企业提高用水用电价格。严格控制钢铁工业新增产能，加快淘汰落后产能，支持创新鼓励联合重组，严把项目准入关	强调限制新增产能和提高集中度
发改运行〔2007〕933号	《关于加快推进产业结构调整遏制高耗能行业再度盲目扩张的紧急通知》	提高行业准入门槛，对不符合国家产业政策、市场准入条件以及国家明令淘汰的各类高耗能行业建设项目，不提供授信支持	以产能高低和规模大小来测定落后产能
国发〔2009〕38号	《关于抑制部分行业产能过剩和重复建设引导产业健康发展若干意见的通知》	对钢铁、水泥、平板玻璃、煤化工、多硅晶等多个行业进行了严控。如加快淘汰强度335兆帕以下热轧带肋钢筋，2011年底前，坚决淘汰400立方米及以下高炉、30吨及以下转炉和电炉。新项目水泥熟料烧成热耗要低于105公斤标煤/吨熟料，废气粉尘排放浓度小于50毫克/标准立方米等措施	政府难以准确制定合理的准入和淘汰落后产能的标准

续表

文件号	文件名	去产能方面的部分措施	措施的主要问题
工信部联原〔2009〕575号	《关于抑制产能过剩和重复建设，引导水泥产业健康发展的意见的通知》	确保完成"十一五"期间淘汰落后水泥产能2.5亿吨的工作目标。水泥企业前10家集中度"十一五"末要达到30%，前50家集中度要超过50%	片面强调集中度，难以准确预测和淘汰落后产能
工信部原〔2009〕591号	《关于抑制产能过剩和重复建设，引导平板玻璃行业健康发展的意见》	未来三年，通过支持企业技术改造、重组兼并来提升产业集中度，前10名企业市场集中度达到70%	提高集中度但缺乏技术改造的衡量标准
国发〔2010〕7号	《国务院关于进一步加强淘汰落后产能工作的通知》	淘汰落后产能，明确了多个重点行业去产能的具体目标	难以准确预测去产能总量，多以规模为淘汰产能的衡量标准
财企〔2010〕231号	《中央财政关闭小企业专项补助资金管理办法》	关闭小企业补助资金的补助范围和重点每年由工业和信息化部会同财政部根据国家宏观经济调控目标及产业政策确定并适时予以调整	难以准确判断预测合理的关闭范围
工信部联产业〔2013〕16号	《关于加快推进重点行业企业兼并重组的指导意见》	到2015年，前10家整车企业产业集中度达到90%，形成3~5家具有核心竞争力的大型汽车企业集团；到2015年，前10家水泥企业产业集中度达到35%等	难以准确预测企业的合理规模和市场集中度
国发〔2013〕41号	《国务院关于化解产能严重过剩矛盾的指导意见》	对钢铁、水泥等产能过剩产业提出了规模、集中度等要求，并以此来判断下一阶段去产能的标准。支持企业兼并重组，提高产业集中度	强调以规模和产能大小来判断落后产能
工信部规〔2016〕358号	《钢铁工业调整升级规划（2016~2020年）》	严禁新增钢铁产能，实现"十三五"期间粗钢产能净减少1亿~1.5亿吨的目标；对不符合产业政策的400立方米及以下炼铁高炉、30吨及以下炼钢转炉、30吨及以下电炉等落后生产设备全面关停并拆除	强调以规模和产能大小来判断落后产能

续表

文件号	文件名	去产能方面的部分措施	措施的主要问题
国办发〔2016〕34号	《国务院办公厅关于促进建材工业稳增长调结构增效益的指导意见》	对平板玻璃、水泥熟料进一步产能压缩产能。同时提高产业集中度，争取到2020年产量前10名企业的集中度达到60%左右	片面强调集中度
发改运行〔2017〕691号	《关于做好2017年钢铁煤炭行业化解过剩产能实现脱困发展工作的意见》	严格执行环保、质量、技术、能耗、水耗、安全等法律法规、强制性标准和产业政策。钢铁方面，严查400立方米及以下的炼铁高炉、30吨及以下炼钢转炉、30吨及以下炼钢电炉等落后产能。煤炭方面，加快退出一批落后产能	强调主动运用市场化、法治化办法去产能

资料来源：笔者整理编制。

现行化解产能过剩主要实行中央政府及部门制定政策、中央和地方共同参与的做法，中央侧重采取强制性行政手段和法律手段来约束地方政府和控制产能，缺乏激励性较强的经济措施。这种"一刀切"的行政手段脱离了依靠市场机制去产能的正确路线，激励缺失也会使地方政府迫于地方经济与发展压力而抵制去产能政策的实施（胡筱沽等，2017）。政府通过为相关产业和企业设定强制性标准和要求，提高新上项目准入和审批的门槛，通过淘汰落后产能和限制新产能准入缓解产能过剩。在准入规则设定中，政府倾向以产出总量、集中度、生产装置规模、产量大小和技术水平为标准来判断企业的去留。政府出台的各种政策规则体现的往往也是扶大限小，保留高技术淘汰落后技术的原则。从表8-1的政策不难判断，现行的政府管制政策主要以企业投资规模和装置技术条件为标准决定目标企业应否被淘汰。按照新制度经济学理论，这种自上而下提出要求的做法属于强制性制度变迁，其弊端在于中央和地方的互动，不利于调动地方政府和市场主体的积极性与主动性，执行力主要来自中央政府的强制推动。在这种导向下，地方政府不愿意为控制产能而牺牲本辖区经济利益，具有变通甚至拖延、抵制执行中央政府政策的利益驱动。现行政策还具有逆向调节的效果，相关企业为了避免被淘汰，则会倾向于增加投资扩大生产装置规模，以达到政策要求。在审批中设置较高的投资规模和产量标准会迫使企业在投资过程中倾向于采取更大的生产规模，这直接导致过剩产能的加剧。由于政府实行核准审批采用"放大限小"的规则，促使中小企业被迫扩大规模免被淘汰，而新申报的产能则必须提高规模和技术标准才能获得审批。这导致产能不降反增，供给曲线向右移动，产能增加，偏离市场均衡点，造成产能过剩。再者，政府希望通过整合产能过剩行业，通过兼并收购的方式实现企业集中度的提高，从而提高产业技术实力，并避免行业的过度竞争带来产能过剩。然而在政策实行过程中，政府缺乏具体的实施规则和控制手段，也没有相应制定出配套的产能退出激励措施，只是片面强调市场集中度的提高，最终导致企业往往为了提高市场集中度而进行低效兼并重组。导致的最终结果是虽然提高了市场集中度，但产业生产效率没有得到提升，落后产能也没有得到淘汰。以规模和装备为标准的项目审批迫使企业扩大规模而忽视效率，政府的政策导向最终扭曲了企业投资行为，导致市场价格信号失灵，也就导致了产能过剩迟迟不能化解，造成产能淘而不汰、边减边增、不减反增等现象。

3. 地方保护

地方政府与上文提到的中央政府和政策部门对产能过剩的主要影响是有区别的。中共中央政府和地方政府职权的划分，遵循在中央的统一领导下，充分发挥地方主动性、积极性的原则。国务院统一领导全国地方各级国家行政机关的工作，县级以上地方各级人民政府依照法律规定的权限管理本行政区域内事务。在经济发展方面，地方政府实际上担当相对独立的利益主体和博弈主体，并且拥有影响、支配甚至决定本地要素配置的权力。地方政府与本辖区企业的利益高度相关，中央与地方的经济利益在总体一致的框架下存在差异。这种既要服从全局也要维护自己局部利益的体制，使地方政府身兼调控主体与经济主体的双重身份，容易出现以地方保护为特征的道德风险问题，即"诸侯经济"现象，"法团化"趋势明显。地方政府相对独立的自主发展权、产权制度的模糊以及预算软约束等客观因素不仅强化了地方政府干涉地方经济动机，还赋予了地方政府进行地方保护的操作空间。现行的生产导向的税收制度也使地方政府只关注企业是否生产而不是企业是否盈利，因为只要企业生产，无论企业是否盈利都会给地方政府带来可观的税收收入。例如，有研究发现无锡市2012年财政收入中营业税与增值税合计占40%，而所得税地方留存只占10%左右（国家发展研究中心课题组，2014）。中央政府一方面要求各地去产能、减投资，另一方面要求各地保持经济增长。在没有配套激励措施的情况下，现行GDP锦标赛式的考核制度容易使地方政府之间陷入去产能目标上的"囚徒困境"和争夺中央财政补贴和晋升机会的零和博弈。政治与经济双重的竞争又使得地方政府之间很难建立起有效的合作，而竞争空间巨大，这成为催生地方保护行为的土壤。为了追求 GDP 和税收，地方政府倾向于向规模大的企业提供保护性措施（如政府购买和补贴）。在某些领域，如煤炭行业，由政企合谋引发的产能过剩造成的社会福利损失甚至比政府补贴引起的产能过剩造成的社会福利损失更大（朱希伟等，2017）。这种 GDP 导向型的发展模式以及相对自主发展的操作空间，严重削弱了地方政府对盲目投资和重复建设管控的积极性，成为产能过剩的重要原因。地方政府为了吸引投资，采用保护性手段转嫁了原本应由本地企业承担的部分成本，并提高外来企业进入本地市场竞争的壁垒，为本地企业扩大生产提供投资便利条件。地方政府保护方便了企业成本向外转嫁，导致企业边际成本低于社会成本，诱发企业盲目投资和重复建设，导致供给曲线向右移动，造成产能过剩。

  以新能源汽车的补贴扶植政策为例，地方陆续出台的支持政策普遍含有大量的地方保护条款，使产业发展支持政策沦为地方政府之间彼此竞争、分割市场的工具。这些条款为本地企业提供了保护，提高了外地企业进入壁垒，本地企业开拓外地市场同样面临市场分割的阻碍，增加了企业通过技术创新和管理创新开拓市场的成本和障碍。表 8-2 列举了一些地方 2015~2016 年出台的新能源汽车补贴政策及地方保护措施。从补贴政策的地方保护倾向上看，当地政府往往要求企业在当地注册相关机构才可以申请或领取补贴。这些歧视性的地方保护条款使地方企业各自为政，割据发展模式阻碍全国统一市场的形成，妨碍市场的公平竞争，市场难以发挥及时淘汰落后产能的作用。当地企业对补贴的依赖也会降低企业创新能力，使企业在低技术水平上重复生产，难以培养出技术领导者，也难以扩大规模效应。同时，由于在本地享受优惠，这种保护性补贴也会削弱本地企业开拓外地市场的积极性，而外地汽车厂商则往往需要通过在当地建厂或者与当地厂商合作才能进入当地市场，这又进一步加剧了整个行业的产能提高。

表 8-2 2015~2016 年新能源汽车补贴的地方保护问题

省市	文件号	文件名称	地方保护措施
北京市	京财经一〔2016〕521 号	《北京市示范应用新能源小客车财政补助资金管理细则（修订）》	补贴资金只能兑付到本地注册的厂商或销售机构，非本地企业只能在本地注册建厂或者委托本地机构代领

续表

省市	文件号	文件名称	地方保护措施
北京市	京财经一〔2016〕522号	《关于推广应用纯电动客车财政补助政策（修订）的通知》	补贴资金只能兑付到本地注册的厂商或销售机构，非本地企业只能在本地注册建厂或者委托本地机构代领
江苏省	苏财工贸〔2016〕13号	《2016年江苏省新能源汽车推广应用省级财政补贴实施细则》	购车者注册地和使用范围仅限于江苏省
江苏省	苏财工贸〔2015〕19号	《2015江苏省新能源汽车推广应用省级财政补贴实施细则》	省级财政资金奖励的对象为省内新能源汽车生产企业
江苏省苏州市	苏府办〔2015〕210号	《市政府办公室关于转发苏州市新能源汽车推广应用市级财政补贴实施细则补充规定的通知》	补贴对象为在苏州市范围内工商注册的新能源汽车生产企业；外地新能源汽车生产企业进入苏州地区销售实施备案制
江西省九江市	九江市财政局、市科技局联合下发	《九江市新能源汽车推广应用市级财政补贴实施细则》	补贴对象只针对九江市注册的公共服务领域消费者和在九江市注册的销售机构购买新能源汽车的个人消费者
四川省成都市	成经信办〔2015〕80号	《成都市新能源汽车市级补贴实施细则（暂行）》	外地生产厂商需要在本地注册或委托本地经销商接收补贴
辽宁省沈阳市	沈证办发〔2015〕72号	《沈阳市新能源汽车推广应用财政补助资金管理办法》	补贴对象是本地注册的法人组织。外地企业需在本地注册，才能接收补贴资金

资料来源：笔者整理编制。

（二）市场化解产能过剩的原理

经济学遵循理性人假设，认为市场上活动的主体都是理性的。理性的经济主体在追求自己利益的过程中每个厂商都会客观上增进社会利益，最终每个厂商都在利润最大化的点进行生产，并使整个市场达到均衡。从理论上说，产能过剩行业多出现在垄断竞争市场。当市场中的企业以自己利润最大化为目标进行生产时，完全竞争市场中每一种商品的总需求一定等于总供给，不会出现产能过剩或短缺。垄断竞争市场均衡时只会出现轻微的产能过剩，这种产能过剩对鼓励竞争和经济发展是有促进作用的。

1. 完全竞争市场均衡及避免产能过剩

传统经济学家认为，市场过渡期会出现产能过剩现象。他们认为完全竞争的市场可以自行调节供求，最终形成产能的最优选择，不会出现产能过剩。同时，传统经济学家认为，当市场条件改变时会引起市场一方改变交易预期，而市场中其他方还没有来得及对这种市场条件变化做出反应时，会出现一个短暂的过渡期，在此期间会出现产能过剩。但市场很快会自我纠正，使产能恢复平衡。政府在此期间的干涉不仅无用而且有害（Madden C. W., 1999）。也就是说，完全竞争市场自身调节可以保证市场不会出现长期的产能过剩。这是对市场极端情况的一种假设，现实中少有完全竞争市场，我们可以通过图形来解释完全竞争市场自我调节产能的过程。

2. 垄断竞争市场均衡及将过剩产能控制在合理程度

在不完全竞争市场中，由于企业面对一条向下倾斜的需求曲线，所以在长期中企业的产出会小于最低成本点的产出，因此产生产能过剩（Dan, 1988）。有学者认为（Harrod, 1952; Hicks et al., 1954）这种产能过剩在实际中可能表现为垄断竞争企业的生产保有能力，认为由于垄断竞争市场中产品的分化，根据产品、地域和顾客的相似程度的区别，特定企业面对的竞争者威胁程度是不同的。同理，新进入者对行业内不同企业的威胁程度也不同。新进入者对那些没有生产保有能力的场内企业影响较大，这使得企业在选择工厂生产规模时，对潜在进入者的威胁纳入考虑范围并预留生产能力，同时，场内企业也无法合理选择竞争者进入后的最优产能，所以新企业进入后的市场产能可能过剩。这种理性投资达到产能过剩的目的在于提高进入壁垒，为潜在进入者制造可信的进入威胁。虽然垄断竞争时的产量比完全竞争时的产量低，但是成本却比完全竞争市场的要高。当边际成本不变或随产量增加而下降时，厂商数量过多。每一家新增厂商都需要支付一个固定成本，对社会而言意味着固定成本浪费。换句话说，垄断竞争市场中，厂商用较高的成本生产较低数量的商品，存在着对生产资源的浪费，资源配置没有达到最优，没有达到帕累托效率。不完全竞争市场将会导致生产设备利用率低于在企业平均成本最低点的利用率。从短期上看，厂商没有充分利用现有生产规模，造成浪费。因此，无论从短期还是长期来看，垄断竞争厂商和垄断竞争市场都会带来实际产量低于实际产能的情况，也就是我们所说的产能过剩。

需要说明的是，在正常情况下，垄断竞争市场虽然会带来产能过剩，但仅仅是因为垄断竞争的市场结构不会带来像中国目前那么严重的产能过剩。

这是因为垄断竞争厂商对价格的控制力来源于产品差异，市场仍然可以自由进入与退出。市场中厂商数量充足且竞争激烈，单个厂商的垄断势力很弱，没有控制力，市场需求曲线通常弹性很大，所以均衡时的产量偏离完全竞争时的产量的程度较小，即垄断竞争市场的实际产量不会偏离实际产能太多，所以不会对经济造成过多负面影响。现有厂商也可能随时调整自己的生产能力，当进入壁垒较低时，需求增加带来的短期获利性增加会导致新企业进入并产生过剩产能。但实际上，需求的增加会导致现有企业的销售量发生不同程度的改变，现有企业会根据各自的销售量的改变来调整自己的生产能力，因此，增加的市场需求会刺激一些企业显著提高产能，而另一些企业可能提高少量产能或者不提高产能，从而使产业总体的产能增加近似于正常的需求的增加。另外，垄断竞争能够实现产品多样化，促进市场繁荣。所以综合来讲，垄断竞争市场是有效率的市场。

3. 竞争性市场实现产能均衡的长效性

在市场经济体制下，政府与市场都具有调节产能的功能，但其性质和作用方式不同。政府是一个集中决策、层级管理的组织体系，而市场是一个分散决策、自由竞争的组织体系。企业之间的竞争使产品在某一成本下被生产出来，该成本能够补偿各种生产要素的机会成本。如果某个行业或某种产品实现的收益率低于正常利润率，只要能够补偿总可变成本，短期内企业会继续维持产能不变，但从长期看，厂商就会退出该行业，转向能够获得正常利润的其他行业，推动该行业或产品实现的收益率提高到正常收益率水平。可见，市场机制能够通过反映环境资源稀缺程度的价格信号和优胜劣汰的竞争机制，消除资源环境利用方式不合理和企业内部效率低下引起的生态代价和社会成本问题，淘汰过剩产能，间接实现产能均衡。政府通过法律、制度和补偿机制，根据自己偏好指定需要淘汰的产能，直接调节产能。由于市场体制在解决资源和环境问题方面具有滞后性和局限性，竞争和淘汰落后的过程需要较长的时间，并造成不可逆和难以挽回的损失。政府的角色要从传统的直接管制和直接干预向主要通过制定市场规则、为产业发展提供完善的制度环境、提高市场运行效率转变。

在对竞争性市场机制自动调节供求原理分析的基础上，表8-3列出了市场机制调节产能与依靠政府干预调节产能的区别。在政府干预调节市场均衡的方式中，政府难免要对经济进行分析和预测，这就要付出更多的成本，即使在付出大量成本之后并且假定政府能准确预测出供求关系，那么政府干预的结果也要依靠其制定手段的合理性和可执行性。而且政府干预的方式使市场均衡的效果不具有稳定性，它直接取决于每次决策的外部环境。而且从预期效果上看，政府过度干预经济很可能扰乱经济运行，甚至有加剧产能过剩的可能。相比之下，市场调节供求的成本非常低，不需要人为预测市场并制定干预措施。但是，市场并不是完美地发挥作用，市场和政府在化解产能过剩方面不是相互替代关系，而是需要相互配合。市场化解产能过剩需要政府创造条件，消除外部性引起的生态代价和社会成本，实现资源和环境的合理分配与有效利用。只要保证市场机制有效发挥作用的条件，市场就可以长期自动地调节供求达到均衡。政府化解产能过剩也需要尽可能采取引导性手段。总体而言，无论是从产能振动幅度、动力、淘汰次序角度，还是从成本、效果的角度看，市场化解产能过剩都是优于政府干预，市场机制调节市场供求的优势非常明显。

表 8-3 市场机制与行政手段化解产能过剩的比较

	市场化解产能过剩	行政手段化解产能过剩
目标	供求平衡，避免严重和持续的产能过剩	供求平衡，解决特定行业严重的产能过剩
震动幅度	市场自动调整，连续微调，产能振幅小	政府措施强制淘汰，非连续调整，产能振幅大
适用领域	不严重的产能过剩，体制性、供给侧因素导致的产能过剩	周期性、需求侧因素导致的严重产能过剩，外部性等使市场偏离均衡导致的产能过剩
动力	源于企业内在逐利动力和外部竞争压力，内在激励和主动性强	源于中央政府通过产业政策、行政规定以及对执行政策者的强制要求，由具有增长偏好的地方政府实施，缺乏内在激励和主动性
淘汰次序	外部约束健全条件下，市场自动选择淘汰次序，落后产能因为不符合监管要求和缺乏市场竞争力被率先被淘汰，落后程度越高的越先被淘汰	政府根据相关政策和标准选择淘汰次序，确定淘汰对象，不符合标准产能的均被列入淘汰之列
手段	根据外部约束和市场竞争，企业自主决定减少或扩大产能，主要依靠企业自主投资、决策等选择性手段	政府根据相关政策和判断、偏好，采取压缩产能、总量控制以及限制准入、限制要素供给、从严把握项目审批、淘汰落后装置等强制性手段，从外部给企业施加压力或强制性要求，迫使企业减少产能

续表

	市场化解产能过剩	行政手段化解产能过剩
效果	可以形成产能的自我抑制机制，有利于避免严重和持续的产能过剩，可以持续和不断地调节产能因而不会频繁出现严重的过剩，长期效果好，但对于已经出现的严重产能过剩短期难以见效，具体效果取决于外部约束和政府监管是否到位	严重的产能过剩可能得到短期和较快的纠正，但不能自我抑制，产能边压边增，被淘汰的产能容易死灰复燃，甚至陷入越控制总量、投资越踊跃、产能越过剩的恶性循环，政府预测和选择经常与市场实际需求有偏差

资料来源：笔者编制。

(三) 市场化解产能过剩的保障措施

产能过剩的制度原因在于市场体制不能合理约束和激励市场主体，企业产能决策受到被扭曲的信息和预期的影响，进而导致其决策偏离市场均衡。化解产能过剩必须遏制诱发实际产能偏离市场均衡的因素，从根本上依靠市场决定性作用和市场主体的主导地位，在持续维护市场有效性的基础上实现产能经常性和自主性调节。但是，政府政策和管制也是市场制度的内在组成部分，离开政府政策和管制市场不能有效发挥作用。市场和政府在化解产能过剩方面不是替代关系，不是一个机制取代另一个机制，而是需要同时发挥两者的作用，共同配合化解产能过剩。依靠市场机制化解产能过剩，既要改革和革除政府的不当管制，也要建立和加强促进公平竞争的制度。强调用市场机制化解产能过剩，并不是否定政府的积极作用，而是要减少行政措施与市场机制的冲突，解决好政府干预不当和监管缺位的问题。政府政策不当也会造成市场的缺陷。在化解产能过剩方面，政府的职责是为市场主体设定行为边界和约束条件，构建一个使市场主体在边界清晰的有效约束和激励条件下自主决定进入和退出并进而调节产能的制度体系，为各类市场主体创造公平竞争环境并解决好稀缺要素配置和负的外部性问题，更注重采取激励性强的经济手段调控产能。针对当前诱发实际产能偏离市场均衡的主要因素，重点完善降低进入退出壁垒、竞争性配置不可移动要素、遏制补贴对公平竞争的损害和使环境污染等外部性内部化等措施。

1. 深化投资体制改革，降低市场进入退出壁垒

企业顺畅地进入和退出是市场机制得以发挥作用的一个重要基础。在许多产能严重过剩行业，投资项目审批制为企业进入市场设置了障碍，成功获得审批进入的企业舍不得退出市场，本应该退出市场的一些企业即使持续亏

损也不愿意主动退出市场，这说明以控制准入为目的的审批制又具有损害市场退出机制的效果。化解产能过剩必须建立宽进严管的市场准入管理体制，继续缩减核准制、扩大备案制，着力解决市场准入审批妨碍市场主体自由进出行业、抑制市场活力的问题。在市场准入方面，革除总量控制措施以及以此为基础的投资审批制度，减少和放宽市场准入的前置审批，重点从能源资源、环境保护和安全生产等方面加强事中事后监管。摒弃地方政府的"父爱情节"，放手让市场去优胜劣汰，支持有效率的重组与破产。要改变以往采用行政手段淘汰落后产能的工作方式，将企业的能耗和环保评价标准与税费征收相结合，对环保评级耗能不达标的企业实行梯度征收水电费等方法倒逼低效产能退出市场。在此基础上，消除隐性进入壁垒，清除各类歧视性准入政策，使各类资本和企业享有平等的准入条件，形成优胜劣汰的竞争局面，将进入或退出市场的决策权交给市场主体。尤其在准入核准与审批方面，要改变政府直接干预和直接决定被淘汰企业的做法，而是明确企业需要达到的能耗标准、资源利用效率、环境污染和安全生产等方面的最低标准。达到要求的企业可以参与市场竞争，通过市场竞争来决定哪些企业应该被淘汰。

2. 改革地方生产要素配置方式，竞争性配置不可移动要素

所谓不可移动生产要素通常是指土地和矿产等这样存在于特定区域内且不可做物理移动的生产要素，也包括在一定程度上由地方政府掌控的贷款、担保和招商引资政策。在现代市场经济条件下，政府和市场都具有资源配置的功能。市场是"看不见的手"，在资源配置中发挥决定性作用，而政府则是"看得见的手"，在履行政策制定和市场监管的同时，还掌控一些稀缺要素主要是不可移动要素的直接配置权力。解决不可移动要素配置扭曲诱发的产能过剩，必须革除地方政府对本地产能的不当保护，减弱地方政府对地方资源如土地、矿产、信贷支持等不可移动生产要素的控制力，纠正现有体制下地方政府对资源的行政化配置，实现要素在公开市场的竞争性配置。为此，一方面要构建科学的地方政府考核体系，弱化政府行政化配置不可移动要素的动机，另一方面要从制度上弱化地方政府对本地生产要素的垄断和控制，明确土地、矿产等不可移动要素产权，通过各类市场主体公平竞争优化要素配置，使市场机制在不可移动要素配置中发挥决定性作用。

土地配置方面，要深化土地市场改革，强化市场配置土地资源的主导地位，规范并约束地方政府征地行为。完善土地使用权市场建设，使土地使用权的转移完全通过市场来完成，土地拍卖要公开透明，减少"暗箱操作"机会。金融体制改革方面，要对金融市场尤其是国家和地方商业银行信贷体系

进行市场化改革，在保证国家宏观经济健康发展的前提下减少政府对商业银行授信的影响。金融方面，要完善金融市场的市场化改革，充分确立银行的信贷主体地位，全面推行存款和贷款利率的市场化并硬化银行预算约束，鼓励银行之间从竞争中追逐利益，从而达到提高资本利用效率、优化资本流向的目的。国家可以通过对银行准备金的条款以及建立完善的信贷风险预警体制和信用管理体系对银行进行宏观监管，严格禁止银行对产能过剩行业进行授信。在矿产资源方面，要完善市场配置起决定性作用的矿业权出让制度。国土资源部门在制定矿产资源规划、设置探矿权方案时，要充分考虑地方的经济发展需要和环境保护要求。通过定向调控的手段，如暂停审批矿业权、最低开采规模或调整资源税等方法提高矿产资源配置的合理性。

3. 理顺补贴功能和转变补贴对象，遏制补贴对公平竞争的损害

从经济理论看，补贴只是对经济制度缺陷的一种微调整，不提倡大范围的保护性补贴政策。大范围的补贴不仅增加政府财政负担，而且容易导致企业寻补行为，也不利于培养企业通过市场竞争求发展的意识。改革补贴机制，首先要做的是政府退位，弱化补贴对经济的影响力度，避免地方政府把补贴作为地方保护的手段，还原市场竞争的主导作用。改革现行补贴政策重点是理顺补贴功能和转变补贴对象。在补贴的功能上进行分类对待。对于旨在促进产业发展，扩大生产规模的补贴要逐步减少，严格控制。对于旨在激励企业研发核心技术，产品技术更新的补贴则要不断增加。鼓励创新与技术更新改造，奖励开发新产品，研发新技术，并促进行业研发过程的程序化。增加对产能过剩企业节能减排、技术改造等方面的财政补贴，推动研发费用税前加计扣除的落实，采用以间接优惠为主导的税收优惠方式，充分调动企业开展研发活动的热情。转变补贴对象，应该大幅度减少对生产者的补贴，增加直接对消费者的补贴。补贴对象要从生产者转向消费者，可以降低潜在投资者的投资热情，减少企业寻补行为，避免企业把获得补贴作为不公平竞争的手段。增加对消费者的直接补贴可以拉动需求和刺激消费，并通过消费者选择促进企业之间的公平竞争。两者结合具有显著的去库存、降产能的效果。

4. 严格环境管制和管控好管制强度，有效解决环境成本外部化问题

解决产能过剩问题，必须处理好经济发展与环境保护之间相互联系和互为因果的关系，形成政府和市场相结合的环境保护机制，不断强化经济发展中的环境保护力度，严格控制资源的需求和消耗，把经济发展的负面影响控制在环境承载能力之内。政府对经济主体的管制不能停留在价格、市场准入

等经济性管制上,而应加强安全、健康等社会性管制,使得企业在进行产能决策时充分考虑外部性和风险因素。重点提高产能过剩行业的环保准入标准,通过高标准环保要求淘汰落后产能,严格禁止不达标企业进入行业和市场。区域产业规划中强化环评的地位,要以区域环境的承载能力为基础进行优化布局重大项目。严格实施项目建设验收与环评验收同时进行,对不达标项目不予验收,限期整改。强化日常环境监管,严厉查处违规运行企业,监管与问责落实到人。中央政府还要从国家层面营造环境保护的良好氛围,宣传树立环境和谐、绿色发展理念,提升国民环境保护意识。探索由中央政府垂直管理地方环保部门的人事权和经费,减少因地方政府对环保部门的干预而降低环境管制强度。中央和省级政府加大对环境监管部门的经费保障,使其摆脱对地方政府的依赖,使环保部门能独立公正地履行职责。对地方政府的考核要加强环境保护和污染治理的要求,以此增强地方政府对环境保护工作的积极性,更好地遏制地方政府将辖区企业环境成本外部化的倾向。此外,还要探索控制性管制和激励性管制相结合的环境管制方式。控制性管制是外部给企业行为施加的特定数值的约束,企业决策只有落在一个或几个点上才能符合约束要求,企业必须通过自身调整行达到约束要求。激励性管制是外部给企业施加的约束落在一个尽可能大的空间范围,允许企业通过自身调整或通过市场交易达到约束要求。前者限制了企业决策的选择空间,不利于发挥企业的自主激励作用,往往达不到管制目的。后者赋予企业决策的自主选择权,有利于发挥企业的自主激励作用,容易达到管制目的。采取激励性手段解决环境成本外部化问题,可以根据庇古税和科斯定理的思想,对边际私人成本小于边际社会成本的环境行为征税或罚款,对边际私人收益小于边际社会收益的环境行为进行补贴,同时通过污染排放权的明确分配和交易解决环境污染的外部性问题,进而实现化解产能的目的。

三、工业用地配置中的市场政府关系

工业用地配置制度不科学是我国多年没有解决好的一个问题,其对工业转型升级和经济发展方式转变的制约越来越严峻。我国正处于工业化、城镇化集中快速发展时期,经济社会发展对土地的现实需求和潜在需求较大,节约集约利用土地是"十三五"和今后相当长一个时期缓解土地供需矛盾的根本措施。改革工业配置方式,特别是改革工业用地出让和利用制度,促进土地节约集约利用刻不容缓。《中共中央关于全面深化改革若干重大问题的决定》指出,大幅度减少政府对资源的直接配置,推动资源配置依据市场规

则、市场价格、市场竞争实现效益最大化和效率最优化。中共中央《关于制定国民经济和社会发展第十三个五年规划的建议》提出必须牢固树立创新、协调、绿色、开放、共享的发展理念，并强调深化市场配置要素改革，优化劳动力、资本、土地、技术、管理等要素配置，加快形成统一开放、竞争有序的市场体系，建立公平竞争保障机制，打破地域分割和行业垄断。以上论述为深化工业用地出让制度改革、促进工业用地市场化配置、构建节约集约用地的体制机制提供了正确方向。工业用地虽然不能像商住用地那样普遍采取充分市场化方式竞价出让，但存在更大程度发挥市场竞争作用和改进政府监管的空间。

（一）工业用地出让制度改革进展与问题

经过多年改革，我国形成了国有土地所有权与使用权相分离为核心的土地产权制度，土地使用权有偿使用制度、公开土地市场交易制度和土地用途管制制度不断完善，招标拍卖挂牌成为用地者在土地一级市场取得土地使用权的唯一途径，土地要素配置市场化程度得到提升。划拨用地总量缩小，有偿用地总量处于主导地位，以招标拍卖挂牌方式出让土地的比例呈现逐年提高的态势。然而，我国工业用地招标拍卖挂牌多停留在程序化层面，准入条件及价格形成过程受到过多行政限制，工业用地市场化配置严重滞后于商服用地和住宅用地。

第一，工业地价偏低，土地增值收益分配失衡。尽管国务院要求工业用地一律采用招标拍卖挂牌出让方式出让，但在实际运作中，工业用地出让实行"预申请"制度，出让条件"量身定做"比较普遍，招标拍卖挂牌结果多以底价成交，竞争不足，成交价格明显偏低。正常的工业用地出让价格至少应该包括土地补偿费、安置补助费、开发成本以及各种税费等。然而，协议出让土地，出让价格由政府与企业协商决定，排斥了市场作用，人为干预过强，弹性很大。为了招商引资和发展经济，地方政府普遍采取竞相压价的策略，工业用地出让价格虽然高于最低限价，但远远低于二级市场的转让交易价格，甚至低于工业用地开发成本。一些开发区、工业园区为了招商引资，不惜降低工业项目准入门槛，对投资者的用地需求倾向于尽量满足，以工业用地的"零地价""低地价"甚至"负地价""多给地"等各种优惠条件吸引企业入驻。相对偏低的用地价格，削弱了企业提高工业用地投入产出效率的激励，诱发企业在选择生产要素组合中使用数量尽可能多的土地，结果是容积率、投资强度和产出强度普遍较低，工业建筑以1~2层为主。一些地方出现以工业企业科技研发、新建总部及物流仓储等名义供应工业、仓储用地的现象，一些企业名义上为发展工业，以低价获得工业用地，实则在项目分期建设中兴建研发办公楼用于商务办公经营出租，建设企业职工住房、人才公寓等，这些改变土地使用用途的"擦边球"行为还在继续[①]。政府土地出让价格与土地市场公允价格的巨大落差，以及税费制度缺陷导致的土地增值收益分配失衡，诱发一些企业用地投机，圈大用小，甚至占而不用，大量圈占非农建设用地和粗放低效利用工业用地，人为加剧土地供求矛盾。

第二，一次性出让和征收出让金的弊端日益凸显。现行土地出让方式根据出让时的评估进行定价，一次性将若干年限的土地使用权出租给使用者，并向使用者一次性收取出让金。出于扶持企业发展等考虑，工业用地出让价格普遍较低。由于无法预期中长期地价变化，不符合市场定价的原则，政府对这些由业主长期占有而又处于停产、半停产状态或低效利用的土地，缺乏有效的处置手段，造成土地资源浪费。从政府角度看，一次性收取出让金，寅吃卯粮，造成了土地财政这一怪胎，助长地方政府的短期行为，使财政收入变得不可持续，阻碍经济和社会的可持续发展。从企业角度讲，由于一次性支付出让金，开办企业初始投资压力大，加重了企业负担，不利于新兴产业及中小企业发展，不利于产业结构调整和新型产业培育。当前，企业更新换代步伐加快，新型产业层出不穷，中小企业用地需求日益旺盛。高额的土地出让金让中小企业望而却步，中小企业用地难进而影响企业发展的问题十分突出。从审批权行使角度看，出让制体现的行政审批权限过大，行政权力干预过多，审批流程、开发建设承包中存在"暗箱操作"的空间，给土地出让中的权钱交易提供可能。许多企业利用土地保有环节税费低的弊端[②]，借助政府急于招商引资心理，把取得土地的多少及其土地价格问题作为投资谈判的重要条件之一，想方设法圈占更多土地，造成土地供不应求的表象，而一旦成功受让土地，其承诺的投资强度往往达不到原有的约定。由于缺乏刚性约束及处罚机制，企业私自转让土地、改变用途等现象时有发生。

第三，出让时间过长。现行法律规定工业用地出让最高年限不超过50年。在执行中，地方为追求短期效益，普遍采取以最高年限出让土地，与产业生命周期和企业生命周期规律不符。由于工业产品市场竞争激烈，产品和产业结构不断变动，工业企业的寿命相对较短。除基础性的工业企业外，大

---

① 许超诣、刘云中：《从城市工业用地"低价"出让的动机和收益看土地出让结构调整的方向》，《发展研究》2014年第1期。

② 王燕东、吕宾、秦静：《土地税费政策参与宏观调控的实践研究》，《中国国土资源经济》2014年第10期。

部分企业存续周期在 10~15 年，一些地区的工业企业存续周期仅有 3~5 年[1]。工业企业寿命普遍少于工业用地出让的最高年限[2][3]。中小企业存续周期更短，50 年的出让年限不利于工业用地退出机制的建立。一些工业用地出让后，企业投资兴建部分区域，其余部分则闲置或搭盖简易建筑物，造成了部分厂区的土地闲置。有的投资者，看到紧缺的土地增值获利明显高于生产利润，虚拟建设项目取得建设用地，厂房造好后，以市场形势变化等为理由，私下出租或转让厂房牟利。这些用地由于出让合同缺乏约定，只能由其自行改变用途开发、转让或政府收购。早期工业集聚区纷纷实施改造，工业用地变更用途作为办公、酒店、商业等经营使用，因改变用途收益、转让价格、政府收购价格往往高于出让价格，且很多地方差异很大，使得以工业用地名义"圈地"获利有可乘之机。

第四，交易平台过多过滥。由于缺乏统一指导，各类交易市场和平台建设模式多样、性质各异，建设和运行中暴露出一系列问题。不同地区甚至同一辖区内各土地交易市场规则不统一，甚至交易流程也不统一，有的甚至相互冲突。一些地方、行业违规设置审批或备案，阻碍或者排斥其他市场主体进入市场交易，地方保护和行业分割屡禁不止。一些土地交易市场定位不清晰、管办不分，违规干预市场主体行为和乱收费问题突出，有的甚至直接从事招标代理等中介业务。交易过程不够公开透明，行政监管与市场操作边界不清晰，监管缺位、越位和错位问题不同程度存在，滥用权力、以权谋私和权钱交易等腐败现象易发多发等。这些问题严重制约土地市场配置机制的有效运行，影响统一开放的土地交易市场形成。

（二）工业用地市场化配置改革的难点

从经济学角度看，工业用地市场化配置需要构建竞争性交易场所和交易制度，通过潜在受让者之间的公平竞争发现地块的公允市场价格，实现在各种竞争性用途之间分配土地资源。投资者根据工业用地的前置条件、税费和价格，选择合适的土地和资本等要素组合方式，在工业用地资源紧缺和价格较高的地区实行节约集约利用土地。改革的难点在于如何将竞争机制引入招投标过程，发现理想的受让方和形成合理价格，显化资产价值遏制权力寻租，改进土地配置效率。但是，市场的有效运转要求有足够多的潜在受让

---

[1] 范华：《企业生命周期及其土地弹性出让年期研究》，《上海国土资源》2014 年第 2 期。
[2] 王俊杰：《高效利用开发园区工业用地——北京经济技术开发区工业用地管理实践探索》，《中国地产市场》2014 年第 4 期。
[3] 胡成飞：《包头市工业用地弹性供地模式探讨》，《内蒙古科技与经济》2016 年第 1 期。

方，工业用地市场化配置受土地异质性和工业用地个性条件匹配等因素的制约，经常出现受让方竞争不足的情况。

与一般性资源相比，工业用地是一种特殊资源，具有异质性，不可再生并且利用往往不可逆。异质性是指工业用地多属于非标准化产品，不同地块的区位、面积、形状、交通和周边条件差异较大，企业对工业用地也有个性要求，受不同产业技术、工艺和协作配套条件等因素制约，潜在受让方数量往往受准入条件、产业政策、环保消防等条件限制，不容易达到开展招标拍卖挂牌所需的充分竞争条件，招标中很难准确评估和选择投标方案。有时投标人偏少，招标方选择投标人的余地也小，投标人之间容易相互串通和勾结，难以通过竞争发现和形成合理的价格。同时，应该看到工业项目对工业用地的要求很少苛刻到不可替代的程度，标准厂房用地、仓储用地和一般加工业用地的同质化程度通常较高。绝大多数工业项目可以在较大区域选择布局地点，工业用地的异质性否定不了招标拍卖挂牌的可行性。不可逆是指土地资源利用一旦发生，往往无法恢复原状或者恢复原状会耗费过多成本，因而土地资源利用不能多次重复试验试错。异质性和不可逆性是土地资源区别于一般性资源的重要特征，这些特征使市场机制在配置土地资源时面临特殊困难。

有些工业企业因自身情况、行业特点、功能定位不同，对用地的规模、位置、形状以及配套条件有特定要求，只能参加符合其要求的地块的竞争，结果有些工业用地的特定地块只有一个或几个竞买者，竞争性不足必然影响到用地招标、拍卖和挂牌的实施效果。在受让方数量少甚至只有一家受让方时，土地使用权的成交价格不是通过用地单位之间的竞价确定，而是受地方政府偏好和用地单位寻租能力影响。处于垄断地位的出让方甚至可能利用编制招标文件、资格预审等权力设置歧视性条款，排斥更多潜在受让方参与竞争。在制订出让方案时，政府只能对拟出让地块的具体建设内容、用地要求给出原则规定，企业自由决定用地方式的空间较大。投资商为了获得更低廉、更大量的土地，容易采取不正当竞争手段排挤潜在竞争者，进而阻碍市场发挥作用。一些政府官员为了达到既能规避法律责任，又能让特定土地使用者成功受让土地使用权的目的，专门为特定土地使用者量身定制了土地出让和利用条件，将有威胁的潜在竞争者排除在外，该特定土地使用者无须竞争即可轻松取得土地使用权。这类行为违背了招标拍卖挂牌的本意，是导致工业用地出让实行招标拍卖挂牌方式流于程序和形式的一个重要原因。

从经济发展全局看，工业企业发展不应寄希望于土地的保值增值，而应集中精力搞好生产经营活动,依靠技术创新和管理创新来实现。只有弱化工业用地的资产属性,降低企业利用土地增值获取利益的动因,防止企业为土地增值而多占、圈占、占而不用、用而不全等现象的产生,才能改变企业的占地、用地偏好。缩短出让年限和采用土地租赁方式,既可减少企业一次性缴纳几十年地租的经济压力,降低企业前期投资数额,使企业把有限的资金尽可能多地投入生产环节,也有利于盘活低效土地,防止和减少土地低效利用和闲置。但是,现行工业用地出让制所形成的土地使用权,使土地增值收益绝大部分归土地使用者所有,凭借土地使用权可以通过土地使用权转让、转租取得丰厚利润。尽管企业可以通过土地年租制按年缴纳土地租金,减少一次性资金投入,但土地年租制收益远小于长期受让土地获取的增值收益。追求土地增值收益是许多企业取得更多土地的一个重要目的。工业用地目前最长50年的使用年限,比工业企业平均生命周期高出35年左右,从企业衰落到土地使用年限到期之间土地使用权掌握在企业手中,加大了政府根据需要调整用地的难度。土地低效利用和闲置的成本低,甚至分享地价上涨带来的溢价收益。这种逆向利益机制使企业缺乏租赁土地或厂房的积极性,制约了土地出让和利用方式改革,进而阻碍土地节约集约利用和产业转型升级。一些地区和园区也担心国土资源领域试行出让年期改革政策,会给招商引资带来不利影响,其中不乏东部发达地区已经步入招商选资阶段的园区。

(三)工业用地出让方式创新的内容

招标拍卖挂牌是目前我国工业用地出让的指定方式。由于潜在受让方能够竞价参与,通过多家竞争调节用地需求,将土地资源配置给真正需要的、出得起价的企业,公开招标拍卖挂牌应该成为土地资源市场化配置的优先方式。加快推进市场化配置,着力建设和完善土地交易市场,科学设置准入条件和交易规则,更大程度通过市场竞争配置资源,是工业用地出让方式改革的基本内容。

第一,根据工业项目特点分类制定招标拍卖挂牌具体方式,最大限度地压缩地方部门操作的空间。对拟出让用地进行前期开发,开展基础配套设施建设,科学合理地设定工业用地出让条件,划分地块进行招标拍卖挂牌出让。对于用地个性化要求强,且符合国家产业政策并对区域经济转型升级有重要促进作用的工业项目,采用邀请招标或公开招标等方式确定受让人。对于用地个性化要求不强的鼓励类和允许类工业项目用地,采用挂牌方式,但应为竞买人设置必要规范的前置条件。集中连片工业用地,可以土地单价招标拍卖挂牌,以竞买人投资规模确定地块面积。对于竞价招标的,通过综合评标体系，公开选择有资格竞标的企业，通过集合竞价和科学评标确定土地受让人。加强出让后的跟踪管理和监管，建立工业用地的动态信息系统，严格土地利用违约责任追究。加强工业用地项目执法监察，防止多占、滥占土地，督促用地企业严格履行出让合同规定的义务，将有限的土地资源更多地用于引进或培育能带动本地经济的好企业。

第二，缩短工业用地使用权出让年限，灵活调整工业用地出让时间。过长的出让年限容易导致工业用地低效利用、闲置不用或自行转让、新兴产业用地难等问题。缩短工业用地出让年限，可以增加工业用地出让的灵活性，降低工业企业用地成本，提高地方工业企业的竞争能力。具体可以根据产业政策，在最高年限范围内，有弹性地确定工业用地的出让年限，降低企业用地成本。为促使企业取得土地后按合同约定使用土地，防止出现土地不完全开发、闲置、炒卖、违法改变用途等问题，对于出让年限较长的工业用地，可以约定分阶段签订出让合同。第一阶段出让年限以项目建设投产周期为限，一般不超过5年。达产验收通过后，按项目预期生命周期确定出让年限，以10~20年为宜，各阶段出让年限累计不超过50年。对于战略性新兴产业项目、技术先进发展潜力大的项目，特别是对地区产业布局、区域经济、产业结构调整升级具有战略意义的重大工业项目，以及国防、民生等特定用途的重大项目需求，综合考虑产业类型、产业特点、产业发展潜力和市场需求等因素，可以有条件地选择年限较长的受让时间。在签订出让合同时，对应不同出让年限设定不同条件，企业达到限定条件出让年限自动延续，达不到限定条件政府有权收回土地使用权。每个阶段出让年限届满后，对项目综合效益和合同履约等情况进行评估，采取有偿协议方式，续期或收回土地使用权。这样既可提高工业用地利用率和节约集约利用水平，也为政府主动调节工业产业结构提供产权制度支撑。

第三，探索土地租赁和年租制等新型出让方式。土地租赁可以加快建设用地的周转效率，减轻工业用地供应不足的压力。在继续推行和完善国有土地出让制度的前提下，把租赁作为出让方式的补充，实行多元化租赁方式。试行工业用地鼓励工业用地以租代让、先租后让，即企业按土地租赁合同，在企业生产发展基础上，通过达产验收并符合土地出让合同约定条件的，再根据产业发展前景、市场需求和企业自身条件，决定是否将租赁方式转为出让方式。地方政府组建工业用地开发机构或引导社会投资主体，根据产业发展要求和企业需要，按照项目选择、规划控制、计划引导、量身定做、市场运行的发展思路，开展厂房及相关配套设施的开发建设，然后以年租制的方式向市场供应。鼓励和引导企业通过租赁、购买多层标准厂房解决生产经营场所。同时，加强工业标准厂房的类型、类别、结构研究，针对不同类型的行业用地特征，规划设计建设不同类型、不同层数的标准厂房，不断扩展标准厂房的适用领域。非标准化厂房需求，可以在企业土地区域选择定址后，根据企业的个性要求，为企业量身定做厂房，更好地满足企业需求。

第四，整合和上移土地交易平台。整合土地交易平台是将不同属性土地的交易整合到统一平台进行，上移土地交易平台是将不同地区、部门的交易整合到统一平台进行，整合和上移交易平台的实质是把分散在各地区、各部门的土地交易整合到少数几个集中场所，统一交易信息披露、准入条件、交易规则。整合和上移土地交易平台，有利于实现土地要素的集中交易和优化配置，更有效地发布和传播交易信息，扩大服务范围和领域，为更多潜在用地者进入市场交易创造便利，形成工业用地的市场公允价格。国家层面统筹规划土地交易制度和标准体系建设，建立全国统一的国有土地出让平台和若干个跨行政区的区域性公共资源交易平台或土地交易平台，工业用地配置全部上移到整合后的交易平台进行，国有土地出让职能向省级以上政府集中。

（四）健全用地约束机制加强土地监管的措施

节约集约用地的基本和主要机制是市场的约束和激励作用。在约束激励机制健全的成熟市场经济体制中，企业具有自觉节约集约用地的外在压力和内在动力。约束激励机制越完善，企业节约集约用地的压力和动力也越强。工业用地约束激励机制的有效性与土地税费、价格调节、用地监管等因素具有不可分割的联系，上述因素构成用地出让和利用的条件，土地配置效率高低受上述条件的影响。提高工业用地配置效率，发挥市场对用地资源配置的决定性作用，促进工业用地资源流向效率高的产业和企业，要求理顺政府和市场关系，强化税费和价格的约束功能，严格政府土地利用和信息披露等方面的监管作用。

第一，改革土地税费制度，健全企业用地约束机制。由于保有土地的成本过低，企业用地特别是工业用地缺乏退出激励，退出机制不健全使政府缺乏促使企业退出闲置用地的手段，形成"政策真空"。一些地区在工业用地出让合同中，就土地退出情形规定了相关条件，但因国家无明文规定又缺少上位法的支撑，按合同操作难度很大。解决保有土地成本过低的问题，必须从完善土地税费制度和退出条件两方面采取措施。土地税费制度改革重点完善土地使用权保有环节税费体系，理顺不同税费的调节功能与目标，提高土地保有环节的税负，建立资源占用的经济约束机制，促进土地合理开发和有效利用。我国土地保有环节的土地税费有城镇土地使用税和土地闲置费。目前，城镇土地使用税税额每平方米每年在0.6~30元，征收定额普遍偏低，与我国人多地少、土地资源极为紧缺的现状以及近年来日益攀升的地价水平极不相适应，其调节功能大大弱化。虽然规定未动工开发满一年的闲置土地，按照土地出让或者划拨价款的20%向土地使用权人征缴土地闲置费，但由于土地闲置界定难等原因，土地闲置费征收很少。为有效发挥土地闲置费保护和调控土地资源、抑制土地囤积的作用，应进一步细化土地闲置的界定和闲置费的征收情形，尽快将土地闲置费转为土地闲置税，以高税负增加囤地成本。土地转让环节税费主要有营业税和土地增值税，但可采取转让企业股权而不办理土地转让的方式予以避让，被拆迁的又因拆迁补偿款不需纳税而避税。由于征管难度大、力量有限，各相关部门之间应该有效联动，研究完善闲置土地的地价增值相关税收政策，对地价增值所产生的收益可以征收高额增值税或所得税，将土地溢价的大部分通过征税手段纳入公共财政。企业用地退出条件重点在土地出让合同或租赁合同中增加有实际操作性的限制性条款，对依靠土地增值发财、不在生产上下功夫的企业，规定土地使用权年限期满不再延期，年限未满的，由政府按照一定价格回购。对用地收回、回购、转让和退出机制深入研究，完善土地二级市场交易制度。以工业项目、研发总部、经营性基础设施和公共服务设施等名义取得的建设用地，需经出让人同意后，方可进行土地房屋整体转让、分割转让和涉地股权转让。对符合法律规定和合同约定并经批准的工业、研发总部类等项目，土地转让和再次开发均纳入土地利用全生命周期管理，实施闭环管理。

第二，完善工业用地价格调节机制，加强土地出让价格监管。适当提高工业用地价格，一方面可以促使用地企业在投资总量和结构不变的前提下减少土地需求数量，转而通过提高容积率等节约集约用地途径满足企业生产空间的需求；另一方面可以缩小工业地价与住宅、商业等经营性用地价格的差距，建立有效调节工业用地和居住用地合理比价机制，压缩寻租空间，使工业用地真正用于工业项目，减少工业用地的不合理需求。当然，部分地区而不是全国统一提高工业用地价格，将破坏土地市场的统一性和公平竞争，提高地价的地区可能导致优质项目流失，而使地方失去积极性。提高工业地价必须综合平衡各地区情况，全国统一组织实施。对工业项目用地，由省级以上国土资源部门按地区、地块和出让时间，分类测算和确定基准价格，避免在招商引资过程中，企业随意压价，引资者盲目定价。实行工业用地价格调节机制，对鼓励、限制的产业实行差别地价。对鼓励类以及使用盐碱地、沼泽地等未利用地的产业，按最低价标准下调一定幅度。对生态环境有较大影响和在开发区外单独选址的项目，按最低价标准上调一定幅度。同时，在严格工业用地变更用途的审批基础上，提高变更用途的地价水平及土地闲置费标准，进一步抑制寻租行为，提高工业用地利用效率。

第三，加强各类园区工业用地投资强度和利用效率监管，完善节约集约用地激励机制。现有工业用地管理主要根据单个项目在投资强度、税收贡献、容积率、建筑系数、行政办公及生活服务设施、用地比例等控制性指标，作为工业用地控制依据。但投资强度等指标依靠企业项目计划书列明的投资额为依据进行测算，企业具有夸大投资总额的动机，并且企业获得土地后在项目实施、验收过程中，对投资强度的核算与检查难以开展。显然，对个别企业和单个项目的投资管制虽然必要，但不足以实现节约集约用地的目标。促进工业用地节约集约利用，需要完善工业项目评审机制，供地前做好产业方向、投资规模、资源占用等方面的综合效益评审，加强土地节约集约利用和预期效益评估。根据地质条件及相关规定，提高园区单位土地投资和产出要求，鼓励多层标准厂房建设，提高多层厂房的供给量，引导企业通过厂房加层、老厂改造、内部整理以及建设标准厂房等途径提高土地利用率，提高土地承载强度和投入产出效率，促进土地集约利用。同时，加强对各类园区土地节约集约利用土地的考核评估，将评估结果作为园区扩区升级的重要依据。对节约集约利用水平较高的工业园区，给予一定激励。对节约集约利用水平较低的工业园区进行兼并、合并，或是接受管理，带动土地利用效率整体提高。

第四，完善工业用地信息发布制度，确保用地出让和利用信息充分及时披露。土地出让和利用信息不公开或者公开不及时把潜在用地者排除在外，降低了工业用地交易的竞争效率。工业用地个性化要求相比商服和住宅等其他经营性用地的个性化要求程度高，进而制约工业用地出让实行招标拍卖挂牌的竞争程度，因此工业用地出让信息必须充分公开披露。问题在于，出让方和潜在受让方都有动机隐匿信息，土地出让领域信息不对称问题突出。土地交易的一方知情，另一方不知情，知情的一方具有利用信息优势谋取不正当利益的条件。或者，少数潜在受让者知情，其他潜在受让者不知情，知情的潜在受益者在缺乏竞争的情况下以较低价格受让土地。综合来看，出让方处于垄断和相对有利地位，一般对用地要求和产业政策的了解比受让方多。但受让方在某些方面也有信息优势，主要是对自身技术、投标文件真实性、履约能力、弱点了解较多。出让方和受让方各有信息优势，任何一方都有机会利用信息优势损害对方利益。一些地方在供地信息公示和出让地块公告方面，存在着公布时间短、范围窄的问题，竞买人因来不及认真研究相关信息资料而导致招标拍卖挂牌竞买不充分，甚至导致企业盲目决策，仓促上阵。建立工业用地信息披露制度，强制披露工业用地交易条件、交易过程和交易结果等信息，有利于打破依靠信息优势操纵市场，增进土地资源交易透明度，从源头上预防土地资源配置领域腐败行为。因此，应按照政府信息公开的要求，完善工业用地信息发布制度，实现工业用地交易公告信息集中发布和信息共享，对土地出让环节中需要公开的内容进行细化，充分利用互联网、内部局域网或公示栏等形式，主动将土地出让信息、土地出让程序、土地出让公告和出让结果等在互联网上向全社会公开，接受社会监督。这样，可以使潜在投资者充分及时了解拟出让的工业用地的信息，作出及时和正确的判断，最大限度地扩大工业用地竞争范围。

参考文献

1. 韩保江、韩心灵：《"中国式"产能过剩的形成与对策》，《改革》2017年第4期。

2. 李平、江飞涛、王宏伟：《重点产业调整振兴规划评价与政策取向探讨》，《宏观经济研究》2010年第10期。

3. 胡筱沽、戴璐：《正确把握去产能过程中的几个关键问题》，《宏观经济管理》2017年第2期。

4. 国家发展研究中心课题组：《当前中国产能过剩问题分析——政策、理论、案例》，清华大学出版社2014年版。

5. 朱希伟、沈璐敏、吴意云、罗德明：《产能过剩异质性的形成机理》，《中国工业经济》2017年第8期。

6. Madden C. W. Excess Capacity: Markets, Regulation, and Values [J]. Health Services Research, 1999 (6).

7. Dan D. Excess Capacity in U. S. Agriculture: An Economic Approach to Measurement, U. S. Dept. of Agriculture [J]. Economic Research Service, 1988.

8. Harrod R. F. Theory of Imperfect Competition Revised [J]. Palgrave Macmillan, 1952.

9. Hicks J. R. The Process of Imperfect Competition [J]. Oxford Economic Papers, 1954 (1).

第三篇

发展态势

经历了新中国成立后30年左右的社会主义实践与探索，到1978年前后，形成了"实践是检验真理的唯一标准"和"以经济建设为中心"两个极具深远影响的共识。当年的中共十一届三中全会确认了这两个基本共识，史称中国改革开放的起点。改革开放40年，我国取得了举世瞩目的巨大成就。中国曾经贫穷、落后、封闭，如今繁荣、富强、开放，中国已成为世界经济增长的发动机。一代人的时间，一个超过13亿人口的大国，发生了脱胎换骨的变化。正如美国经济学家赫尔普曼（2004）在研究了各国发展的历史后指出，"与研发投入或物质及人力资本积累相比，制度是决定经济增长的更基本因素"①，而制度是人设计的，也是可以改变的，只有得到人民认同的制度才能发挥推动历史的巨大作用。40年来，在前进的基本方向上，中国的改革开放所表现出的确定性非常明显，完全不是靠"摸着石头过河"。中国人民对于发展的信仰，是坚定、统一和热情澎湃的。正是在这种全民共识基础上，中国经济实现了持续40年的高速发展，至今仍然势头不减当年。一个大多数人没有宗教信仰并经历了数十年政治斗争和意识形态纷争的国家，40年来一心一意谋发展、聚精会神搞建设，不仅取得了伟大的经济成就、保持了社会稳定和谐，而且形成了存异求同化解矛盾的共同语言以及处理一切国内国际事务的决策准则。进入新时代，改革开放要有新战略、新举措、新发展，就必须在40年来所形成和坚持的基本共识以及在此基本共识下所取得的巨大成就的基础上，不断地将供给侧结构性改革推向深入，加速推进转型升级，实现高质量发展，早日建成现代化经济体系，让"改革开放是当代中国发展进步的活力之源"成为更加广泛的思想共识与实践行动。

---

① ［美］E. 赫尔普曼：《经济增长的秘密（2004）》，中国人民大学出版社2007年版。

第九章 高速增长与结构演变

近代百年多来，中华民族的切肤之痛便是落后就要挨打。由于封闭、保守和落后的腐朽制度和观念桎梏，200多年前的中国曾经拥有全世界1/3的人口和1/3的财富，当世界进入工业化时代以后，中国却被西方国家很快地甩到了后面，饱受后起的西方列强之经济压榨与政治欺辱。到20世纪70年代，拥有世界近1/4人口的中国，再次被西方发达国家甩在了第二次工业革命浪潮的门外，彼时国民总收入已不足世界的2%。发奋图强、保留"球籍"成为当代中国最强烈的发展愿望与实际行动。作为动态创造的发展，不仅能够打破既有的旧的经济社会平衡，也会促进其向更高质量、更高层次演进。40年的改革开放，我国社会的基本矛盾已经从"人民群众日益增长的物质文化需要同落后的社会生产之间的矛盾"，转化为"人民日益增长的美好生活需要和不平衡不充分的发展之间的矛盾"。改革开放不仅使中国在总体上摘掉了贫穷落后的帽子，极大地促进了生产力的发展，创造出了巨大的经济成就和社会财富；尤其是北上广深等一线的国际化大都市和东部沿海发达省份与地区的发展，已经达到了西方发达国家经济社会发展水平。

一、问题的提出

40年的改革开放，中国高速增长的经济和激荡的社会转型丰富了现代经济学理论，供给侧结构性改革与高质量发展已经成为描述中国经济社会发展的重要关键词，长期持续的经济增长实践使得中国问题越来越受到世界的广泛关注。改革开放以来，中国逐步开放了向市场经济转型的过程。经过40多年的努力，市场经济在国民经济运行中的主体地位已基本确立。通过开放经济领域、引进外资、实施出口导向等政策，中国经济年均增长率达到10%左右，迅速成为世界第二大经济体。发达国家过去用两三百年的时间完成的工业化进程，我们只用了40多年。

经济增长是多重影响的结果（库兹涅茨，1966）。主流经济学的解释不仅涉及总产出，而且涉及经济的基本转型。对于人口和地理构成，甚至对于更重要的社会组织结构，增长与经济的各个方面有着深远的联系（Acemoglu，2012）。40年的高速增长中，我国也遇到了不少的困难和问题，其中最关键的问题就是结构性矛盾十分突出。具体表现为出口、投资、消费在国民经济中的不匹配，地区与城乡经济发展不平衡，产能过剩与产业结构不合理并存，政府调控不适应市场机制等。中国在解决这些结构性矛盾的同时，也面临着巨大的资源环境压力。40年传统经济增长方式下的持续发展，虽然取得了丰硕的物质财富，但造成了中国的资源能源消耗量均偏大，还恶化了自然环境。这样的经济增长注定是难以持续的，中国经济发展必须尽快实现资源使用效率的提高，彻底改变传统的发展方式。2010年中央决定转变经济发展方式，2012年又指出经济发展的重点转向提高质量与效益；中共十八大提出要把生态文明建设摆在重要位置，十九大进一步强调，必须树立和践行"绿水青山就是金山银山"的理念。中国40年经济快速增长奇迹以及近年来出现的增速放缓，既是结构变化所引致的快速增长，也是不尽合理的经济结构扭曲的集中爆发及其调整。

二、增长与结构的理论发展演进

用经济结构解释中国经济增长的实践，意在强调发展过程中的要素构成和变化、经济空间结构分布的增长效应的识别，研究基础则是增长理论的扩展和对中国经济增长不同视角的观察。

（一）经济增长理论

经济增长（Economic Growth）对增长来源的不断探索过程中，引出了丰富的经济增长理论并对其加以阐释，不同学者运用不同的方法从增长的源泉、效率及约束等多角度、多方面对经济增长问题进行了研究。其中，以亚当·斯密（1776）为代表的古典经济增长理论源于最直接的经济直觉，强调了劳动、资本和土地三个要素投入决定了经济增长，并认为分工是发展劳动生产力、实现经济增长的决定性因素；与李嘉图和马尔萨斯等在政治经济学和人口学等方面的研究成果一起构成了古典增长理论的基本内容，认为增长过程是多种因素综合作用的动态过程，投资和储蓄是主要动因。

Harrod（1939）和Domar（1946）的研究则是经济增长理论模型化的开端，经济增长理论开始了数量分析的范式。他们强调资本积累的作用，哈多模型认为资本积累率成为决定经济增长的唯一因素。Solow（1956）和Swan（1956）将资本—产出比内生化以消除哈多模型中固定比例的生产函数造成的不稳定性，成为之后半个世纪几乎所有经济增长理论模型研究出发的基准，被称为新古典经济增长理论。其最为关键的假设在于增长的外生技术决定性（技术进步与资本和劳动供给不相关），将经济增长的源泉归于要素投入增加和技术进步。Solow（1957）提出了基于总量 Cobb-Douglas 生产函数的索洛余值法以测算全要素生产率，并构建了简明而又优美的增长测度公式，从而开创了经济增长源泉分析的先河。Ramsey 模型是新古典增长理论的另一重要模型，其贡献在于将储蓄率内生化从而合理解释资本积累的来源问题（Ramsey，1928）。该模型从家庭和个人的跨期消费行为的微观基础出发决定稳态的消费和储蓄行为、从厂商的微观基础出发决定稳态的资本存量从而引入了微观主体的行为选择并将储蓄内生化，其均衡结果表明存在鞍点路径。该模型被认为奠定了最优积累和最优增长理论的基础，并被 Keynes 称赞是"对数理经济学最卓越的贡献之一"。

内生经济增长与新古典经济增长理论的分歧则主要来自对技术内生性的看法，也是对国家间存在的巨大经济差距进行解答的理论扩展。Romer（1986）、Lucas（1988）、Barro（1990）以及 Rebelo（1991）是内生经济增长理论的代表人物，他们认为知识的外溢效应存在正外部性，最终经济增长率将决定于 R&D 技术的发展、新技术的专用性（垄断程度）以及投资时间区间。随着对经济增长来源分析的不断深入和展开，新古典经济学中也逐渐纳入了结构性因素。这以 Chenery（1979）为代表研究，以实证研究说明了结构变动对增长的作用，有效地扩展了增长理论的研究视野。增长理论所关注的是要解释什么决定了经济增长，其对经济运行的描述具有从定性描述向数理描述的发展过程，基于对增长来源的认知和理论描述方法甚至变量内生性的定义，增长理论也因此被区分为古典增长理论、新古典增长理论和内生增长理论，对不同因素的强调成为不同经济学科之间相互区别的界限，各理论模型多强调资本、劳动力等存量要素的作用，而研究的进一步深入则逐渐将结构性因素纳入新古典增长框架之中。

（二）结构主义理论

"二战"后初期，由于发展中国家市场建设的不完善导致其普遍存在刚性、滞后、短缺、供给不足或需求过旺等结构性问题，表现出不同于主流经济学理论的经济表现。发展经济学逐渐兴起，强调经济分析应关注发展中国家与发达国家社会经济结构的差异性特征。发展中国家的实际发展并非是如新古典经济学所描述的渐进的、乐观的过程，反而是一个非渐进和非连续的过程（Rosenstein-Rodan，1966），并基于此提出了大推进理论。在这之后，结构主义的经济文献相继问世，Singer、Lewis、Kuznets、Chenery 等一大批学者对结构主义的发展做出了重要贡献,其论述和相关结论奠定了发展经济学中结构主义的基本概念。

Singer(1949,1950)在其研究中批评了新古典理论对各国出口部门和国内部门生产率均等的假设不适合发展中国家,认为现有比较优势和禀赋结构不是长期国际分工前提,发展中国家贸易条件长期恶化不是周期性的而是结构性的;Prebisch(1962)的研究通过"中心—外围"关系印证了这一结论,认为中心—外围非均衡结构性会导致"外围"国家技术进步的利益向"中心"转移,主张发展中国家通过保护来实行进口替代工业化。Nurkse(1952,1953)从行业分工的视角提出了发展中国家"投资引诱受市场规模的限制"的命题,进而主张行业投资的"平衡增长"理论以扩大市场规模。Lewis(1954)创立的二元结构模型成为经济结构主义研究中最为重要的理论模型,该模型构建了使用剩余劳动力来创造资本和推动经济发展的分析框架为那些新古典经济学假设并不适合的国家提供分析基础,并将经济发展解释为扩张的资本部门从传统部门吸收剩余劳动力的过程,并在1958年进一步明确指出没有足够的资本为每个人提供就业机会这一事实构成了与新古典分析的最重要的区别。Kuznets(1955)对经济增长与收入不平等的探讨也被视为经济结构主义的重要论述,认为发展中国家的长期收入结构同发达国家相比更加趋于不平等,并在此基础上提出了著名的"倒U形曲线"假说,用以描述收入不平等与经济发展的关系。Rosenstein-Rodan(1957)在"大推进"理论基础上进一步考察了经济达到均衡的路径,指出外在经济条件能够扰乱经济均衡,发展中国家应实行"大推进"式的工业化以迅速积累经济规模,而后才能进入高增长通道。Chenery(1955,1958)指出,生产要素的结构性非均衡和部门间的关联而引起的外在经济是致使发展中国家的价格制度难以适合经济发展的重要原因,贸易保护措施和政策投资等政策工具应用来促进投资资源的配置。Myrdal(1956,1957)主张发展中国家应实行以增加投资增量为主要因素的国民发展计划,通过创造外在经济来增大"扩散效应";要放弃要素市场均衡的假定(Myrdal,1957;Chenery,1975),迅速积累资本才是发展的基础。随着"新古典主义复兴",新古典思路逐渐向发展经济学领域渗透,人力资本投资、R&D、技术与工业之间相互累积性扩张等因素的递增收益效应等逐渐得到了发展经济学的承认(Singer,1964),视其为"投资前基础设施"。Streeton(1961,1963)认为,在发展中国家中市场价格机制形成的微小的连续性调节并不能发挥作用,互补性需求需要通过政府或私人有意识的协调才能创造,从而再次强调了政策协调即计划化的必要性，并指出这种边际的调节方式能否实现是发展中国家和发达国家之间的重要差别，因此导致平衡增长理论尤其适合发展中国家。Lewis（1966）指出，结构主义模型显示了因供求弹性足够低以及传统部门不能对经济机会做出迅速反应等结构因素所致的经济发展非均等化。

20世纪80年代之后，结构主义的发展迎来了再次的繁荣，国家干预理论（Shapiro and Taylor，1990）、收入分配理论和对进口替代的重新思考等方面的内容得到进一步的完善和发展，也伴随着理论上的分化。Chenery（1988）认为结构主义与新古典主义的差别主要在于部门的重要性（Sectors matter），并指出结构主义探讨的是以需求、贸易和就业等为特征的全面结构转变过程，强调关联性。Bacha（1990）则在模型构建中致力于把"两缺口"模型扩展为含有"财政约束"的"三缺口"模型，以分析高债务国家的政策调节问题。林毅夫等将早期结构主义经济学家认为新古典分析方法对存在结构刚性的发展中国家不适合且这些刚性源于政治权利分布、扭曲的价格信号、劳动力对价格信号的错误反映以及要素具有不可流动性的思路称为旧结构经济学；相应地将认为发达国家和发展中国家的结构差异源于禀赋结构差异，但发展中国家可以通过改变禀赋结构促使产业结构转型的思路称为新结构经济学。新旧结构经济学之间的差异，根植于对结构刚性根源的不同看法，新结构经济学从市场失灵和价格信号的扭曲作为解释转向要素禀赋结构内生决定，资本的稀缺性是其重要根源，并强调经济发展的连续性。

三、结构与增长研究回顾

现代经济发展的过程实际上也是产业结构不断变动和深化的过程（Kuznets，1966），这一结论使得在较早的研究中，源于部门差异的产业结构成为了经济结构的代名词，部门分工中产业间的前后向联系也构成了经济系统显著的相互依存状态，产业之间的结构效应与现代经济增长之间的联系也越来越重要，逐渐得到学者们对产业结构变动与增长关系这一主题的诸多关注和探讨，此为截至目前结构与增长关系研究的最主要也是最为丰富的内容。此类研究已经认识到长期中经济结构会随着经济的变化而变化，反过来经济结构也会影响经济增长。

（一）对外国的研究

配第（Petty）参考17世纪英国的经济状况指出农业、制造业和商业之间存在较大收入差距，从而促使劳动力由农转工再转商这一结论被视为经济结构理论的萌芽。Clark（1940）在其基础上，计量和比较了不同收入水平下就业人口在三次产业中分布结构的变动趋势，认为其发现印证了配第（Petty，1691）的观点，因此后人将其称为"配第—克拉克定理"（Petty-Clark Thesis），这成为Chenery、Kuznets等后续实证研究的基础。Hoffman（1958）在多国长时期的工业历史和统计资料基础的实证研究指出，国家发展过程中产业结构变动呈现出从轻工业向重工业转化的情形（即霍夫曼定理），其研究结论促成了后发国家重工业优先发展的重要理论来源。Lewis（1954）则发现生产要素在落后经济体中主要在传统农业部门集中，工业化过程就表现为资本和劳动开始大规模地自农业向现代工业部门转移，从而将这种增长实现机制进一步归结到产业结构变动之上。与此同一时期，Chenery（1960）、Kuznets（1966）和Rostow（1963）等研究引领实证方法下的"经济结构与经济增长关系"主题研究，在分析中强调产业结构变动作为经济增长实现的来源。产业结构变动与经济增长之间的这种正向关系后来被学者们称为"结构红利"假说（Timmer and Szirmai，2000；Peneder，2002），强调工业化进程中生产要素从低效产业转移到高效产业的再分配所带来总量的生产率提高；Rostow（1988）认为产业结构变动通过增大技术的外溢效应而实现了更加快速的经济增长。近些年来，结构与增长关系在经济学理论上的研究则多集中于将结构变动纳入新古典分析框架的努力（Echevarria，1997；Kongsamut et al.，2001；Lucas，2004），一般而言，新古典增长经济学多使用单部门经济模型，而结构性问题必然需要考虑多部门关联，这对于研究具有多部门经济和要素市场扭曲等问题的发展中国家而言有无可比拟的优越性（Temple，2005），因此多部门模型成为新古典增长框架下经济结构问题研究的主要途径。对结构变动与经济增长关系的检验早期主要是以经验统计研究为主，之后则更多的是从理论上对相互作用的机制加以阐释，研究更为强调生产要素在部门间的转移产生的增长效应，资本配置的合理性是增长实现的逻辑基点，结构调整成为当前经济发展的重要趋势，产业结构优化应成为经济转型升级的核心任务（李伟，2014）。不论是何种论证方式，其基本的结论都认为结构转变与经济增长关系的存在基础在于要素配置效率的差异，效率是经济增长解析中需特别注重的一点。

（二）对中国的研究

随着拉美国家和东亚国家的经济增长案例得到经济学研究的关注，对发展中国家经济发展以及国家之间经济增长差距检验逐渐促成了发展经济学理论的扩展，也提供了经济结构与国家增长关系进一步的实证基础，结构性视角的经济分析进入经济分析框架。众多研究对结构与增长关系展开了论证，经济结构变动对总体生产率的显著推动作用已经被证实（Syrquin，1984），且结构变动也被用于解释东亚奇迹（Lucas，1993；Young，1995；Nelson and Pack，1999）。运用国外结构变动的理论模型来描述中国结构红利水平和现状是20世纪90年代初的主要研究方式，重点在于阐述结构红利的表现和特征；至20世纪90年代末，研究中心转向如何提供适宜的制度环境和秩序构建从而促成产业结构变动具有结构红利特征，基于西方经济学研究方法对结构与增长的相互关系进行了基础的探讨。之后的研究逐渐开始强调产业结构转变是经济增长的动因，周振华（1992）通过投入产出模型对产业关联与增长的关系进行了分析，认为社会分工细化促成了各部门间的关联度增强，产业结构的合理与否直接影响到要素的配置效率从而作用于增长；郭克莎（1993）在其研究中对霍夫曼定理进行了验证，通过中国改革开放前后的霍夫曼比例对比发现，中国的重工业化过程在1990年之后逐渐消失。

之后的研究则逐渐强调结构引致增长的过程，强调"结构红利"的机理解释，研究围绕"结构红利"假说（Peneder，2002）对中国产业结构与经济增长的关系进行了大量的实证（Sachs，1994；Fan，2003；刘伟、张辉，2008；干春晖、郑若谷，2009；吕铁，2002；李小平、卢现祥，2007），并借此来补充说明新古典经济学框架中要素投入增加和要素生产率提高并不能完全解释中国改革开放以来的持续高增长的问题。然而，关于产业结构对经济增长的作用问题并没有一致性的结论，主要的观点分为：产业结构升级和结构调整中跨地区跨部门的劳动力流动是中国经济增长的重要源泉，但其作用正在减弱（Sachs，1994；Fan，2003；刘伟、张辉，2008；干春晖、郑若谷，2009）；产业结构变化的"红利"并不显著（吕铁，2002；李小平、卢现祥，2007）；付凌晖（2010）通过VAR模型的实证检验认为中国在1978～2008年产业结构高级化对增长的促进作用并不显著；郑若谷和干春晖（2010）利用我国1978～2007年30个地区的面板数据，对基于随机前沿生产函数的中国区域经济增长效率进行了分析，发现产业结构不仅对经济规模产生直接影响，还会通过对生产要素的资源配置功能产生间接影响，但长期效应并不显著，干春晖等（2011）则旨在讨论产业结构与经济波动的关系，并发现结构调整与经济增长的关系具有明显的阶段性。可以发现，现代经济增长过程在一定程度上实际上就是各种生产要素不断产业化的过程，生产要素在产业间的合理配置和有效利用成为推动经济增长的重要原因，尽管众多理论和实证研究的结论不相一致，但结构转变已被认为是经济增长的核心来源之一，这成为了当前中国经济结构与经济增长关系研究的最重要的基石，合理配置的产业结构能够促进增长，而失衡的产业结构变动最终会阻碍增长，结构变动对经济增长的作用表现仍需要深入识别和检验。

对结构与增长关系的具体研究则经历了以单一产业结构作用分析向多层面经济结构共同作用的转变过程，产业结构与增长主题可称为结构与增长关系的研究主线，相关的理论模型和实证检验方法都是在对产业变动与增长实现的分析过程中积累而来，且在当前产业转型升级仍然是经济结构发挥作用的重要实现机制。此外，投资、消费、金融发展以及收入分配等诸多结构性要素也逐渐进入研究视角。多种经济结构通过影响地区经济基本要素对经济分布和经济增长产生影响，因此，结构转变的作用以及 Romer 等强调的结构基础的作用值得关注。

四、我国经济增长与结构调整的历史演进

改革开放 40 年来，中国经济的快速增长是以各行业以及区域间的不平衡增长为前提的。长期持续的高速发展被称为"中国奇迹"，2010 年，中国成为世界第二大经济体。但是，在发展过程中，存在着区域格局固化、二元结构扭曲、供需矛盾突出等结构性失衡问题。不平衡与高增长等结构性问题相互交织，导致各地区经济分化非常明显，经济结构逐渐被扭曲。近年来，中国经济增长速度逐步向下调整，宣告了一个中高速增长的新时代的到来。增长奇迹和增长放缓不应该被视为一个简单的经济周期现象，而是结构变化及过度扭曲的集中爆发。

（一）新中国成立后到改革开放前的经济增长与结构变化

从 1949 年新中国成立到 1978 年改革开放前，我国是一个以农业为主导产业的发展中国家，第一产业在国家总产值中占据绝大部分的比例。新中国成立以后，党中央领导全国各族人民实现了由革命战争转为经济建设的工作重心转移。从 1949 年到 1954 年，国民经济主要处于恢复时期。从 1952 年到 1978 年为我国经济第一个腾飞发展的阶段。

由图 9-1 可以看出，1952 年到 1957 年，我国经济以一个较为稳定的速率增长，在 1958 年到 1959 年经济有一个较快的快速增长；1960 年到 1962 年经济大幅下滑，1962 年到 1966 年再次恢复到一个快速增长状态。1966 年到 1968 年经济经历新中国成立后的第二次下滑，在 1968 年到 1975 年，我国经济又进入一个稳定的增长期，1975 年到 1976 年经历第三次短期下滑，并在 1976 年到 1978 年，经济恢复快速增长。这个时期，经济发展具有明显的短期波动性。

第三篇 发展态势

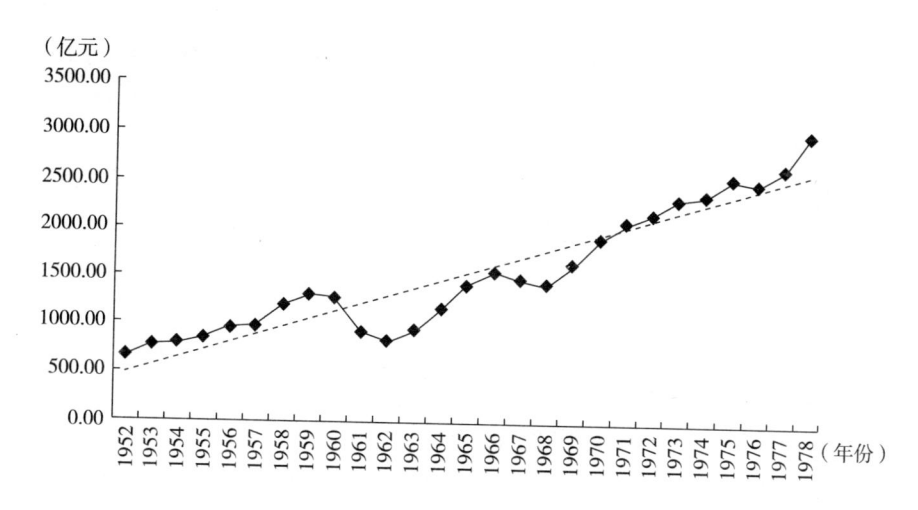

图 9-1　1952~1978 年经济增长情况

资料来源：根据中国统计局官方网站，http：//www.stats.gov.cn/tjsj/ndsj/公布的 GDP 及其指数绘制。

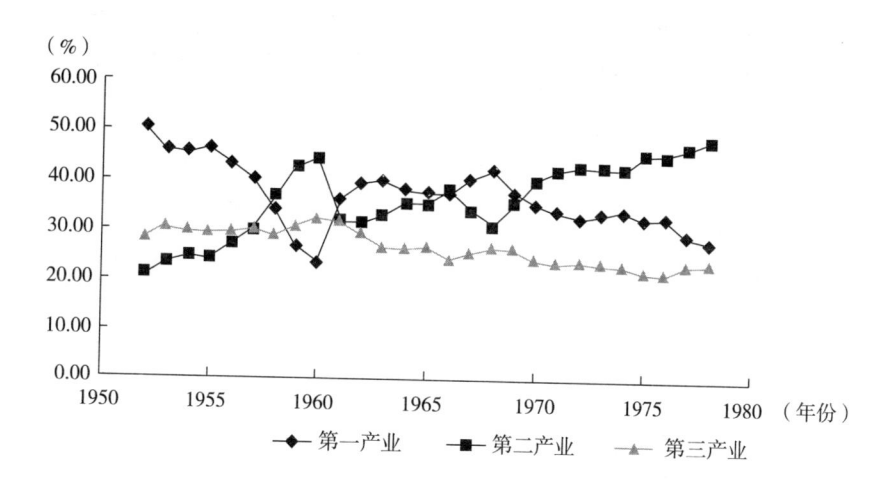

图 9-2　1952 年到 1978 年三次产业比例变动

资料来源：中国统计局官方网 http：//www.stats.gov.cn/tjsj/ndsj/；汪海波：《新中国工业界经济史》，经济管理出版社 1986 年版。

由图 9-2 可以看出，在第一个五年计划时期，1952 年全国第二产业占 GDP 的比重为 20.9%，第二产业与第一产业的比例为 20.9∶50.5；1957 年比重上升到 29.7%，较 1952 年上升 8.8%，第二产业与第一产业的比例为 29.7∶40.3。1960 年比重上升到了 44.5%，同比上升了 14.8%，较 10 年前

191

上升了23.6%，第二产业与第一产业的比例为44.5∶23.4。1961年到1965年，中国经济进入调整时期。1965年第二产业占GDP的比重为35.1%，第二产业与第一产业比例为35.1∶37.9；1966年到1976年，占GDP的比重由1965年的35.1%上升到1976年的45.4%，10年间增加了10.3%；第二产业与第一产业的比例由1965年的35.1∶37.9变为1976年的45.4∶32.8；1978年第二产业占比进一步上升为48.2%，较1976年上升了2.8%，工农业比重开始出现一定程度的失调。

(二) 改革开放到社会主义市场经济确立期间的经济增长与结构变化

从1978年到1984年，我国第一产业平均占30%以上，第二产业占40%左右。在国际比较中，我国第一产业的就业结构明显偏高，说明农业具有巨大的劳动力吸收能力，但产值与就业不匹配，这也是二元结构并存的根本原因，产业结构的转型仍然是中国经济增长过程中需要关注的一个重要问题。由于各国历史阶段、技术和体制的不同，经济结构变动的波动过程、持续时间以及经济增长过程中结构变动的表现也会有所不同，这反过来也决定了不同的发展水平。发展中国家之间虽然存在很大差异，但是也基本符合产业结构变动的基本规律。就中国而言，经济结构的主要特征是传统二元结构和服务业发展滞后。

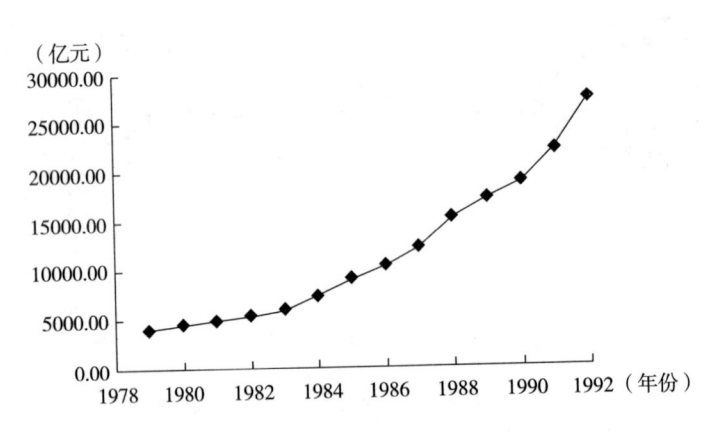

图9-3 1979年到1992年经济增长情况

资料来源：中国统计年鉴官方网站，http://www.stats.gov.cn/tjsj/ndsj/2017/indexch.htm。

由图9-3可以看出，1979年到1992年，我国GDP增速持续上涨。1979年到1983年，我国经济以一个相对稳定的速率上涨；1983年到1988年，经济又进入了一个快速的增长期；1988年到1989年经济增速放缓，1989年到1992年经济再次实现快速增长。

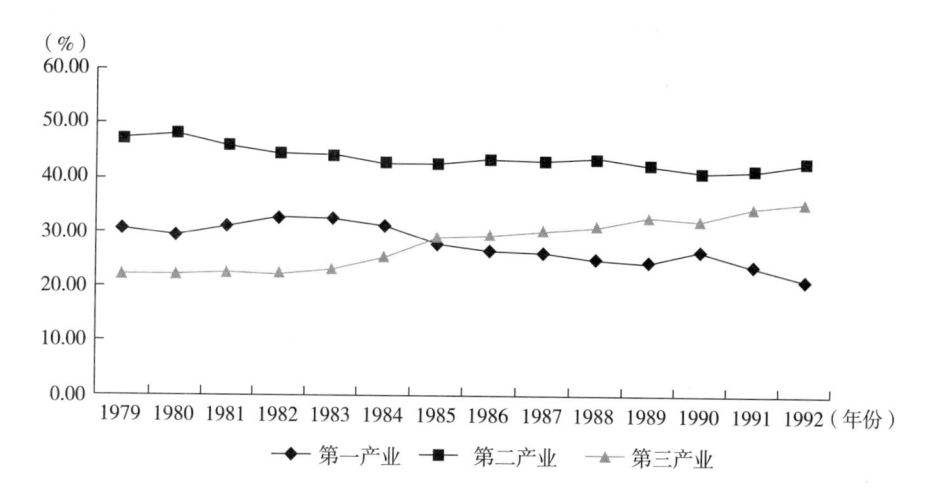

图 9-4　1979 年到 1992 年三次产业比例变动情况
资料来源：中国统计年鉴官方网站，http://www.stats.gov.cn/tjsj/ndsj/2017/indexch.htm。

1978 年，随着十一届三中全会的召开，标志着我国开始进入改革开放的新征程。从 1979 年开始，我国国内生产总值有了大幅度的提升。改革开放前 30 年，我国经济发展不平衡不充分，三次产业比重失衡，在 1979 年到 1982 年，中央开始相应的经济调整工作，进行农业体制改革，带动了农业的大发展。如图 9-4 所示，截止到 1978 年底，我国一二三次产业产值比重为 27.70∶47.70∶24.60；1982 年一二三次产业产值比重为 32.80∶44.60∶22.60。1979 年到 1982 年，中央有计划地增加第一产业、放慢第二产业。1982 年到 1985 年，由于调整后的经济结构相对平衡，促进了我国经济的迅速恢复与协调发展，到 1985 年一二三次产业产值比重为 27.90∶42.70∶29.40。1985 年到 1992 年，改革由市场取向发展为全面展开，到 1992 年底一二三次产业产值比重已变成 21.30∶43.10∶35.60。

（三）确立社会主义市场经济以来的经济增长与结构变化

确立建立市场经济体制之后，我国经济增长开始步入转型升级的轨道，实现了持续高速的增长，带动了世界经济的有力发展，重塑了世界经济格局，2016 年中国对世界经济增长的贡献率超过了 41%。国内经济发展也从高波动高增长走向了低波动的中高速增长，经济发展进入了新时代。

由图 9-5 可以看出，1993 年到 2004 年，我国经济稳定增长，2004 年到 2008 年，经济增速明显加快。由于全球金融危机，2008 年到 2009 年，我国

>> 中国工业化进程 40 年

经济的增速明显有所放缓。加上当时"4万亿"的刺激，我国的经济虽然没有明显下滑，但产生了一系列问题，如产能过剩、金融风险加大等问题，也是后来推进供给侧结构性改革的主要原因。

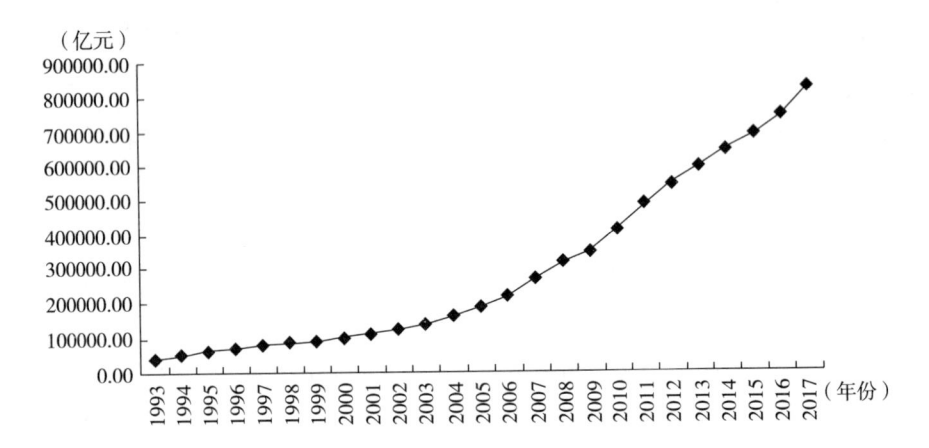

图 9-5　1993 年到 2017 年经济增长情况

注：除 2017 年的数据来源于 2017 年度统计公报外，其余数据均来源于《中国统计年鉴》。
资料来源：中国统计年鉴官方网站，http：//www.stats.gov.cn/tjsj/ndsj/2017/indexch.htm。

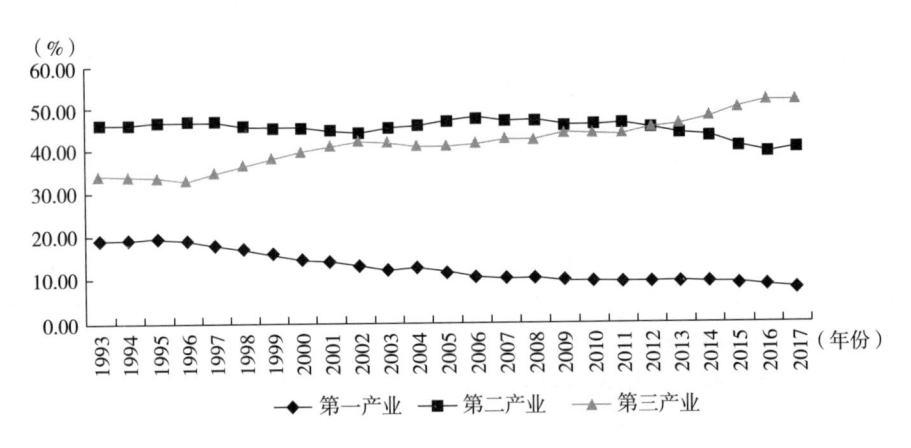

图 9-6　1993 年到 2017 年三次产业比例变动情况

注：除 2017 年的数据来源于 2017 年度统计公报外，其余数据均来源于《中国统计年鉴》。
资料来源：中国统计年鉴官方网站，http：//www.stats.gov.cn/tjsj/ndsj/2017/indexch.htm。

从图 9-6 可以看出，在 1992 年确立市场经济后，我国的第一产业占比持续下降，第二产业基本保持平稳。1993年到1996年，第二产业占国民生产总值的比重有所增加，1996年到2002年又有所下降；2002年到2017年，又有几轮小幅度的上下变化。1993年确立市场经济后，第三产业稳步以相对较快的速率发展。1993年一二三次产业产值比重为19.3∶46.2∶43.5，到2017年第一产业占比已降到10%以下，而第三产业也超过50%。

五、改革开放以来经济增长的结构分析

用经济结构解释中国经济增长的实践，重点在于考察发展过程中的要素构成与变化以及经济空间结构分布的增长效应的识别，研究基础则是增长理论的扩展和对中国经济增长不同视角的研究。结构主义经济增长理论表明，现代经济增长本质上是由一个产业部门的变化而引起的增长过程。如果说新古典的总量增长是一种均衡增长的话，那么结构主义经济增长则是一种非均衡增长。

在非均衡增长过程中，由于各增长要素之间存在边际利益差异，因此必然存在资本和劳动力在不同部门之间的转移和流动。从低收益部门到高收益部门的生产要素流动是不平衡发展的必然结果。结构效应是不可避免的，结构变量被认为是影响现代经济增长的重要因素。因而结构主义增长理论以新古典增长公式为起点，在考察结构变量对经济增长的意义的基础上，引入结构因素重新解释经济增长，其著名的结构主义经济增长函数是：

$$G_Y = F\left(\frac{I}{Y}, G_L, X_3, X_A, X_E, X_F, S_D\right)$$

其中，G_Y表示经济增长速度；I/Y表示投资同GNP的比率（资本存量增长的替代变量）；G_L表示劳动力的增长；X_3表示劳动质量的度量；X_A表示劳动或资本自农业转移的度量；X_E表示出口增长的度量；X_F表示国际收支逆差的度量；S_D表示发展水平的度量。

除了劳动力和资本之外，由这种增长函数关系检验的解释变量还引入了结构变量，如资本和劳动力再分配。因此，函数关系表明，结构主义经济增长函数把经济增长过程看作要素投入和结构转换共同促进的结果，从而分析结构转换及其对经济增长的贡献。在这一理论分析的指导下，我们试图通过考察中国经济增长和结构转变，建立经济增长和结构转变的相关函数，并对中国经济增长和结构转变之间的数量关系进行分析和描述。

（一）经济增长模型设定

在关于经济增长和结构变迁的文献中，钱纳里（Chenery）和塞尔昆

(Syrquin)（1975）运用历史分析法，分析了100多个国家的经济增长和结构转型，并建立了以下的回归模型：

$$X = a + b\ln Y \tag{9-1}$$

其中，X表示各产业部门的产值或就业占国民生产总值（GNP）或总就业的份额；Y表示人均国民生产总值；b表示相对于国民生产总值的结构变动的测度。

钱纳里和塞尔昆研究了产业结构随经济增长的变化规律，即在不同人均GNP水平上不同国家的产业结构水平及其差异，而我们要研究的是随着结构变化的经济增长过程，因此，钱纳里和塞尔昆的经济增长和结构转变模型不是反映影响经济增长的结构转换的理想模型。为了描述结构转变与经济增长之间的数量关系，我们假定结构转变与经济增长函数如下：

$$G_Y = F(SI) \tag{9-2}$$

其中，SI表示结构变化指数，是对一国产业结构时序变化的测度。通过转化钱纳里和塞尔昆经济增长与结构变化的回归模型，从而可以将结构转变与经济增长的函数关系式具体化：

$$G_Y = e^{C \cdot SI} - 1 \tag{9-3}$$

其中，C为结构变化的经济增长率的斜率，表示结构变化对经济增长的影响大小。如果C为正值，表明结构变化对经济增长具有正效应；反之，则是负效应。从而式（9-3）成为测度一国产业结构变化影响经济增长的函数。

由于只考虑经济增长过程中以生产结构为主的结构变量，包括需求、贸易、生产和就业，也就是广义的宏观产业结构。而资本、劳动力和全要素生产率的变化均被排除在模型之外，因此从模型结构的角度来看，这是一个纯粹的结构模型，它主要关注经济增长过程中的结构性因素，并且由于假定相关的供给因素是固定的而被排除在结构模型之外。

关于结构变化指数，在模型中是按照如下定义测度的，假设结构变化指数为SI，则：

$$SI = \Sigma |SI_{i,t} - SI_{i,t-1}| \tag{9-4}$$

其中，$SI_{i,t}$代表i产业部门在整个产业中的百分比；i代表不同年份。结构变化指数实际上是对结构变化量值测度的具体化。美国布鲁金斯学会高级研究员罗伯特·劳伦斯在 *Can American Compete* 一书中也采用该产业结构变化指数分析美国产业结构变化率。

（二）改革开放以来的中国经济增长的结构变化

1978年以来中国经济发展的显著特点是结构变动率高，与这种高的结构变化率对应的是高的经济增长率。这表明，中国经济增长过程已从总量驱动转向结构性促进，结构性因素已成为导致和加速增长的重要变量。如表9-1所示，在要素投入水平相同的情况下，由要素投入结构变化引起的产业转型已经开始导致和加速经济增长。因此，结构转型的速度已成为解释经济增长速度的重要因素。

表9-1　1978~2017年中国产业结构变动与经济增长

年份	产业结构占比（%） 第一产业	第二产业	第三产业	结构变化指数（SI）	结构变化影响（C）	经济增长率（GY）（%）
1978	27.7	47.7	24.6	5.4	0.4792156	12.30
1979	30.7	47	22.3	6.5	0.3463526	8.50
1980	29.6	48.1	22.3	2.2	0.9564246	7.20
1981	31.3	46	22.7	4.2	0.4058924	4.50
1982	32.8	44.6	22.6	3	0.7675284	9
1983	32.6	44.2	23.2	1.2	1.9982461	10
1984	31.5	42.9	25.5	4.7	0.5615016	13
1985	27.9	42.7	29.4	7.7	0.3694688	16.20
1986	26.6	43.5	29.8	2.5	0.9250142	9.10
1987	26.3	43.3	30.4	1.1	2.1289143	9.40
1988	25.2	43.5	31.2	2.1	1.19116	11.20
1989	24.6	42.5	32.9	3.3	0.4815864	3.90
1990	26.6	41	32.4	4	0.447939875	5
1991	24	41.5	34.5	5.2	0.399892596	7
1992	21.3	43.1	35.6	5.4	0.48604974	12.80
1993	19.3	43.1	34.5	3.1	0.86039619	13.40
1994	19.5	46.2	34.4	3.4	0.74983682	11.80
1995	19.6	46.8	33.7	1.4	1.725652714	10.20
1996	19.3	47.1	33.6	0.7	3.386062429	9.70
1997	17.9	47.1	35	2.8	0.815136571	8.80
1998	17.2	45.8	37	4	0.543687925	7.80

续表

年份	产业结构占比（%）			结构变化指数（SI）	结构变化影响（C）	经济增长率（GY）（%）
	第一产业	第二产业	第三产业			
1999	16.1	45.4	38.6	3.1	0.674794871	7.10
2000	14.7	45.5	39.8	2.7	0.813786889	8.00
2001	14	44.8	41.2	2.8	0.755805536	7.30
2002	13.3	44.5	42.2	2	1.0986123	8
2003	12.3	45.6	42	2.1	1.101207333	9.10
2004	12.9	45.9	41.2	1.7	1.38316194	9.50
2005	11.6	47	41.3	2.5	0.95550512	9.90
2006	10.6	47.6	41.8	2.1	1.171232762	10.70
2007	10.3	46.9	42.9	2.1	1.989030952	11.40
2008	10.3	46.9	42.8	0.1	23.025851	9.00
2009	9.8	45.9	44.3	3	0.7573753	8.70
2010	9.5	46.4	44.1	1	2.4248027	10.30
2011	9.4	46.4	44.2	0.2	11.150072	9.20
2012	9.4	45.3	45.3	2.2	0.9885235	7.80
2013	9.3	44	46.7	2.8	0.772615357	7.70
2014	9.1	43.1	47.8	2.2	0.967378045	7.40
2015	8.8	40.9	50.2	1.8	1.148257111	6.90
2016	8.6	39.8	51.6	2.7	0.756007519	6.70
2017	7.9	40.5	51.6	1.4	1.476330571	6.90

资料来源：根据国家统计局和《中国统计年鉴》数据计算。

从下面的结构指数和经济增长速度的趋势图（见图9-7）可以看出，两者变化趋势一致，除个别年份外，大部分时间段的经济增长率和结构变化指数基本一致。这表明，结构变动指数与经济增长速度之间存在着定量关系，这种依赖关系是上述模型中的 $G_Y = F(SI)$ 函数关系。结构性经济增长理论通过强调结构效应和充分细化经济增长过程来解释经济增长过程，从而将结构变量引入经济增长过程，引起经济增长函数的转变。在将结构变量设置为宏观产业结构变动指数时，我们建立了新的经济增长函数 $G_Y = F(SI)$，使得经济增长函数可以体现为 $G_Y = e^{C \cdot SI} - 1$。结构性因素是解释经济增长的重要变量，它关注结构变动与经济增长的对应函数关系。

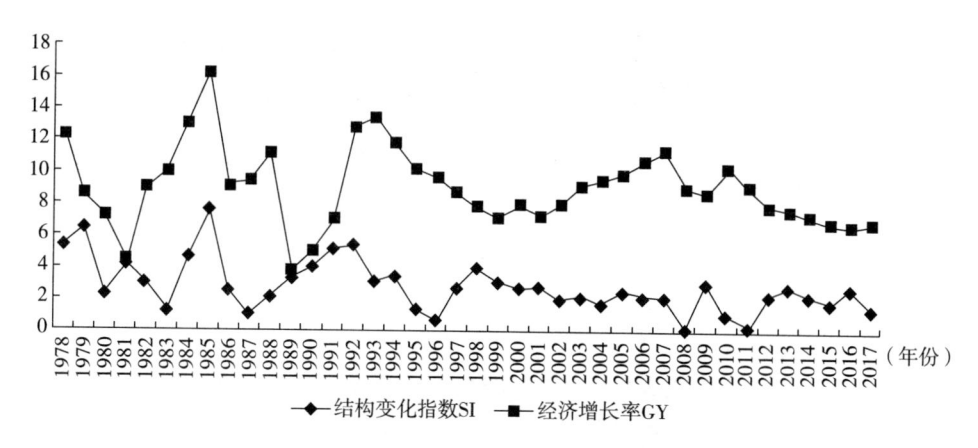

图 9-7　1978~2017 年结构变化指数与经济增长趋势
资料来源：根据国家统计局和《中国统计年鉴》数据计算绘制。

中国经济增长与结构变动的定量关系表明，结构变动对经济增长具有正向影响。因此，加快结构转型不仅可以促进经济总量的增长，而且影响经济的实际有效增长。自 1978 年以来，中国的高结构变动率基本上与这一时期经济的快速增长相一致。调整优化结构和经济快速增长相互促进。同时，结构转换的动力学分析也表明，结构转换也具有推动和实现长期增长的动力。经济发展方式的转变在经济增长理论中表现为经济增长函数的转变，即经济增长函数从强调要素投入的新古典经济增长函数转变为结构主义经济增长函数。因此，促进经济增长的关键是建立一条依靠结构转型来加速增长的有效高速增长路径，并通过实现结构性增长和定性增长来加速经济结构调整。因此，调整和优化经济结构是促进经济发展方式转变、实现高质量经济增长的基础和关键。

（三）改革开放以来经济增长与结构调整的特点

改革开放 40 年来，中国经济的高速增长是以各产业间的非协调性增长和各地区之间的非均衡性增长为前提的。经济结构是中国产业及各地发展的深层次原因，调整被扭曲的结构一方面要求各地方必须追求一定速度的增长，另一方面要求加大经济结构优化的力度，加快推进供给侧结构性改革，实现社会公平公正，形成稳定的持续的发展内生动力。

1. 增长的阶段性

中国经济增长过程具有明显的阶段性，这是一个各种经济战略和改革政策在不同时期不同阶段充分得到不断试验、不断推广、不断产生巨大生产力的过程。通过走以经济建设为中心的发展道路,东部沿海地区和城市人口先富了起来,在追求效率中实现了高增长;各地区蓬勃发展也实现了国家层面经济社会的发展。前20年经济增长速度快,1984年超过15%;后20年经济增长相对平稳,2012年后经济增长明显低于原有的8%的既定目标。中共十九大提出,中国经济已由"高速增长阶段"转向"高质量发展阶段";这个转换实质上是结构的调整,发展方式的转变,经济增长速度也自然随之而动。

2. 区域的梯度性

中国区域增长是在以省市为单位的块状区域竞争中实现的,具有明显的梯度性发展特征。1978年之后,经济发展是从东部沿海地区开始逐渐向中西部推进。中央政府从全局角度统筹考虑改革与发展问题,而地方政府更立足于当地情况施策,客观上也存在地方政府之间的竞争,结果只能是加剧了区域经济不平衡,导致结构性矛盾不断累积。这种不平衡存在于地区之间,也存在于城乡之间。以城市发展带动区域发展,是中国实现区域增长的必由之路。然而,城市化在弥合城乡差距的同时,也固化了城乡差别。一方面是对资本和劳动力的渴求,另一方面是将农村劳动力排斥于社会福利政策与行为,加大了精准扶贫和城乡协调发展的困难。

3. 改革的稳定性

中国的奇迹离不开经济体制改革,中国发展道路的探索本身就是一个实验过程,在探索中寻求中国自身的增长理论。目前,经济社会转型和深化改革的迫切性十分强烈,稳增长、调结构,推动供给侧结构性改革一直是动能转化的根本推动力。自1978年以来,中国的改革一直向前,从来都没有停止过。迅速扩大的数量增长掩盖了许多结构性矛盾,大量的基础设施投资被用作经济调控的重要手段,从而影响了中国40年的区域经济均衡增长。在这个过程中,资本和消费之间的分配趋于不平衡,资本比例继续积累,消费需求受到抑制。在增长之外,人民群众日益增长的物质文化需求与发展不平衡之间的矛盾日益突出,纯粹的增长越来越难以解决结构性矛盾。同时,由于各地区政府发展战略的不同,东、中、西部地区投资和消费结构存在显著差异。在政策或相关制度安排下,由结构引起的区域增长也可能在一定程度上限制国家的长期增长。

4. 影响的全球性

中国的崛起重塑了世界经济的新格局。从新中国成立到1978年,中国的GDP占全球GDP的比例不到5%,而人口却超过1/5,人均GDP不到世界平均水平的1/4，出口占世界的不到1%。改革开放40年来，中国占世界人口的比例下降到18.82%，占世界GDP的比例从4.9%上升到14.84%。相应地，中国的出口占全球出口的13.2%，人均GDP接近世界平均水平。作为世界第二大经济体和世界上中等收入开放国家，正在完成向高收入经济体的转变。中国在2001年加入世贸组织后，在很大程度上对外开放了贸易，推动了对外贸易的发展。这些变化逐渐增强了中国经济的市场力量，更容易适应和参与外部竞争，增强自身的增长弹性。金融危机后，新兴市场经济体在全球GDP中所占的份额超过发达经济体。在GDP增长中，中国贡献了30%以上，"金砖四国"贡献了60%，全球经济呈现出新的增长格局。时值全球诸多国家受到美国惩罚性关税的威胁或报复，以中国为首的许多WTO成员重申多边贸易体制，主张贸易自由化，正在成为维护全球化的重要力量。

六、结语与展望

自1978年改革开放以来，由于一些传统要素的比较优势，如劳动力、土地、资源和政策等要素最为明显，我国工业实现了高速增长。随着我国工业化的加速推进、工业经济规模的迅速扩张，多种生产要素的供需形势已经开始发生变化，原先支撑工业增长传统要素的比较优势已经逐渐开始减弱。1995年以来，我国工业结构开始呈现显著的重化工业化趋势。一个大国经济体以重化工业的发展为主来提高工业发展水平，符合工业结构演变的规律。但相比其他国家工业化中后期发展阶段，我国重化工业化的推进具有明显的粗放型和外延式的特点，并且资源消耗高、环境影响大等问题随着重化工业的不断扩大被迅速放大。在我国的工业增长中，资本增长起到了决定性的作用，持续的大规模投资提高了整个工业的资本密集程度，但是随着资本投资的增加，一些劳动密集型行业出现了资本排挤就业的情况。劳动力仍是我国最充裕的生产要素，但在工业生产中劳动力使用的比例的下降降低了我国在国际市场上的竞争能力。近年来，工业中出现的重复投资和过度竞争进而导致的产能过剩问题，严重地影响到了我国工业和国民经济的持续平衡的发展，造成了极大的浪费并降低了资源的使用效率。除传统产业外，因地方政府为新兴产业提供了大量不合理的优惠政策，导致了新兴产业也开始逐渐出现重复建设。碳纤维、风电、多晶硅、锂电池等一些新兴产业领域已经先后开始出现产能过剩的情况。

1978年以来，我国对外贸易的比重不断增加，贸易结构不断优化。但我国在国际分工中的比较优势仍在于较低的劳动力、土地、资源和环境成本，以技术为主导的竞争优势还未形成，我国的出口企业对国外订单、国外投资和进口装备、核心元器件等的依附性较强，因而在贸易比重有所增加的情况下，我国仍是以高成本、高耗能的形式参加国际分工，我国的贸易利得较我国参与贸易的比重不平衡，"中国制造"向"中国智造"发展还面临诸多阻力。我国的信息产业虽然取得了巨大的发展，但是我国在利用信息技术对工业产业进行推进时，仍和发达国家存在较大差距。一方面，我国仍未取得信息化工业产业的最新技术；另一方面，我国在已有高新产业中也存在相应的技术瓶颈与障碍。1990年前后，随着大规模的技术引进，我国的高技术产业得到了快速的发展，逐渐成为优化我国产业结构的重要推动力。虽然我国具有大型科技项目集中攻关的历史与优势，高新技术产业总量也扩张迅速，但从总体上看我国产品的高新技术含量不高，拥有世界水准的核心技术自主知识产权与发达国家相比还有很大差距，高新技术进步所形成的生产力不足以成为我国高新技术产业高速发展的强大推动力，也还没有真正成为我国经济高质量发展的推动力。改革开放40年，中国确实富了起来，国家实力大大增强，国际地位不断提高；但是要把我国建设成为一个现代化强国，万里长征刚走完第一步，改革开放需要进一步向纵深发展，需要"啃硬骨头"；对外则更需要我们韬光养晦，继续奋斗，努力构建人类命运共同体。

参考文献

1. Abramovitz M. Catching up, forging ahead, and falling behind [J]. The Journal of Economic History, 1986, 46 (2): 385-406.

2. Bagehot W. Principles of political economy [J]. John Stuart Mill: Critical Assessments, 1987 (2): 7.

3. Baltagi B. H. Econometric Analysis of Panel Data. [M]. Wiley: Chichester, 2005.

4. Barro R. J., Sala-I-Martin X., Blanchard O. J., et al. Convergence across states and regions [J]. Brookings papers on economic activity, 1991 (5): 107-182.

5. Barro R. J. Government spending in a simple model of endogenous growth [J]. Journal of Political Economy, 1990 (5): 103-125.

6. Barro R. J. Sala-I-Martin X. Economic Growth [M]. New York: McGraw-Hill, 1995.

7. Bauer P. T. Dissent on development: studies and debates in develpoment

economics [M]. Weidenfeld and Nicolson, 1972.

8. Baumol W. J. Macroeconomics of Unbalanced Growth: The Anatomy of Urban Crisis [J]. American Economic Review, 1967, 57 (3): 15-42.

9. Baumol W. J. Productivity growth, convergence, and welfare: what the long-run data show [J]. The American Economic Review, 1986, 76 (5): 1072-1085.

10. Blundell R., Bond S. Initial conditions and moment restrictions in dynamic panel data models [J]. Journal of Econometrics, 1998, 87 (1): 115-143.

11. Brueckner J. K. Strategic interaction among governments: An overview of empirical studies [J]. International Regional Science Review, 2003, 26 (2): 175-188.

12. Brunsdon C., Fotheringham A. S., Charlton M. E. Geographically weighted regression: a method for exploring spatial nonstationarity [J]. Geographical Analysis, 1996, 28 (4): 281-298.

13. Cai H., Treisman D. Does Competition for Capital Discipline Governments? Decentralization, Globalization, and Public Policy [J]. The American Economic Review, 2005, 95 (3): 817-830.

14. Charlton M., Fotheringham S., Brunsdon C. Geographically weighted regression [J]. NCRM Methods Review Papers, NCRM/006, ESRC National Center for Research Methods, 2006.

15. Chen B. An inverted-U relationship between inequality and long-run growth [J]. Economics Letters, 2003, 78 (2): 205-212.

16. Chenery H. B., Clark P. G. Interindustry economics [M]. Willey, 1959.

17. Chenery H. B., Syrquin M., Elkington H. Patterns of development, 1950-1970 [M]. Oxford University Press for the World Bank New York, 1975.

18. Chenery H. B. Development policies and programmes [J]. Economic Bulletin for Latin America, 1958, 1 (3): 55-60.

19. Chenery H. B. Handbook of Develooment Economics [M]. Oxford University Press, 1988.

20. Chenery H. B. Redistribution with Growth [M]. Oxford University Press, 1974.

21. Chenery H. B. Structural Change and Development Policy [C]. Oxford University Press, 1979, 272-308, 121.

22. Acemoglu D., Guerrieri V. 2006. Capital Deepening and Non-Balanced Economic Growth [J]. NBER Working Papers 12475, National Bureau of

Economic Research, Inc.

23. Acemoglu D., Robinson J. Why Nations Fail: The Origins of Power, Prosperity, and Poverty [M]. New York: Crown Publishers, 2012.

24. Acemoglu D. Introduction to Economic Growth [J]. Journal of Economic Theory, 2012 (147): 545-550.

25. Adelman I, Morris C T. Economic growth and social equity in developing countries [M]. Stanford University Press, 1973.

26. Adelman I., Morris C. T. Society, politics & economic development: a quantitative approach [M]. Baltimore: Johns Hopkins Press, 1967.

27. Adelman I., Robinson S. Income distribution policy in developing countries: A case study of Korea [M]. Stanford University Press, 1978.

28. Ahluwalia M. S., Carter N. G., Chenery H. B. Growth and poverty in developing countries [J]. Journal of Development Economics, 1979, 6 (3): 299-341.

29. Ahluwalia M. S. Inequality, poverty and development [J]. Journal of Development Economics, 1976, 3 (4): 307-342.

30. Allers M. A., Elhorst J. P. Tax mimicking and yardstick competition among local governments in the Netherlands [J]. International Tax and Public Finance, 2005, 12 (4): 493-513.

31. Anselin L., Bera A. K., Florax R., et al. Simple diagnostic tests for spatial dependence [J]. Regional Science and Urban Economics, 1996, 26 (1): 77-104.

32. Anselin L., Gallo J. L., Jayet H. Spatial panel econometrics [J]. The Econometrics of Panel Data, 2008 (4): 625-660.

33. Anselin L., Le Gallo J., Jayet H. Spatial panel econometrics [M]. The Econometrics of Panel Data, Springer, 2008.

34. Anselin L. GeoDa 0.9 user's guide [M]. Urbana, 2003.

35. Anselin. Spatial Econometrics: Methods and Models [M]. Dordrecht: Kluwer Academic Publishers, 1988.

36. Arellano M., Bond S. Some tests of specification for panel data: Monte Carlo evidence and an application to employment equations [J]. The Review of Economic Studies, 1991, 58 (2): 277-297.

37. Arrow K. J. The economic implications of learning by doing [J]. The Review of Economic Studies, 1962, 29 (3): 155-173.

38. Bacha E. L. A three-gap model of foreign transfers and the GDP growth rate in developing countries [J]. Journal of Development Economics, 1990, 32 (2): 279-296.

39. Chenery H. B. The role of industrialization in development programs [J]. The American Economic Review, 1955, (2): 40-57.

40. Chenery H. B. The structuralist approach to development policy [J]. American Economic Review, 1975, 65 (2): 310-316.

41. Chenery H. Patterns of Industrial Growth [J]. American Economic Review, 1960, (5): 624-654.

42. Clark C. The conditions of Economic Progress [M]. London: Macmillan, 1940.

43. Clark R. A. The molecular and cellular biology of wound repair [M]. Springer, 1996.

44. Cordoba J. C., Ripoll M. Endogenous TFP and cross-country income differences [J]. Journal of Monetary Economics, 2008, 55 (6): 1158-1170.

45. Debarsy N., Ertur C., Lesage J. P. Interpreting dynamic space—time panel data models [J]. Statistical Methodology, 2012, 9 (1): 158-171.

46. Deininger K. W., Olinto P. Asset distribution, inequality, and growth [M]. World Bank, Development Research Group, Rural Development Washington, D. C., 2000.

47. Deininger K., Squire L. A new data set measuring income inequality [J]. The World Bank Economic Review, 1996, 10 (3): 565-591.

48. Domar E. Capital Expansion, Rate of Growth, and Employment [J]. Econometrica, 1946, 14 (2): 137-147.

49. Douglas H., Schwartz A. E. Spatial productivity spillovers from public infrastructure: evidence from state highways [J]. International Tax and Public Finance, 1995, 2 (3): 459-468.

50. Echevarria C. . Change in Sectoral Composition Association with Economic Growth [J]. International Economic Review, 1997, (38): 431-452.

51. Elhorst J. P., Fréret S. Evidence of political yardstick competition in france using a two-regime spatial durbin model with fixed effects [J]. Journal of Regional Science, 2009, 49 (5): 931-951.

52. Elhorst J. P. Applied spatial econometrics: raising the bar [J]. Spatial

Economic Analysis, 2010a, 5 (1): 9-28.

53. Elhorst J. P. Dynamic panels with endogenous interaction effects when T is small [J]. Regional Science and Urban Economics, 2010b, 40: 272-282.

54. Elhorst J. P. Dynamic spatial panels: models, methods, and inferences [J]. Journal of Geographical Systems, 2012, 14 (1): 5-28.

55. Elhorst J. P. Spatial panel data models. [M]. In: Fischer MM, Getis A (eds) Handbook of applied spatial analysis., Springer, Berlin/Heidelberg/New York, 2010, 377-407.

56. Elhorst P., Piras G., Arbia G. Growth and convergence in a multiregional model with space-time dynamics [J]. Geographical Analysis, 2010, 42 (3): 338-355.

57. 干春晖、郑若谷、余典范：《中国产业结构变迁对经济增长和波动的影响》，《经济研究》2011年第5期。

58. 彭冲、李春风、李玉双：《产业结构变迁对经济波动的动态影响研究》，《产业经济研究》2013年第3期。

59. 陈宇、赖小琼：《产业结构变迁对经济增长的影响研究——以福建省为例》，《福建师范大学学报》（哲学社会科学版）2013年第1期。

60. 于斌斌：《产业结构调整与生产率提升的经济增长效应——基于中国城市动态空间面板模型的分析》，《中国工业经济》2015年第12期。

61. 马克思、恩格斯：《马克思恩格斯全集（第二十卷）》，中共中央马克思恩格斯列宁斯大林著作编译局译，人民出版社1971年版。

62. 金学：《关于社会主义再生产问题的讨论及值得探讨的若干问题》，《学术月刊》1962年第6期。

63. 杨坚白：《试论农业、轻工业、重工业比例和消费、积累比例之间的内在联系（上）》，《经济研究》1961年第12期。

64. 吴树青：《马克思关于社会生产两大部类的学说及其在社会主义再生产中运用的几个问题》，《光明日报》1962年1月8日。

65. 欧阳胜：《论生产资料和消费资料的平衡》，《经济研究》1979年第6期。

66. 鲁济典：《生产资料生产优先增长是一个客观规律吗?》，《经济研究》1979年第11期。

67. 马建堂：《我国产业结构调整机制的转换》，《学术界》1987年第3期。

68. 厉以宁：《经济改革、经济增长与产业结构调整之间的关系》，《数量经济技术经济研究》1988 年第 12 期。

69. 魏杰、张文魁：《以产业组织创新实现产业结构调整》，《云南社会科学》1990 年第 3 期。

70. 薛亮：《产业政策和产业结构调整》，《计划经济研究》1992 年第 6 期。

71. 夏杰长：《计划与市场的双重失效是产业结构调整的最大障碍》，《湘潭大学学报》（社会科学版）1991 年第 15 期。

72. 刘杰、马传景：《资源配置机制的比较与选择》，《管理世界》1991 年第 2 期。

73. 李命志：《论产业结构调整的主体和机制》，《经济问题》1991 年第 5 期。

74. 周叔莲：《我国产业结构调整和升级的几个问题》，《中国工业经济》1998 年第 7 期。

75. 舒福荣：《相对价格扭曲与产业结构调整》，《商业经济与管理》1991 年第 5 期。

76. 张俊：《产业结构调整的价格阻逆及对策》，《经济问题探索》1992 年第 4 期。

77. 黄建军：《价格机制与产业结构调整的理论分析》，《价格月刊》1993 年第 5 期。

78. 何大安：《资源配置与产业结构调整》，《当代经济科学》1994 年第 5 期。

79. 江小涓：《市场竞争应该成为我国产业结构调整的基本途径》，《财经问题研究》1995 年第 8 期。

80. 江小涓：《产业结构调整与产业政策：迈过短缺经济后的再思考》，《经济研究参考》1999 年第 1 期。

81. 罗勤：《论政府在产业结构调整中的作用》，《社会科学辑刊》2001 年第 4 期。

82. 吴宏洛：《产业结构调整与政府角色定位》，《福建教育学院学报》2002 年第 4 期。

83. 刘伟、张辉：《中国工业经济增长中的产业结构变迁和技术进步》，《经济研究》2008 年第 11 期。

84. 王浩：《金融危机对产业结构的影响》，《中国社会科学报》2009 年

7月2日。

85. 肖梁：《论价格在经济结构调整中的杠杆作用》，《经济体制改革》2002年第5期。

86. 王效昭：《经济结构调整主体与政府进、退作为研究》，《华东经济管理》2005年第5期。

87. 王效昭：《经济结构调整主体研究》，《技术经济》2006年第5期。

88. 王东京：《调结构，要放手让市场做主》，《21世纪经济报道》2009年5月11日。

89. 王东京：《谁是中国调结构的主体》，《学习时报》2012年10月8日。

90. 江飞涛、李晓萍：《直接干预市场与限制竞争：中国产业政策的取向与根本缺陷》，《中国工业经济》2010年第9期。

91. 杨文进：《产业结构调整与宏观经济运行稳定性关系研究》，《经济纵横》2012年第9期。

92. 林毅夫：《产业政策与我国经济的发展：新结构经济学的视角》，《复旦大学学报》（社会科学版）2017年第2期。

93. 李铁立、李诚固：《区域产业结构演变的城市化响应及反馈机制》，《城市问题》2003年第5期。

94. 陈甬军、陈爱贞：《城镇化与产业区域转移》，《当代经济研究》2004年第12期。

95. 魏娟、李敏：《产业结构演变促进城市化进程的实证分析——以江苏为例》，《中国科技论坛》2009年第11期。

96. 闫衍：《经济增长结构分析：中国案例研究》，《经济科学》1997年第4期。

97. 陈立俊、王克强：《中国城市化发展与产业结构关系的实证分析》，《中国人口·资源与环境》2010年第3期。

98. 柯善咨、赵曜：《产业结构、城市规模与中国城市生产率》，《经济研究》2014年第4期。

99. 周宁、周婷玉、朱剑敏：《人口红利还能"红"多久？》，《联合日报》2009年12月16日。

100. 蔡昉：《人口转变、人口红利与刘易斯转折点》，《经济研究》2010年第4期。

101. 刘伟、李绍荣：《产业结构与经济增长》，《中国工业经济》2002

年第5期。

102. 吕政:《我国工业调整的九大任务》,《经济研究参考》2013年第46期。

103. 金碚、吕铁、邓洲:《中国工业转型升级:进展、问题与趋势》,《中国工业经济》2011年第2期。

104. 金碚:《工业改革开放30年实践对中国特色社会主义的理论贡献》,《中国工业经济》2008年第11期。

105. 金碚:《财富的觉醒——中国改革开放30年的道路》,《南京师范大学学报》(哲学社会科学版)2008年第3期。

附录

附表1 1952~1978年GDP、三次产业占比

GDP 单位：亿元；占比单位：%

年份\类型	1952年为基期GDP	第一产业占比	第二产业占比	第三产业占比
1952	679.00	50.50	20.90	28.60
1953	796.91	45.90	23.40	30.80
1954	811.80	45.60	24.60	29.70
1955	851.36	46.30	24.40	29.30
1956	961.76	43.20	27.30	29.50
1957	984.36	40.30	29.70	30.10
1958	1201.67	34.10	37.00	28.90
1959	1311.17	26.70	42.80	30.60
1960	1287.69	23.40	44.50	32.10
1961	927.86	36.20	31.90	32.00
1962	842.02	39.40	31.30	29.30
1963	960.19	40.30	33.00	26.60
1964	1175.40	38.40	35.30	26.20
1965	1425.41	37.90	35.10	27.00
1966	1556.20	37.60	38.00	24.40
1967	1488.90	40.30	34.00	25.80
1968	1445.18	42.20	31.20	26.70
1969	1643.83	38.00	35.60	26.50
1970	1915.22	35.20	40.50	24.30
1971	2078.71	34.10	42.20	23.80
1972	2162.24	32.90	43.10	24.10
1973	2322.11	33.40	43.10	23.50
1974	2368.34	33.90	42.70	23.40
1975	2540.55	32.40	45.70	21.90
1976	2487.57	32.80	45.40	21.70
1977	2651.65	29.40	47.10	23.40
1978	2998.77	28.10	48.20	23.70

附表2　1979~1992年GDP、三次产业占比

GDP单位：亿元；占比单位：%

年份 类型	国内生产总值（GDP）	第一产业占比	第二产业占比	第三产业占比
1979	4100.50	30.70	47.00	22.30
1980	4587.60	29.60	48.10	22.30
1981	4935.80	31.30	46.00	22.70
1982	5373.40	32.80	44.60	22.60
1983	6020.90	32.60	44.20	23.20
1984	7278.50	31.50	42.90	25.50
1985	9098.90	27.90	42.70	29.40
1986	10376.20	26.60	43.50	29.80
1987	12174.60	26.30	43.30	30.40
1988	15180.40	25.20	43.50	31.20
1989	17179.70	24.60	42.50	32.90
1990	18872.90	26.60	41.00	32.40
1991	22005.60	24.00	41.50	34.50
1992	27194.50	21.30	43.10	35.60

附表3　1993~2017年GDP、三次产业占比

GDP单位：亿元；占比单位：%

年份 类型	国内生产总值（GDP）	第一产业占比	第二产业占比	第三产业占比
1993	35673.20	19.30	46.20	34.50
1994	48637.50	19.50	46.20	34.40
1995	61339.90	19.60	46.80	33.70
1996	71813.60	19.30	47.10	33.60
1997	79715.00	17.90	47.10	35.00
1998	85195.50	17.20	45.80	37.00
1999	90564.40	16.10	45.40	38.60

续表

年份 \ 类型	国内生产总值（GDP）	第一产业占比	第二产业占比	第三产业占比
2000	100280.10	14.70	45.50	39.80
2001	110863.10	14.00	44.80	41.20
2002	121717.40	13.30	44.50	42.20
2003	137422.00	12.30	45.60	42.00
2004	161840.20	12.90	45.90	41.20
2005	187318.90	11.60	47.00	41.30
2006	219438.50	10.60	47.60	41.80
2007	270232.30	10.30	46.90	42.90
2008	319515.50	10.30	46.90	42.80
2009	349081.40	9.80	45.90	44.30
2010	413030.30	9.50	46.40	44.10
2011	489300.60	9.40	46.40	44.20
2012	540367.40	9.40	45.30	45.30
2013	595244.40	9.30	44.00	46.70
2014	643974.00	9.10	43.10	47.80
2015	689052.10	8.80	40.90	50.20
2016	744127.20	8.60	39.80	51.60
2017	827122.00	7.90	40.50	51.60

注：除2017年的数据来源于2017年度统计公报外，其余数据均来源于《中国统计年鉴》。

第十章 技术引进与创新发展[①]

技术的发展与传播具有梯度性，即从先发国家渐次向发展中国家和不发达国家输出。技术的这种周期性与国家间的技术不平衡性，决定了一切适用型技术都会得到广泛传播。"创新—传播—再创新—再传播"，各国对新技术的不断引进、消化、创新、扩散、再引进，如此循环往复直到消除彼此间的差距。在社会发展进程中，源于对生产力的不断追求和满足人类不断产生的欲望，加上技术在国家之间分布的不均衡性和资源供给的不确定性，工业化过程不可避免地使其越来越成为一种依赖于科学技术的内在活动。技术引进也就成为各国经济、科技和社会发展中的原动力。技术进步开始成为一国长期经济增长的核心因素，而且具有较强的外部性。处于经济增长中的技术相对落后的国家，从理论上讲可以通过投入大量的研发资金实现技术进步。但现实是技术后发国家一般缺乏雄厚的基础研究与足够的资金投入，所以，从发达国家引进先进技术，成为实现技术快速进步的首选。一般而言，这些国家不仅可以通过技术引进促进生产力水平的提高，缩小与技术先发国家之间科技与经济的差距，还可以通过消化、吸收以及自主创新，实现后发优势和比较优势。改革开放40年来，作为实现战略追赶的主要方式，技术引进不仅促进了我国产业快速发展，也加快了我国产业创新的步伐，对我国技术进步和经济繁荣作出了重要贡献。

一、加快产业结构优化升级

技术引进促进产业结构优化，主要体现在引进之后资本的供给大于或者等于劳动的供给；反之，如果出现资本的供给小于劳动的供给，虽然经济还在增长，但产业结构并没有得到优化。技术引进可以通过增加产品的中间需求与最终需求，或者增加技术密集型产业的劳动供给、资本供给、基建供给

[①] 如无特殊说明，本章数据均来自《2017中国科技统计年鉴》《2017中国高技术产业统计年鉴》、科技部网站。

来优化产业结构。我国改革开放以来的科技发展进程，就是在消化、吸收引进技术的基础上，不断国产化实现自主创新的过程。我国的技术引进历程具有显著的阶段性特征，它对我国的重要作用体现在发展的每个阶段。

(一) 技术引进历程

从改革开放以来我国技术引进目的、规模、方法以及消化与吸收等方面来看，技术引进大致可以分为以下三个阶段：

黄金发展阶段（1979~1999年）。通过大规模连续不断的技术引进，我国的科技实力和实际生产力都取得了巨大的进步。虽然这个阶段主要还是引进的关键成套设备，但技术许可、技术咨询服务、合作生产更有利于引进技术与研究开发的方式方法也不断出现。这一阶段不仅是我国技术引进快速发展的时期，也是我国技术引进逐步过渡的时期。

稳定发展阶段（2000~2012年）。这是中国技术引进的稳定发展时期，技术引进规模稳步扩大，科技能力和研发能力进一步增强。一方面，从引进的角度来看，通过前一阶段的调整和改造，引进技术许可、技术咨询和服务已超过引进关键成套设备，而且这种差距还在逐年增大。另一方面，从消化吸收的角度来看，消化吸收资金与现阶段技术引进成本较2000年之前有了很大提高。引进后注重消化吸收已成为官产学等方面的普遍共识。技术引进在这个阶段起到了积极的作用，并且引进模式已经基本完成了转型，但并未达到同期周边国家如日、韩的技术引进效果。这不仅与引进后消化吸收的力度不强有关，还与技术引进重新定位有关。

高质量发展阶段（2013年至今）。中共十八大明确提出创新驱动发展战略，突出强调科技创新必须坚持走中国特色的自主创新道路。从2013年开始，虽然我国技术引进的规模呈现下降态势，但这并不意味着技术引进的重要性下降，或者说不再重视技术引进。恰恰相反，随着我国消化吸收能力的增强，以及自主创新能力的提升，我国技术引进开始进入了注重引进质量和引进的技术层次的高质量引进阶段。这个阶段的技术引进更加强调技术的先进性与自主创新的协同关系，更加强调引进后对自主创新的促进作用，"坚定不移贯彻创新、协调、绿色、开放、共享的发展理念"。

(二) 不同的技术引进方式

采用不同的引进方式会对技术后发国家产生不同的影响。从各国技术引进历史来看，引进方式一般都经历了从引进关键和成套设备到购买专利再到国际生产与技术合作等。在上述技术引进的黄金发展阶段，我国引进规模是逐年增加的，引进合同数和金额从1979年的95项、24.85亿美元上升到

1999 年的 6678 项、171.62 亿美元。关键和成套设备引进则是四种方式中规模最大的一项，1997 年其合同金额达到最大值 136.81 亿美元，在此之后出现了下降趋势。与关键和成套设备引进不同，技术许可、技术咨询与服务、合作生产三种方式的引进合同数和金额在 1979 年到 1999 年虽有上下波动，但持续增加的趋势明显，其中又以合作生产增幅最大。在稳定发展的 2001 年到 2012 年，我国技术引进规模继续扩大，引进合同数从 2001 年的 3900 项上升到 2012 年的 12988 项，合同金额从 2001 年的 90.91 亿美元上升到 2012 年的 442.74 亿美元。2012 年到 2014 年，我国技术引进规模出现了下降情况，引进合同数从 2012 年的 12988 项减少到 2014 年的 9340 项，引进合同金额从 2012 年的 442.74 亿美元减少到 2014 年的 310.85 亿美元。关键和成套设备引进的规模持续下降，引进合同金额从 2001 年的 33.58 亿美元减少到 2014 年的 4.14 亿美元；技术许可、技术咨询与服务以及其他引进方式则继续保持着上升态势。我国技术引进正式进入高质量发展阶段，这与中共十八大以来提出的大力加强自主创新、促进转型升级、实现经济高质量发展是一致的。

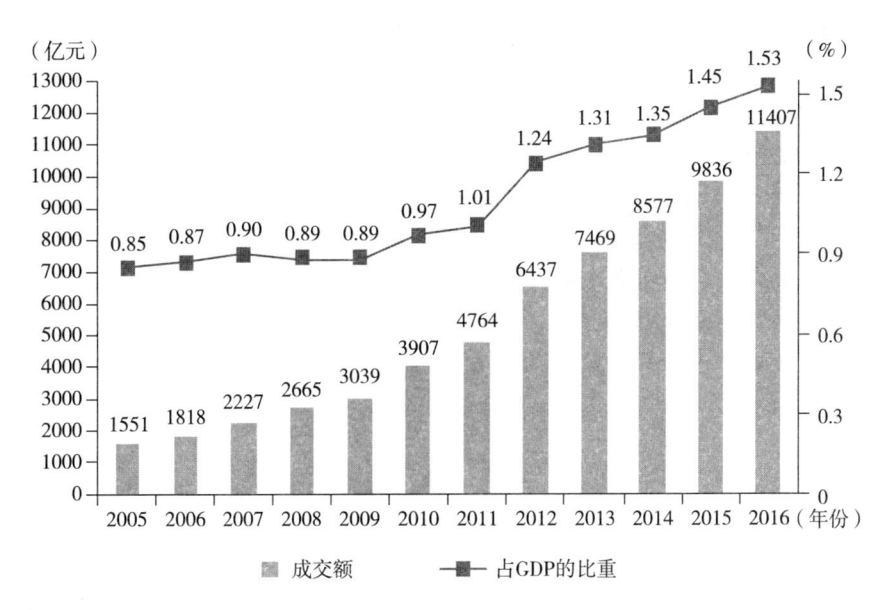

图 10-1　2005~2016 年全国技术合同成交金额及其占 GDP 的比重

2016 年，技术开发、技术转让、技术咨询和技术服务四类技术合同均呈现增长态势。技术服务、技术开发合同成交额分别位居第一、第二位，成为技术交易的主要类型。其中，技术服务合同成交额实现四连冠，继续占据四类技术合同首位，达到5851.1亿元，比2015年增长15.7%，占全国技术合同成交额的51.3%；技术开发合同成交额达3479.6亿元，比2015年增长14.2%，占全国总数的30.5%。技术服务与技术开发合同的签订项数和成交金额均占全国总数的80%以上。在各类技术服务合同中，一般性技术服务为其主要形式，成交额达5801.2亿元，占技术服务合同成交额总数的99.2%；与此同时，以中介服务与培训服务为主要方式的技术服务，已成为转移科技人员研发能力与开放共享研发设备的重要形式。技术咨询合同成交额增幅明显，全年共成交技术咨询合同24447项，成交金额为468.3亿元，同比增长78.0%，占全国技术合同成交总额的4.1%。

改革开放40年以来，我国技术引进总体规模是增长的，在引进方式上从关键和成套设备向技术许可、技术咨询与服务等其他方式转变，这与日、韩等国当年的技术引进路径颇为类似。这充分说明，我国在技术引进的过程中越来越重视对所引进技术进行消化吸收，而并没有一味地依赖国外先进的技术引进，并在此基础上不断地进行自主创新的尝试与努力，已经取得令人鼓舞的成绩，这在一定程度上实现了技术引进的初衷。

（三）促进产业结构优化

从总体规模、轻重工业变化以及产业发展来看，我国产业结构优化的阶段性特征十分明显。我国产业结构优化基本上有以下几个特点：

1. 波动小、调整快、重平衡

在技术引进的黄金发展阶段，改革开放带动了我国产业结构不断调整并逐步趋向稳定，轻重工业平衡发展，国内要素禀赋的重要性得到了重视，国内购买力也在不断地提高，而不是再像新中国成立时一样首先发展重工业。从产业规模看，现阶段的工业规模比较稳定，工业增加值占GDP的平均比例为39.7%。

2. 大开放、抓升级、转方式

在技术引进稳定发展的2000年到2012年，中国工业增加值与国内生产总值的比率保持在40.3%左右，波动不大，工业规模相对稳定。从产业结构上看，重工业产值与工业总产值的比例逐年上升。这个比率从2000年的60.2%上升到2011年的71.8%。制造业产出与工业产值的比例逐年上升，从2000年的85.2%上升到2012年的86.7%。高技术产业发展迅速，产业结构优化明显。这个阶段的产业结构优化充分考虑第一、第二、第三产业的均衡发展，进一步考虑要素禀赋，注重需求结构的升级，结构性改革红利已经显现。此外，随着开放型经济发展格局的完全稳定，产业结构优化也更多地涉及国际因素，国外生产要素和技术对产业结构的影响也越来越深刻。同时，需要注意的是，虽然高技术产业在这个阶段发展迅速，但是其产值在制造业产出中所占比例有下降的趋势。这表明，高技术产业的发展速度与整个制造业并不一致。高耗能产业发展迅速，虽然带动了整个制造业的发展，但也降低了制造业中高技术产业的相对比重，这种趋势实质上并没有促进产业结构的根本优化。

3. 调结构、"去降补"、促创新

2013年，我国服务业增加值占GDP的比例为46.1%，首次超过工业增加值占GDP的比例37.4%。在此背景下，我国工业发展进入了以服务业为第一大产业的新时期，产业结构优化也进入了一个新阶段。一方面，除了产业内制造业规模的相对增加外，高新技术产业产值与制造业产值的比重也逐渐上升。另一方面，要素扭曲、产能过剩、供需不匹配等因素也造成了我国工业经济增长的瓶颈。产业结构在供给侧结构性改革的不断深入下，通过"三去一降一补"将得到进一步的优化。

改革开放以来，我国技术引进过程和产业结构优化的演变同时分为两个阶段。改革开放后，中国的技术进口稳定增长，规模扩大也更有利于中国的科技和研发能力的积累；同时，这个阶段的产业结构变化相对稳定，轻工业和重工业均衡发展。由于引进关键和成套设备，我国的工业生产率得到了很大提高，工业产值也从1979年的1786.5亿元增加到1999年的36015.4亿元。进入21世纪，我国的技术进口规模不断扩大，关键和成套设备进口开始不断减少，进口技术许可、技术咨询和服务在迅速增加。在此期间，工业技术进口规模明显增加，其中制造技术进口占工业技术进口总量的近90%；技术进口消化吸收资金比重从2000年的0.07增加到0.45，但在2012年下降至0.40。这一阶段，我国的产业结构优化趋势明显，重化工业发展趋势良好，重化工业总产值与工业总产值之比显著增加。受技术引进的影响，制造业发展迅速，行业相对规模逐年增加，高新技术产业也得到了很大的发展。自2013年以来，技术引进规模不断缩小，技术引进方式进一步调整，与自主创新的协同发展得到更多的重视。这一阶段，产业结构优化仍在继续，而且更加强调优化的动力，自主创新也是新的动力源泉之一。技术引进与产业结构优化之间存在一定程度的一致性和协同变化趋势，这种协同变化的关系贯穿于技术引进和产业结构优化的整个过程。

二、推动产业创新快速发展

获取先进技术和占领市场是技术引进的原动力,其对技术创新能力的影响是一个渐进的过程。随着先进技术的引进,不仅企业提升了技术水平,扩大了经济效益,这些技术成果还会继续影响企业的研发过程,而且会在企业之间传播,进而推动国家整体技术水平提高。2016年,我国的研发经费总量达到15676.7亿元,仅次于美国,位居世界第二。R&D经费投入强度达到2.11%,比2015年上升了0.05个百分点。其中,企业R&D经费支出为12144.0亿元,占全社会R&D经费的77.5%。国家财政科技拨款达到7760.7亿元,占国家公共财政支出的4.13%,比2015年提升了0.15个百分点。

（一）R&D投入强度持续提升

2016年,我国研发支出15676.7亿元,比上年增加1506.9亿元,增长10.6%；按当年的平均汇率换算成2361亿美元,位居世界第二。近年来,研发投入强度逐年增加。2016年,我国的研发投入强度达到2.11%,比上年提高0.05个百分点,比1995年提高1.54个百分点。我国的研发投入强度连续三年超过2%,呈现持续上升趋势（见图10-2）。

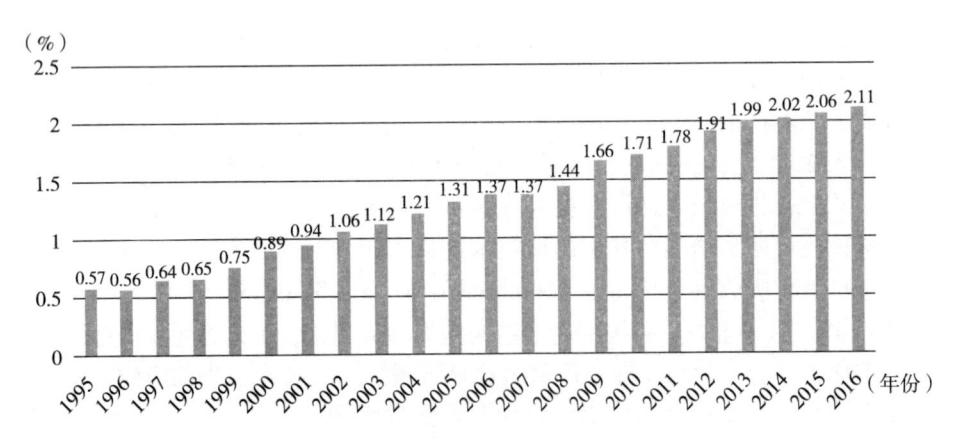

图10-2 1995~2016年我国R&D经费支出与GDP比值

从国际上看,我国的研发投入强度已超过28个欧盟国家的平均水平1.96%,达到了中等发达国家的研发投入强度水平,但与一些发达国家2.5%~4%的水平相比仍有差距（见图10-3、图10-4）。总的来说,我国的研发投入符合我国经济社会发展的基本要求和我国所处的阶段。

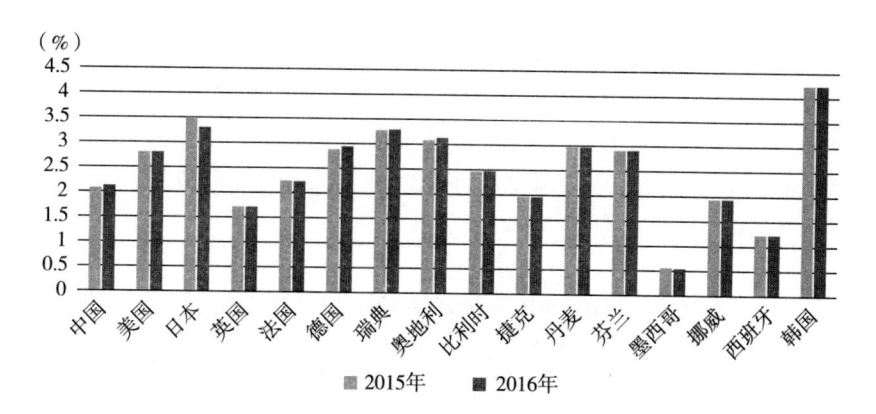

图 10-3　2015 年与 2016 年世界主要国家 R&D 经费投入强度比较

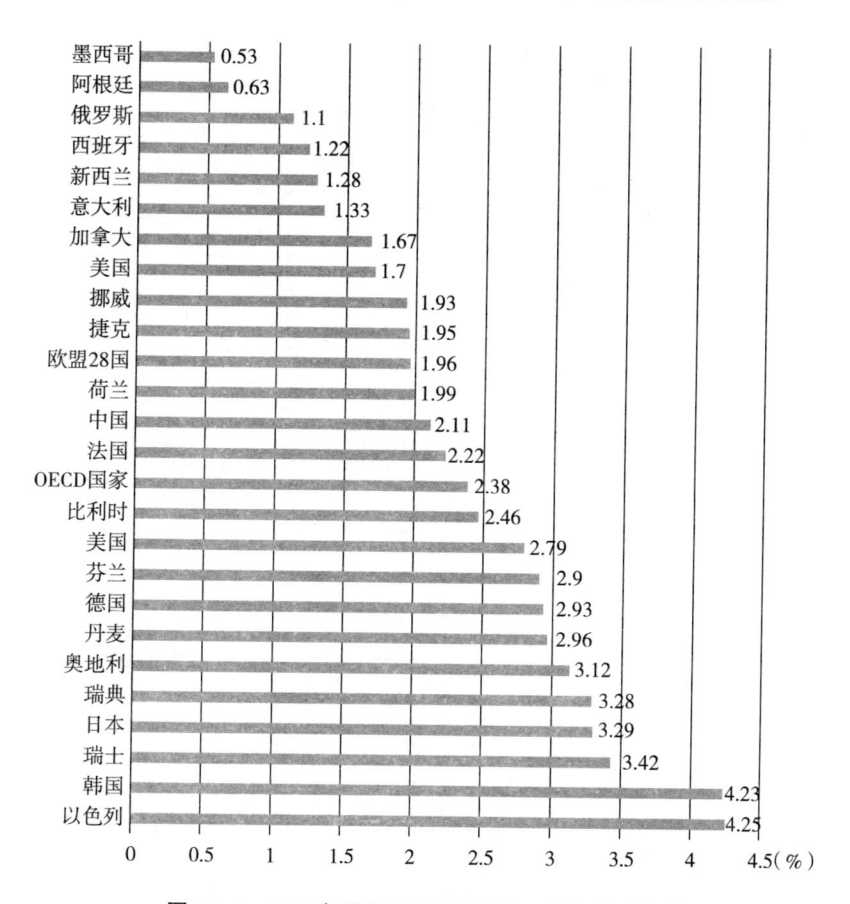

图 10-4　2016 年世界主要国家 R&D 投入强度比较

(二) 企业 R&D 投入主体地位更加突出

2016 年，我国企业研发支出达到 12144.0 亿元，占研发总支出的 77.5%。从 R&D 经费的资金来源构成看，企业仍占主体且比例逐年上升，政府资金则逐年下降，国外资金和其他资金所占比重略有下降（见表 10-1、表 10-2）。

表 10-1　1995~2016 年 R&D 经费按执行部门构成　　单位：亿元

年份	R&D 经费内部支出	企业	规模以上工业企业	大中型工业企业	研究与开发机构	高等学校	其他
1995	348.7	—	—	141.7	146.4	42.3	—
1996	404.5	—	—	160.5	172.9	47.8	—
1997	509.2	—	—	188.3	206.4	57.7	—
1998	551.1	—	—	197.1	234.3	57.3	—
1999	678.9	—	—	249.9	260.5	63.5	—
2000	895.7	537.0	—	353.4	258.0	76.7	24.0
2001	1042.5	630.0	—	442.3	288.5	102.4	21.6
2002	1287.6	787.8	—	560.2	351.3	130.5	18.0
2003	1539.6	960.2	—	720.8	399.0	162.3	18.1
2004	1966.3	1314.0	1104.5	954.4	431.7	200.9	19.7
2005	2450.0	1673.8	—	1250.3	513.1	242.3	20.8
2006	3003.1	2134.5	—	1630.2	567.3	276.8	24.5
2007	3710.2	2681.9	—	2112.5	687.9	314.7	25.7
2008	4616.0	3381.7	3073.1	2681.3	811.3	390.2	32.9
2009	5802.1	4248.6	3775.7	3210.2	995.9	468.2	89.4
2010	7062.6	5185.5	—	4015.4	1186.4	597.3	93.4
2011	8687.0	6579.3	5993.8	5030.7	1306.7	688.9	112.1
2012	10298.4	7842.2	7200.6	5992.3	1548.9	780.6	126.7
2013	11846.6	9075.8	8318.4	6744.1	1781.4	856.7	132.6
2014	13015.6	10060.4	9254.3	7319.7	1926.2	898.1	130.7
2015	14169.9	10881.3	10013.9	7792.4	2136.5	998.6	153.5
2016	15676.7	12144.0	10944.7	8289.5	2260.2	1072.2	200.4

表 10-2　2004~2016 年 R&D 经费的资金来源构成　　　　单位：%

年份	政府资金	企业资金	国外资金	其他资金
2004	26.63	65.67	1.28	6.42
2005	26.34	67.04	0.93	5.69
2006	24.71	69.05	1.61	4.63
2007	24.62	70.37	1.35	3.66
2008	23.59	71.74	1.24	3.43
2009	23.41	71.74	1.35	3.50
2010	24.02	71.69	1.30	2.99
2011	21.68	73.91	1.34	3.08
2012	21.57	74.04	0.97	3.41
2013	21.11	74.60	0.89	3.40
2014	20.25	75.42	0.83	3.50
2015	21.26	74.73	0.74	3.27
2016	20.03	76.06	0.66	3.25

（三）科技创新投入稳步增加

我国政府稳步增加科技创新投入，国家财政科技经费配置继续快速增长。2016 年，国家财政科技经费拨款 7760.7 亿元，占全国公共支出的 4.13%，同比提高 0.15%。我国国家财政科技拨款占国家公共财政支出的比重在连续三年呈现下降趋势后，2016 年有所回升（见表 10-3）。

表 10-3　1985~2016 年国家财政科技拨款及其占比情况

年份	国家公共财政支出（亿元）	国家财政科技拨款（亿元）	中央财政科技拨款（亿元）	地方财政科技拨款（亿元）	科技拨款占公共财政支出的比重（%）
1985	2004.3	102.6	—	—	5.12
1986	2204.9	112.6	—	—	5.11
1987	2262.2	113.8	—	—	5.03
1988	2491.2	121.1	—	—	4.86
1989	2823.8	127.9	—	—	4.53
1990	2083.6	139.1	97.6	41.6	4.51
1991	2286.6	160.7	115.4	45.3	4.74
1992	3742.2	189.3	133.6	55.7	5.06
1993	4642.3	225.6	167.6	58.0	4.86

续表

年份	国家公共财政支出（亿元）	国家财政科技拨款（亿元）	中央财政科技拨款（亿元）	地方财政科技拨款（亿元）	科技拨款占公共财政支出的比重（%）
1994	5792.6	268.3	199.0	69.3	4.63
1995	6823.7	302.4	215.6	86.8	4.43
1996	7937.6	348.6	242.8	105.8	4.39
1997	9233.6	408.9	273.9	134.0	4.43
1998	10798.2	438.6	289.7	148.9	4.06
1999	13187.7	543.9	355.6	188.3	4.12
2000	15886.5	575.6	349.6	226.0	3.62
2001	18902.6	703.3	444.3	258.9	3.72
2002	22053.2	816.2	511.2	305.0	3.70
2003	24650.0	944.6	609.9	335.6	3.83
2004	28486.9	1095.3	692.4	402.9	3.84
2005	33930.3	1334.9	807.8	527.1	3.93
2006	40422.7	1688.5	1009.7	678.8	4.18
2007	49781.4	2135.7	1044.1	1091.6	4.29
2008	62592.7	2611.0	1287.2	1323.8	4.17
2009	76299.9	3276.8	1653.3	1623.5	4.29
2010	89874.2	4196.7	2052.5	2144.2	4.67
2011	109247.8	4797.0	2343.3	2453.7	4.39
2012	125953.0	5600.1	2613.6	2986.5	4.45
2013	140212.1	6184.9	2728.5	3456.4	4.41
2014	151785.6	6454.5	2899.2	3555.4	4.25
2015	175877.8	7005.8	3012.1	3993.7	3.98
2016	187755.2	7760.7	3269.3	4491.4	4.13

2016年，中央财政分配科技资金3269.3亿元，地方政府科技拨款4491.4亿元，分别占科技经费拨款的42.1%和57.9%；中央政府拨出的科技费用同比增加8.5%，地方政府拨出的科技费用同比增加12.5%。

（四）技术引进经费占研发费用比重逐年下降

2016年，我国企业在引进技术方面的经费支出为475.4亿元，同比增长14.8%。技术引进经费与R&D经费之比为4.3%，比2015年上涨了0.2%（见图10-5）。从企业登记注册类型看，内资企业的技术引进经费为177.8亿元，同比减少12.9%，占全部技术引进经费的37.4%，比上年减少了11.9%。外商投资企业的技术引进经费达到274.0亿元，占全部技术引进经费的57.6%；港、澳、台商投资企业技术引进经费支出为5.0%，同比下降2.7%。从技术引进经费占企业R&D经费的比重看，内资企业为2.1%，港、澳、台商投资企业和外商投资企业分别为2.3%和19.5%，因此，内资企业对技术引进的依赖性最小。企业对引进技术的消化吸收是培养企业学习能力和创新能力的重要保障。2016年，企业对引进技术进行消化吸收的经费支出为109.2亿元。企业技术消化吸收经费与企业技术引进经费之比为23.0%，比上年下降了3.2个百分点。

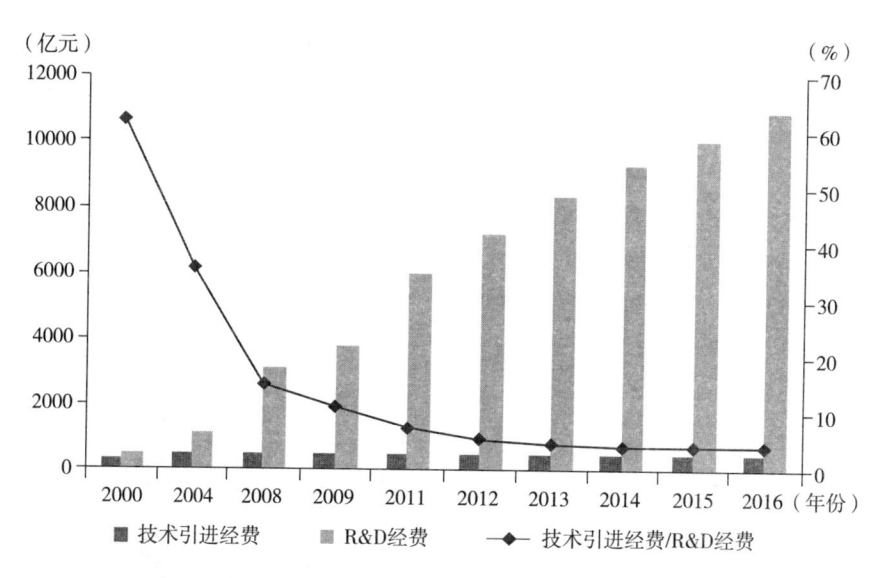

图10-5　2000~2016年企业技术引进经费和R&D经费

三、促进创新能力迅速提升

技术引进和知识产权保护通过独立和协同效应对促进创新能力产生影响。技术引进作为获取先进技术的直接途径，可以通过技术积累、技术模仿和技术依赖直接提升创新能力。知识产权保护作为一种有效的制度安排，也可以通过激励机制、保护机制和分配机制，在企业创新能力中发挥作用。同时，技术引进与知识产权保护的协同作用也刺激了技术交易的对象，从而提升其创新能力。2016年，发明专利申请数量比上年增长21.5%，占专利申请总量的38.6%。国内专利申请结构也进一步优化，发明专利申请和授权数量较上年有较大幅度增加。国内发明专利申请量达到120.5万件，比上年增长24.4%。我国发明专利授权量为30.2万件，比上年增长14.7%。企业发明的专利申请数量一直在高速增长，国内企业的专利申请和发明授权量分别占专利申请和授权总量的61.0%和62.7%。国内发明专利申请排名前10的均是国内企业。我国每万人拥有8.0项专利，中国的PCT国际专利申请有4.3万件，在国际上继续排名第三。2015年，中国三方专利拥有量2889件，居世界第四位。2016年我国在"一带一路"沿线国家专利申请公开4834件，涉及18个国家。

（一）发明专利授权量持续增长

2016年，中国专利申请量达到346.5万件，同比增长23.8%。其中，发明专利申请量为133.9万件，同比增长21.5%，占专利申请总量的38.6%；实用新型专利申请量为147.6万件，同比增长30.9%；外观设计专利申请650万件，同比增长14.3%（见图10-6）。

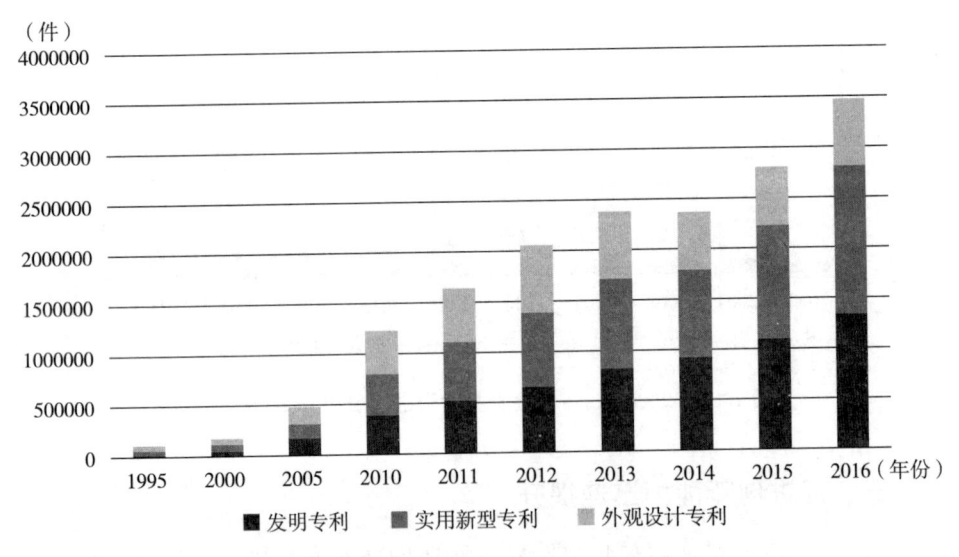

图10-6 1995~2016年我国三类专利申请总量变化情况

2016年，我国专利授权量达175.4万件，同比增长2.1%。其中，发明专利授权40.4万件，同比增长12.5%；实用新型专利授权量为90.3万件，同比增长3.1%；外观设计专利授权量为44.6万件，同比下降7.6%。

（二）国内专利申请结构不断优化

2016年，国内专利申请结构在近年来不断优化的基础上，发明专利和实用新型专利申请量持续高速增长。国内专利申请量总数达330.5万件,同比增长25.2%。其中,发明专利申请达到120.5万件,同比增长24.4%;实用新型专利申请146.8万件,同比增长31.1%;外观设计专利申请65.0万件,同比增长14.3%(见图10-7、表10-4)。

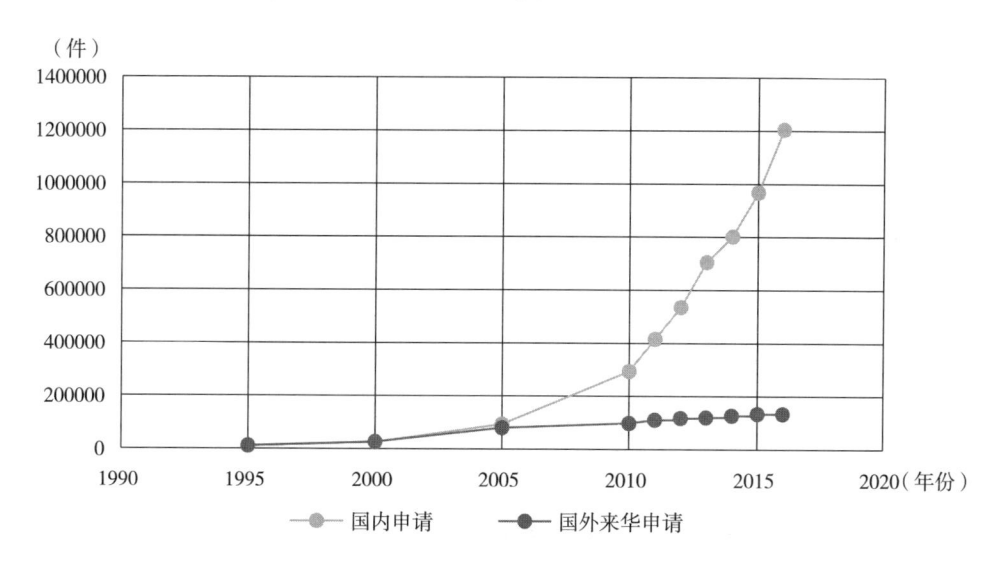

图10-7 1990~2016年国内外发明专利申请量

表10-4 2016年发明专利申请量居前10位的国内企业

排名	企业名称	企业性质	申请量(件)
1	华为技术有限公司	内资企业	4906
2	中国石油化工股份有限公司	内资企业	4405
3	乐视控股(北京)有限公司	内资企业	4197
4	中兴通讯股份有限公司	内资企业	3941
5	广东欧珀移动通信有限公司	内资企业	3778
6	京东方科技集团股份有限公司	内资企业	3569
7	珠海格力电器股份有限公司	内资企业	3299
8	北京小米移动软件股份有限公司	内资企业	3280
9	努比亚技术有限公司	内资企业	2912
10	国家电网公司	内资企业	2784

2016年,国内专利授权量达到162.9万件,同比增长2.0%。其中,发明专利授权量为30.2万件,同比增长14.7%;实用新型专利授权量为89.7

万件,同比增长3.3%;外观设计专利授权量为43.0万件,同比减少7.6%。国外来华发明专利申请量为13.4万件,与上年基本持平。国外发明专利授权量为10.2万件,同比增长6.5%(见图10-8)。

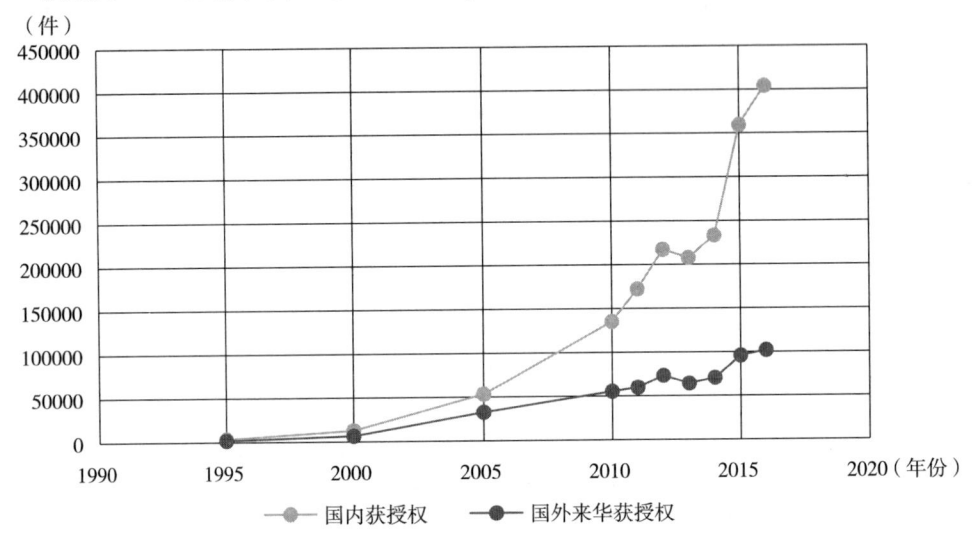

图 10-8 1990~2016年国内外发明专利授权量

(三)企业专利主体地位巩固

近年来,企业发明专利申请数量继续以高于全国平均水平的速度增长。2016年,国内企业发明专利申请量为73.6万件,同比增长26.3%,占国内发明专利申请量的61.0%;国内企业发明专利授权量为19.0万件,同比增长19.5%,占国内发明专利授权总量的62.7%(见图10-9)。

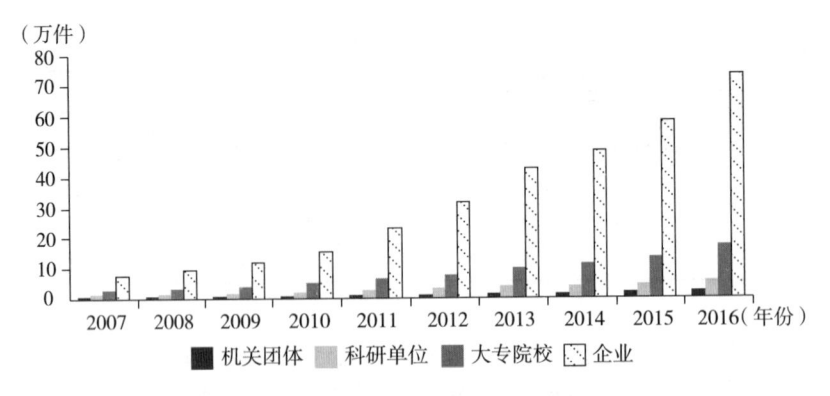

图 10-9 2007~2016年国内职务发明专利申请量按机构类型分布

2016年，国内发明专利申请量排名前10的企业均为内资企业。华为技术有限公司以4906件发明专利申请量位居第一，中国石油化工股份有限公司和乐视控股（北京）有限公司分别占据第二、第三位（见表10-4）。

（四）国内有效专利结构继续优化

截至2016年底，我国的有效专利总量为628.5万件。其中，国内和国外有效专利分别为552.7万件和75.8万件，同比分别增长15.3%和10.6%。国内有效发明专利为115.8万件，占比21.0%，同比提高1.8个百分点。国内有效发明专利拥有量比国外在华发明专利拥有量高出88.6%，比上年增加了21.2个百分点。2016年，我国每万人口发明专利拥有量（不含港澳台）已达到8.0件，排名前三的地区分别是北京（76.8件/万人）、上海（35.2件/万人）和江苏（18.4件/万人）。

（五）PCT国际专利申请高速增长

在PCT国际专利申请方面，我国继续保持大幅增长的态势。根据世界知识产权组织统计，2016年中国共提交申请4.3万件，比上年增长44.7%，继续保持两位数的增长速度。我国的PCT申请量在国际上继续保持在第三位，仅次于美国（5.7万件）和日本（4.5万件）。从PCT国际专利申请的机构排名看，中兴通讯公司以4123件PCT申请量位居PCT国际申请量首位，华为技术有限公司以3692件国际申请量排名第二，其后为美国高通公司、日本三菱电子公司和韩国LG电子公司。

三方专利拥有量是衡量一个国家（地区）专利质量和竞争力的重要指标。根据OECD对41个拥有三方专利国家（地区）的统计，2015年三方专利总数为5.5万件，其中35个OECD成员国获得的三方专利为5.1万件，占总数的93.6%；欧盟28国拥有三方专利1.4万件，占总数的24.8%。从国家分布来看，日本为1.7万件，美国为1.5万件，两国拥有的三方专利占总量的58.8%。2015年，中国的三方专利数为2889件，较上年增长了16.6%，占全部三方专利的5.3%，国际排名第四，较上年提升了1个位次。

四、积累丰富的科技人力资源

对于技术进口国而言，良好的知识产权保护将为东道国吸引更多高质量和先进的技术转让，使他们能够通过技术引进获得适应自身发展和提高技术水平的先进技术。这种技术水平的提高也为从事自主研发的科研人员提供了更高的视角和更有效的技术支持，不仅可以直接提升自主研发水平，还可以促进创新能力的提高。2016年我国科技人力资源数量继续增加，总量达到

8327万人。R&D人员总量有所增长，达到387.8万人年，万名就业人员中R&D人员为50.0人年/万人。R&D研究人员总量达到169.2万人年，万名就业人员中R&D研究人员为21.8人年/万人。研发人力规模仍居全球首位，研发人力投入强度与科技发达国家的差距继续减小。

（一）科技人力资源总量增长增幅下降

2016年，我国科技人力资源总量达到8327万人，比上年增长5.2%。其中大学本科及以上学历的科技人力资源总量为3687万人，比上年增长7.8%（见图10-10）。我国本科及以上学历科技人力资源总量相当于美国的科学家工程师数量。根据美国《科学与工程指标2018》，2015年美国科学家工程师总量为2320万人。

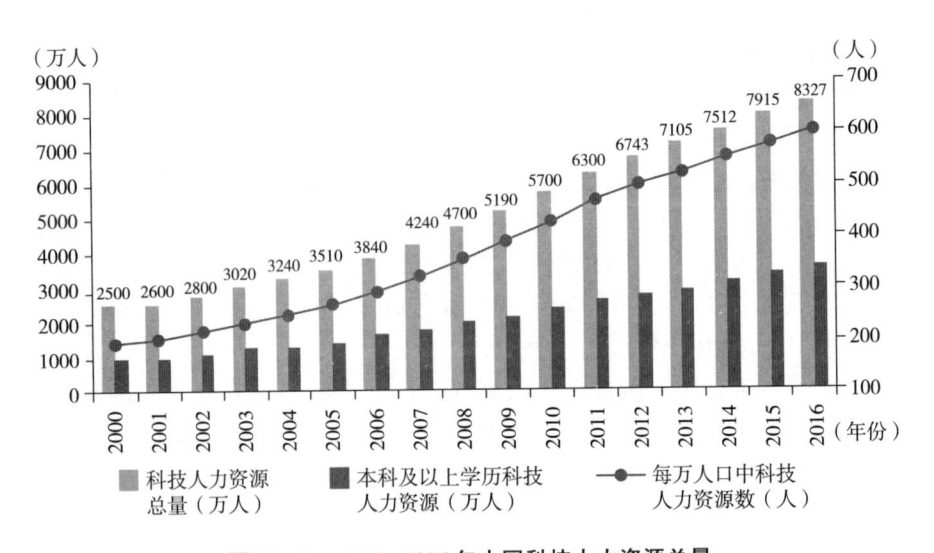

图10-10 2000~2016年中国科技人力资源总量

如图10-11所示，我国研发人员数量不断增长，高学历人员比例继续增加，研发人员素质进一步得到提高。2016年，我国R&D人员总数为583.1万人，比2015年增长6.4%，增幅上升了4个百分点，其中博士37.9万人，硕士84.6万人，本科毕业生260.8万人。本科及以上学历的人数占到总数的65.7%。按全时当量统计，2016年我国R&D人员总量为387.8万人年，比2015年增加11.9万人年，增长3.2%，同比提高了1.9%。R&D研究人员总量持续增长，2016年达到169.2万人年，比2015年增加7.3万人年，增速为4.5%。R&D研究人员占R&D人员的比重为43.6%，比上年上升0.5个百分点。

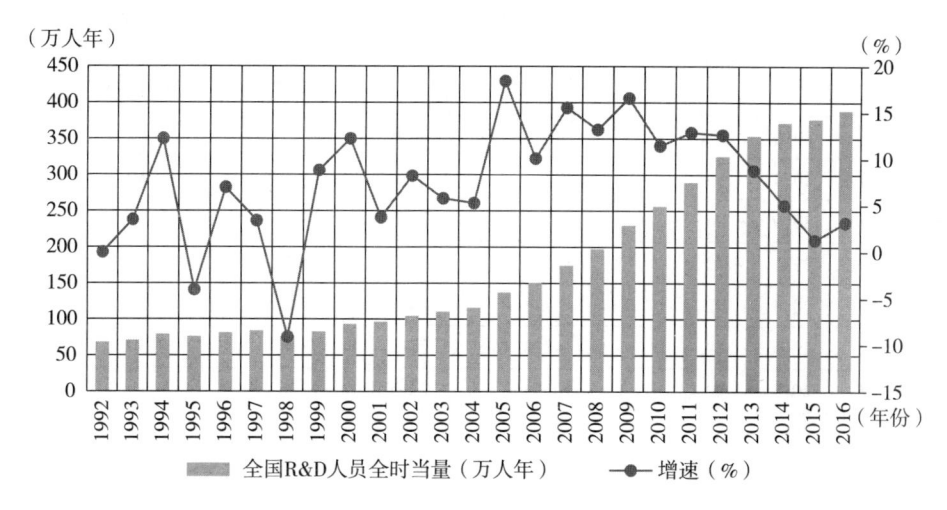

图 10-11　1992~2016 年中国 R&D 人员总量变化趋势

（二）企业研发及试验人员比重仍占主导

2016 年，我国企业研发人员总数达到 301.2 万人年，占全国研发人员总数的 77.7%，与上年基本持平。研究机构和大学的研发人员分别达到 39.0 万人年和 36.0 万人年，合计占比为 19.3%，同比下降 0.4%。其他单位的研发人员为 11.6 万人年，占全国的 3%。2016 年，基础研究人员为 27.5 万人年，占 7.1%，同比增加 0.4%；应用研究人员为 43.9 万人年，占 11.3%；实验开发人员为 316.4 万人年，占 81.6%。

（三）人力投入强度与发达国家的差距正在缩小

全球发达国家中，美国研发队伍规模最大。根据 OECD 统计，2015 年美国 R&D 研究人员全时当量为 138.0 万人年（注：美国没有 R&D 人员全时当量统计数据）。中国 R&D 研究人员全时当量从 2010 年开始超过美国，位居全球第一（见表 10-5）。根据最新数据计算，中国 R&D 研究人员全时当量数占全球总量（世界 41 个主要国家和地区合计数）的比重从 2009 年的 18.8% 上升到 2015 年的 21.9%，美国的比重则从 20.5% 下降到 18.6%。

表 10-5 R&D 人员总量超过 10 万人年的国家

国家	年份	R&D 人员（万人年）	万名就业人员 R&D 人员数（人年/万人）	年份	R&D 研究人员（万人年）	万名就业人员 R&D 研究人员数（人年/万人）
中国	2016	378.8	50.0	2016	169.2	21.8
澳大利亚	2010	14.8	132.0	2010	10.0	89.7
巴西	2010	26.7	21.7	2010	13.9	11.3
加拿大	2013	22.7	125.6	2013	15.9	88.2
法国	2015	42.9	155.7	2015	27.8	100.9
德国	2015	64.1	148.8	2015	38.8	90.1
意大利	2015	24.8	101.4	2015	12.1	49.3
日本	2015	87.5	132.2	2015	66.2	100.1
韩国	2015	44.2	170.4	2015	35.6	137.4
荷兰	2015	12.8	146.0	2015	7.7	87.6
波兰	2015	10.9	68.4	2015	8.3	51.7
俄罗斯	2015	83.4	115.3	2015	44.9	62.1
西班牙	2015	20.1	108.7	2015	12.2	66.3
土耳其	2015	12.2	45.9	2015	9.5	35.7
英国	2015	41.7	133.1	2015	28.9	92.5
美国	—	—	—	2015	138.0	91.4

资料来源：OECD, Main Science and Technology Indicators 2017-1.

我国研发人力投入强度保持着逐年稳定增长态势，万名就业人员中 R&D 人员数从 2010 年的 33.6 人年/万人上升到 2016 年的 50.0 人年/万人，年均增长 6.9%。万名就业人员中 R&D 研究人员数从 2010 年的 15.9 人年/万人上升到 2016 年的 21.8 人年/万人，年均增速 5.4%，比同期万名就业人员中 R&D 人员数量低 1.5%（见图 10-12）。从国际比较看，我国研发人力投入强度指标在国际上仍处于落后水平。2015 年我国平均每万名就业人员中 R&D 人员数量在 R&D 人员总量超过 10 万人年的国家中仅高于土耳其和巴西等发展中国家。多数发达国家平均每万名就业人员中 R&D 人员数量仍然是中国的 2 倍以上。

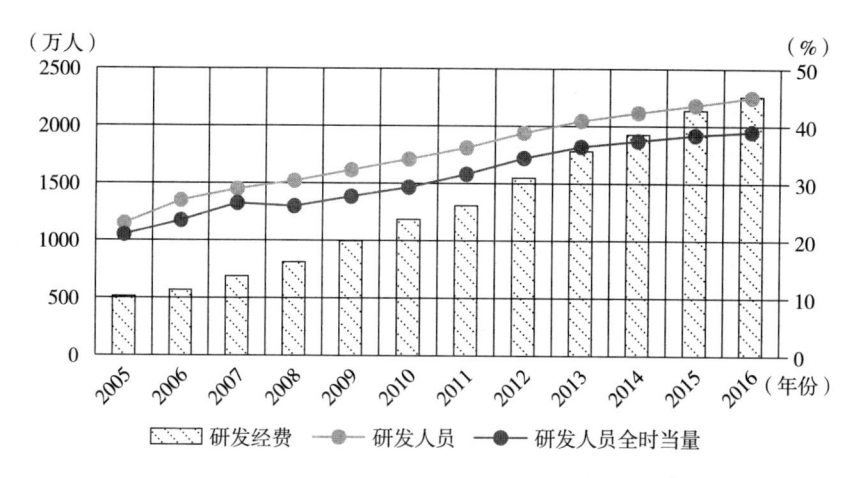

图 10-12　2005~2016 年研究机构的研发人员和研发经费

五、推进高技术产业迅猛发展

从 2000 年到 2007 年，技术引进基本呈上升趋势。如图 10-13 所示，国外技术进口支出从 2000 年的 54.25 亿元增加到 2007 年的 130 亿元，增长 278.5%，年增长率为 15.74%。但是，自 2008 年以来，国外技术进口规模逐步缩小。2014 年，国外技术进口支出仅为 63.1 亿元，比 2007 年下降 51.7%。中国高技术产业对外技术依存度[①]显著下降，2000 年为 29.8%，2014 年仅为 2.7%。这不仅反映了中国高技术产业研发支出的增长远高于技术进口支出的增长，也反映了中国高技术产业自主创新意识的增强，自主创新能力的提高与不断改进。与国外技术进口不同，国内技术采购量呈上升趋势，国内技术采购支出从 2000 年的 7.2 亿元增加到 2014 年的 51.26 亿元，增幅超过 7 倍。同时，国内技术采购比例也逐年上升，从 2000 年的 13.29% 上升到 2014 年的 44.82%，增幅为 237%。由于外国投资的减少，国内技术采购支出从 2007 年到 2014 年显著增加，七年内增长 8.05 倍，国内技术交易市场所采用的技术得到了更多创新者的认可。国外技术进口与国内技术采购的明显差异也表明，中国的研发水平不断提高，创新能力得到了很大程度的提高（见图 10-13）。

---

① 对外技术依存度可以从一定程度上反映产业对进口的依赖程度，一般用技术引进支出占总科技经费支出的比重来表示，用公式表达为：对外技术依存度=国外技术引进支出/（国外技术引进支出+R&D 经费支出）。

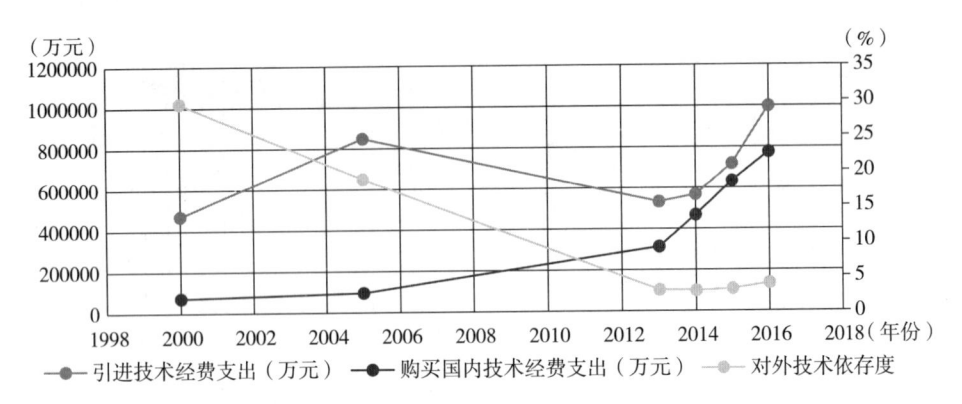

图 10-13　2000~2016 年我国高科技产业技术引进支出额与对外技术依存度

2016年，我国高技术产业主营业务收入规模继续扩大，突破15万亿元，占制造业的14.7%。不同行业的高技术产业主营业务收入差异较大，电子通信设备制造业主营业务收入占总收入的一半以上。在东部地区，高技术产业的分布呈现出明显的区域集聚特征。国内企业产值比重继续稳步上升，达到54.9%，比上年提高近4个百分点。研发投入持续增加，大中型高技术企业研发资金占大中型制造企业研发资金的30.6%，研发投入强度达到1.58%，区域研发投入差异明显。

（一）占制造业比重继续回升

2016年，我国高技术产业的主营业务收入继续增长，突破15万亿元。近年来，高科技产业主营业务收入增速继续波动。2016年，高技术产业主营业务收入同比增长9.9%（按可比价计算），与上年相比下降0.4个百分点（见图10-14）。

2016年，我国高技术产业主营业务收入占制造业比重在继2015年超过14%之后，继续提升了0.6个百分点，达到14.7%（见图10-15）。

（二）部分产业区域集中度高

据高技术产业主营业务收入分布，2016年电子电信设备制造业主营业务收入占比为56.8%，同比上升0.8%；计算机及办公设备制造业比重为12.8%，同比下降0.8%；医药制造业主营业务收入占比为18.3%，与去年基本持平；医疗器械和仪器仪表制造业务收入占比7.6%，同比上升0.1%；航空航天制造业比重为2.5%（见图10-16）。

从产业区域分布来看，高技术产业呈现出高度的区域集中度（见图10-

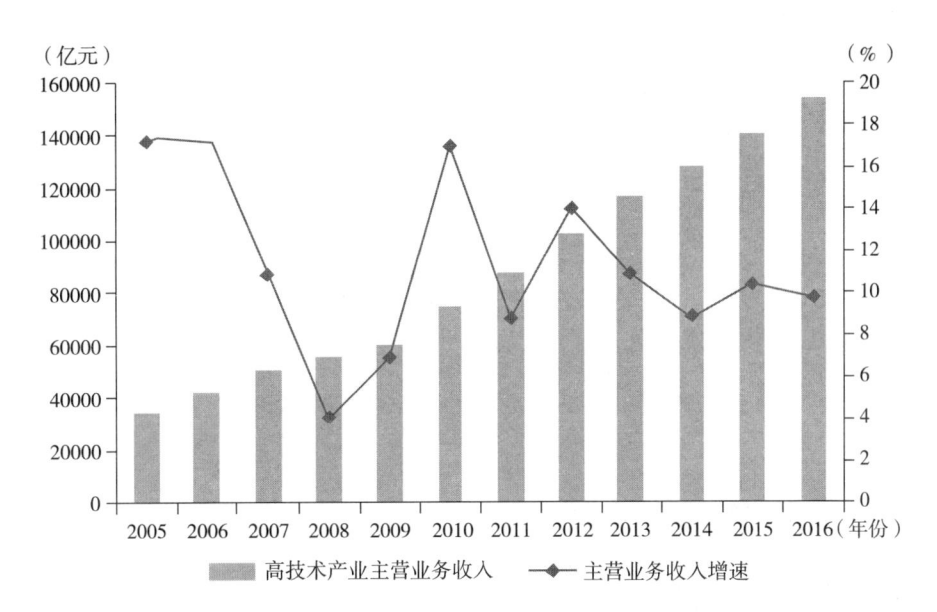

图 10-14　2005~2016 年高技术产业主营业务收入及增长速度

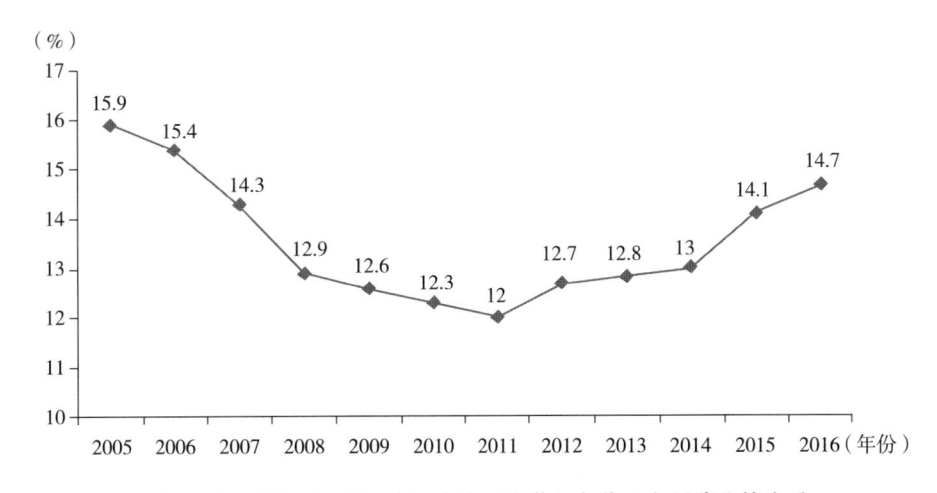

图 10-15　2005~2016 年高技术产业主营业务收入占制造业的比重

17）。东部地区高技术产业主营业务收入占全国的 70.3%，特别是广东省和江苏省，占全国的 44.5%。根据产业地区的分布，电子计算机和办公设备的制造主要分布在东部沿海省份，广东、江苏和上海的主营业务收入占全国总量的 51.6%。电子和通信设备的制造在东部沿海省份高度集中，其收入占全国总收入的 76.5%，其中仅广东和江苏就占中国总数的 54.5%；江苏省继续

中国工业化进程40年

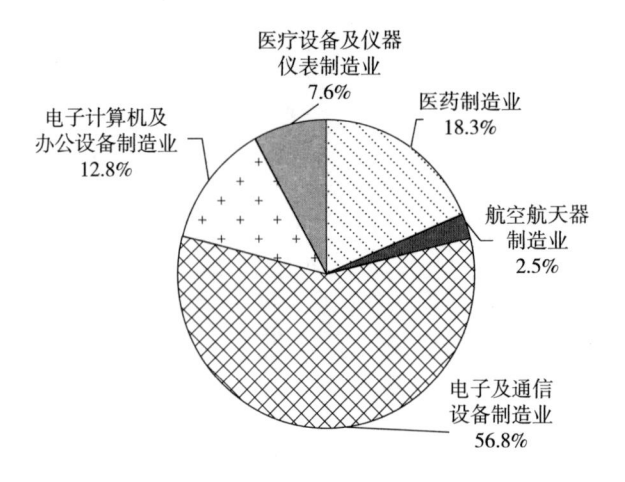

图 10-16　2016年高技术产业主营业务收入按行业分布

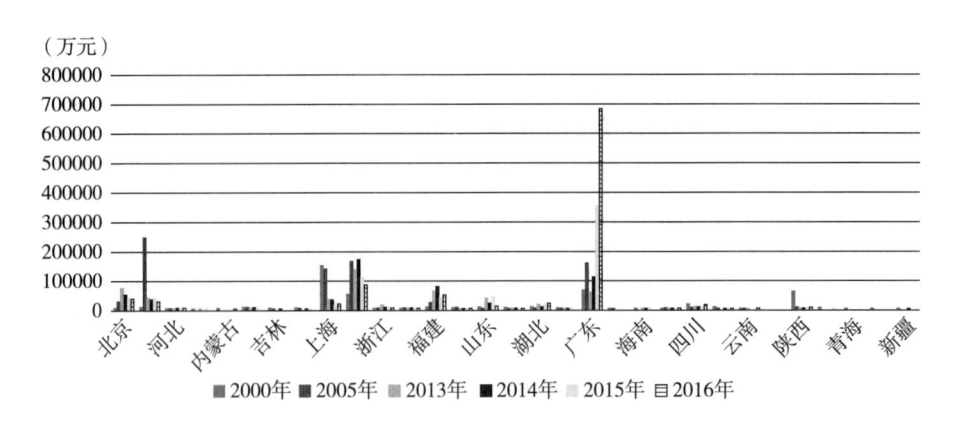

图 10-17　2000~2016年我国各地区国外技术引进支出

引领医疗器械和仪器仪表制造业，占全国份额的38.1%；在航空航天工业中，陕西和天津表现突出，并继续占据全国前两位，而江苏、辽宁、四川仍占第三至第五位，这五省市占全国的65.1%；医药制造业的区域分布仍然是去年的格局，山东省和江苏省分别占16.1%和13.7%，但与其他四个行业相比，其区域分布更加均衡（见图10-17）。

（三）内资企业所占比重稳步上升

随着内资企业自主创新能力的提高，我国高技术产业内资企业规模不断扩大。2016年，国内企业主营业务收入继续增长，达到54.9%，同比提高了近4%，同时三资企业所占比重继续下降，为45.1%（见图10-18）。

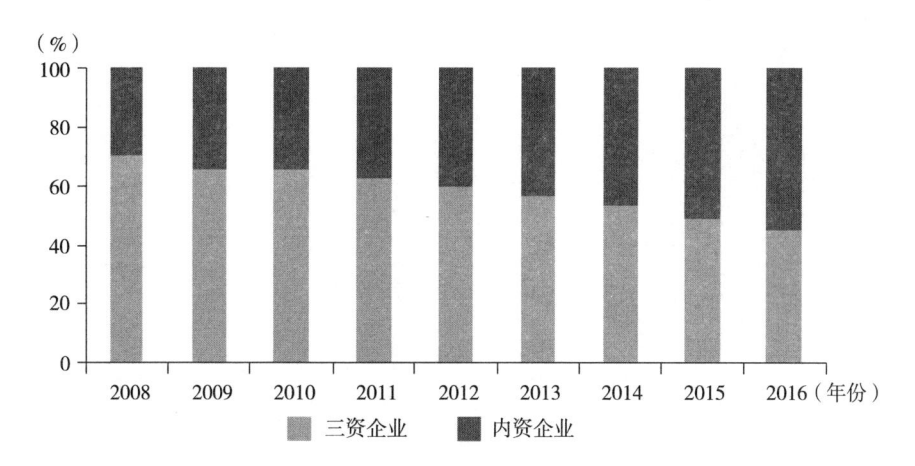

图 10-18　2008~2016 年内资企业和三资企业高技术产业主营业务收入所占比重

从不同产业的角度来看，我国高技术产业主营业务收入占国内企业与三资企业的比重明显不同。计算机及办公设备制造业中，港澳台资和外资企业的比重达到该行业总数的 80.4%；电子及通信设备制造业中，三资企业占比延续下降至 49.2%。航空航天器制造业中，内资企业占比为 77.8%，占据绝对优势；医药制造业中，内资企业占比达 80.4%。分地区看，东部地区高技术产业的三资企业及外商投资企业主营业务收入占该地区全部高技术产业主营业务收入的比重为 51.2%；东北地区的三资企业占比较低，为 21.5%。上海的高技术产业主营业务收入中，三资企业所占比重达到 83.8%；山西的三资企业占比超过 75%；天津的三资企业占比超过 60%；福建、北京和江苏三资企业占比都在 50% 以上。

（四）区域研发投入明显不同

近年来，我国高科技产业的研发支出继续增长。2016 年，大中型高技术企业研发支出 2437.6 亿元，占大中型制造企业研发支出的 30.6%。高技术产业研发投入强度为 1.58%，与上年基本持平。航空航天工业的研发支出强度最高，为 4.5%，而计算机和办公设备行业的研发支出强度最低，为 0.80%。根据区域分布，东部地区高技术产业的研发支出占全国高技术产业研发支出的 77.4%，远高于中西部地区；广东和江苏在中国的比例最高，分别为 34.5% 和 12.2%，而其他省份不到 10%。高新技术产业研发投入强度在东部地区，达到 1.74%，东北地区为 1.54%，西部和中部地区分别为 1.35% 和 1.05%（见图 10-19）。

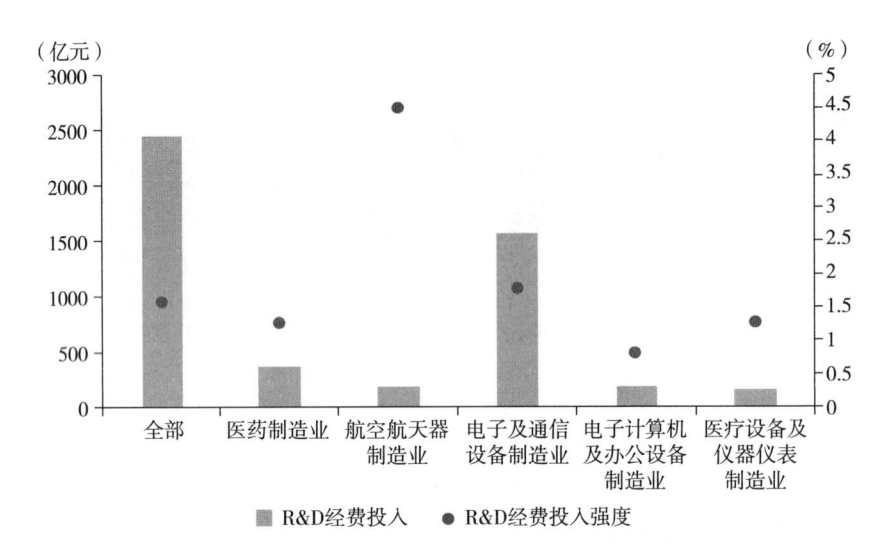

图 10-19　2016 年高技术产业 R&D 经费及其投入强度按行业分布

六、结语与展望：完善技术引进结构促进自主创新

高新技术产业的发展已成为影响区域高质量发展、提高产业竞争力的重要因素，也是建设创新型国家的重要保证。目前，我国高技术产业与发达国家之间存在巨大的技术差距，这将不可避免地影响我国的科技竞争力和国家创新能力。在经济全球化的背景下，这种技术差距可以成为我国高科技产业通过技术引进赶超外部的窗口，通过引进使我国高科技产业的创新绩效得到更快的提升。因此，加强自主创新是推动科技进步，转变中国经济发展方式的核心与抓手。虽然技术引进可以暂时提高创新绩效，缩小与发达国家的技术差距，但如果过度依赖技术引进而忽视甚至放弃自主创新，中国的高科技产业将陷入使用技术进口而非自主研发、提高创新绩效的路径依赖以及"引进—落伍—再引进—再落伍"的恶性循环，最终使我们自己的技术始终落后于发达国家，从而阻碍我国科技竞争力的提升和创新型国家建设。

（一）加大适宜性技术引进

改革开放 40 年来，我国技术引进的规模和范围大大扩展，技术引进从传统的重工业向制造业、金融业和 IT 等典型服务业转变。在国内人口和全球贸易红利的帮助下，中国在短短 30 年间依靠投资和出口成为世界第二大经济体，在世界经济增长中占据举足轻重的地位。尽管如此，我国仍面临诸多问题，如产业转型升级步伐缓慢、高科技产品缺乏等问题。主要原因是我国许多产业缺乏相关领域的核心技术，也与技术引进中软件技术和知识技能方面的引进不足有很大关系。由于当时忽视软件技术、人员培训和考虑自身技术条件，在引进成套设备后难以掌握和控制生产设备的现象较为严重，很多企业往往会重新改造设备，降低设备效率。在没有很好地消化吸收新技术的情况下，最终形成了不断引进或者不断更新更多的机器设备，严重增加了人力成本和浪费了大量的有限资金。另外，在技术引进的早期阶段，由于我们缺乏对前沿技术的了解，不重视市场发展趋势，很多进口的技术是已经淘汰或设备过期很多年。这样的技术引进，想实现企业转型升级和提高生产效率几乎是不可能的。

（二）加快消化吸收先进性技术

长期以来，中国对进口技术的消化与吸收没有给予足够的重视，忽视了技术引进与消化吸收相结合的重要性。国际经验表明，对于企业进口的每 1 美元技术，需要配套 2~5 美元来消化与吸收。据日本工业和技术研究所在 20 世纪 60 年代中期对日本技术进口和技术吸收支出的调查，日本机械工业研究支出的 16.9%用于外部进口，而 68.1%的支出用于消化吸收。日本电工行业的研究费用 24.4%的支出用于外部引进，而 48.1%的支出用于消化与吸收。1997 年我国在技术进口方面的支出为 236.5 亿元，消化吸收仅用了 13.6 亿元，仅为引进费用的 5.8%。20 世纪 90 年代技术引进的指导思想对目前的技术困境产生了很大的影响。因此，我们必须高度重视技术引进与消化吸收的关系，严格把握适当技术和先进技术，为未来 10~20 年的技术创新和产业革命奠定基础。在当前数字经济蓬勃发展的形势下，引进技术时必须充分考虑先进技术或适用技术的影响效果。事实上，我们无法统一为所有产业选择先进技术或适用技术，但我们必须要考虑当前发展阶段以及现在的消化吸收能力，还要考虑长远的产业规划和技术发展趋势，以便使我国的技术引进不仅当前有用有效，而且还要能够促进自主创新的发展。

（三）大力推进自主创新

"科技是国家强盛之基，创新是民族进步之魂。"中国改革开放 40 年的实践证明，中国正是通过引进发达国家的先进技术和设备，最终快速缩小与先发国家的差距，并进一步通过消化、吸收和创新，逐步实现技术的跟跑、并跑与领跑。我国对于一些尖端技术的集成攻关具有很大优势、很好的经验，也取得了很大的成绩，但在一些高端技术如芯片和一些基础技术的发展上与西方发达国家相比，在技术储备、研发能力和科技人才等方面还有很大的差距。全球化时代及资源禀赋决定了，很多技术及产品来自相互协作；但作为大国，对于一些重大的基础技术及产品必须有自己的技术积累与人才储备。技术引进是一些发展中国家解决经济发展难题的一个快速、便捷、有效的手段。在新时代，我国的经济发展将会进入高效率、低成本、可持续的高质量发展阶段，这些要求对产业结构升级有了更高的标准。既然技术引进能够促进产业结构的优化升级，那么在制定技术引进的产业政策时，就必须依靠消化吸收所引进的先进技术，不断积累科技实力，实现技术引进与自主创新有机统一，实现产业结构升级与自主创新协同发展，为我国经济实现高质量发展奠定坚实的基础。

参考文献

1. 金碚：《世界工业化历史中的中国改革开放30年》，《财贸经济》2008年第11期。
2. 陈晓东：《中国专利创新的区域特征与空间格局演变》，《江苏社会科学》2018年第4期。
3. 陈晓东：《深化东北老工业基地体制机制改革的六大着力点》，《经济纵横》2018年第5期。
4. 庞长伟：《自主创新还是引进创新》，《科研进步与对策》2016年第5期。
5. 国胜铁：《技术引进对我国产业结构升级的影响研究》，《经济纵横》2016年第12期。
6. 吴广谋等：《技术引进与技术创新的冲突和协同》，《科研管理》1998年第4期。

第十一章　基础设施与交通建设

世界各国的发展史都表明，实现财富的公平分享比财富的创造更困难，解决民生问题的成就比取得经济增长的成就更难获得各阶层的满意评价。因为，财富的创造和经济的增长是可以用比较简单的数字来明确表现的，并可以有大致公认的评价标准；而解决民生问题，不仅目标多元、内容复杂，而且其成就的评价难有一致的感受和公认的准则。特别是，构建促进财富创造和经济增长的制度和机制，世界各国大体相同，即让市场经济制度的自由竞争机制尽可能发挥作用，并辅之以政府必要的宏观调控政策；而解决好涉及以实现所有居民（甚至所在国外国公民）的公平和共享为原则的民生问题，世界各国并无相同的制度机制，甚至在最基本的理念上都存在极大分歧。再加之，解决民生问题还涉及如"幸福""富足""安全""保障""公正"等依赖于心理感受的因素，所以，取得社会公认的成就更不是一件容易的事情。从这一意义上说，当社会经济发展进入更为关注民生的阶段，所面临的矛盾将更突出，困难将更复杂，挑战将更严峻，任务将更艰巨。基础设施作为社会经济发展的先行资本，主要从两条路径对经济产生影响：一是基础设施是一种投资，可以直接促进经济增长；二是一些经济性的基础设施具有网络效应和规模效应，这种效应既可以通过提高产出效率促进经济增长，又可以通过引导发达地区对落后地区的经济溢出来促进多地区经济的共同增长。同时，基础设施会在提高居民的福利、消除贫困、缩小地区差距方面起到至关重要的作用。

一、问题的提出

新中国成立以后，中国经济经历了近 70 年的发展，取得了巨大的成就。特别是改革开放以来，我国经济走上了飞速发展的轨道，创造了令世人瞩目的经济增长奇迹。在此期间，基础设施规模也不断扩大，基础设施状况得到一定提高，在经济发展中起的作用也在不断加强。从基础设施产业创造的 GDP 占整个国内生产总值比例变化趋势看，其直接推动经济增长的作用在逐渐增强。与此同时，我国的基础设施也得到了跨越式发展。2016年广义基础设施建设完成投资额15.20万亿元，占固定资产投资总额的25.48%，同比增长15.71%。其中水利、环境和公共设施管理业投资占基建投资比重最大，高达45%；其次为交通运输、仓储和邮政业投资，占比35%。按重点建设项目来看，公路、铁路、轨道交通、机场等交通设施和市政、水利、电源等基础设施是重点。交通扶贫和交通强国计划开启后，我国的农村公路和高速公路、轨交、高铁等高端品质交通基建将会取得更快的发展。根据2018年全国交通运输工作会议，我国将于2018年制定《交通运输服务决胜全面建成小康社会 开启全面建设社会主义现代化国家新征程行动计划（2018~2020年）》，这是继2016年初《交通基础设施重大工程建设三年行动计划》后的一项中期规划，而2020年至21世纪中叶，我国将分"两步走"完成"四梁八柱"的交通强国建设。从"十三五"现代综合交通运输体系规划来看，2020年要实现贫困地区国家高速公路主线基本贯通，综合交通网总里程达到540万公里，其中铁路营业里程达15万公里，五年的年复合增长率（CAGR）为4.39%（高铁预计3万公里，CAGR 9.57%）；公路营运里程500万公里，五年CAGR 1.77%（高速公路预计16.9万公里，CAGR 16.13%）；轨交营运里程6000公里，五年CAGR 12.70%，高速公路、轨交、高铁等高端品质的基础设施仍是建设重点。基础设施的跨越式发展创造了我国基础设施发展奇迹。那么，经济增长奇迹与基础设施发展奇迹之间有什么关联呢？人们普遍认为基础设施发展是经济增长的先决条件，"要致富，先修路"等类似的宣传标语在我国随处可见。基础设施是如何促进经济增长的呢？现有的相关理论研究认为，基础设施能够降低企业成本，完善投资环境，提高要素生产率、产出生产率及劳动生产率，提升人民健康水平和人力资本水平，降低贫困人口，缩小地区间经济发展差异，促进各地区经济互动发展。

二、基础设施建设的基本内涵及国际经验

结合世界银行（1994）的定义及我国的实际情况，基础设施根据地区或使用范围有不同的划分标准。按照地域可以划分为农村基础建设和城市基础建设；按照服务性质可以划分为生产基础设施、社会基础设施和制度保障机构（见表11-1）。

表 11-1 基础设施分类

划分	划分标准	分类	具体项目	
按照地域划分	农村基础设施	农业生产性基础设施	现代化农业基地、水田建设	
		农村生活基础设施	饮水安全、农村沼气、农村道路、农村电力	
		生态环境建设	天然林资源保护、防护林体系、种苗工程建设、自然保护区生态保护和建设、湿地保护和建设、退耕还林等农民吃饭、烧柴、增收等当前生计和长远发展问题	
		农村社会发展基础设施	益于农村社会事业发展的基础建设,包括农村义务教育、农村卫生、农村文化基础设施	
	城市基础建设（工程性基础设施）	能源供应系统	电力、煤气、天然气、液化石油气和暖气等	
		供水排水系统	水资源保护、自来水厂、供水管网、排水和污水处理	
		交通运输系统	对外交通设施	航空、铁路、航运、长途汽车和高速公路
			对内交通设施	道路、桥梁、隧道、地铁、轻轨高架、公共交通、出租汽车、停车场、轮渡
		邮电通信系统	邮政、电报、固定电话、移动电话、互联网、广播电视	
		环保环卫系统	园林绿化、垃圾收集与处理、污染治理	
		防卫防灾安全系统	消防、防汛、防震、防台风、防风沙、防地面沉降、防空	
按照服务性质划分		生产基础设施	指服务于生产部门的供水、供电、道路和交通设施、仓储设备、邮电通信设施、排污、绿化等环境保护和灾害防治设施	
		社会基础设施	指服务于居民的各种机构和设施,如商业和饮食、服务业、金融保险机构、住宅和公用事业、公共交通、运输和通信机构、教育和保健机构、文化和体育设施等	
		制度保障机构	如公安、政法和城市建设规划与管理部门等	

(一) 基础设施的内涵

从大量的文献中，可以发现当前学者在基础建设的研究主要着重于以下三类：一是电力、煤气及水的生产和供应行业；二是交通运输仓储以及邮电行业；三是水利、环境和公共设施管理业资本的形成。这三类资本都可以通过《中国统计年鉴》以流量的形式获得相应的数据。

(二) PPP

PPP（Public Private Partnerships）常被翻译成公私合作伙伴关系，早期人们对于 PPP 的认识来源于项目融资，随着研究的深入，现阶段人们更多从管理视角考虑 PPP。英国是第一个由政府引入市场机制进行基础设施建设的国家。根据中国财政学会公私合作（PPP）研究专业委员会（2014）的定义，公私合作伙伴关系（PPP）是指政府公共部门与民营部门合作过程中，让非公共部门所掌握的资源参与提供公共产品和服务，从而实现政府公共部门的职能，同时也为民营部门带来利益。其管理模式包含与此相符的诸多具体形式。在把 PPP 作为项目融资时期，是将其与 BOT、BT、BOO 等并列看待的，现在是将 PPP 看作包括诸如 BOT、BT、BOO 等与定义相符的诸多形式的管理模式。PPP 模式有融资、风险分配、利润可控制（调控）和可持续四个特点，其中融资的特点最为突出。

当前阶段，对 PPP 模式没有明确的分类标准，但可以根据具体到基础设施的形式划分为两种类型，一种是根据基础设施的形态来划分采用什么样的 PPP 模式，另一种是根据基础设施的终端消费者是否付费来划分采用什么样的 PPP 模式（见表 11-2）。英国常采用消费者是否付费的模式作为标准。张水波、郑晓丹（2015）通过研究 1990~2012 年"金砖四国"数据得出，在 1990~2012 年中国的 GDP 有 10% 的增长，是"金砖四国"中经济发展最快的国家，中国也是"金砖四国"中运用 PPP 项目最多的国家，但在 1990~2012 年，我国也是被取消或不良项目占总额最多的国家，我国虽然在 2014 年成立了第一个全国性的 PPP 工作领导小组，但 PPP 项目处于地方政府的操作层面，并且在各基础设施的地方极少有公众参与决策，我国应该在以上方面做到更加完善。

表 11-2 基础设施付费方式分类

付费对象	划分类型	特点
使用者付费（特许经营的PPP模式）	项目自身通过向使用者收费就能产生较好的经济效益的项目	一般具有自然垄断性
	项目自身通过向使用者收费不能产生较好经济效益的项目	自身现金流较小，只能通过财政补贴的方式才能使项目正常运营
	项目本身具有较多的不确定性（例如高速公路）	政府会在其低收益时期给予相应的补贴，而当达到一定程度就不再补贴，但是如果高到一定程度后，政府还会给予合理的调节
政府付费［私人主动融资（PFI）］	没有确定的使用者或本身就是政府应当法定提供的基本公共服务，只能由政府利用税收资金向生产者购买服务	私人部门负责结果（或成果），政府根据私人部门提供的最终结果付款，而其产生过程全部由私人部门负责管理

（三）国外基础设施建设的经验

经济学家对于基础设施研究始于20世纪80年代，Aschauer以实证研究展示了基础设施投资对经济发展的重要性，之后的研究也大都集中在基础设施的投入产出方面。基础设施对一个国家的发展有至关重要的影响，但在许多欠发达国家中，基础设施的投资没有达到最优。Randolph、Bogetic和Hefley（1996）的1980~1986年针对27个中等收入国家的面板数据和时间序列数据中，研究了影响基础投资的各项因素，他们发现人均基础设施支出对经济发展阶段、城市化水平和劳动参与率最为相关。

张培丽、陈畅（2015）通过大量的国外文献研究了基础设施与经济增长的关系。她们从五个方面探讨了两者之间的关系，分别为：基础设施投资能否促进经济增长、基础设施能否引入私人资本、基础设施投资的私人规模、基础设施投资的最优方向、基础设施的投融资模式。我国改革开放40年，尽管经济取得了飞速的发展，但基础设施仍有很大的发展空间，通过借鉴国外的经验，可以对更好地发展国内的基础设施投融资建设有积极的意义。

1. 基础设施投资能否促进经济增长

一是基础设施投资促进经济增长。大卫·艾伦·阿绍尔（David Alan Aschauer，1989）运用美国1949~1985年的数据进行TFP回归，认为公共部门支出对经济发展有重要的影响，且认为公共投资的经济增长和边际回报率远远大于私人投资，美国20世纪70年代生产率的大幅下降是由基础设施投资的减少造成的。阿绍尔（David Alan Aschauer，1990）还运用美国50个州

1965~1983年的横截面数据进行分析，得出道路、高速、基础、供水系统对生产力发展有较好的解释力，而军事投资对生产力的增长没有影响。国外的相关学者通过研究发现，基础设施影响经济增长主要是由以下五方面内生机制产生作用的：增加产出、刺激私人投资和提高就业；参与生产、带动其他投入品供应和与其他投入品相互作用；提高私人投资生产力；减少企业库存；产生内部收益。

二是基础设施投资与经济增长存在双向互动关系。柳升勋（Seung-Hoon Yoo, 2005）和查尔斯（Charles B. L. Jumbe, 2004）利用协整检验和误差修正模型，实证研究韩国和马拉维两国数据发现，电力设施投资和经济增长有双向因果关系。陈盛东等（Sheng-Tung Chen, Hsiao-I Kuo, Chi-Chung Chen, 2007）对亚洲10个国家GDP和电力消费进行因果关系检验后认为，在长期情况下，基础设施投资（主要是电力）与经济增长存在双向影响。

三是基础设施投资与经济增长关系表现出阶段性变化。斯皮罗斯和帕尼克斯（Spiros Bougheas, Panicos O. Demetriades and T. P. Mamuneas, 2000）研究表明，基础设施投资和经济增长间的关系为阶段性变化，二者之间呈倒U形的关系，但当前绝大多数的国家仍处于并将长期处于曲线的上升部分。

四是基础设施投资与经济增长之间无明显相关性。查尔斯·R.胡尔腾和罗伯特·M.施瓦布（Charles R. Hulten and Robert M. Schwab, 1991）研究发现，基础设施投资和经济增长不显著相关。霍尔茨-埃金（Holtz-Eakin, 1992）、马龙·G.伯南特（Marlon G. Boarnet, 1998）、加西亚-米拉等（Garcia-Mila et al., 1996）随后的研究也得出与查尔斯相同的结果。

五是基础设施投资阻碍经济增长。阿尔弗雷·M.多珀雷拉和奥里奥尔·罗卡·塞格拉斯（Alfredo Marvão Pereira, Oriol Roca-Sa-galés, 2003）利用VAR模型分析得出公共投资的增加会减少私人投入需求进而降低产出。保罗·埃文斯和乔治斯·卡拉斯（Paul Evans and Georgios Karras, 1994）利用1970~1986年美国50个州的面板数据通过研究政府资本与现有政府服务对私人生产的贡献度，发现除了政府教育服务具有生产性，其他的行为都不具有促进经济发展的作用，甚至对经济的发展有负面影响。

2. 基础设施能否引入私人资本

玛丽亚·杰茜·德尔加多和印马克雷达·阿尔瓦雷斯（Maria Jesus Delgado and Inmaculada Alvarez, 2000）对1980~1995年西班牙的17个地区的面板数据构造了超对数生产函数，探究私人和公共资本是互为替代品还是互补品，研究发现基础设施投资与私人投资存在"挤入效应"。公共资本会促进私人资本进入市场,这种挤入投资主要体现在污水处理、供水系统、工业设备和交通设施等基础设施上。随后阿尔弗雷·M.多珀雷拉(Alfredo M. Pereira, 2001)提出应对基础设施进行区分,他提出在通信方面的基础设施投资会挤出私人投资。

3. 基础设施投资的最优规模

国外的相关学者针对影响基础设施投资规模的因素做了阐述,他们认为GDP增长、政治制度和环境、政府行为和选举经济自由化都会对规模造成一定程度的影响。爱德华·M.格拉姆利克(Edward M. Gramlich, 1994)提出,基础设施工程评估、经济回报率、生产力的影响、选举中的政治因素是判断基础设施是否达到最优规模的主要因素。当前的学者也提出了两种计算基础设施最优规模的方法:一是基础设施资本/私人资本最优比值,他们认为最优比值应在0.44左右;二是基础设施投资与私人投资边际产出相等。

4. 基础设施投资的最优方向

国外的学者对不同方向的基础设施投资对经济增长的情况进行了比较,因为计算的模型或者统计的数据有偏差,学者们对最优项目有不同的观点,但总结他们的观点,可以得出他们大致都认为交通、通信、电力、高速公路、供水系统和污水处理这六个基础设施项目对经济增长有最大的效用。

5. 基础设施的投融资模式

政府投资是基础设施建设最主要的资金来源,同时也是基础设施投资的最重要投融资模式。罗伯特·J.巴罗和泽维尔·萨拉-I-马丁(Robert J. Barro and Xavier Sala-I-Martin, 1992)指出,要根据公共服务的类别和性质来确定适用的税收制度和政策安排。克里斯托夫·坎普斯(Christophe Kamps, 2005)从就业率的角度强调了公共投资适用的税收政策。20世纪以来,为降低项目风险,引入了私人资本,很多国家开始采用公私合营的方式建造基础设施。学者们一致认为合理分配风险、有实力的财团参与及良好的投资环境是公私合营成功的关键。

三、国内基础设施建设的变革

当前相关学者基于自身的研究,对基础设施的划分有不同的标准,本节采取金戈(2016)的标准进行研究,将社会中的资本存量分为经济基础资本存量、社会基础资本存量和非社会基础资本存量。依照金戈(2012,2016)对数据的处理方法,选择1981年为基年(因为官方提供的全社会新增固定资产数据始于1981年)。

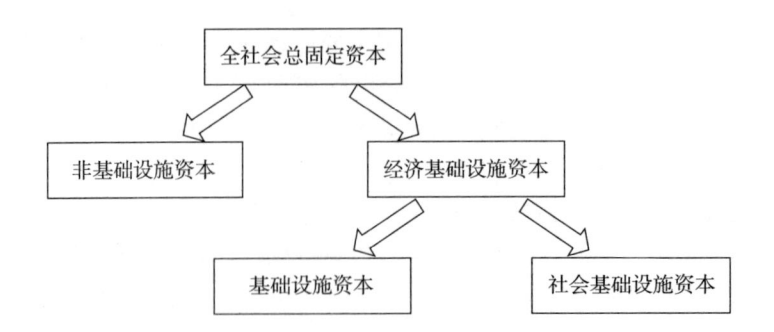

```
                    全社会总固定资本
                   ↙              ↘
           非基础设施资本        经济基础设施资本
                              ↙              ↘
                        基础设施资本        社会基础设施资本
```

(一) 我国社会基础设施发展情况

从图 11-1 中可以看出，1981~2012 年，我国全社会总固定资产都在增加，1981~1986 年经济基础设施、社会基础设施、非基础设施三者在全社会总固定资产中占比无太大差距，但随着经济社会的发展，非基础设施的投资占比逐渐增大，经济基础设施的占比较社会基础设施的占比有较小幅度的差距。1981~1992 年，非基础设施的投资以一个较稳定的增长速度增加，但在 1992 年以后，开始以一个较快的速度增长。1992 年，中共十四大开始确立市场经济体制的改革目标。2005~2012 年，我国非基础设施的增长速度继续较快，近似于呈直线式上涨。在 20 世纪前，经济基础设施和社会基础设施的差距不大，但自步入 21 世纪以来，经济基础设施与社会基础设施的差距逐渐拉开，经济基础设施的增长速度也快于社会基础设施的速度。

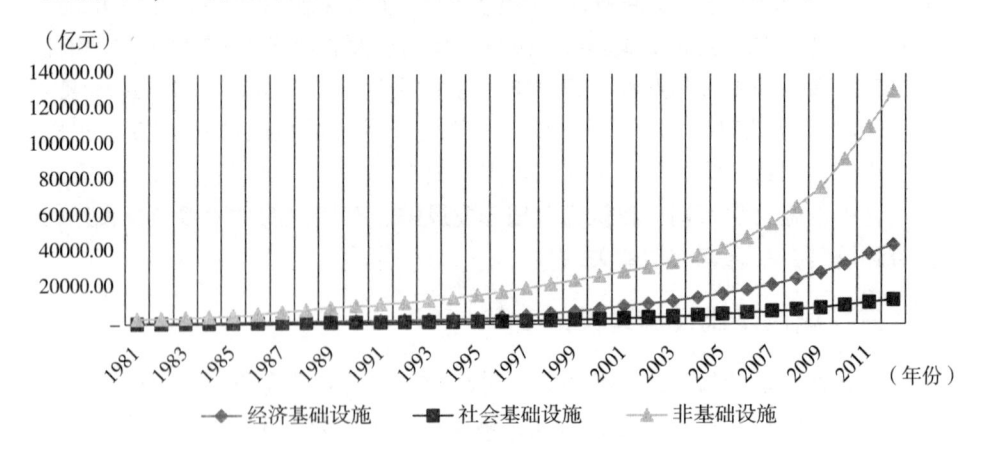

图 11-1 1981~2011 年全社会固定资本总量估算

资料来源：根据《中国统计年鉴》数据计算。

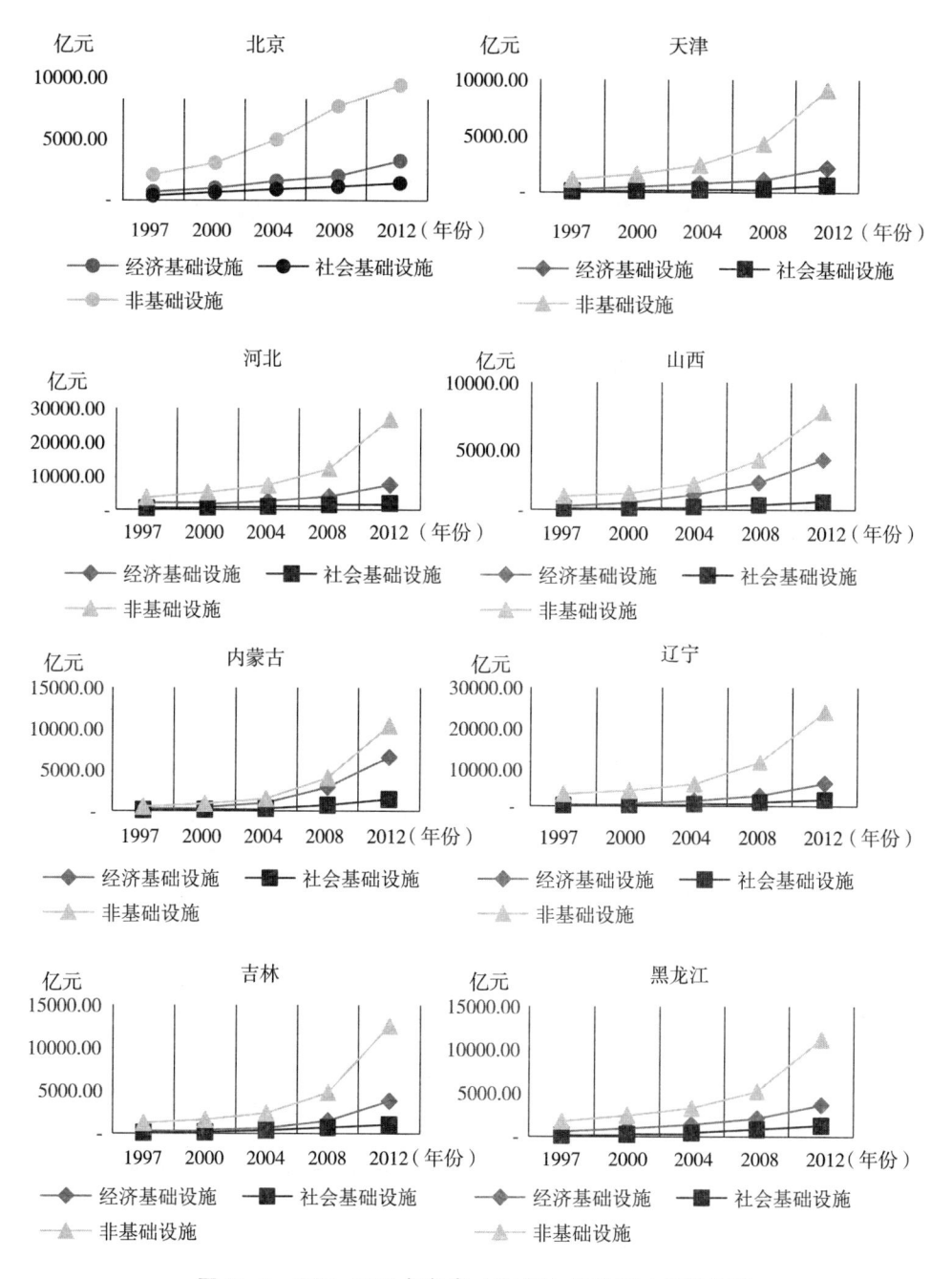

图 11-2 1997~2012年各省（市/区）固定资本总量估算

资料来源：根据《中国统计年鉴》数据计算。

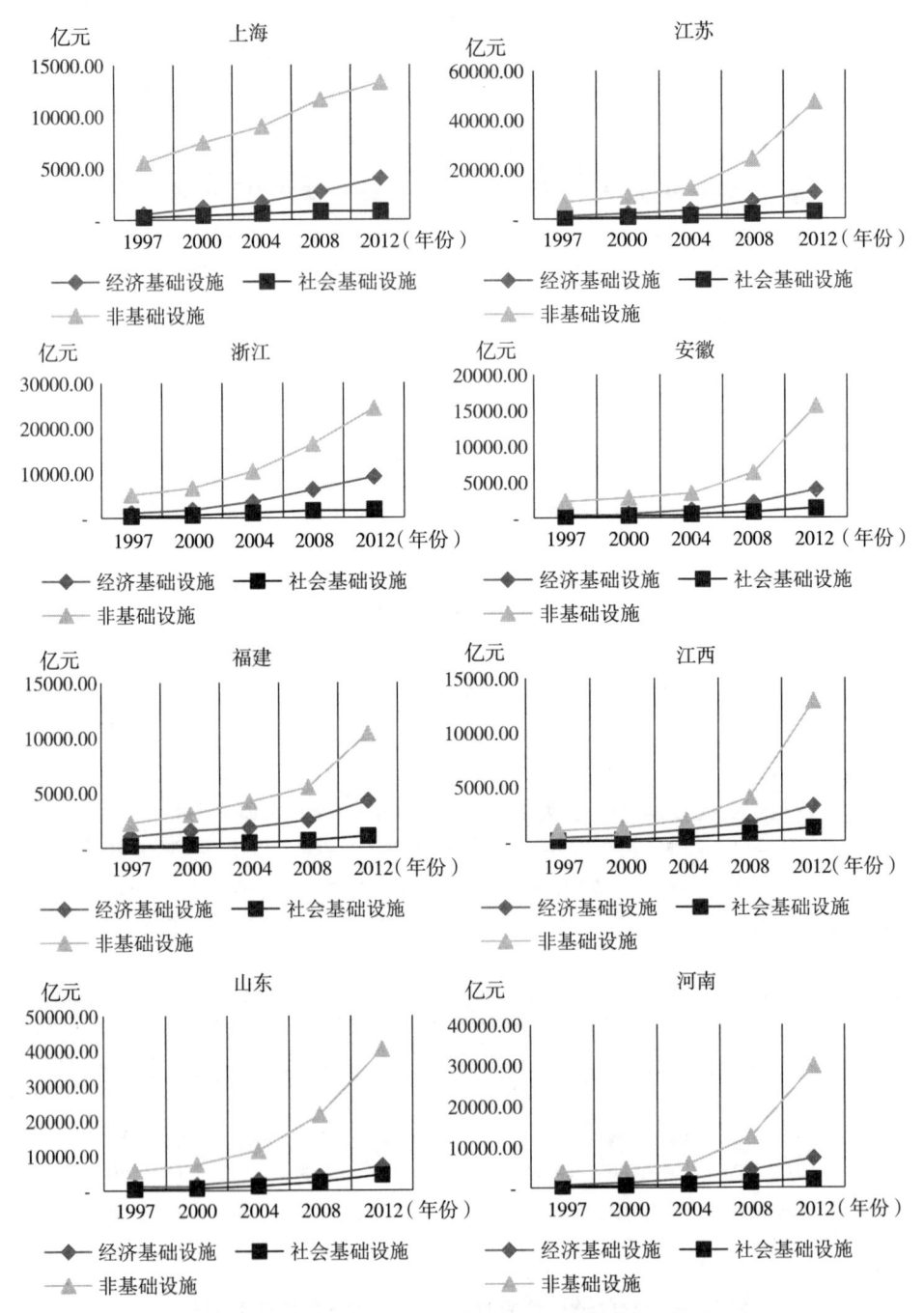

图 11-2 1997~2012 年各省（市/区）固定资本总量估算（续）

资料来源：根据《中国统计年鉴》数据计算。

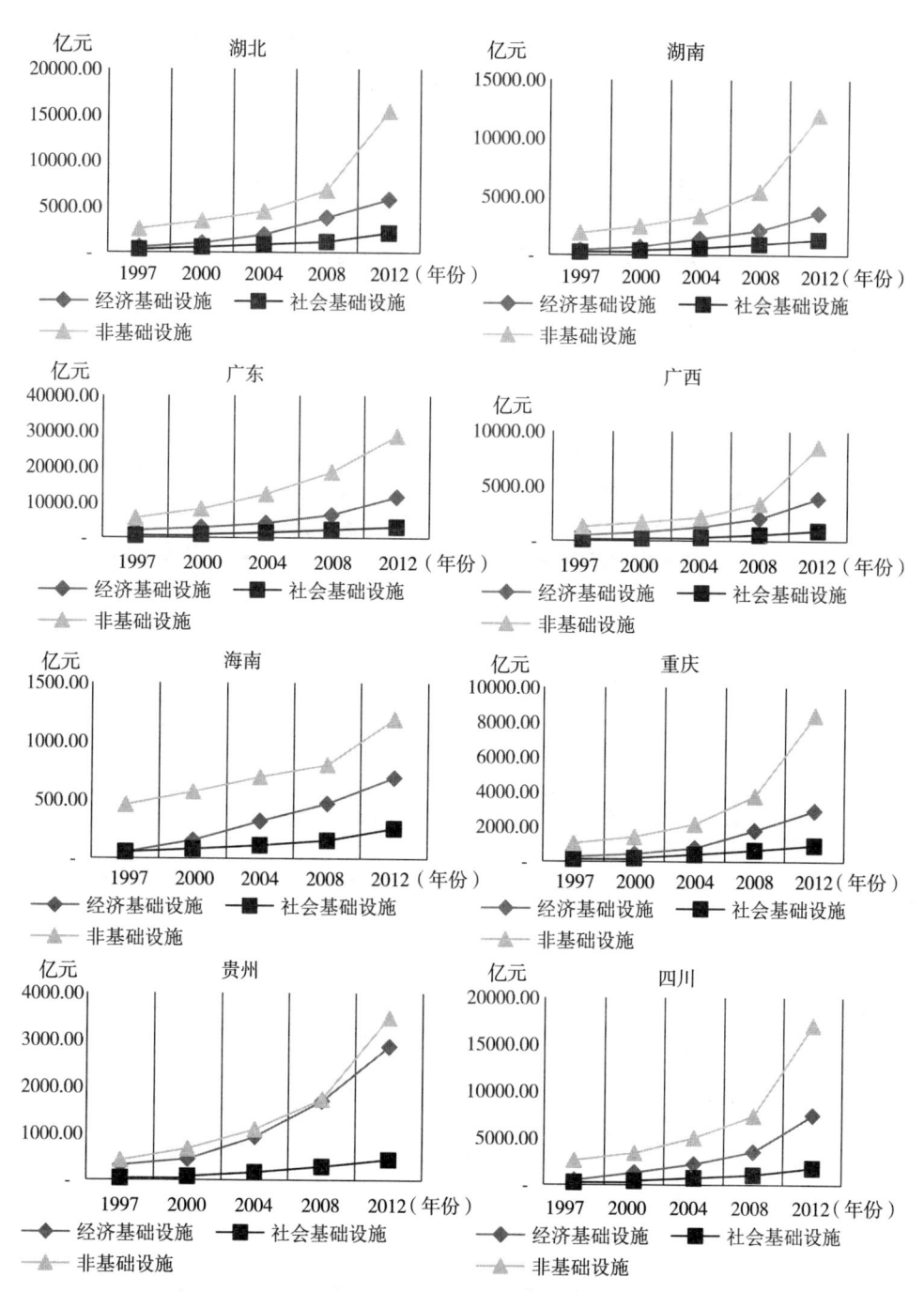

图 11-2　1997~2012 年各省（市/区）固定资本总量估算（续）

资料来源：根据《中国统计年鉴》数据计算。

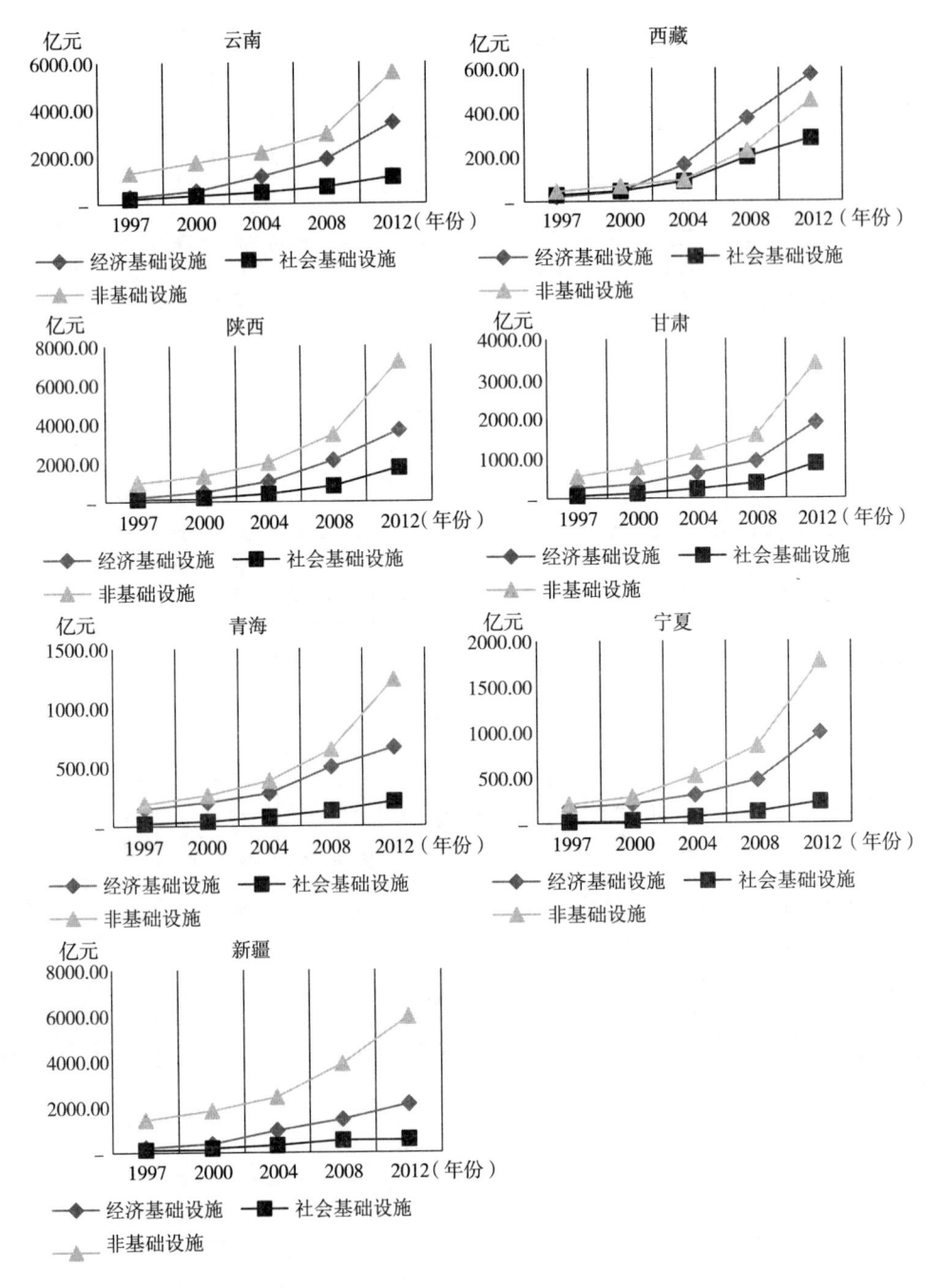

图 11-2　1997~2012 年各省（市/区）固定资本总量估算（续）

资料来源：根据《中国统计年鉴》数据计算。

图 11-2 对 31 个省（市/区）在 1997~2012 年的经济基础设施、社会基础设施、非基础设施存量进行分析。从以上 31 个图中可以观测到，31 个省（市/区）中，除西藏之外其余 30 个省（市/区）的三种社会固定资产设施存量的大致走势相同，均为非基础设施存量的占比较大，且其存量远远大于经济基础设施与社会基础设施，经济基础设施存量在 1997 年左右与社会基础设施存量的比例差距不大，但在之后的年份开始出现较大差距，但不同省（市/区）的差距不同，具体走势也存在差距。譬如贵州，在 2008 年其非基础设施存量与经济基础设施存量近乎相同。从图中也可以看出，有些省份的走势几乎相同，譬如江苏与浙江。这给我们的政府在政策制定上一个启示，是否相近省（市/区）可以采取类似的政策或者相近的地区可以在基础设施的建设上有一定的政策优惠或者其他，以使一定范围内的区域、地区产生集聚效应。

（二）近年来交通基础设施建设情况

从表 11-3 可知，2018 年重点工程投资为 1.3 万亿元，较 2017 年增长 4.14%。

表 11-3　2016~2018 年交通基建重点工程规划

	2016 年		2017 年		2018 年	
	项目数（个）	投资总额（亿元）	项目数（个）	投资总额（亿元）	项目数（个）	投资总额（亿元）
铁路	34	7803	29	4946	23	6994
公路	27	2449	14	1309	13	2000
水路	3	39	4	503	3	54
机场	16	1745	12	1198	22	1664
城市轨道交通	51	9098	33	4804	19	2576
合计	131	21134	92	12759	80	13288

资料来源："十三五"现代综合交通运输体系发展规划。

1. 公路投资建设

2016 年，我国公路固定资产投资完成额 1.78 万亿元，同比增长 7.7%，占同期道路运输业固定资产投资的比重为 54.0%。截至 2016 年末，公路通车总里程达到 469.63 万公里，其中高速公路 13.10 万公里，收费公路 17.11 万公里，等级公路里程占比 90%。2017 年 1~11 月我国交通固定资产投资达到 1.98 万亿元，同比增长 21.1%，其中 11 月单月完成投资 2175 亿元，同比上升 14.65%。2016 年以来增速较快的主要原因是受益于地方政府加速通过 PPP 模式推进公路建设，以及在交通扶贫政策推动下，农村公路建设投资大幅增长，2017 年 1~11 月农村公路建设完成投资 4617 亿元，同比增长 38.6%（见图 11-3~图 11-6）。

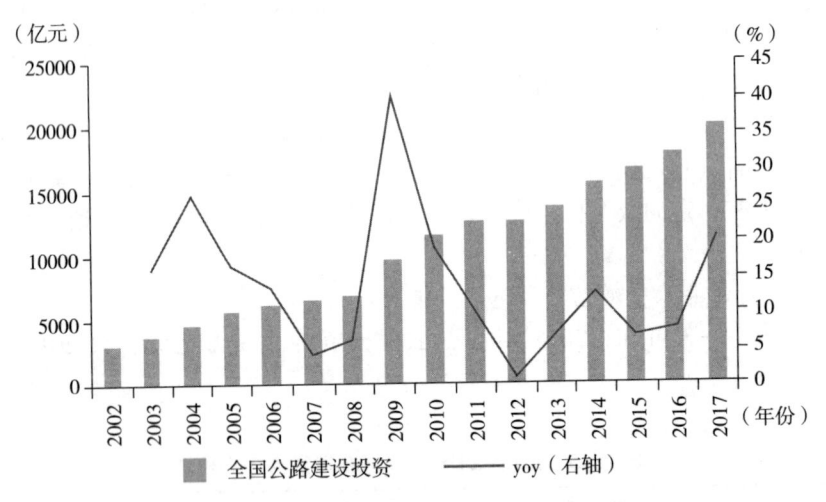

图 11-3　2002~2017 年全国公路建设投资同比增速
资料来源："十三五"现代综合交通运输体系发展规划。

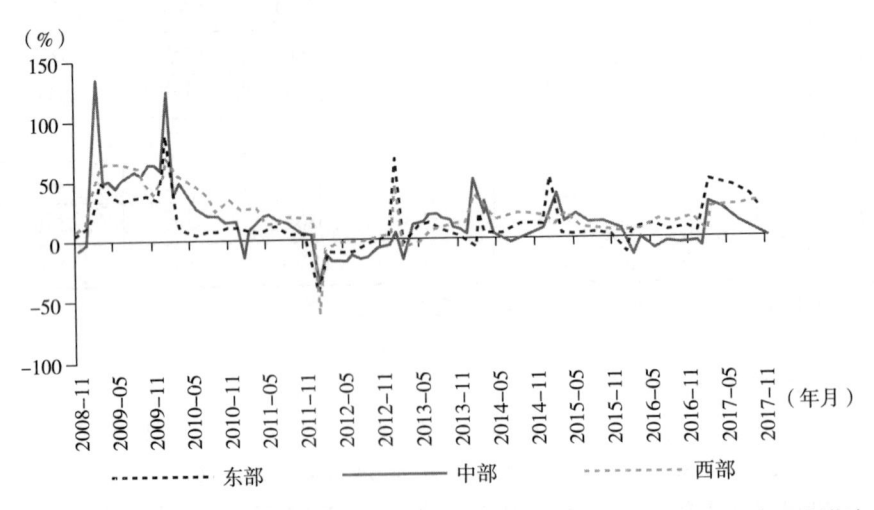

图 11-4　2008 年 11 月~2017 年 11 月东部、中部和西部地区公路建设投资同比增速
资料来源："十三五"现代综合交通运输体系发展规划。

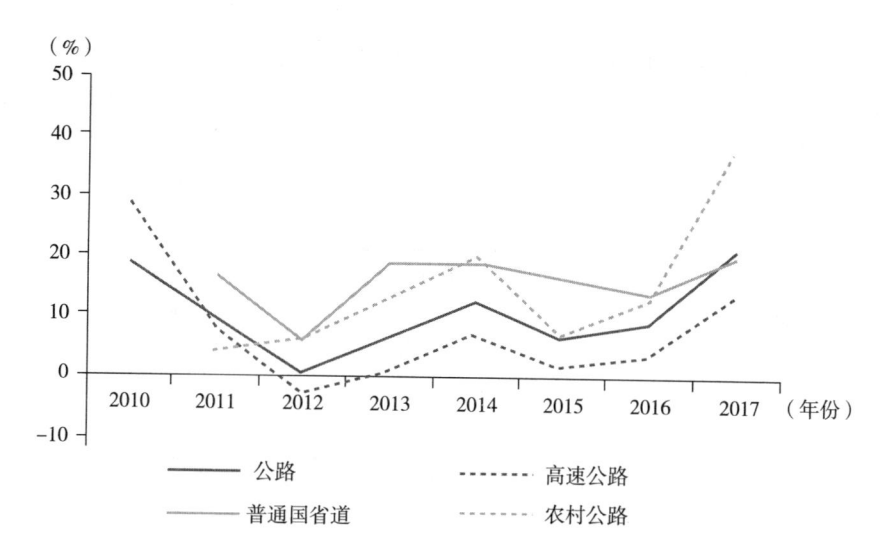

图 11-5　2010~2017 年不同类型公路建设投资同比增速

资料来源："十三五"现代综合交通运输体系发展规划。

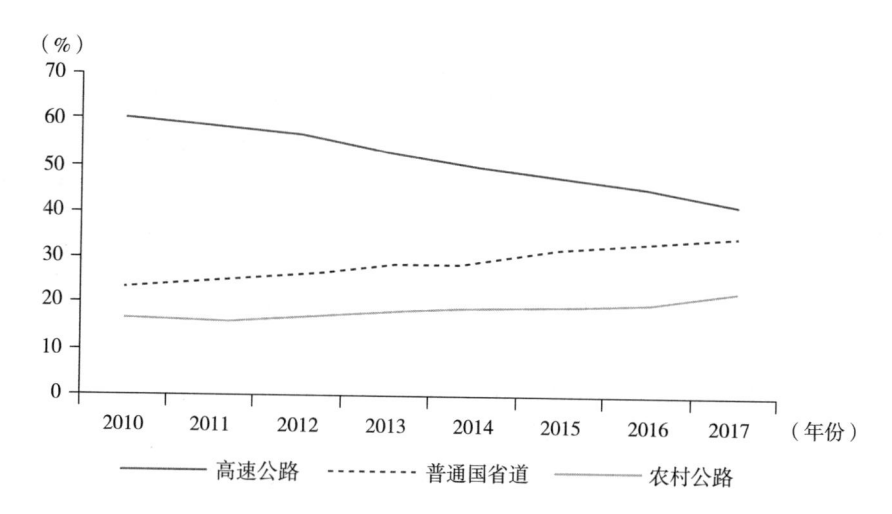

图 11-6　2010~2017 年不同类型公路投资占全国公路建设投资比重

资料来源："十三五"现代综合交通运输体系发展规划。

据《"十三五"现代综合交通运输体系发展规划》，到 2020 年，公路通车里程将从 2015 年的 458 万公里上升到 500 万公里。根据交通部 2018 年度工作会议要求，2018 年公路主要规划指标未有大的变动，但服务民生和交通扶贫的建设计划有所提升（见表 11-4）。2016~2017 年，主要公路设计及公

253

路施工企业订单同比增速均较高，公路施工周期一般在第 2~3 年形成投资高峰期，预计 2017 年和 2018 年公路投资仍将维持较快增长，预计同比增速分别为 21% 和 16%。

表 11-4　2015~2018 年公路主要指标规划

	2015 年	2016 年	2017 年	2018 年
新增高速公路通车里程（公里）	—	4500	5000	5000
新改建国省干线公路（万公里）	—	1.6	1.6	1.6
新改建农村公路（万公里）	20	20	20	20
新增通硬化路建制村（个）	—	7000	7000	5000
新增通客车建制村（个）	2000	4000	4000	5000
乡道及以上公路安全生命防护工程（万公里）	3	5	8	18
危桥改造（座）	3000	1500	1800	2500

资料来源："十三五"现代综合交通运输体系发展规划。

2. 铁路投资建设

2017 年全国铁路固定资产完成投资 8010 亿元，同比减少 0.06%。其中，国家铁路固定资产投资 7606 亿元，同比下降 0.92%。新开工项目 35 个，投产新线 3038 公里，"四纵四横"高铁网提前建成运营。截至 2017 年末，我国铁路运营里程达到 12.7 万公里，其中高铁运营里程 2.5 万公里。地方铁路投资和铁路混改比例上升。中国铁总 2017 年前三季度审计报告显示，完成基建投资 3528.58 亿元，同比下降 12.56%，2015~2016 年基建投资同比分别下降 2.68%、3.94%。2014 年铁路投融资改革开展后，国家积极鼓励地方合资建设铁路，国家铁路占比下降，2017 年国家铁路完成投资 7606 亿元，占全铁路固定资产投资的比重为 94.96%，较 2016 年降低 0.82%；地方铁路固定资产投资为 404 亿元，占比 5.04%，较 2016 年上升 0.82%（见图 11-7）。此外，铁路混改积极推进股权投资多元化，鼓励建立市场化运营企业，目前已落地的包括山东（济青、鲁南）、浙江（杭绍台、杭温）等省市的多条线路，未来类似的合资模式占比将继续增加。

根据《交通基础设施重大工程建设三年行动计划》，2018 年推进铁路项目共 23 个，新改扩建 6476 公里，总投资额约 6994 亿元。根据中国铁总年度工作会议要求，2018 年将安排全国铁路固定资产投资 7320 亿元，同比下降 8.61%，其中国家铁路 7020 亿元，同比下降 7.70%，投产新线 4000 公里。

第三篇 发展态势

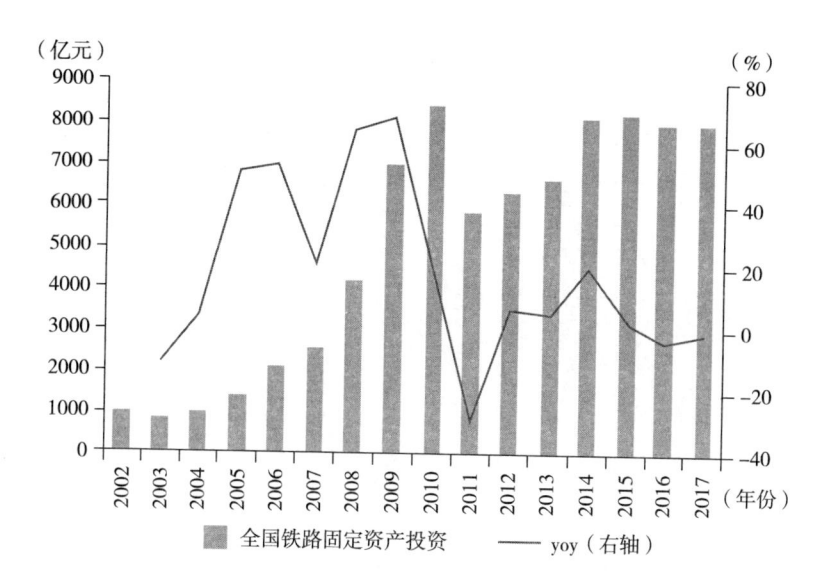

图 11-7 全国铁路固定资产投资及同比增速

资料来源:"十三五"现代综合交通运输体系发展规划。

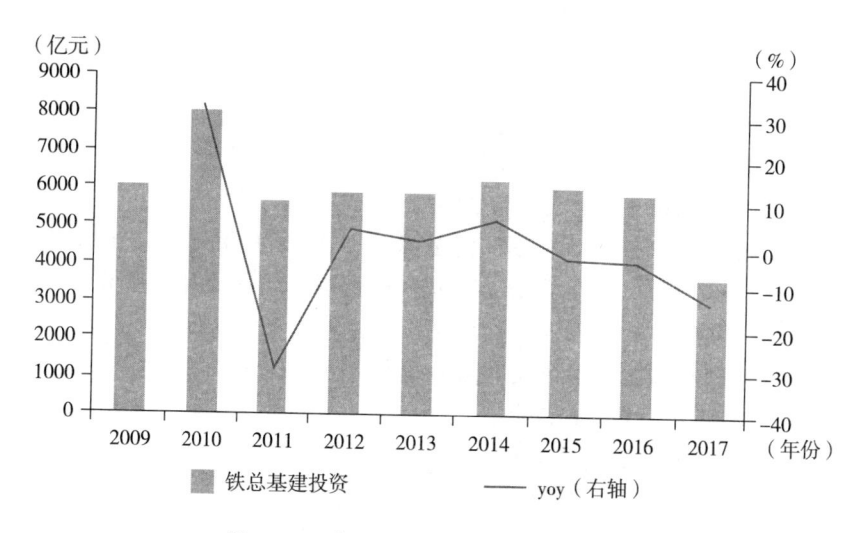

图 11-8 中国铁总基建投资及同比增速

资料来源:"十三五"现代综合交通运输体系发展规划。

而根据《铁路"十三五"发展规划》,2016~2020 年全国铁路固定资产投资规模将达 3.5 万亿~3.8 万亿元,铁路投资整体平稳健康。

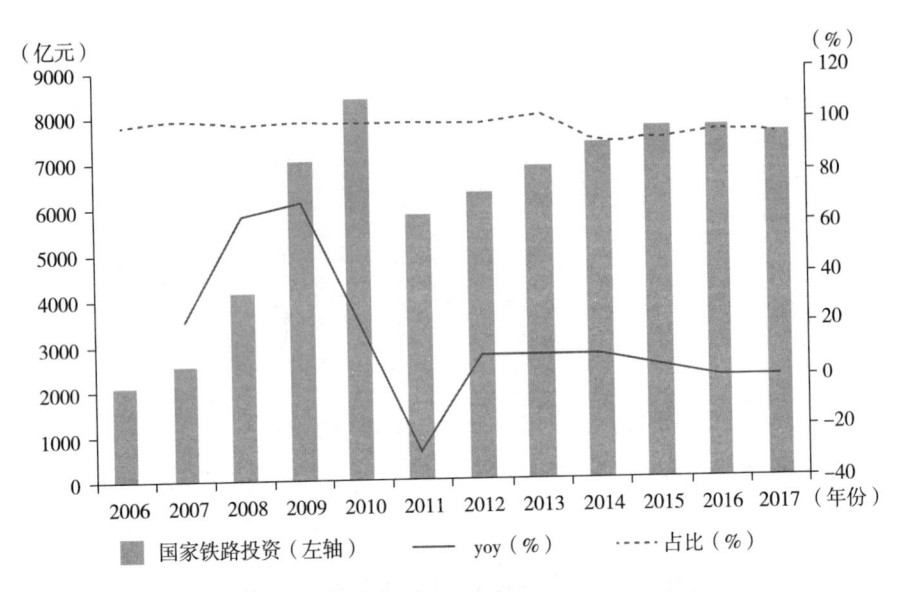

图 11-9　国家铁路固定资产投资同比增速及占比

资料来源："十三五"现代综合交通运输体系发展规划。

3. 轨道交通投资建设

2016 年我国城市轨道交通完成投资 3847 亿元，同比增长 4.45%，较 2015 年增速下降 22.59%。据 2017 年初步统计，累计有 34 个城市建成投运城轨线路 5021.7 公里，新增 4 个运营城市 33 条运营线路，合计 868.9 公里，较 2016 年大幅增长 62.5%。"十三五"期间仍是城轨交通建设的高峰期，2020 年规划运营里程 6000 公里，五年新增 2700 公里。根据国家发展和改革委员会、交通运输部 2016 年 5 月联合印发的《交通基础设施重大工程建设三年行动计划》，2018 年我国计划新增城市轨道交通规划里程 416 公里，共计 19 个轨交项目，总投资额达到 2576 亿元。2017 年共有 52 条轨道交通新开工，合计里程 1416 公里，总投资 8217 亿元，2017 年在建可研批复总投资 43212 亿元（见表 11-5）；2018 年将有 26 座城市新开工轨道交通 55 条（段），合计里程 1339 公里，总投资约 7726 亿元，2018 年末预计在建可研批复总投资达 5.09 万亿元。

表 11-5　2012~2017 年中国城市轨道交通运营及在建投资情况

项目	2012 年	2013 年	2014 年	2015 年	2016 年	2017 年
城市（座）	15	18	22	25	30	34

续表

项目	2012年	2013年	2014年	2015年	2016年	2017年
轨道交通（条）	69	81	92	105	124	157
运营里程（公里）	2064	2746	3173	3618	4153	5022
实际新增（公里）	321	395	427	445	535	869
当年完成轨交投资（亿元）	1914	2165	2899	3683	3847	4750
在建里程（公里）	2600	3892	4073	4448	5637	—
在建可研批复总投资（亿元）	—	16046	20658	26337	34995	43212
当年新开工（亿元）	—	—	—	—	—	8217

资料来源："十三五"现代综合交通运输体系发展规划。

四、我国交通基础设施建设与经济发展

经济增长为交通基础设施的投资及规模的扩大提供了必要的资金支持与技术保证，地区经济增长会导致对要素流动等需求增加，拉动对交通投资的需求，促进交通基础设施的不断发展，由此形成了经济增长对交通基础设施发展的反馈路径。交通基础设施的网络化特征有利于改善一个区域的投资效益，促使生产要素聚集在交通基础设施条件较好的区域；同时，通过网络化交通基础设施，区域之间的经济可以相互带动，产生正的空间溢出效应。

（一）影响因素

1. 市场分割

范欣、宋冬林、赵新宇（2017）基于新经济地理学理论，通过杜宾模型，以1992~2012年我国省级面板数据为基础，对基础建设与市场分割进行了实证性分析。研究表明，现阶段在我国，市场分割空间集聚效应较为明显。从总体上看，基础设施的空间集聚效应不显著，但分阶段考虑效果则为显著。地方保护和经济开放是造成市场分割的两个主要原因。从地方保护角度考虑，财政分权是地方保护主义的一种体现（白重恩、杜颖娟、陶志刚、仝月婷，2004），财税体制改革实质上是中央政府、地方政府、企业三者之间的契约关系（吕冰洋、聂辉华，2014）。宋冬林、范欣、赵新宇（2014）在文章中指出，经济开放与市场呈"倒U形"关系，即在经济开放程度较低时，经济开放会加剧市场分割，但在经济开放程度较高时，将抑制市场分割。对于我国而言，打破市场分割主要有两种途径：一是通过增加交通运输、信息通信、城市公共事业等基础设施建设的投入，提高市场的交易效

率，也可以降低自然性的市场分割和技术性的市场分割；二是可以通过消除地方保护政策、优化制度等方式减少制度性的市场分割。但同时也应考虑，在我国的不同地区其经济发展状况也存在不同，就东部而言，其经济相对较发达，市场发育情况明显优于其他地区，但资源相对匮乏；而经济相对落后的地区，其政府基于自身发展的需要对其地方采取保护主义措施。

2. 财政分权

张军、高远、傅勇、张弘（2007）认为中国自改革开放以来，基础设施所取得的成绩与财政上从中央向地方的分权和地方政府的转型自治分不开，他们运用1998~2001年中国29个省（市）的面板数据进行了统计检验，验证了他们的观点。一般认为，基础设施的改善主要体现在高速公路、轨道、通道电缆、机场、车站及城市公用事业等物质条件的改善，但不同地区改善的程度及发展的状况是由政治治理和政府作为决定的。许多学者都认为，一个国家的基础设施水平是其政府治理水平、政府的管理模式以及地方分权竞争的效率的典型体现，高质量的基础设施被包含在那些度量政府质量或治理水平的指标体系中。张军等学者认为这个分权模式成功的地方在于一个"向上负责"的政治体制与财政分权的结合。魏新亚（2002）研究发现基础设施建设中，在1991年之前中央项目的比例一直处于50%以上，从1999年开始其占比仅为32.5%，这表明中国对基础设施的建设从中央投资为主转向以地方投资为主，但是也不可以忽略中央和地方在东西部地区投资比例转变的不同。新疆、甘肃等经济欠发达的省（区）市，中央投资的比例明显高于全国的平均水平，1998年新疆的投资比例达到了55.9%，而海南等沿海经济发达地区，同年中央项目的比例不足15%。这种中央投资比例的差距也意味着，中央和地方明确划分事权和财权之后，中国的经济发达地区投资地方基础设施建设的积极性得到了充分的调动，与此相对应的是，自筹基金已经成为基础建设的中间力量，因此东部地区再次走在发展的前列，也就不足为奇。李伯溪和刘德顺（1995）率先在存量的基础上分析了中国不同地区基础设施的差异问题，经研究发现，东部地区的优势明显，且区域差异最大的基础设施是邮电通信和交通运输。

3. 政府政策

国家间基础设施投资的差异不仅受到经济发展阶段和发展特征的影响，也反映出政府和政策的质量因素。Henisz（2002）运用了100多个国家两个世纪的数据研究得出，政治环境是国家间关键基础设施投资差异的主要原因，政治环境不仅在19世纪重要，在当今也是影响基础设施建设的重要因素。相关学者以新加坡、韩国和中国台湾为例证，说明当政府积极而且清廉地帮助私人部门提高生产率并进入国际市场时，这种政府被称为"发展型政府"。Evans（1992）提出官僚的职业化是政府成为"发展型政府"的必要条件。他认为，官僚的职业化将带来两方面的影响：一是抑制了政府对经济发展的负面影响（限制了寻租活动）；二是政府官员任期的延长及职业化能够改善政府提供基础设施的激励（这样有助于仕途）。Rauch（1995）根据20世纪前20年美国政府支出中用于道路和供水系统的比重证明了Evans所提出影响的第二方面，他的研究证明了随着政府的任期时间变长，政府资源投入基础设施项目的比例越大。官员的腐败会对基础设施的投资有负向的影响，Mauro（1998）以及Tanzi和Davoodi（1997）对许多国家进行了经验实证研究发现，由于教育支出不像其他领域那样易滋生腐败，所以腐败对政府用于教育支出的比重有显著为负的影响。同时也有相关学者指出，反腐败指标对基础设施投资的影响为负，说明反腐败的力度的提高，在边际上会减少对基础设施的投资。

4. 城乡收入分配

刘晓光、张勋、方文全（2015）认为基础设施可以缩小城乡的收入差距，他们通过基准分析发现交通和通信基础设施对改善城乡的收入分配有较显著的效果。他们也认为基础设施可以促进农业劳动力向非农业劳动部门转移，进而提高劳动生产率和农村居民的收入，进一步地缩小城乡收入差距。骆永民（2010）认为交通、通信、环保三类基础设施在城乡的差距越大，会带来工农业产出、城乡生活水平、城乡社会基础设施水平越大的差距。刘冲、周黎安、徐立新（2013）通过中国的县级数据，验证了高速公路基础设施有助于缩小城乡收入水平。

（二）存在问题

当区域间主要表现为经济集聚时，交通基础设施对落后地区的经济增长可能会产生负的溢出效应。交通基础设施的发展会优化本地区的交通状况，改善投资环境，方便本地区企业、居民的对外交往，有益于更新民众的思想观念而表现为正环境效应。随着当地交通基础设施的逐步完善，也会影响当地的自然生态环境、动物迁移、自然景观、土地农田保护等。如果保护设计不科学，会破坏生态资源，影响洁净运输和绿色交通运营，交通基础设施对地区社会与经济发展就会产生负的环境效应。因此，应科学认识交通对生态环境的影响，力争交通运输各个环节的设计与实施过程的科学生态、绿色环保，最大限度地减少交通基础设施建设对当地社会经济发展的负面影响。

1. 投资结构不尽合理

从时间结构来看，经济制度变化刺激促进基础设施投资增速高于固定资产投资，基础设施投资波动性小，与全社会固定资产投资相似。从地区结构来看，基础设施投资在经济发达的东部地区聚集度高，在中、西部地区较低；随着经济发展，这种地区的投资级差有加强的趋势；从产业结构角度看，在基础设施内部结构中，教育科技投资比重下降，其他基础设施投资比重上升；经济性基础设施投资占绝大多数，社会性基础设施投资相对较小。基础设施投资结构存在的问题主要表现在：投资结构依然脆弱，难以满足经济增长需要；投资结构与需求结构错位，结构扭曲；基础设施的系统性与协调性差。

2. 投资主体单一

中国基础设施投融资主体仍然是以政府及政府主管部门或国有企业投资为主，较为单一，多元投资主体的局面仍未真正形成；融资方式主要以财政性及政策性融资为主，民间资本进入仍然存在较多障碍。政府之所以是基础设施投资的投资主体是由其特征所决定的。第一，基础设施的自然垄断性不可能完全由私人来投资；第二，基础设施的公共产品性质也会导致私人资本不愿参与基础设施投资；第三，基础设施一般投资巨大，收益甚微，这也是私人资本不愿投入的原因之一；第四，基础设施是社会、经济发展的基础保障，因此提供基础设施是政府基本职责之一。就我国目前而言，投资主体较单一是基础设施建设的一个瓶颈，我们应该充分利用 PPP 模式，转变观念，基础设施产品由政府提供，但不一定由政府投资建设。

3. 地方政府变相担保

基础设施需要巨大的资金投入，尽管财政资金投入每年都在增长，但与巨大的投资需求相比，显得杯水车薪。基础设施项目融资虽然有证券（股票和债券）、信托等方式，但当前的主要方式还是银行贷款。银行在向基础设施项目提供贷款时往往要求政府提供担保。而按照现行法规规定，各级政府不得向银行提供担保。但实际中，一些地方政府却通过各种方式向银行提供变相担保。当然，目前很多项目采用 PPP 模式，但是在具体操作上还有待进一步规范。

4. 过度依赖土地财政融资

一段时期以来，地方政府以土地收入作为基础设施建设融资一个非常重要的资金来源渠道，而这种过度依赖土地获得财政资金的方式被形象地称为土地财政。由于基础设施投资巨大，离开土地很难融到政府所需要的巨额资金，迫使政府不得不通过土地拍卖或向银行抵押的方式获得资金。由于土地的稀缺性，这种通过土地融资的方式已经逐渐暴露出它的局限性。加之房地产调控力度的加大，土地财政已经无法满足地方政府对基础设施的投入。

5. 重建设轻管理现象突出

重建设轻管理是我国基础设施领域长期以来一个普遍现象，由于基础设施建设成本较高，特别对于那些维护成本较大的基础设施，如果不能明确责任，在建成后会在较长时间内不能发挥作用，个别基础设施可能也会面临直接推倒重建的后果。究其根本原因是我国当前的很多基础设施只有人负责建设，但却没有人负责管理，更没有人为其后续的风险及后果承担责任。需要我们关注的是，重复建设也是我国基础设施建设中的另外一个重大且不容忽视的问题。

（三）政策建议

经济发展并不可能在所有区域内均衡地同时发生，它必然是在一些区位优势明显的区域发生，凭借其初始优势和较快于其他区域的速度，这些区域很快地积累并得以发展。通过积累因果循环过程，这种既得优势又会使这些区域的优势增进而迅速极化，不断聚集、增值、自我强化而产生强大的回流效应，使外围的劳动力、资本等要素向其聚集，最终实现超前发展，加剧区域经济不平衡发展。当这些率先发展的优势地区的经济发展达到一定水平后，扩散效应便会加快其对周边地区的溢出效应，周边地区具有了一定的吸收、发展能力，这些地区的生产要素就开始向外围地区流动，争取在其他条件最好的地区发展；扩散程度使得地区间的经济差异程度逐渐减小。在空间聚集与扩散的过程中，交通基础设施是优势地区空间聚集的前提，发达的交通运输网络能促使各种生产要素先行注入。同时，也是空间扩散的条件，优越的交通运输条件是落后地区吸引先进地区产业梯度转移的必备条件。交通基础设施促进了经济活动的聚集与扩散，在不同时期，交通基础设施对不同地区经济增长的影响不同。便利的交通会促进拥有相对优势的地区经济快速增长，相应地，当发达地区的生产要素通过便利的交通基础设施网络向周边经济落后的地区扩散并带动周边地区经济增长时，其对地区经济增长就表现为正的溢出效应。因此，地区间的交通基础设施越发达，优势地区对周围落后地区的辐射作用就越大，对其产生的正溢出效应也就越强；然而，发达地区的各种优势可能会长久地得到保持，长期内对要素的聚集能力强。同时，良好的交通基础设施不能保证落后地区就一定能自动吸收来自发达地区经济活动的扩散，先进的劳动力水平、科学的文化制度、服务设施对于落后地区吸引发达地区的扩散作用非常重要，而这可能正是落后地区所缺少的。因此，交通基础设施的建成，但在相当长的一段时期内，优势地区的经济增长对落后地区的扩散效应可能不会实现，或者扩散效应远小于聚集和回流效应。

1. 缩小区域之间的差异

政府应加强基础设施的建设，缩小地区间的差异。不同地区要实施不同的措施。对于基础设施较完善的东部地区，应在兼顾量的提升的同时注重质的发展；对于中部、西部及东北等基础设施规模较小的地区，应把加快基础设施建设作为首要任务，尽快缩小地区间的差异。同时应加强主体的跨区域协作，削弱地理界线对市场的不利影响。首先，国家应加速培育具备上市和发展条件的中西部基础设施企业，并积极地开拓基础设施直接融资渠道，为扩大中西部地区自筹和其他投资在基础设施建设资金来源中的比例创造条件。其次，中西部地区应尽快改变思想观念，加大改革的力度，鼓励非国有经济进入基础设施产业，使民间资本不仅成为基础设施建设的资金提供者，更成为基础设施建设的投资主体和最终风险承担者。最后，国家和地方应尽快采取各种措施，如优惠政策、捆绑项目等，鼓励国内外资金流向经济欠发达地区，支持当地基础设施建设的初期投入，为当地经济快速发展打下良好基础，最终实现当地基础设施的自我供给和自我发展的良性循环。地方政府应利用其在市场上独特的角色，充分发挥导向性的作用，积极构建服务型的政府，要发挥市场的决定性作用，不要对市场进行不适当的干预。由于基础设施投资比政府提供教育等其他社会服务可能包含着更大的官员寻租机会，在现有的研究文献里，政府官员的腐败程度往往与基础设施的投资表现出正相关的关系。但反腐败能否像某些研究者说的那样对提高基础设施建设质量有正面的影响，还需要进一步的研究。

2. 完善 PPP 实际应用

我国未来要想保持高经济增长态势，必然离不开基础设施的投资，而基础设施投资仅仅依靠财政资金是远远不够的。从国际经验看，通过 PPP 模式建设基础设施是一个成熟的模式。但 PPP 模式比较复杂，涉及多方利益，如公众利益、投资者利益、公共部门利益等。如何协调三方利益，是成功实施 PPP 的关键。如果想要成功实施 PPP 模式必须建立一个行之有效的保障机制。一是制定完善的法律法规。这是私营部门资本进入基础设施最基本的保障。基础设施有投入大、期限长的特点，如果没有相关的法律法规作为保障，存在的风险会成为私营部门进入基础设施建设的一个障碍。二是明确相关政策措施。由于 PPP 项目的期限一般较长，PPP 项目需要诸如财政、税收、金融等多方面政策分阶段的支持，不同时期施行不同的政策。例如，可以在一个基础设施项目的建设期、运营期和转让期给予不同的税收优惠政策支持。三是加强管理。从英国、澳大利亚等国推广 PPP 的经验可以看出，管理是成功实施 PPP 的基础，政府应通过建立相应的管理部门加强对 PPP 项目的管理。英国在财政部下设立基础设施局出台 PPP 的政策、法规，同时也对基础设施项目进行审批，决定是否采用 PPP 模式。中国也应设立类似职能部门，其职能应该包括制定 PPP 项目相关政策、实施指南、项目决策、评估、发布项目信息、监督管理等。

3. 优化规模衡量方式

在衡量基础设施最优的规模时，除应考虑基础设施投资与私人投资比例和产出的衡量外，还应拓展其他的衡量方法。比如建立一个基础设施项目，可能就这个项目本身而言是亏损的，但其能产生相关的正面影响，在基础设施项目的实施中，既要考虑其经济影响同时也应考虑到社会、政治、文化和军事等方面。在最优投资项目的选择中，要考虑两点：一是依据经济增长的需要，首先对制约经济发展的短板进行投资，尽量避免"木桶效应"；二是按照投资所能形成的最佳的基础设施结构或比例来对相应的项目进行投资。只有微观和宏观二者相结合所产生的效应，才会产生最优的规模和最优的投资方向。

五、结语与展望

当代中国面临的一切矛盾和问题，归根结底是我国社会基本矛盾的直接或间接反映。而最大的矛盾则是中国经济发展水平同发达国家间的差距。当我们以巨大的努力缩小着同发达国家间的差距时，国内发展不平衡的矛盾又会凸显出来。20 世纪 70 年代末，中国在巨大的危机感中痛下决心走向改革开放的道路，这一危机感就直接产生于中国经济发展水平与世界发达国家的巨大差距。经济落后的中国将无法自立于世界民族之林，不惜代价加速工业化缩小同世界发达国家的差距已经成为不二选择。而代价主要表现为产生了多方面的不平衡现象，特别是东部沿海经济发达地区与中西部地区、城市与农村、工业与农业，以及居民收入的差距显著扩大，贫困问题依然严重等市场失灵现象已成为制约我国经济高质量发展的障碍。基础设施作为最终消费品是影响我国不同地区社会福利和居民实际收入水平及生活质量的最重要的因素之一。

1. 基础设施投资建设政策工具的有效性

基础设施投资建设作为政府应对经济周期调整的主要政策工具，在我国经济社会发展中有很强的现实意义与重大作用。1998年，为应对亚洲金融危机，扭转经济增长趋缓和通货紧缩的不利局面，实施了增加基础设施投资从而刺激内需增长的积极财政政策；2008年，在全球经济危机的背景下，国家出台了"4万亿元"的投资计划，掀起了新一轮以基础设施投资为主的投资热潮。实践证明，增加基础设施投资在促进中国经济快速平稳发展方面起了积极的重要作用。此外，基础设施投资建设是微观企业及人力资本积累的外部性特征影响着经济的长期发展，且基础设施的改善还是提高社会福利的重要因素。

2. 政府对基础设施投资建设具有主导性

政治环境和地方分权的政府组织形式是影响基础设施投资的两大主要政治利益因素。在有限的公共资源约束下，基础设施投资需要扩展融资来源，而且投资决策要细化论证，不仅要规模适度，还需考虑结构优化等问题。将有限的资金用到刀刃上，通过减少瓶颈和再分配资源加速经济增长，地方政府在基础设施的投资上扮演着非常重要的角色。适度的分权和对地方政府有效的激励约束机制，是我国今天能够获得如此良好基础设施水平的关键，这种良好的基础设施又支撑了我国的直接生产性投资和经济增长。

3. 基础设施投资建设有很强的溢出性

从中国目前的经济发展看，随着人口红利的渐趋耗尽和资本边际收益的不断下降，推动经济增长向提高效率与创新驱动的转型升级，投资驱动的经济增长难以实现可持续性发展。问题是，基础设施又不简单地是一项投资，还具有很强的溢出效应和网络效应；我们不应局限于政策的短期逆周期调节的效果，更应该重视其推动经济长期持续发展的作用。因此，基础设施投资建设是我国经济发展的必要条件。虽然东、中、西部的基础设施存量差距极大，各地区的经济发展也参差不齐，但是目前国家已经出台了积极的政策措施，帮助相对贫困地区加快发展，效果十分明显。需要注意的是，在基础设施总体环境不断改善的情况下，合理制定基础设施的融资渠道以及结构配置等政策选择，则显得更为重要。此外，各地还要加快推进营商环境建设，大力破除狭隘的地方保护主义，积极发挥人力资源的创新创业的主导作用，发挥交通基础设施发展和经济增长的合力，促进交通基础设施和经济社会的协调发展，为实现高质量发展寻找新的支点和突破口。

参考文献

1. Randolph, S., Z. Bogetic, and D. Hefley. Determinants of Public Expenditure on Infrastructure Transportation and Communication [R]. The World Bank Policy Research Working Paper: Washington D. C., 1996.

2. Henisz, W. J. The Institutional Environment of Infrastructure Investment [J]. Industrial and Corporate Change, 2002, 11 (2): 355-389.

3. Evans, P. B. The State as Problem and as Solution: Predation, Embedded Autonomy and Structural Change. In: Haggard, Stephan and Robert R. Kaufman (eds), The Politics of Economic Adjustment. International Constraints, Distributive Conflicts, and the State, Princeton University Press, 1992.

4. Rauch, J. E. Bureaucracy, Infrastructure, and Economic Growth: Evidence from US Cities during the Progressive Erao [J]. American Economic Review, 1995, 85 (4): 968-979.

5. Mauro, P. Corruption and the Composition of Government Expenditure [J]. Journal of Public Economics, 1998, 69: 263-279.

6. Aschauer D. A. Is Public Expenditure Productive? [J]. Journal of Monetary Economics, 989, 23 (2): 177-200.

7. Aschauer D. A. Why is Infrastructure Important?, in A. H. Munnell (ed.) Is there a Shortfall in Public Capital Investment? [M]. Federal Reserve Bank of Boston, Boston, Massachusetts, 1990, United States.

8. Maria Jesus Delagado and Inmaculada Alvarez. Public Productive Infrastructure and Economic Growth [R]. 40th Congress of the European Regional Science Association, www-sre. wu-wien. ac. at 2000.

9. JUMBE, C. B. L. Cointegration and Causality between Electricity Consumption and GDP: Empirical Evidence from Malawi [J]. Energy Economics, 2004, 26 (1): 61-68.

10. CHEN, S. T., KUO, H. I., CHEN, C. C. The Relationship Between GDP and Electricity Consumption in 10 Asian Countries [J]. Energy Policy, 2007, 35 (4): 2611-2621.

11. S. BOUGHEAS, P. O. DEMETRIADES, T. P. MAMUNEAS. Infrastructure, Specialization and Economic Growth [J]. The Canadian Journal of Economics, 2000, 33 (2): 506-522.

12. Charles R. Hulten and Robert M. Schwab. Public Capital Formation and

the Growth of Regional Manufacturing Industries［J］. National Tax Journal, 1991, 44（4）: 121-134.

13. Holtz-Eakin. Public-Sector Capital and the Productivity Puzzle［R］. NBER Working Paper, No. 4122, 1992.

14. Marlon G. Boarnet. Spillovers and the Locational Effects of Public Infrastructure［J］. Journal of Regional Science, 1998, 38（3）: 381-400.

15. Garcia-Mila, Teresa, Therese J. Mcguire, and Robert H. Poter. The Effect of Public Capital in State-level Production Function Reconsidered［J］. Review of Economics and Statistics, 1996, 78（1）: 177-180.

16. Paul Evans and Georglos Karras. Are Government Activities Productive? Evidence from a Panel of U. S. States［J］. The Review of Economics and Statistics, 1994, 76（1）: 1-11.

17. Alfredo M. Pereira. On the Effects of Public Investment on Private Investment: What Crowds in What?［J］. Journal of Monetary Economics, 2001, 24（2）: 171-188.

18. Edward M. Gramlich. Infrastructure Investment: A Review Essay［J］. Journal of Economic Literature, 1994, 32（3）: 1176-1196.

19. Barro R. J., Xavier Sala-I-Martin. Public Finance in Models of Economic Growth［J］. The Review of Economic Studies, 1992, 59（4）: 645-661.

20. Christophe Kamps. The Dynamic Effects of Public Capital: VAR Evidence for 22 OECD Countries［J］. International Tax and Public Finance, 2005, 12（4）: 533-558.

21. Tanzi, V. and H. Davoodi. Corruption, Public Investment, and Growth［J］. IMF Working Paper, Washington D. C, 1997.

22. 白重恩、杜颖娟、陶志刚、仝月婷：《地方保护主义及产业地区集中度的决定因素和变动趋势》，《经济研究》2004年第4期。

23. 吕冰洋、聂辉华：《弹性分成：分税制的契约与影响》，《经济理论与经济管理》2014年第7期。

24. 宋冬林、范欣、赵新宇：《区域发展战略、市场分割与经济增长》，《财贸经济》2014年第8期。

25. 张军、高远、付勇、张弘：《中国为什么拥有良好的基础设施？》，《经济研究》2007年第3期。

26. 刘生龙、胡鞍钢：《基础设施的外部性在中国的检验：1988—

2007》,《经济研究》2010 年第 3 期。

27. 张光南、洪国志、陈广汉:《基础设施、空间溢出与制造业成本效应》,《经济学（季刊）》2013 年第 10 期。

28. 魏新亚:《中国基础设施建设投资构成的地区差异》,《上海经济研究》2002 年第 12 期。

29. 李伯溪、刘德顺:《中国基础设施水平与经济增长的区域比较分析》,《管理世界》1995 年第 2 期。

30. 贾康、孙洁:《我国基础设施建设急需采用 PPP 模式》,《经济研究参考》2014 年第 13 期。

31. 张水波、郑晓丹:《经济发展和 PPP 制度对发展中国家基础设施 PPP 项目的影响》,《软科学》2015 年第 7 期。

32. 骆永民:《中国城乡基础设施差距的经济效应分析——基于空间面板计量模型》,《中国农村经济》2010 年第 3 期。

33. 刘冲、周黎安、徐立新:《高速公路可达性对城乡居民收入差距的影响：来自中国县级水平的证据》,《经济研究》2013 年第 1 期。

34. 刘晓光、张勋、方文全:《基础设施的城乡收入分配效应：基于劳动力转移的视角》,《世界经济》2015 年第 3 期。

35. 李平、王春晖、于国才:《基础设施与经济发展的文献综述》,《世界经济》2011 年第 5 期。

36. 金戈:《中国基础设施与非基础设施资本存量及其产出弹性估算》,《经济研究》2016 年第 5 期。

37. 金戈:《中国基础设施资本存量估算》,《经济研究》2012 年第 4 期。

38. 范欣、宋冬林、赵新宇:《基础设施建设打破了国内市场分割吗？》,《经济研究》2017 年第 2 期。

39. 张培丽、陈畅:《经济增长框架下的基础设施投资研究——一个国外的文献综述》,《经济学家》2015 年第 3 期。

附录

附表1　1981~2012年（年初值）全国经济基础设施、社会基础设施与非基础设施资本存量估算结果

单位：亿元（1981年价格）

年份	经济基础设施	社会基础设施	非基础设施
1981	552.31	361.41	2965.05
1982	617.03	403.75	3312.45
1983	692.04	466.45	3731.50
1984	789.35	535.96	4230.75
1985	910.21	622.76	4860.12
1986	1088.75	702.19	5660.65
1987	1273.98	801.81	6782.36
1988	1484.47	901.76	7995.02
1989	1681.49	979.67	9291.53
1990	1818.95	1049.04	10273.61
1991	1990.94	1131.45	11112.14
1992	2205.75	1199.38	11965.51
1993	2466.79	1254.22	13093.12
1994	2778.26	1327.22	14513.73
1995	3243.90	1438.04	16125.98
1996	3855.72	1618.41	17913.04
1997	4808.52	1887.51	20048.16
1998	5920.97	2186.18	22243.11
1999	7173.80	2579.96	24446.56
2000	8423.92	2973.81	26916.50
2001	10050.18	3369.16	29193.26
2002	11368.97	3869.66	31631.64
2003	12931.92	4391.04	34599.23
2004	14741.68	5019.75	38098.06
2005	16851.51	5751.91	42258.59
2006	19191.67	6595.02	48488.38

续表

年份	经济基础设施	社会基础设施	非基础设施
2007	21941.83	7366.38	56349.27
2008	25162.26	8192.14	65433.36
2009	28487.63	9095.90	76183.11
2010	33353.01	10542.37	92276.95
2011	39351.63	12092.32	110181.35
2012	44290.27	13581.27	130250.09

资料来源：根据《中国统计年鉴》数据计算。

附表2　1997~2012年（年初值）各省（市/区）经济基础设施资本存量估算结果

单位：亿元（1997年价格）

年份	1997	2000	2004	2008	2012
北京	696.10	998.60	1570.70	1976.80	3210.70
天津	252.40	482.10	782.00	1102.50	2173.10
河北	2019.50	1622.10	2542.80	4004.80	7429.60
山西	270.20	536.90	1186.50	2157.10	3950.20
内蒙古	294.90	461.70	984.80	2895.40	6548.10
辽宁	358.00	650.80	1343.00	2645.30	5747.30
吉林	284.10	405.70	643.50	1485.00	3786.40
黑龙江	587.90	932.50	1383.60	2086.90	3621.10
上海	535.80	1194.50	1698.40	2708.70	4009.00
江苏	1242.80	2108.10	3476.20	7112.30	10689.10
浙江	1077.60	1760.40	3572.50	6294.60	9116.60
安徽	352.60	529.90	1066.40	2094.30	3940.60
福建	1021.10	1532.60	1816.40	2473.00	4237.70
江西	359.70	565.00	1052.10	1696.70	3247.70
山东	1122.50	1635.90	2891.10	3989.10	7050.50
河南	698.90	1206.70	2106.40	4350.60	7300.20
湖北	588.50	1040.20	1959.00	3811.50	5790.50
湖南	408.60	700.70	1420.00	2129.30	3605.20
广东	2056.20	2833.90	4105.50	6471.00	11578.00
广西	484.40	768.00	1257.20	2025.60	3861.60

续表

年份	1997	2000	2004	2008	2012
海南	52.30	154.40	317.10	467.80	688.50
重庆	279.00	435.70	774.60	1779.60	2915.30
四川	486.30	1291.40	2208.50	3526.90	7439.20
贵州	313.70	449.90	925.50	1690.20	2850.60
云南	285.40	534.40	1155.10	1877.40	3424.80
西藏	20.80	42.20	165.00	372.70	571.30
陕西	221.90	495.60	1029.80	2104.80	3,632.80
甘肃	254.70	352.60	630.50	924.70	1890.00
青海	145.80	198.50	274.90	497.70	662.40
宁夏	173.20	212.40	309.20	471.70	992.40
新疆	218.80	380.10	964.20	1447.10	2113.00

资料来源：根据《中国统计年鉴》数据计算。

附表3 1997~2012年（年初值）各省（市/区）社会基础设施存量估算结果

单位：亿元（1997年价格）

年份	1997	2000	2004	2008	2012
北京	388.10	665.40	912.60	1124.60	1409.10
天津	108.80	163.10	242.30	331.80	653.40
河北	504.10	738.80	1018.50	1539.00	2009.60
山西	78.90	134.70	236.40	392.00	672.90
内蒙古	122.60	179.10	295.70	716.70	1432.30
辽宁	180.90	277.20	552.30	995.70	1633.90
吉林	88.10	158.60	384.20	709.70	1049.30
黑龙江	141.10	269.70	460.80	844.30	1287.40
上海	244.40	427.90	608.10	809.50	824.90
江苏	507.10	796.80	1369.90	1950.10	2854.00
浙江	391.20	613.50	1082.00	1574.00	1868.40
安徽	180.70	306.20	506.80	791.00	1330.20
福建	170.90	279.40	449.40	643.90	1043.70
江西	75.50	140.30	348.90	706.90	1224.20
山东	381.20	676.30	1278.90	2372.80	4470.20
河南	394.80	616.90	859.20	1342.90	2070.20

续表

年份	1997	2000	2004	2008	2012
湖北	346.60	587.60	888.40	1185.10	2167.80
湖南	261.20	400.40	598.50	950.10	1356.50
广东	591.80	944.40	1467.60	2285.10	3078.80
广西	116.70	215.10	304.40	553.90	935.90
海南	54.10	80.00	112.40	154.20	257.20
重庆	136.40	201.60	413.80	648.10	932.90
四川	260.50	423.30	741.00	1043.80	1797.50
贵州	39.50	77.50	166.10	287.20	441.10
云南	206.90	341.10	481.60	707.30	1118.30
西藏	29.00	45.70	88.60	197.70	281.40
陕西	127.50	205.50	403.50	801.00	1726.70
甘肃	62.30	121.00	230.40	374.60	862.90
青海	21.10	38.80	76.00	127.70	204.80
宁夏	15.50	32.50	69.50	124.60	232.10
新疆	117.30	192.50	315.60	534.30	576.80

资料来源：根据《中国统计年鉴》数据计算。

附表4　1997~2012年（年初值）各省（市/区）非基础设施资本存量估算结果

单位：亿元（1997年价格）

年份	1997	2000	2004	2008	2012
北京	2073.60	3037.80	4918.70	7623.40	9337.30
天津	1147.90	1611.70	2419.20	4319.20	9085.80
河北	3644.60	5215.70	7322.00	12162.80	26733.10
山西	1076.10	1305.00	2046.30	3931.60	7693.70
内蒙古	515.00	881.70	1495.30	4032.30	10390.80
辽宁	3027.40	3912.10	5559.60	11101.20	23842.40
吉林	1232.10	1622.90	2380.40	4768.10	12529.70
黑龙江	1761.30	2419.60	3271.70	5184.00	11177.10
上海	5498.70	7463.20	9005.20	11616.20	13280.10
江苏	6866.70	9069.70	12434.60	24121.70	47214.40
浙江	5141.50	6678.30	10332.80	16384.20	24298.60

续表

年份	1997	2000	2004	2008	2012
安徽	2317.20	2817.30	3450.80	6312.10	15613.00
福建	2227.50	3007.80	4159.30	5457.00	10341.20
江西	1004.80	1271.10	1915.00	4012.80	12881.90
山东	5574.40	7502.90	11437.60	21573.30	40379.10
河南	3836.30	4623.10	5891.20	12533.30	29857.90
湖北	2582.80	3452.20	4487.40	6782.60	15389.70
湖南	1892.60	2483.40	3362.20	5437.10	11998.60
广东	5508.50	8150.50	12357.20	18539.40	28690.30
广西	1270.70	1666.50	2118.40	3392.90	8595.10
海南	456.00	567.10	693.80	799.20	1190.90
重庆	1046.90	1417.70	2143.00	3751.40	8407.50
四川	2601.00	3406.30	5043.10	7372.10	17026.20
贵州	424.20	674.70	1088.60	1729.40	3472.00
云南	1291.30	1738.80	2163.80	2942.50	5562.00
西藏	45.30	67.90	95.70	226.80	454.30
陕西	959.30	1318.90	1998.00	3427.80	7168.90
甘肃	549.20	779.00	1143.40	1576.90	3390.20
青海	184.00	258.30	380.50	645.40	1235.00
宁夏	207.90	288.6	521.20	848.80	1776.90
新疆	1427.50	1832.70	2426.00	3874.00	5939.00

资料来源：根据《中国统计年鉴》数据计算。

附表5 1997~2012年（年初值）东中西部经济基础设施资本存量估算结果

单位：亿元（1997年价格）

年份	1997	2000	2004	2008	2012
东部	11658.90	16841.50	27209.20	44912.10	77278.20
中部	2620.80	4511.20	8708.80	17040.60	30441.90
西部	2884.00	5160.80	9694.50	16718.40	30353.40

资料来源：根据《中国统计年鉴》数据计算。

附表6　1997~2012年（年初值）东中西部社会基础设施存量估算结果

单位：亿元（1997年价格）

年份	1997	2000	2004	2008	2012
东部	3932.50	6397.30	10445.80	16125.70	23770.10
中部	1279.60	2059.00	3227.10	5293.70	8923.90
西部	1132.70	1894.60	3290.50	5400.20	9110.40

资料来源：根据《中国统计年鉴》数据计算。

附表7　1997~2012年（年初值）东中西部非基础设施资本存量估算结果

单位：亿元（1997年价格）

年份	1997	2000	2004	2008	2012
东部	46477.40	63076.60	89742.90	149961.80	273713.00
中部	10907.60	14016.50	19197.40	36729.70	88212.60
西部	10007.30	13160.80	19121.70	29788.00	63027.10

资料来源：根据《中国统计年鉴》数据计算。

第十二章 城乡统筹与"四化"同步

尽管40年来发生了改变中国甚至很大程度上改变世界的巨大变化，中国的综合国力有了很大的增强，人民生活水平有了显著提高。但是，中国的工业化过程仍然没有完成，中国的收入水平依旧很低，中国仍然是一个发展中国家，则是一个确定无疑的事实。中国的发展面临着比许多国家更困难的问题和更复杂的矛盾。中国现阶段改革和对发展的基本认识、战略选择和政策依据，不能脱离中国的基本国情。所以，对于在改革和发展中所产生的各种现象和问题的判断必须基于对这一基本国情的清醒和客观的认识。中国仍然处于社会主义初级阶段和工业化时期。在现阶段，虽然确实需要面向未来，鼓励发展数字技术、人工智能等高新技术产业和现代服务业；但重化工业仍然是中国不可逾越的工业化阶段。中国长远发展的重大问题基本上依赖于重化工业的长足发展，如水利、交通、国土治理、城市化、海洋经济开发以及国防建设等，没有重化工业、雄厚基础将无从谈起；现阶段中国大多数居民和家庭的民生需求，都将更倾向于同重化工业相关的产品，比如汽车、住房、数字产品、旅游（交通设施、旅店建设等）等；一般加工制造业对装备制造业的需求显著增长，工业生产和产品结构向产业链上游延伸；数字技术以及高新技术产业和现代服务业的发展必须以重化工业的发展为基础；高新技术产业对基础设施有更高的要求；现代服务业的发展不仅要以工业发展为物质基础，而且需要有工业市场形成服务需求。

一、"四化"基本含义与相互关联

中共十八大报告提出了"四化"同步发展的战略方针，在"四化"中，新型工业化和信息化，基本取向都是追求创新和增加产业竞争力；而城镇化和农业现代化，则将发展的重心由沿海引向内地，由城市引向农村，以实现区域协同发展、城乡一体化发展为主要目标。这"四化"加上以内需为主导的发展战略，就构成了新时代经济发展的基本政策取向。

(一)"四化"基本内涵

中共十八大报告中指出,要坚持走中国特色新型工业化、信息化、城镇化、农业现代化(以下简称"四化")道路,推动信息化和工业化深度融合、工业化和城镇化良性互动、城镇化和农业现代化相互协调,促进工业化、信息化、城镇化、农业现代化同步发展。新中国成立以后,也曾经有类似的提法:1954年周恩来总理提出的"四化"指:工业、农业、交通运输和国防;1964年,进一步阐明"四化"是指:现代农业、现代工业、现代国防和现代科学技术。

1. 工业化

对工业化的定义主要有两个方面:一是狭义的定义,即工业化(Industrialization),是指工业在国民收入和劳动人口中的份额连续上升的过程;二是广泛的定义,认为工业化是国民经济中一系列基要的生产函数(或生产要素组织方式)(Strategical Production Functions)连续发生由低级到高级的突破性(或变革)的过程,包括农业变革和工业发展。工业化进程一般分为早期、中期和新型工业化三个阶段:早期以轻工业为主,主要为纺织、造纸、食品加工等以农产品为原料,日化、家电等以非农产品为原料的轻工业发展;中期以重化工业为中心,在这一阶段化工、冶金、电力等重化工业发展迅速;新型工业化阶段是工业高度专门化阶段,农业发生变革,工业产业链纵向发展,整个社会发生变革(张培刚,1991)。

2. 信息化

信息化最早是由日本学者梅棹忠夫在1963年提出的,随后很多学者对其进行了进一步的论述。"信息化"一词在中国的出现早于城镇化,但迟于工业化。国内学者钟义信(1994)指出,信息化是指在每个经济领域和绝大多数社会行为领域中广泛、有效地采用先进的信息技术,从而全面地、极大地提高社会生产效率,管理、教育和创新效率,以及生活质量的一个历史过程。

3. 城镇化

在国外,城镇化一般被称为城市化,指人口从农村向城市迁移的过程,而在国内,则一般称之为城镇化,其主要指城乡不断趋于协调的过程。辜胜阻(1991)在国内首次使用"城镇化"这一概念,认为城镇化是在经济发展过程中人口不断由农村向城镇地区集中的过程,是中国社会、经济现代化进程中必然的一个重要的结构转换。城镇化有三个基本特征,分别为:一是人口流动性,主要体现为农村人口向城镇区域流动的过程,农业劳动力向非农劳动力转移的过程；二是时空的协调性，体现为渐进式地推进城乡区域不断融合；三是经济的有效性，体现为产业的非农化和非农产业不断向城镇聚集，非农占经济结构主导。

4. 农业现代化

舒尔茨认为，发展中国家的传统农业是不能对经济增长做出贡献的，只有现代化的农业才能对经济增长做出重大贡献。农业现代化是中国化的概念，是指利用技术改造传统农业的历史过程，即传统农业不断向现代农业转变的过程，此过程指先进生产要素不断应用于传统农业中引发的包括物质、人力、技术、制度等一系列要素的变革和更新，表现为农业综合生产能力的增强并实现经济效益、社会效益和生态效益的显著提升。

（二）"四化"的历史关联

冯献、崔凯（2013）认为工业化是现代化的核心内容，是传统农业社会向现代工业社会转变的过程；信息化是工业化发展到一定阶段，通过高新技术变革、知识和信息的传播而带来的现代社会文明发展过程；城镇化伴随工业化发展，是工业化推进过程中，人口、要素不断向城镇流动的过程，是第二、第三产业不断向城镇聚集的过程；农业现代化是人类利用现代生产技术改造传统农业的过程，它伴随着工业化、信息化和城镇化发展而发展。无论是工业化、信息化、城镇化还是农业现代化，都是远古文明向现代文明过渡中的产物，是现代化建设的基本内容，是人类文明进步的重要标志。其在原始文明、农业文明、工业文明以及城市文明中表现出相互的历史关联。

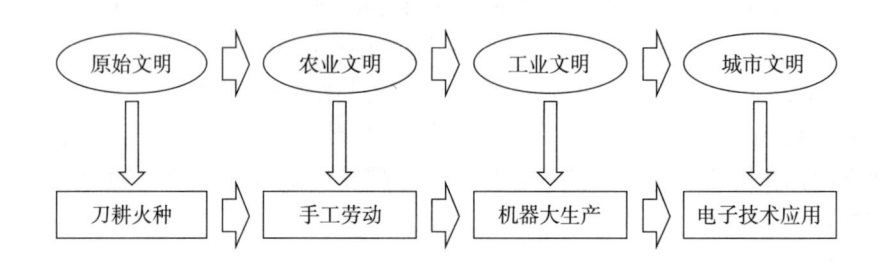

```
原始文明 ⇒ 农业文明 ⇒ 工业文明 ⇒ 城市文明
  ⇓         ⇓         ⇓         ⇓
刀耕火种 ⇒ 手工劳动 ⇒ 机器大生产 ⇒ 电子技术应用
```

（三）"四化"之间的相互关联

蓝庆新、彭一然（2013）提出，工业化是促进城镇化和提升农业现代化水平的根本动力，工业化为城镇化发展提供基本动力，城镇化是工业化发展的必然结果。城镇化是工业化、农业现代化的重要载体和带动力量，城镇化是工业化发展的基本空间载体，对带动工业化发展起着强有力的促进作用。

农业现代化是工业化、城镇化的重要保障，农业是国民经济发展的基础，农业现代化为工业化发展提供必要的支撑。信息化是工业化、城镇化和农业现代化的重要引擎，后者又为信息化提供应用基础。

黄祖辉等（2013）认为，在"四化"中，信息化因其具有渗透性和支撑性的特点，使得其不仅要与工业化深度融合，而且也要求其支持和渗透城镇化和农业现代化。此外，工业化、城镇化和农业现代化间的关系更加紧密。他们提出，中国目前已经到了工业化转型期、信息化提升期、城镇化加速期和农业现代化加速期的阶段，在现阶段，除提升信息化水平外，准确精准地实现其他"三化"稳步协调发展，对于中国经济社会顺利走出经济转型关键期，尽早达成全面小康社会的目标有至关重要的作用。他们提出，一个国家或地区的工业化、城镇化和农业现代化的状况，不仅能体现该国家或地区的产业发展水平和产业结构状况，体现该国家或地区经济社会发展的空间状态，而且还能清晰地反映该国家或地区经济社会所处的发展阶段、发展问题、发展走向和发展潜力。工业化是国家现代化的重要标志与产业的基础，工业化与技术进步紧密相关，在工业化初期、中期与后期等不同的阶段，往往会呈现从劳动密集型向资本密集型再到技术密集型的转变，其在国民经济中的总份额呈先增加后下降的趋势。城镇化是指非农产业与人口在空间上集聚的过程，在中国，由于城乡二元的户籍制度的存在，除此之外，城镇化还应包括农村进城人口的"市民化"过程。农业现代化是指农业产出比重和农业劳动力比重均不断下降的过程，是农业土地产出率、劳动生产率和科技进步率均不断增加的过程。

李二超、韩洁（2013）认为应推动信息化和工业化深度融合。特殊国情决定了我国不能像西方发达国家那样，走先工业化后信息化的老路，更不能用信息化取代工业化，而必须同时推进工业化与信息化，用工业化培育信息化，用信息化促成工业化。他们也提出工业化和城镇化良性互动是指，推进工业化和城镇化的发展不能互相孤立，而是互促互进。一方面，城镇化必须建立在实体经济发展的坚实基础上；另一方面，城镇化带来人口集聚，为各种生产要素集聚和商品交易等创造平台市场，通过城镇化可以带动工业化。他们认为"四化"同步的本质是"四化"互动，"四化"是一个整体系统。总体来说，工业化是动力，信息化是灵魂，城镇化是引领，农业现代化是基础。四个方面良性互动，才能达到"1+1+1+1>4"的效果，我国各方面的现代化建设才能同步推进。

(四) 我国"四化"协调发展存在的问题

黄祖辉等（2013）认为"三化"不协调的原因主要有四点：与中国城乡二元体制、中国工业化模式、中国发展战略与政策偏向和中国经济社会的转型阶段有关。这四方面分别从中国现阶段的体制、政策还有国情从不同程度上对现阶段的"三化"造成一定的影响。

蓝庆新、彭一然（2013）认为，现阶段我国"四化"不协调主要体现在以下四个方面：

首先，工业化对城镇化、农业现代化的带动力不强。主要是由三个方面的原因造成的：一是工业没有充分发挥反哺农业的功能；二是工业化过程中的粗放高碳增长方式，也造成了环境恶化使农业土地总量减少，质量下降，形成农业生态环境局部改善、整体恶化的趋势；三是就劳动力而言，农业科技教育和农村劳动力素质的提高是农业实现现代化，由传统农业向现代农业、粗放型农业向集约型农业转变的关键。其次，城镇化、工业化与农业现代化协调不力，城乡二元经济结构长期存在。再次，信息化与工业化、城镇化以及农业现代化融合不够。最后，不同区域之间"四化"发展水平不同。

参考2017年《中国统计年鉴》的数据，2016年中国三次产业的增加值比重依次为：3.30%、6.11%、7.76%，2016年三次产业的就业比重依次为：27.7%、28.8%、43.5%。这两组数据反映了现阶段我国农业现代化水平相对滞后于城镇化水平。这反映了中国产业结构演变和劳动力市场的迁移的不协调与农业剩余劳动人口向城镇转移与向工业转移的滞后。三次产业对国内生产总值的拉动指数分别为0.3、3.5、2.9。三个数值可以分别代表农业化水平、工业化水平与城镇化水平。从数据中可以看出，农业化水平不仅低于工业化水平而且还低于城镇化水平。

二、城乡产业统筹发展演变

新中国成立之初就确立了工业领导农业、城市领导农村的城乡互助战略。中共七届二中全会提出城乡互助方针，周恩来总理1949年12月关于几个经济关系的讲话，"在谁领导谁的问题上，今天我们确定了城市领导乡村，工业领导农业的方针"。"大跃进"和"文化大革命"时期农村公社与城市联合成更大公社的城乡互助思想。1958年开始的三年"大跃进"，实施了通过互助组初级社高级社和人民公社直接进入共产主义的严重脱离实际的发展战略。这个时期为农村设计的工业化道路是人民公社内的工业化，把工（工业）、农（农业）、兵（民兵即全民武装）、学（文化教育）、商（商业）组成一个大公社，构成我国社会的基本单位。每个公社都有自己的农业、工业，有中学、小学，有医院，有商店和服务行业，有交通事业，有托儿所和公共食堂，有俱乐部，也有维持治安的民警，等等。若干乡村公社围绕着城市，又成为更大的共产主义公社，这一思想延续到"文化大革命"结束。

1975年8月，邓小平在《关于发展工业的几点意见》一文中指出，确立以农业为基础、为农业服务的思想，"工业支援农业，促进农业现代化是工业的重大任务"。工业区、工业城市要带动附近农村，帮助农村发展小型工业，搞好农业生产，并且把这一点纳入自己的计划。"工业支援农业，农业反过来支援工业，这是个加强工农联盟的问题。"改革开放前，由于国际形势需要，迫切发展重工业与国防工业。由于独立的比较完整的工业体系和国民经济体系的建设需要，集中一切社会资源发展重工业，即发展为农业、工业、国防、交通运输提供成套技术装备的基础工业体系。由于经济理论思想的局限，没有很好地认识和运用客观的经济社会发展规律，生产资料优先增长的理论，重工业优先发展，仅把一二产业作为物质生产部门，过多地牺牲农业，遏制第三产业；没有把城镇化作为解决农村问题的必要途径，农村直接实现现代化，进入共产主义的高级社会形态等。这一时期，我国虽然强调农业是国民经济的基础，也曾提出以粮为纲的发展战略，城市人口"上山下乡"支持农业生产。但从总体上看，农村和农业的主要任务，是为城市和工业发展提供粮食和原材料，实行的是农业对工业的全力哺乳。农村对城市毫无保留地支持，形成并固化了城乡不平等的制度安排，工农产业、生产力水平及城乡空间的二元性分割最终形成。

改革开放后一直到21世纪的城乡一体化，城市带动农村的工业反哺农业的产业统筹战略。中共十一届三中全会以后，从农村开始的经济体制改革，极大地解放了城乡生产力的同时，生产要素开始以市场导向流动，城乡二元体制开始被打破。20世纪末到21世纪初，党对农村的认识不断深入，把农业问题扩展为"三农"问题，针对农村发展的滞后和城乡经济差距的拉大，到2009年《中共中央国务院关于2009年促进农业稳定发展农民持续增收的若干意见》为止，中共中央自2004年以来就三农问题连续发出六个一号文件。我国采用了城镇化解决农村发展问题的方法，1998年10月中共十五届三中全会正式提出了"小城镇，大战略"思想，2000年10月中共"十五计划"建议明确提出了实施城镇化战略；2002年中共十六大在总结新中国成立以来改革发展经验的基础上，明确提出了实施城乡统筹发展战略的要求，把解决"三农"问题摆在重中之重的位置，这是党由重视城市、兼顾农村向扶持农村、统筹发展的重大思想和政策转变。2004年12月的中央经济工作会议作出"我国现在总体上到了以工促农、以城带乡的发展阶段"的判断；2005年10月，中国共产党召开了十六届五中全会，重新提出了建设社会主义新农村建设；2008年10月中共十七届三中全会，作出了《中共中央关于推进农村改革发展若干重大问题的决定》，把"统筹城乡产业发展"作为建立促进城乡经济社会发展一体化制度的一个重要方面明确提出来。中共十八大提出了工业化、信息化、城镇化和农业现代化，将城乡产业统筹发展推进到一个新的阶段。

改革开放40年，伴随着工业化的发展，大批农村剩余劳动力进入城镇和非农产业，劳动生产率成倍提高，既促进了工农业的发展，也带来了城镇规模的扩大和质量的提升。随着信息时代的到来，信息化已成为国民经济各个行业的基础，进一步推动了产业的发展和社会的进步。工业化、信息化、城镇化、农业现代化已成为中国社会经济发展的重要推动力量，同时也成为了现代化建设的主要组成部分。当前中国的发展仍然面临着科技创新力亟待提高，产业结构不尽合理，区域发展不平衡不充分，城乡发展不协调等问题较为突出。目前我国正处于供给侧结构性改革和经济社会转型升级的关键期，"四化"发展都面临着巨大的压力，尤其是农业现代化的发展远远滞后于工业化和城镇化的发展。在信息化不断发展的今天，按照"四化"同步发展的要求不断推进农业现代化的发展，促进信息化与工业化、城镇化的融合，加快城乡一体化进程，缩小地区发展之间的不均衡等已成为我国经济社会发展中着力解决的焦点。

三、"四化"同步发展的历史变迁

1954年9月，周恩来总理在第一届人大第一次会议上所作的《政府工作报告》中提出：我国的经济原来是很落后的。如果我们不建设起强大的现代化的工业、现代化的农业、现代化的交通运输业和现代化的国防，我们就不能摆脱落后和贫困，我们的革命就不能达到目的。1964年12月，周恩来在三届全国人大一次会议上把工、农、交通和国防四个现代化，重新归结为工、农、国防和科技四个现代化，提出分两步走，即从第三个五年计划开始，第一步：建立一个独立的比较完整的工业体系和国民经济体系；第二步：全面实现农业、工业、国防和科学技术的现代化，使我国经济走在世界的前列。1975年1月周恩来在四届人大一次会议上重申了两步走实现四个现代化：第一步，用十五年时间，即在1980年以前，建成一个独立的比较完整的工业体系和国民经济体系；第二步，在20世纪内，全面实现农业、工业、国防和科学技术的现代化，使我国国民经济走在世界的前列。邓小平在1987年对中国现代化建设作出了三步走的设计：1990年国民生产总值比1980年翻一番，解决温饱问题；2000年国民生产总值再翻一番，达到小康水平；到2050年，达到中等发达国家水平，基本实现现代化。20世纪末，党中央和邓小平设计的分三步走基本实现现代化的发展战略，已经走完了两步；1997年中共十五大明确提出新世纪的三步走：展望新的世纪，我们的目标是，第一个十年实现国民生产总值比2000年翻一番，使全国人民的小康生活更加宽裕，形成完善的社会主义市场经济体制；再经过10年的努力，到建党一百年时，使国民经济更加发展，各项制度更加完善；到下个世纪中叶建国一百年时，基本实现现代化，建成富强、民主、文明的社会主义国家。农业现代化是我国现代化的重要组成部分，没有农业现代化就没有国家现代化，没有农村繁荣稳定就没有全国繁荣稳定。然而，经过半个多世纪的现代化建设，我国的农业还处在一个很低的生产力水平上，农业基础仍然薄弱，最需要加强，农村发展仍然滞后，最需要扶持，农民增收仍然困难，最需要加快。我国这样一个人口众多，底子又薄的大国，农业始终是战略产业，农业问题、粮食问题，始终是关系国计民生第一位的大问题。解决好十几亿人口吃饭问题是治国安邦的头等大事，巩固和加强农业基础地位，需要统筹城乡产业发展。

改革开放40年来，我国经济一直处于高速增长阶段，第一产业比重明显下降，第二产业比重基本稳定于45%的高位，第三产业份额大幅度提升，农业劳动生产力逐步向二、三产业转移，劳动生产率大幅提高，逐步摆脱了传统的农业经济，大力发展大规模的现代产业，从而推动了经济的快速发展。但目前，可以转移至非农产业的劳动力逐步减少，重要工业产品需求逐步走向峰值，我国的经济增长速度正在放缓，内需不足、产业竞争力不强、结构性矛盾突出等问题依然存在，如何通过各产业的转型升级来推动经济的增长成为新的焦点，当前的当务之急是提升产业发展层次和水平，增强经济发展的协调性和竞争力，加快转变经济发展方式，着重对我国的经济结构作出战略性调整，以此来增强中国经济的发展动力。中国经济正处于持续高速增长到中速增长的转折，如何实现增速虽有所降低，但经济增长的效益和质量明显提高。中共十八大报告提出了"四化"同步发展的战略方针，在"四化"中，新型工业化和信息化，基本取向都是追求创新和增加产业竞争力，而城镇化和农业现代化，则将发展的重心，由沿海引向内地，由城市引向农村，以实现区域协同平衡发展、城乡一体化发展为主要目标。"四化"再加上调动内需与供给侧结构性改革为主导的发展战略，构成了新时代经济发展的政策取向。

四、协调发展的内在逻辑

工业化、信息化、城镇化和农业现代化是我国社会转型和结构变迁的四个不可或缺的组成部分，而实现"四化"的同步发展是中国现代社会经济发展的必然要求和发展趋势。"四化"同步发展是中国特有的概念，在国外并不多见，但有关工业化、城镇化、信息化、农业现代化的研究并不少见，并形成了一定的理论体系，从舒尔茨的农业改造理论、钱纳里的结构变革论、刘易斯的二元结构论到各种聚集经济理论等都从不同角度论述了农业、工业、城镇发展的作用机制，从工农关系、城乡关系、产业发展与人口迁移、产业发展与信息化等角度分析了工业化、信息化、城镇化、农业现代化之间的关系，为我国的"四化"研究提供了一定的理论借鉴。

（1）强调"四化"的同步发展。突出工业化主导、信息化引领作用，提高城镇化发展质量，充分发挥农业现代化的基础性作用。工业化是城镇化发展的主要支撑，是农业现代化发展的基础，是信息化发展的源泉，在"四化"同步发展中的主导地位不动摇。没有工业化，城镇化就缺乏产业支撑，没有工业化，农业现代化就缺乏先进的物质基础和管理手段，没有工业化，信息化就少了依托，社会经济发展就缺少了动力。在当今时代，信息化在工农业发展和城镇建设中的地位日益突出，信息技术的发展和应用，促进了我国经济形态和产业形态由传统的粗放型向集约型、知识型转变，对我国的现代化建设起着重要的引领作用。而城镇化发展质量的提高，有助于打破城乡二元经济结构，促进城乡要素的优化配置，拉动农村居民的投资与消费需求，促进农业功能的拓展与开发，推动城乡一体化发展，最终促进"四化"的同步发展（李仕波，2014）。农业现代化是"四化"发展的短板，"四化"同步发展客观上要求我国加快农业现代化的发展，充分发挥农业现代化的基础性作用。农业现代化为工业化的发展提供了劳动力和原材料，为城镇化的发展创造了市场条件，各要素向城镇的集聚促进了城镇基础设施和功能的完善，推动了工业化和城镇化的发展，因此，在推动"四化"同步发展的进程中，仍要保持农业现代化的根本地位不动摇。

（2）促进工业化和城镇化的良性互动。要充分发挥产业发展对城镇化的支撑作用、城镇化对工业发展的集聚效应和服务功能，以更好地推动"产城"融合。以优化产业发展为原则在城乡之间、地区之间合理布局城镇结构,加强大中城市的辐射带动作用,拓展中小城镇的承载能力,完善城镇功能体系,推动工业的可持续发展,以产业的规模化、园区化发展,推动产业集群的发展,促进城镇的合理扩张和城市群的形成。

(3) 促进城镇化和农业现代化的相互协调发展。以城镇化的发展扩大要素需求,推动人口、资源向城镇集聚,促进农民市民化;以农业现代化的发展,推动农业集约化经营,为城镇化提供充足的劳动力和原材料。与此同时,要增强城镇承载能力,完善城镇功能体系,把城镇基础设施延伸到农村,公共服务覆盖到农村,加大城乡统筹力度,形成城乡一体化发展新格局。

(4) 推动信息化与其他"三化"的深度融合。将信息化融入我国工农业发展的始终,鼓励自主创新,加强信息技术对传统产业向现代产业转变中的作用,推动传统的生产方式向现代智能化、高端化的生产方式转变,促进信息交流和管理的网络化发展,充分发挥网络平台对市场的推动作用,构建新一代的工农业发展体系。与此同时,还要把信息化的发展与城镇建设紧密相连,通过信息化改善城镇结构体系,整合城镇功能,优化城镇的产业和就业结构,提高城镇化发展质量。

纵观我国社会主义现代化进程,中央提出"四化"同步发展战略是一个渐进的、逐步成熟的过程。"九五"时期及之前很长的一段时期内,国家的战略重点是加快工业化进程,在《国民经济和社会发展第九个五年规划纲要》中还没有专门的城镇化概念,仅从城乡建设角度提出"有序地发展一批小城镇,引导少数基础较好的小城镇发展成为小城市";在《国民经济和社会发展第十个五年规划纲要》中提出了"发展高新技术产业,以信息化带动工业化",同时明确提出"我国推进城镇化的条件已经成熟,要不失时机地实施城镇化战略";在《国民经济和社会发展第十一个五年规划纲要》中提出了"坚持以信息化带动工业化,以工业化促进信息化,提高经济社会信息化水平","推进国民经济和社会信息化,切实走新型工业化道路,坚持节约发展、清洁发展、安全发展,实现可持续发展",并提出了"促进城镇化健康发展"和"发展现代农业"的相关内容,直到中共十七届五中全会提出"在工业化、城镇化深入发展中同步推进农业现代化(三化同步)"的重大战略决策。中共十八大报告提出了中国特色的"四化"同步发展战略,并赋予其深刻内涵,体现了我国社会主义现代化建设理论创新和实践创新的最新成果,为中国现代化建设指明了方向。从世界现代化发展规律看,在经济社会发展到一定阶段后，能否实现工业化、城镇化和农业现代化同步发展关系到现代化建设的成败，而信息化又覆盖了国民经济的所有行业，同其他"三化"之间互相促进。由此，我国在"三化"同步的基础上增加了一个"信息化"，提出"四化"同步发展战略，这比以往更好地契合了时代特征。综观发达国家工业发展历史经验，实现现代化的国家大多是信息化、工业化很发达的国家，城镇化率也很高，同时农业现代化也达到相当水平。因此，我国提出的"四化"同步发展战略，既体现了中国发展的特色，也遵循了世界现代化发展的一般规律。

五、结语与展望

工业化、信息化、城镇化和农业现代化是我国城乡产业统筹发展、经济社会转型和结构变迁的四个不可或缺的组成部分，而实现"四化"的同步发展是中国现代社会经济发展的必然要求和发展趋势。目前，我国现代化已进入"啃硬骨头"的攻坚克难阶段，"四化"同步发展是对我国经济社会发展阶段和发展任务的科学把握，为中国现代化建设指明了方向。

1. 总体发展还需要协调一致

经过多年发展，我国的工业化、信息化、城镇化和农业现代化都取得了很大成果，但与国外发达国家相比仍有较大距离，总体发展水平不高，"四化"发展速度差异很大，信息化起点低发展快，但目前其发展水平仍然偏低，工业化、城镇化，而农业现代化发展速度相对缓慢。总体来看，工业化、城镇化和农业现代化发展不平衡、不协调等问题依然存在，农业现代化发展滞后，至今仍是"四化"同步发展的短板，城镇化落后于工业化，信息化和其他"三化"融合程度不够，信息化发展水平的相对落后依然是推动"四化"同步发展的软肋。

2. 地区发展仍然要平衡有序

我国的工业化、信息化、城镇化和农业现代化发展在时间上均呈不断增长态势，但空间上呈"东高西低"态势。工业化发展在产业的转移与升级中，差距逐渐缩小，但空间集聚特征日渐明显，北方资源型城市以及长江经济带、粤港澳大湾区等地产业集聚区的工业化发展水平明显偏高，而东北老工业基地、西南丘陵地区等发展水平相对较低；信息化发展起点低但发展较快，地区发展极不均衡，高水平区主要集中在上述三大经济圈、经济比较发达的东部沿海，东北西北及部分内陆省会城市居于其次，而中部传统农区和西南山地丘陵区信息化发展水平明显偏低；东部地区城镇化发展快于中西部地区，京津冀、辽东半岛、长三角、珠三角的城镇化水平尤为突出，内陆省会城市、重点城市中心特性十分明显，但中小城镇发展动力仍然不足；农业现代化发展水平随离胡焕庸线距离的增加而增加，在工业化和信息化的带动下，京津冀、长三角、珠三角、海峡西岸等地区的农业现代化发展水平也比较高，而胡焕庸线沿线地区的农业发展水平明显偏低。

3. 同步发展尚需齐头并进

我国的"四化"同步发展水平虽然稳中有进，但地区差异显著，空间集聚态势明显，各地各级别演进趋势各有差异。高水平区主要集中在经济比较发达的东部沿海一带以及资源富足区，低水平区主要在我国西南云贵高原以及陕甘宁交界地带，呈现非常显著的空间正相关，发展水平相似区呈现出集聚连片的空间分布格局，东部沿海的高集聚区和西部内陆的低集聚区尤为显著，而且这两大集聚区始终保持着"低流动性"，表现出一定的空间稳定性。从"四化"同步发展的速度来看，总体上有所减缓，而其相对发展速度由北部较快转向中部较快，各区域的相对差距进一步在缩小，但绝对差距依然很大。

参考文献

1. Duranton, G1, D1Puga, /Micro-foundations of Urban Agglomeration Economies [M]. Handbook of Regional and Urban Economics, North-Holland, 2004, 2301.

2. Ravallion, M., Shaohua Chen, P. Sangraula, New Evidence on the Urbanization of Global Poverty [R]. Word Bank Policy Research Working Paper, 2007, 4199.

3. Poelhekke, S., /Urban Growth: Uninsured Risk and the Rural Origins of Aggregate Volatility [R]. EUI Working Paper ECO, 2008, 26.

4. Lucas. R. E. Externalities and Cities [J]. Review of Economic Dynamics, 2001, 4 (2): 117-129.

5. Black. D. and Henderson. V. J. A Theory of Urban Growth [J]. Journal of Political Economy, 1999, 107 (2).

6. Jones. C., and Romer, P. The New Kaldor Facts: Ideas, Institutions, Population, and Human Capital [J]. American Economic Journal. Macroeconomics, 2010, 2 (1).

7. Bruhart and Mathys. Sectoral Agglomeration Economies in a Panel of Euro-

pean Regions［J］. Regional Scienceand Urban Economics，2008，38：348-362.

8. Bruhart and sbergami. Aggmomeration and growth：the cross country evidence［J］. Journal of Urban Economics，2009，65：48-63.

9. 周振、孔祥智：《中国"四化"协调发展格局及其影响因素研究——基于农业现代化视角》，《中国软科学》2015年第10期。

10. 胡锦涛：《坚定不移沿着中国特色社会主义道路前进，为全面建成小康社会而奋斗——在中国共产党第十八次全国代表大会上的报告》，人民出版社2012年版。

11. 黄祖辉、邵峰、朋文欢：《推进工业化、城镇化和农业现代化协调发展》，《中国农村经济》2013年1月。

12. 张红宇：《关于城乡统筹推进过程中若干问题的思考》，《管理世界》2005年第9期。

13. 冯献、李宁辉、郭静利：《"四化同步"背景下我国农业现代化建设的发展思路与对策建议》，《农业现代化研究》2014年第1期。

14. 冯献、崔凯：《中国工业化、信息化、城镇化和农业现代化的内涵与同步发展的现实选择和作用机理》，《农业现代化研究》2013年第3期。

15. 张培刚：《发展经济学通论（第一卷）——农业国工业化问题》，湖南出版社1991年版。

16. 钟义信：《现代化的关键是信息化》，《广核情报工作与研究》1994年第4期。

17. 辜胜阻：《非农化与城镇化研究》，浙江人民出版社1991年版。

18. ［美］西奥多·W. 舒尔茨：《改造传统农业》，梁小民译，商务印书馆2006年版。

19. 蓝庆新、彭一然：《论"工业化、信息化、城镇化、农业现代化"的关联机制和发展策略》，《理论学刊》2013年第5期。

20. 李裕瑞、王婧、刘彦随、龙花楼：《中国"四化"协调发展的区域格局及其影响因素》，《地理学报》2014年第2期。

21. 李二超、韩洁：《"四化"同步发展的内在机理、战略途径与制度创新》，《公共管理》2013年第7期。

22. 李刚、魏佩瑶：《中国工业化与城镇化协调关系研究》，《经济问题探索》2013年第5期。

23. 刘晓星：《城市化速度多快才合理？》，《中国环境报》2011年4月28日第8版。

24. 王国刚：《城镇化：中国经济发展方式转变的重心所在》，《经济研究》2010年第12期。

25. 工业化与城市化协调发展研究课题组：《工业化与城市化关系的经济学分析》，《中国社会科学》2002年第2期。

26. 钱纳里、塞尔昆：《发展的格局》，李小青译，中国财政经济出版社1989年版。

27. 景普秋、张复明：《工业化与城镇化互动发展的理论模型初探》，《经济学动态》2004年第8期。

28. 齐讴歌、赵勇、王满仓：《城市集聚经济微观机制及其超越：从劳动分工到知识分工》，《中国工业经济》2012年第1期。

29. 袁祖怀、周敏、余卉、王麟：《资源型城市工业化和城市化协调发展研究》，《学术界》2011年总第157期。

30. 周一星：《城市化与国民生产总值关系的规律性探讨》，《人口与经济》1982年第1期。

31. 吕政、黄群慧、吕铁、周维富：《中国工业化、城市化的进程与问题——"十五"时期的状况与"十一五"时期的建议》，《中国工业经济》2005年第12期。

32. 袁海、周晓唯：《中国工业化与城市化协调分析》，《经济纵横》2008年第20期。

33. 段禄峰、张沛：《我国城镇化与工业化协调发展问题研究》，《城市发展研究》2009年第7期。

34. 李霞、朱艳婷：《城乡二元体制下工业化与城镇化协调发展研究》，《四川大学学报》（哲学社会科学版）2012年第3期。

35. 邵明伟：《工业化与城市化关系：一个全面述评》，《区域经济评论》2015年第4期。

36. 辜胜阻、简新华：《当代中国人口流动与城镇化》，武汉大学出版社1994年版。

37. 中国经济增长前沿课题组：《城市化、财政扩张与经济增长》，《经济研究》2011年第11期。

第四篇

空间演进

改革开放以来，随着经济逐渐融入世界经济体系，以及市场化改革的不断深化，中国工业经济空间格局在市场化和全球化力量的共同影响下发生了深刻变化，市场化改革与对外开放是引致产业空间格局变化的主导因素，两者的合力引导着产业区位逐步与比较优势的地理格局相匹配，劳动力素质与成本、自然资源等由此成为影响各产业地区分布的主要区位因素（吴三忙等，2010）①。

40年来，中国工业化进程的巨大成就在世界历史上是史无前例的，高速增长的工业经济持续推动着中国综合实力的稳步提升，占世界20%的人口在几十年的时间内进入工业化时代，中国工业化的地区差异和地区递进也由此形成了一个非常独特的"中国特色"现象。大多数工业化国家在工业化进程中产生的空间不平衡现象主要表现为国家之间的不平衡。中国由于人口众多且地域空间广阔，工业化进程中的空间不平衡很难转移到外部空间，只能在国家内部缓慢消化，这使得国内地区间经济发展不平衡的现象更加突出（金碚，2017）。② 广阔的地域空间不仅为工业经济的区域递进发展提供了腾挪空间，也为区域经济发展差距提供了多类型的表现方式。

---

① 吴三忙、李善同：《中国制造业空间分布分析》，《中国软科学》2010年第6期。
② 金碚：《中国工业化的道路：奋进与包容》，中国社会科学出版社2017年版。

第十三章 省际差距与非均衡演进

在新中国工业化进程中，由于不同地区之间经济发展基础和地理位置的差异显著，我国工业化在全国推进的过程就是以非均衡的空间格局演进的。尽管"156项"期间工业项目大多布置在内地，且三线建设期间大量工业企业由沿海迁往内地，并在内地新建、扩建了一批工业企业，同时也不断加大对内地的投资力度，从而极大促进了内地工业的快速发展，也显著改善了工业过于集中在沿海地区的局面。

然而，内地工业发展的比较优势并未奠定，相比于东部沿海地区还存在诸多不足，而沿海地区工业发展的比较优势依然显著。改革开放以来，中国经济逐步融入世界经济体系，并迅速参与国际分工，沿海地区凭借得天独厚的地理优势与良好的工业发展基础，成为欧美等发达经济体进行国际产业转移的理想之地。继"亚洲四小龙"之后，中国沿海地区再次开启了轰轰烈烈的工业化进程，一路高歌猛进，推动着中国经济高速增长。

改革开放以来，沿海地区工业经济取得了举世瞩目的成就，不仅带动中国经济走出了低水平的"均衡"发展，逐步接轨世界经济体系，并成为世界第二大经济体，还通过逐步向中西部地区进行产业转移，推动着中西部地区在21世纪进入高速增长时期。

然而，由于区域发展比较优势差异显著，尽管近10年来中西部地区工业经济增长率明显高于东部沿海地区，"东快西慢"的工业化推进格局逐步向"西快东慢"转变，与此相伴相随的是"北弱南强"的空间格局逐步得到强化，区域间工业经济发展平衡的问题也日益突出。

从各省（市/区）的情况来看，省际工业发展差距整体呈现缩小态势，与各省（市/区）的经济发展差异基本保持相同的演变态势，具体表现为图13-1中的省际GDP占比极差与省际工业占比极差①均在1985年之后呈现

---

① GDP占比＝地区GDP/全国GDP×100%；工业占比＝地区工业增加值/全国工业增加值×100%；极差＝最大值-最小值。

极为相似的演化路径，唯一不同的是省际工业发展差距比省际经济发展差距要大（相对百分比），特别是在改革开放的前6年（1978~1983年），省际工业占比极差保持在10%以上，而省际GDP占比极差均保持在8.0%以下。

省际工业经济发展差距演化可分为四个阶段：缩小（1978~1986年）→扩大（1987~2003年）→缩小（2004~2013年）→扩大（2014~2016年）。改革开放之初，即使之前的三线建设在一定程度上促进了中西部地区的工业发展，但并未有效改变地区之间巨大的工业发展差距。1978年，省际工业占比极差为12.74%，工业占比最大的上海占到全国工业增加值的12.78%，直逼西部十二省（市/区）工业占比之和（16.38%），中部六省（市/区）之和也仅为16.68%。2016年，省际工业占比极差为11.42%，工业占比最大的广东占到全国的11.45%，此时上海的工业占比已下降到2.60%。

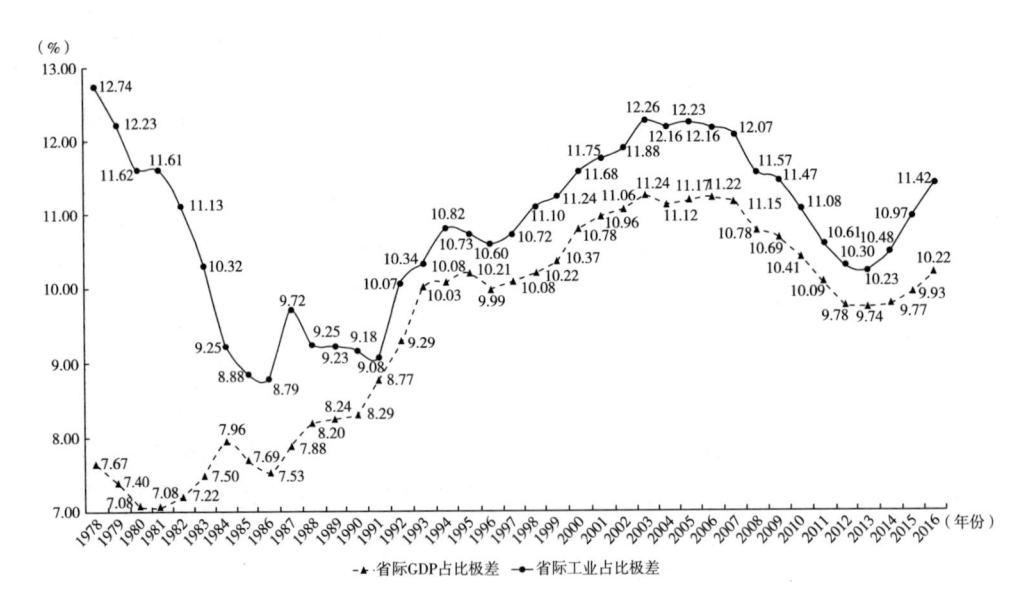

图13-1　1978~2016年省际GDP占比极差与省际工业占比极差对比

注：极差＝最大值-最小值。

资料来源：笔者绘制。

一、缩小：1978~1986年

1978~1986年，省际工业发展差距呈现逐年缩小态势，省际工业占比极差由1978年的12.74%下降为1986年的8.79%。增幅最大的五省为浙江、江苏、湖北、河南、安徽，其工业全国占比分别增加2.50%、1.61%、1.09%、0.91%、0.83%；降幅最大的五省（市）为上海、黑龙江、辽宁、甘肃、北京，其工业全国占比分别降低4.45%、1.31%、1.05%、0.67%、0.64%。至此，上海作为中国第一大工业省（市）的地位不再，让位于江苏，到1986年，江苏的工业占比为8.86%，高出上海0.5个百分点，工业全国占比前五位由1978年的上海（12.78%）、辽宁（9.56%）、江苏（7.21%）、山东（6.68%）、黑龙江（6.20%）演变为1986年的江苏（8.82%）、辽宁（8.51%）、上海（8.32%）、山东（7.17%）、广东（5.44%），如图13-2所示。

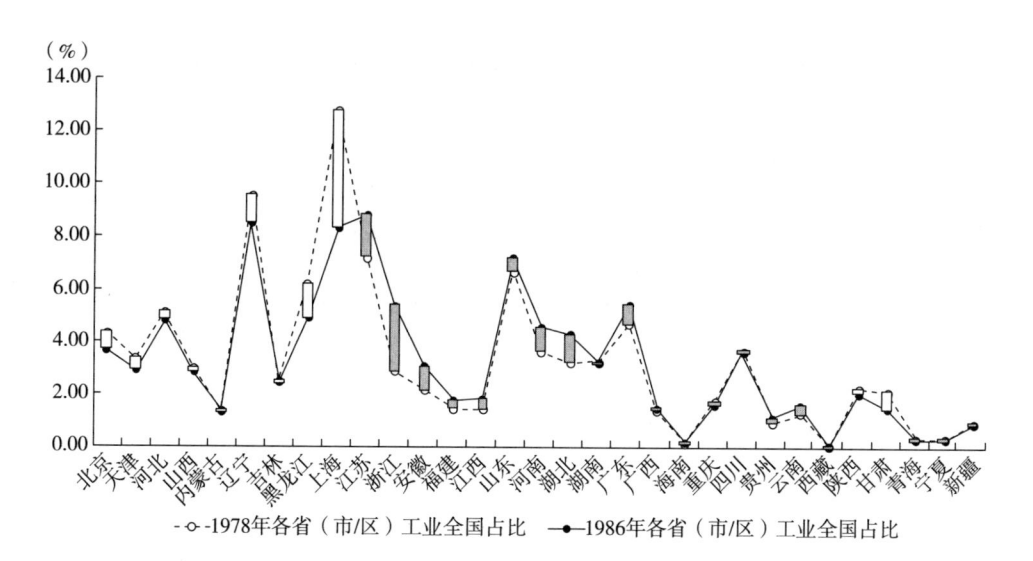

图13-2 1978~1986年各省（市/区）工业全国占比增减变化情况

注：实心涨/跌柱表示1978~1986年为增长态势，其高低表示增长值；空心涨/跌柱表示1978~1986年为下降态势，其高低表示下降值。

资料来源：笔者绘制。

在此期间，工业过于集中在个别省（市/区）的态势得到了一定程度的缓解，中西部地区大部分省（市/区）的工业发展状况有所改观，但省际工业发展依然存在较大差距，工业发展落后地区的工业经济依然没有得到有效改善：1978年，工业全国占比前五位之和为42.42%，1986年下降到38.27%，工业占比后五位之和由1978年的1.80%下降到1986年的1.71%。工业最不发达地区依然是新疆、青海、宁夏、海南、西藏这五省（区），长期"稳居末位"，其工业全国占比之和始终在2.0%以下（见表13-1）。

表13-1　1978~1986年工业全国占比前五位与后五位变化情况　　单位：%

年份		1978	1979	1980	1981	1982	1983	1984	1985	1986
前五位 高 ↓ 低	1	上海	上海	上海	上海	上海	上海	上海	上海	江苏
	2	辽宁	辽宁	辽宁	辽宁	辽宁	辽宁	辽宁	江苏	辽宁
	3	江苏	江苏	江苏	江苏	江苏	江苏	江苏	辽宁	上海
	4	山东	山东	山东	山东	山东	山东	山东	山东	山东
	5	黑龙江	黑龙江	黑龙江	黑龙江	黑龙江	黑龙江	黑龙江	广东	广东
	合计	42.42	40.94	41.31	40.9	40.29	39.35	38.94	39.05	38.27
后五位 高 ↓ 低	1	新疆	新疆	新疆	新疆	新疆	新疆	新疆	新疆	新疆
	2	宁夏	宁夏	宁夏	宁夏	青海	宁夏	宁夏	宁夏	青海
	3	青海	青海	青海	青海	宁夏	青海	青海	青海	宁夏
	4	海南	海南	海南	海南	海南	海南	海南	海南	海南
	5	西藏	西藏	西藏	西藏	西藏	西藏	西藏	西藏	西藏
	合计	1.8	1.85	1.67	1.58	1.57	1.71	1.62	1.65	1.71

资料来源：笔者绘制。

二、扩大：1987~2003年

1987~2003年，省际工业发展差距在轻微的波动中表现为扩大态势，在此期间，省际工业差距一度逼近1978年时的差距，于2003年时达到12.26%。增幅最大的五省为广东、山东、浙江、福建、江苏，其工业全国占比分别增加6.27%、2.68%、2.47%、1.86%、0.97%；降幅最大的五省（市）为辽宁、上海、黑龙江、湖北、北京，其工业全国占比分别降低3.70%、2.15%、1.75%、1.34%、1.21%。到1996年，江苏作为中国第一大工业省的地位不再，让位于广东，此时广东的工业全国占比为10.65%，高于江苏的10.29%，自此以后，广东成为中国工业第一大省，江苏退居第二位。在此期间，东北三省（辽宁、吉林、黑龙江）的工业地位呈现急速下滑趋势，三省的工业占比下降了6.5%，其中以辽宁为最，下降了3.7%。随着中国市场经济体制改革的逐步深入，东北老工业基地与市场经济接轨过程的不适应症状日益显著。

得益于1980年设立深圳特区所带来的开放效应，广东的工业经济取得了突飞猛进的发展，一跃成为中国第一工业大省，且"稳坐"至今。曾经盛极一时的工业大省（市），如上海、辽宁，逐步退出工业大省行列。1987~2003年，工业全国占比前五位由1987年的江苏（9.74%）、辽宁（8.26%）、山东（7.50%）、上海（7.40%）、广东（6.02%）演变为2003年的广东（12.29%）、江苏（10.71%）、山东（10.18%）、浙江（7.96%）、河北（5.37%），如图13-3所示。

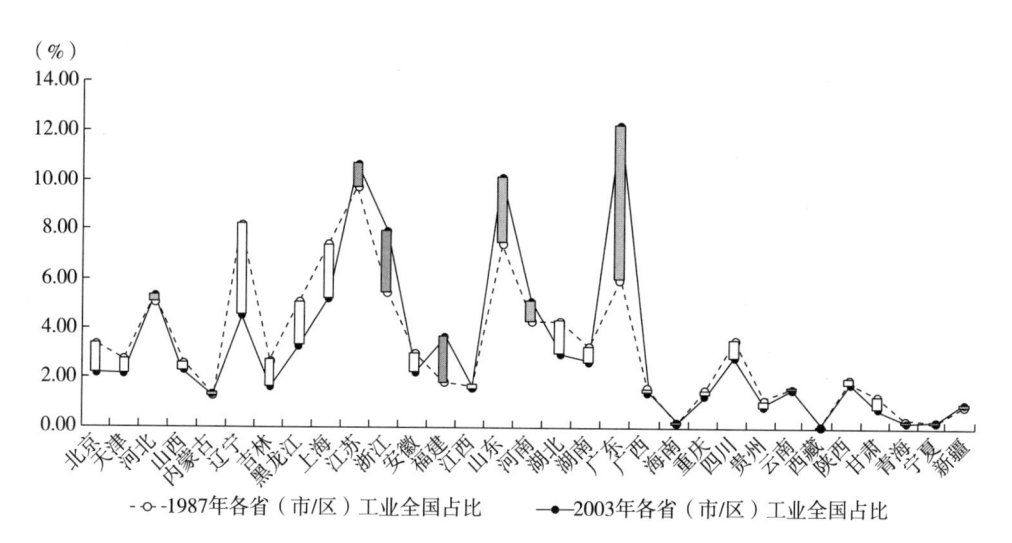

图13-3　1987~2003年各省（市/区）工业全国占比增减变化情况

注：实心涨/跌柱表示1987~2003年为增长态势，其高低表示增长值；空心涨/跌柱表示1987~2003年为下降态势，其高低表示下降值。

资料来源：笔者绘制。

与此同时，省际工业发展的集聚态势进一步强化，工业全国占比前五省（市/区）之和由1987年的38.92%增至2003年的46.51%，而后五省（市/区）之和依然保持在2.0%以内，可见，省际工业发展差距再次扩大，其差距甚至已超过改革开放之前，1978年时工业全国占比前五省（市/区）之和仅为42.42%，如表13-2所示。由此表明，随着改革开放的渐次深入，沿海地区工业经济发展的比较优势逐渐凸显，极大地促进了沿海工业大发展，同时也快速拉大了省际工业发展差距，东部沿海地区工业经济的快速发展，也在一定程度上挤压了中西部地区的工业发展，形成了典型的"东快西慢"工业经济发展空间格局。

表13-2　1987~2003年工业全国占比前五位与后五位变化情况　单位：%

年份	1987	1988	1989	1990	1991	1992	1993	1994	1995
前五位合计	38.92	38.60	38.63	38.89	38.97	40.69	41.67	42.82	43.42
后五位合计	1.64	1.73	1.77	1.87	1.86	1.83	1.77	1.70	1.62
年份	1996	1997	1998	1999	2000	2001	2002	2003	—
前五位合计	43.15	43.31	43.85	44.06	44.53	44.75	45.43	46.51	—
后五位合计	1.50	1.47	1.51	1.53	1.52	1.57	1.57	1.54	—

资料来源：笔者绘制。

三、缩小：2004~2013年

2004~2013年，省际工业发展差距再一次呈现缩小态势，省际工业占比极差于2013年缩小至10.23%。得益于西部大开发与中部崛起等一系列旨在促进中西部地区快速发展的国家战略，东部沿海工业开始逐步向中西部地区转移，中西部地区大部分省（市/区）的工业经济取得了前所未有的高速增长，"东快西慢"的工业经济发展空间格局逐渐向"西快东慢"的空间格局转变。

如图13-4所示，增幅最大的五省为内蒙古、四川、安徽、湖南、湖北，其工业全国占比分别增加1.51%、1.43%、1.20%、1.12%、1.08%；降幅最大的五省（市）为上海、广东、山东、浙江、黑龙江，其工业全国占比分别降低2.46%、1.93%、1.83%、1.77%、1.32%。2004~2013年，工业增长中心由东部沿海地区向中西部地区转移的趋势依然显著，工业全国占比提升最多的五省（区）均在中西部地区，可见这些年来中西部地区的工业经济确实取得了突出的成就，但这并未有效改变地区工业发展差距较大的现实，东部沿海地区依然是我国工业发展最好的地区，工业全国占比前五位依然是以东部沿海的省（市/区）为主导，中西部地区只有河南于2005年跻身于前五行列，工业全国占比后五位除海南确实因为地理条件原因不适宜发展工业外，其余均在西部地区。

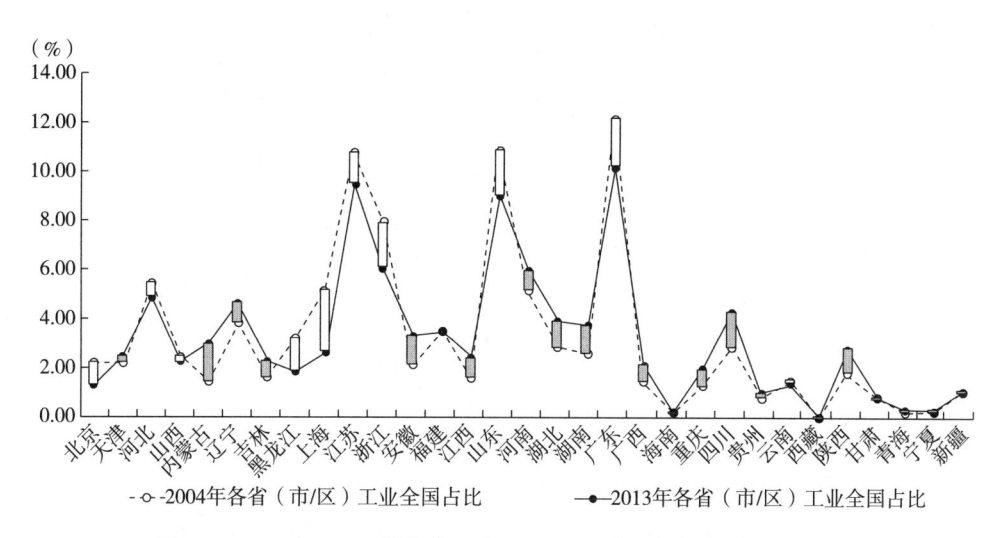

图 13-4　2004~2013 年各省（市/区）工业全国占比增减变化情况

注：实心涨/跌柱表示 2004~2013 年为增长态势，其高低表示增长值；空心涨/跌柱表示 2004~2013 年为下降态势，其高低表示下降值。

资料来源：笔者绘制。

在此期间，尽管东部沿海各省（市/区）由于资源要素成本、人力资源成本等方面的压力，开始有序地将一部分工业企业向中西部地区转移，从而促进了中西部地区工业经济的快速增长，与此同时，广东、山东、浙江等地的工业全国占比降幅也较为显著，但这些地区的工业经济优势并未明显改变。产业转移，以及"西快东慢"经济增长格局的形成，反过来也对东部沿海地区产业结构转型升级起到了一定的推动作用。虽然东部沿海各省（市/区）的工业全国占比下降很多，但依然没有改变广东、山东、江苏、浙江等地作为中国排名靠前工业大省的地位。

中西部地区，尤其是中部地区工业经济的快速发展一定程度缩小了省际工业发展差距：首先表现在单一省（市/区）工业全国占比的最大值下降了近 2 个百分点，由 2004 年的 12.19%下降到 2013 年的 10.25%，从而显著缩小了地区工业发展差距；其次表现在工业全国占比前五省（市/区）的份额也出现明显下滑，由 2004 年的 47.22%下降到 2013 年的 40.97%，且后五省（市/区）的份额也有小幅提升，由 2004 年的 1.57%上升至 2013 年的 1.78%，表明工业全国占比的份额比以往更加均匀地向中西部省（市/区）移动，东部沿海地区与中西部地区的工业发展差距呈现改善的良好态势，工业经济过于集聚在东部沿海地区的态势有所缓解，见表13-3。

表13-3　2004~2013年工业全国占比前五位与后五位变化情况

单位：%

年份		2004	2005	2006	2007	2008	2009	2010	2011	2012	2013
前五位 高↓低	1	广东	广东	广东	广东	广东	广东	广东	广东	广东	广东
	2	山东	山东	山东	山东	山东	山东	江苏	江苏	江苏	江苏
	3	江苏	江苏	江苏	江苏	江苏	江苏	山东	山东	山东	山东
	4	浙江	浙江	浙江	浙江	浙江	浙江	浙江	浙江	浙江	浙江
	5	河北	河南	河南	河南	河南	河南	河南	河南	河南	河南
	合计	47.22	47.50	47.54	46.98	45.89	45.63	43.56	41.76	41.16	40.97
后五位 高↓低	1	甘肃	甘肃	贵州	贵州	甘肃	甘肃	贵州	贵州	甘肃	甘肃
	2	宁夏	宁夏	宁夏	宁夏	宁夏	宁夏	宁夏	宁夏	青海	青海
	3	青海	青海	青海	青海	青海	青海	青海	青海	宁夏	宁夏
	4	海南	海南	海南	海南	海南	海南	海南	海南	海南	海南
	5	西藏	西藏	西藏	西藏	西藏	西藏	西藏	西藏	西藏	西藏
	合计	1.57	1.52	1.61	1.65	1.68	1.61	1.65	1.72	1.77	1.78

资料来源：笔者绘制。

四、扩大：2014~2016年

2013年以后，中国经济进入新常态，产业结构优化升级与经济增长方式转型压力逐渐增大，经济发展条件相对较好地区的比较优势再次凸显，在"转型"期间依然保持良好发展态势，而发展基础较差的地区则未能实现平稳"转型"，以至于这些地区的工业增幅有所下滑，从而使得省际工业发展差距再次演变为扩大态势。2014年以来，各工业大省的工业发展都较为乐观，大部分地区的工业全国占比都有小幅提升，尤其以江苏、广东、山东、浙江等地增长最为显著，分别提升了0.96%、0.94%、0.54%、0.49%。中西部地区的湖北、重庆、河南、广西等也有较为明显的提升，其工业全国占比均提升0.2%以上，见图13-5。

虽然在上一阶段（2004~2013年）东北三省的工业占比有小幅回升，但自中国经济进入新常态以来，东北地区的工业经济"塌方式"沦陷，"东北塌陷"已然成为东北地区工业经济发展的主要特征，在2014~2016

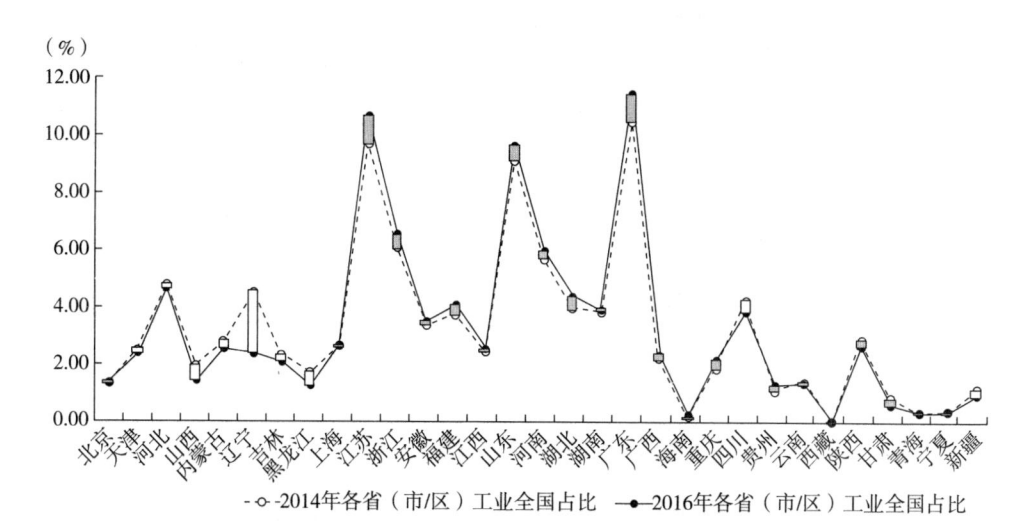

图 13-5　2014~2016 年各省（市/区）工业全国占比增减变化情况

注：实心涨/跌柱表示 2014~2016 年为增长态势，其高低表示增长值；空心涨/跌柱表示 2014~2016 年为下降态势，其高低表示下降值。

资料来源：笔者绘制。

年，东北三省的工业占比下降了 2.81%，其中以辽宁为最，下降了 2.17%，其下降幅度居全国之最。至此，东北三省的工业全国占比之和由改革开放初期 1978 年的 18.24% 下降到 2016 年的 5.8%，其工业增加值基本与河南一省持平。

经济新常态以来，随着产业结构调整与经济增长方式转型的深入，工业经济发展的省际差距再次扩大，工业全国占比前五省（市/区）之和呈现较快上涨态势，由 2014 年的 41.12% 快速上升至 2016 年的 44.32%，而工业全国占比后五省（市/区）之和却呈现下滑态势，但其下降幅度之和远低于前五省（市/区）上升之和，表明工业向部分省（市/区）（尤其是广东、江苏、山东、浙江、河南）集聚的态势有所强化，如表 13-4 所示。工业经济发展较好的地区依然保持较好增长态势，广东、江苏、山东、浙江等地更为显著，产业结构调整以及随之而来的供给侧结构性改革，将这些地区的工业经济发展优势再次凸显出来，而广大中西部地区由于在工业产业结构上相比于东部沿海地区存在一定差距，以至于部分省（市/区）在新常态以来的工业经济发展趋于疲软。

表 13-4　2014~2016 年工业占比前五位与后五位变化情况　　单位：%

年份		2014	2015	2016	年份		2014	2015	2016
前五位 高↓低	1	广东	广东	广东	后五位 高↓低	1	甘肃	甘肃	甘肃
	2	江苏	江苏	江苏		2	宁夏	宁夏	宁夏
	3	山东	山东	山东		3	青海	青海	青海
	4	浙江	浙江	浙江		4	海南	海南	海南
	5	河南	河南	河南		5	西藏	西藏	西藏
	合计	41.12	42.60	44.32		合计	1.72	1.53	1.50

资料来源：笔者绘制。

五、工业南移：南强北弱格局初成

改革开放以来，中国工业化进程中的区域版图发生了显著变化，北方各省（市/区）在全国的工业份额（工业占比）下滑明显，北京、天津、河北、山西、辽宁、吉林、黑龙江等省（市/区）均有不同程度的下滑，1978~2016 年，北方八省（市/区）的工业全国占比下降 18.25%。在此期间，南部各省（市/区）的工业占比均获得了十足的提升，尤其是广东、江苏、浙江等地的外向型工业经济快速发展，其工业全国占比持续攀升，这使得中国的工业经济增长重心逐渐向南迁移。上海经过一段时间的快速工业化历程后，其工业经济逐步向长三角地区转移，不仅很好地实现了自身经济的转型发展，还很好地带动了周边地区经济的发展，推动了江苏、浙江等地工业经济的快速增长。作为共和国"长子"的东北三省，长期以资源型、重工业和国企为主支撑经济增长，自改革开放以来便面临日益严重的发展困局，随着社会主义市场经济体制的建立与完善，东北地区转型难的问题日益凸显，近年来更是遭遇了断崖式下滑。

改革开放以来中国工业经济版图由北向南变迁：1978~2016 年，工业全国占比下滑的省（市/区）基本都分布在全国地理版图靠北的地方（上海除外），而工业全国占比上升较为显著的省（市/区）均分布在东南沿海或中部地区，见图 13-6。

将 1978~2016 年各省（市/区）GDP 全国占比（%）变化情况与工业全国占比（%）变化情况进行对比：工业全国占比下降的省（市/区），其GDP 全国占比基本都有相应幅度的下降，尤其是上海、东北三省和甘肃等地，其工业经济份额与 GDP 全国份额几乎保持同步下滑态势，见图 13-7。

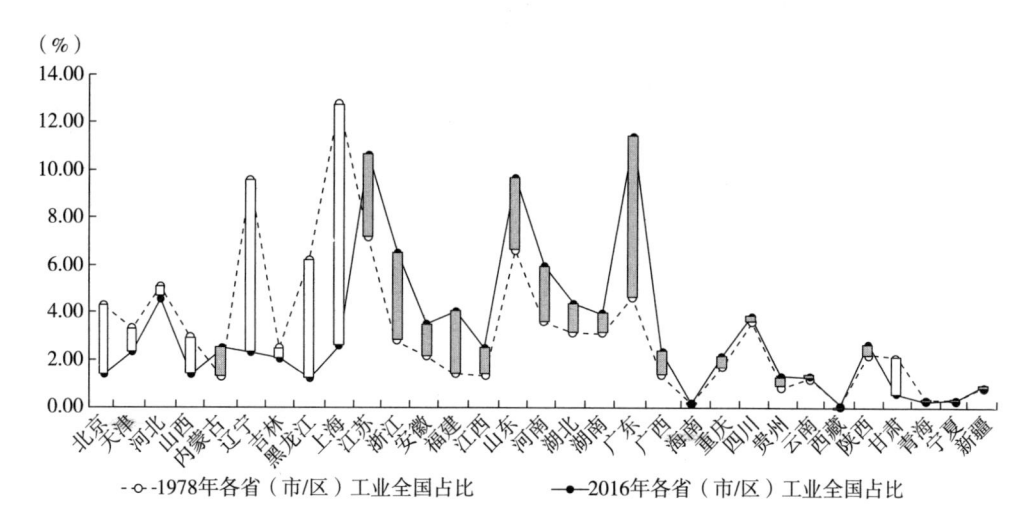

图 13-6　1978~2016 年各省（市/区）工业全国占比增减变化情况

注：实心涨/跌柱表示 1978~2016 年为增长态势，其高低表示增长值；空心涨/跌柱表示 1978~2016 年为下降态势，其高低表示下降值。

资料来源：笔者绘制。

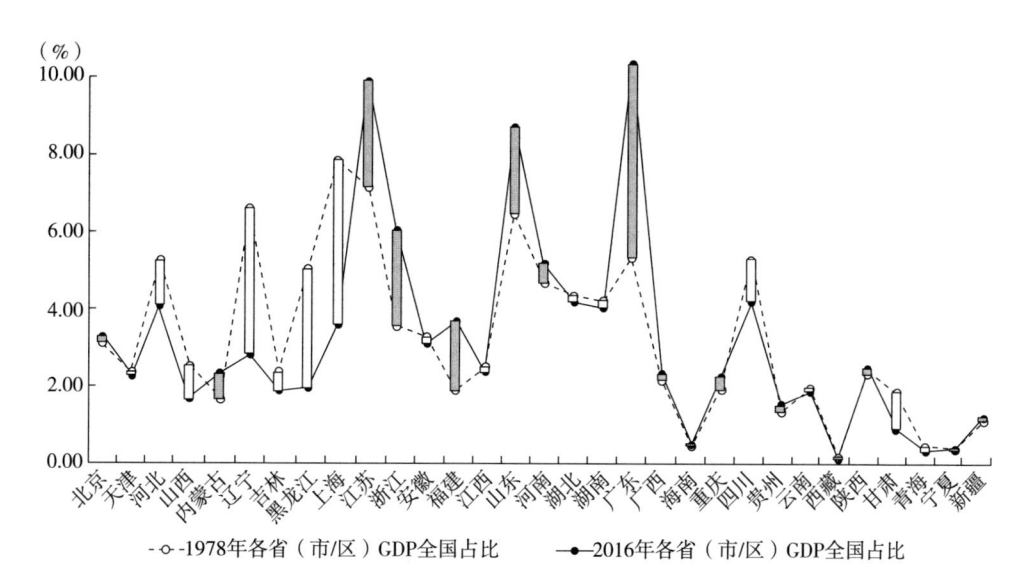

图 13-7　1978~2016 年各省（市/区）GDP 全国占比增减变化情况

注：实心涨/跌柱表示 1978~2016 年为增长态势，其高低表示增长值；空心涨/跌柱表示 1978~2016 年为下降态势，其高低表示下降值。

资料来源：笔者绘制。

从全国范围来看，中国工业经济发展在地理空间上已呈现显著的北弱南强格局。1978年，工业全国占比6%以上的省（市/区）均分布在上海以北的地区，而到2016年，工业全国占比超过6%的区域集中在广东、江苏、山东、浙江等地，已由改革开放之初集中在上海以北演变为广东和上海周边的长三角地区。

第十四章 "塌陷"现象与地区崛起

改革开放以来，中国工业经济发展的区域版图发生了显著变化，基本可以概括为四种典型类型：第一种类型为衰退型塌陷，以东北三省（辽宁、黑龙江、吉林）和甘肃为典型代表，这些地区工业基础相对较好，且在改革开放之前经济增长较快，在改革开放过程中未能随市场经济顺利转型，不仅其工业经济发展陷入低水平增长的窘境，还使得整个区域的经济发展状况也不容乐观；第二种类型为发展型塌陷，以上海和京津冀地区的北京、天津为代表，这些地区工业发展好、工业基础扎实，且能适时顺应改革开放的大潮，及时调整经济发展战略，适时融入世界经济体系，从而较好地实现了转型发展，尽管其工业经济份额（工业全国占比）呈现显著下滑态势，但其经济体量持续增长，发展势头稳定向好，并成功跨入工业化后期阶段；第三种类型为开放型崛起，以广东为主要代表，尽管其工业基础不那么好，或者工业发展优势并不十分突出，但能积极追逐改革开放浪潮，对接、融入世界经济体系，通过承接国际产业转移，以外向型经济为主导推动本地工业经济快速发展，实现了工业经济较快较好的发展；第四种类型为承接型崛起，以中部地区，尤其是河南为代表，这类地区工业基础不理想、工业发展优势不显著，由于地处内陆，未能抓住改革开放前期的发展机遇，但锐意进取，积极对接东部沿海各省（市/区），紧抓西部大开发、中部崛起等战略机遇，在新一轮国内产业转移进程中积极发挥优势，承接东部沿海产业进程中还加快对外开放步伐，促使其工业经济快速发展。

经过30多年的快速工业化进程，及近几年来的工业化蓄势奋进期，中国工业经济的地理版图由改革开放初期显著的"东西分异"转向"东西、南北分异"的空间格局。整体来说，中国工业经济发展的地理版图变迁过程中，区域性塌陷与地区崛起并存（见表14-1）。

表 14-1　改革开放中国工业经济发展的典型区域特征

区域分类		代表区域/地区	主要特征
区域性塌陷	衰退型塌陷	东北三省、甘肃	工业占比急速下滑，经济增长缓慢、甚至有趋于停滞的态势，GDP 全国占比也有大幅下滑；人均 GDP 相对较低
	发展型塌陷	上海、北京、天津	工业占比急速下滑，经济增长动力强劲，且第三产业已成为主导产业，GDP 全国占比有一定幅度的下滑，或有小幅提升；人均 GDP 较高
地区崛起	开放型崛起	广东、江苏、浙江	工业占比快速增长，经济增长动力强劲，第三产业快速发展；GDP 全国占比有显著提升
	承接型崛起	中部地区（山西除外）	工业占比缓慢增长，经济增长动力不断强化；GDP 全国占比下降或小幅提升

注：此处的"塌陷"是指原本是工业经济高地变为工业经济"洼地"，从而体现出来的一种类似塌陷的形态，工业经济"塌陷"地区并不意味该地区经济增长停滞，也有可能意味着该地区已进入工业化中期或后期阶段，如上海、北京。

资料来源：笔者整理。

一、衰退型塌陷

东北老工业基地是新中国工业的摇篮，为建成独立、完整的工业体系和国民经济体系，为国家的改革开放和现代化建设作出了历史性的重大贡献（关伟，2004）。[①] 然而自 20 世纪 90 年代以来，随着社会主义市场经济体制的逐步建立与完善，东北地区由于体制性和结构性矛盾日趋显现，加之老工业基地企业设备的技术更新滞后，其工业竞争力日益下滑，与东部沿海各省（市/区）的发展差距呈现出扩大趋势。

改革开放初期，辽宁的工业增加值位居全国第二，仅次于上海，1978 年，东北三省的工业全国占比为 18.24%，比中部六省之和（16.68%），或西部十二省（市/区）之和（16.38%）还要高，仅辽宁一省的工业增加值就是广东的两倍还要多，相当于福建、广西、江西、内蒙古、云南、贵州、新疆、宁夏、青海、海南、西藏十一省（市/区）之和。到 2016 年，辽宁的工业增加值仅占全国 2.39%，还不及广东的 1/10，远低于全国平均值 3.26%，

[①] 关伟：《东北老工业基地经济振兴的基础与路径》，《地理教育》2004 年第 3 期。

与广西相当,从改革开放初期的第二号工业大省滑落到工业增加值排名第16位。

1978~2016年,东北地区工业占比呈现显著下滑态势,尤其是进入经济新常态以来,其工业占比更是加速下滑,截至2016年,东北三省的工业占比仅为5.8%,甚至低于河南省的工业占比(5.98%)。如图14-1所示,东北地区工业发展具有较为显著的阶段性特征,因而其衰退型塌陷可以划分为三个阶段:第一阶段为1978~2004年,这一阶段东北地区工业实力逐年下降,三省的工业全国占比之和年均下滑0.37个百分点,其下滑态势一直较为平稳;第二阶段是2004~2013年,在2003年,中央推出振兴东北战略,振兴东北老工业基地,是中共十六大提出的战略任务之一,在此期间,东北地区工业下滑态势得到了暂时遏制,其工业全国占比相对稳定,基本保持在8.9%±0.25%之间,且不同年份之间的变动幅度较小;第三阶段为2013~2016年,随着中国经济步入新常态,新旧动能转换之际东北地区增长乏力,其工业占比年均下降1.01个百分点,呈现断崖式下滑,使得整个东北地区的经济发展陷入几乎停滞的状态。

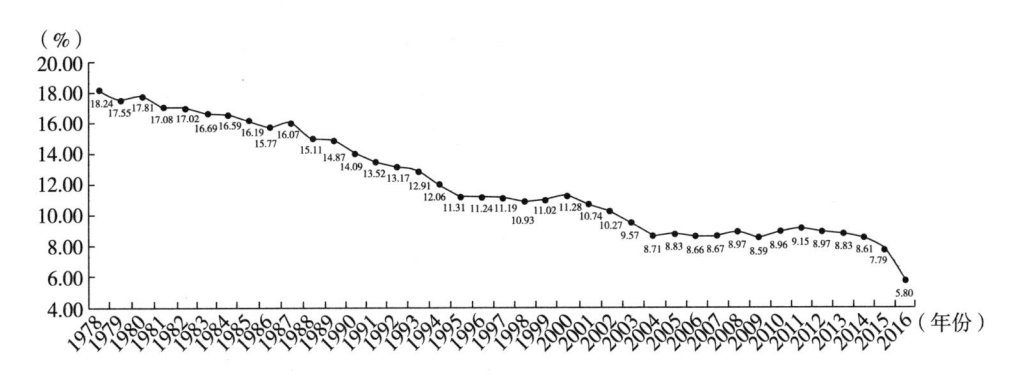

图14-1 1978~2016年东北地区工业全国占比变化情况
资料来源:笔者绘制。

(一)辽宁

改革开放之初,辽宁长期稳坐中国第二号工业大省的位置,尽管其工业全国占比呈现下滑态势,但辽宁的工业经济体量基本还能保持前10的位置(详见图14-2和表14-2),只是到了2016年,由于在供给侧结构性改革过程中新旧动能转换遇阻,其工业经济产值呈现出断崖式下滑,仅2016年其工业全国占比便下滑了1.71%。

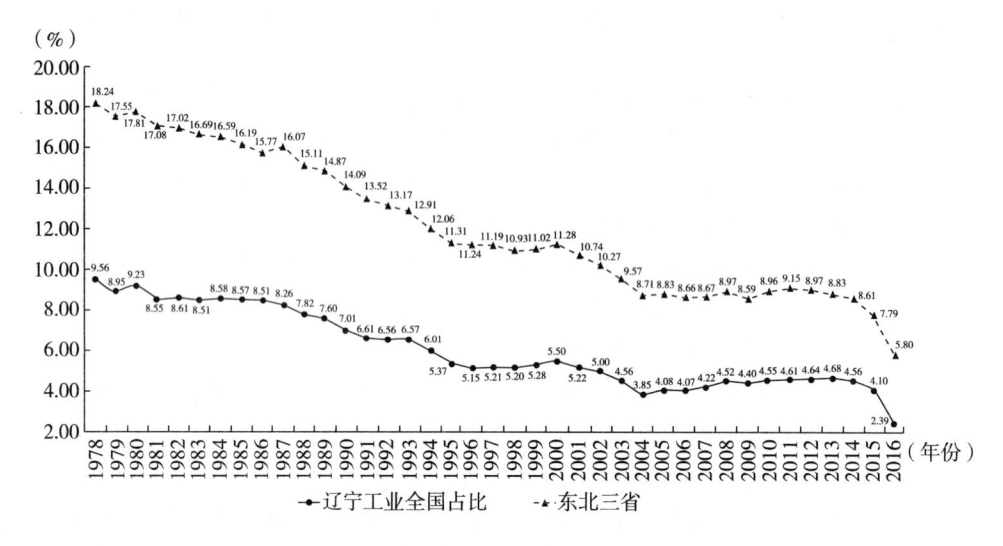

图 14-2　1978~2016 年辽宁省与东北三省工业全国占比变化情况

资料来源：笔者绘制。

读图 14-2 可知，辽宁省工业全国占比变化趋势与东北三省的变化趋势极为相似，且其工业增加值基本保持在东北地区一半左右的体量，表明辽宁始终都是东北三省工业经济发展的主力，且其工业经济体量下滑的态势基本可代表东北三省的工业经济发展态势。

1978 年，辽宁省的工业增加值全国排名第二、GDP 全国排名第三、人均 GDP 全国排名第四（见表 14-2），是国内发展相对较好的工业大省，其工业增加值在全国占接近 10%的份额，仅次于上海。改革开放以来，随着东部沿海各省（市/区）积极融入国际产业分工体系，对东北地区工业经济发展形成了日益强劲的冲击；尤其是中共十四届三中全会提出建立社会主义市场经济体制以来，辽宁以及东北地区的工业经济发展在较长一段时期内有轻微加速下滑的态势；直到中央推出振兴东北老工业基地战略，以辽宁为代表的东北地区工业经济发展在国家政策的"庇护"之下止跌，并时有小幅波动或回升，但整体并没有显著提升。然而，东北振兴战略并未能带来东北地区工业经济发展的复兴，进入新常态以来，辽宁虽然在一定时期内保持了其工业增加值、GDP 以及人均 GDP 在国内的排名，但 2016 年的断崖式下滑不可避免地给大众留下了"东北塌陷"的印象。

表 14-2　1978~2016 年辽宁省 GDP 与工业增加值全国排名位次变化

年份	1978	1979	1980	1981	1982	1983	1984	1985	1986	1987	1988	1989	1990
GDP 排名	3	4	4	5	5	4	4	4	4	4	4	4	4
工业增加值排名	2	2	2	2	2	2	2	3	2	2	2	3	4
人均 GDP 排名	4	4	4	4	4	4	4	4	4	4	4	4	4
年份	1991	1992	1993	1994	1995	1996	1997	1998	1999	2000	2001	2002	2003
GDP 排名	4	4	4	5	7	7	7	8	8	8	8	8	8
工业增加值排名	4	4	4	5	8	8	8	8	6	6	6	6	6
人均 GDP 排名	4	5	5	6	7	7	8	8	8	8	7	7	8
年份	2004	2005	2006	2007	2008	2009	2010	2011	2012	2013	2014	2015	2016
GDP 排名	8	8	8	8	8	7	7	7	7	7	7	10	14
工业增加值排名	8	8	8	8	7	7	7	7	7	7	7	7	16
人均 GDP 排名	9	8	8	9	9	8	8	7	7	7	7	9	14

资料来源：笔者整理。

2017 年全年地区生产总值 23942.0 亿元，比上年增长 4.2%。其中，第一产业增加值 2182.1 亿元，增长 3.6%；第二产业增加值 9397.8 亿元，增长 3.2%；第三产业增加值 12362.1 亿元，增长 5.0%。全年人均地区生产总值 54745 元，比上年增长 4.3%。全年规模以上[1]工业增加值比上年增长 4.4%。其中，国有控股企业增加值增长 5.0%，集体企业增加值增长 16.3%，股份制企业增加值增长 3.1%，外商及港澳台商投资企业增加值增长 7.4%。[2]

（二）黑龙江

黑龙江是东北地区第二工业大省，其工业增加值在改革开放的前几年一直处于第五的位置，相比于其 GDP 的全国排名，工业增加值排名要相对靠前（详见表 14-3）。然而，伴随着改革开放日渐深入，黑龙江经济发展活力不足的被动局面开始显现，特别是 1983 年以后，其 GDP 全国排名跌出前 10 行列，且其下滑态势在东北振兴战略推出以来也未见明显好转，直到 2016 年，其经济总量（GDP）已跌至后 10 位行列，位居第 21 名。相比于整体经济的下滑，黑龙江工业经济的发展更不容乐观，在改革开放的短短 40 年间，

---

[1] 规模以上工业统计范围为年主营业务收入 2000 万元及以上的工业法人单位。
[2] 《2017 年辽宁省国民经济和社会发展统计公报》，辽宁统计信息网，http://www.ln.stats.gov.cn/tjsj/tjgb/ndtjgb/201802/t20180226_3173558.html。

黑龙江不仅工业全国占比显著下滑，由1978年的6.20%下跌至2016年的1.28%，不及全国平均值的一半；其工业增加值排名也急速滑落，由1978年的第5名滑落至2016年的第25名，已经落后于贵州和云南等地。此外，黑龙江的人均GDP一直呈现下滑态势，尽管在2003年前基本稳住了前10的位置，但在随后的十来年间增长缓慢，以至于到2016年其人均GDP已跌至第22名。

表14-3　1978~2016年黑龙江省GDP与工业增加值全国排名位次变化

年份	1978	1979	1980	1981	1982	1983	1984	1985	1986	1987	1988	1989	1990
GDP排名	8	10	8	8	9	9	11	11	11	12	12	12	12
工业增加值排名	5	5	5	5	5	5	5	6	7	7	8	8	8
人均GDP排名	5	5	5	5	5	5	5	6	7	8	8	8	8
年份	1991	1992	1993	1994	1995	1996	1997	1998	1999	2000	2001	2002	2003
GDP排名	12	12	12	13	13	13	13	13	13	14	14	14	14
工业增加值排名	8	9	9	9	9	9	9	9	9	9	9	10	10
人均GDP排名	8	9	10	11	10	10	10	10	10	10	10	10	10
年份	2004	2005	2006	2007	2008	2009	2010	2011	2012	2013	2014	2015	2016
GDP排名	15	14	14	15	15	15	16	16	17	17	20	21	21
工业增加值排名	10	10	11	13	13	16	16	17	21	22	22	22	25
人均GDP排名	12	12	12	13	13	15	14	17	17	20	21	22

资料来源：笔者整理。

2016年，黑龙江全年全部工业企业实现增加值3686.1亿元，[①] 按可比价格计算比上年增长2.1%，增加值占地区生产总值的24.0%。其中，规模以上工业企业（年主营业务收入2000万元及以上，下同）实现增加值2994.2亿元，增长2.0%。其中，国有及国有控股企业增加值1578.2亿元，下降0.5%；集体企业增加值11.9亿元，下降12.4%。从轻重工业看，轻工业增加值973.8亿元，增长2.9%；重工业增加值2020.4亿元，增长1.6%。从企业规模看，大中型企业增加值2024.0亿元，下降0.2%；小型企业增加值941.5亿元，增长6.7%。[②] 可见，在深入推进供给侧结构性改革的进程中，

[①] 统计公报数据与2017年《中国统计年鉴》数据存在小幅出入，年鉴数据为3647.14亿元，因而其后续数据也有些许出入。

[②] 《2016年黑龙江省国民经济和社会发展统计公报》，黑龙江省人民政府，http://www.hlj.gov.cn/sq/system/2017/06/01/010830519.shtml，2018-05-16。

黑龙江以重工业为主导的工业产业结构调整乏力，且增长动能已明显不足。

从工业增加值占GDP比重变化情况来看，在改革开放初期的黑龙江，工业增加值占据经济发展的半壁江山，1978年，黑龙江工业对经济发展的贡献为57.55%，且其工业增加值在全国也是极为靠前的，是名副其实的工业大省。然而，与改革开放相伴相随的是其工业增加值占GDP比重持续下滑，以及相对人均GDP的显著下滑。到2016年，黑龙江工业增加值占GDP比重下降到23.7%，与此同时其第三产业占GDP比重由1978年的15.56%上升到54.04%（见图14-3），成为黑龙江经济发展的主导产业，这种工业增加值比重下降、第三产业产值比重上升的经济发展态势明显符合工业化国家的发展规律，似乎表明黑龙江省已经进入工业化阶段，但其不断下滑的人均GDP排名却也揭示了黑龙江经济增速的显著下滑。整体来看，改革开放以来，黑龙江进入了工业发展与（相对）人均GDP双下滑的衰退通道，工业经济规模的急速萎缩使得黑龙江在全国的经济份额显著下降，于2016年跌至第21位。

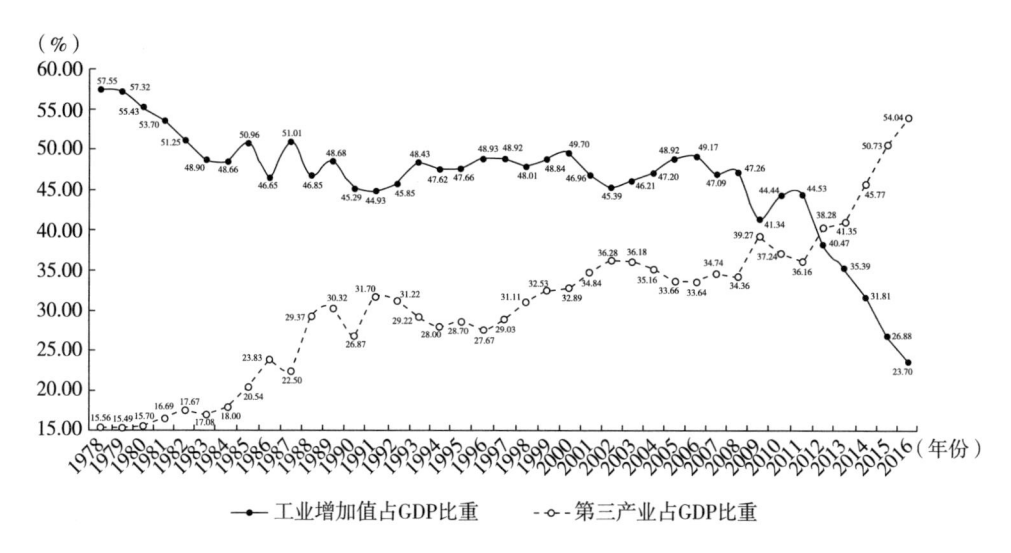

图14-3　1978~2016年黑龙江省工业增加值比重与第三产业产值比重变化情况
资料来源：笔者绘制。

（三）吉林

在东北地区，吉林并不是典型的工业大省。改革开放40年来，尽管吉林的工业地位有所下降，但其下降幅度并不如东北地区的辽宁和黑龙江显著，仅下滑了4个名次，其工业增加值排名从1978年的16名，下降到2016

年的20名（见表14-4）。与此同时，其人均GDP相比于工业增加值排名和GDP排名都更为靠前，表明虽然吉林工业经济不显著，但是经济基础与发展趋势相对稳定向好。改革开放40年，是中国经济快速发展、蜕变的40年，也是东北地区以工业经济衰退为典型特征的经济滑落过程，吉林却相对例外，由于其工业基础较为薄弱，工业占比较低，所以改革开放以来的吉林并没有明显的"塌陷"，其工业占比也未出现大幅波动，保持在1.57%~2.73%。即使在其工业全国占比最好的年景也只有2.73%（1988年），相比于全国平均水平还有一定的差距。

表14-4 1978~2016年吉林省GDP与工业增加值全国排名位次变化

年份	1978	1979	1980	1981	1982	1983	1984	1985	1986	1987	1988	1989	1990
GDP排名	18	19	18	18	18	16	16	18	17	15	16	16	20
工业增加值排名	16	16	16	16	16	17	17	17	17	16	15	16	17
人均GDP排名	8	8	11	10	8	10	11	9	9	9	9	9	11
年份	1991	1992	1993	1994	1995	1996	1997	1998	1999	2000	2001	2002	2003
GDP排名	21	19	19	19	19	19	20	20	19	19	19	18	19
工业增加值排名	17	17	16	19	20	20	20	20	20	20	20	20	20
人均GDP排名	12	13	13	13	14	13	13	13	13	13	13	12	13
年份	2004	2005	2006	2007	2008	2009	2010	2011	2012	2013	2014	2015	2016
GDP排名	20	22	22	21	21	22	22	22	22	21	22	22	23
工业增加值排名	19	21	21	20	20	20	20	19	18	18	18	19	20
人均GDP排名	13	13	13	12	11	11	11	11	11	11	11	12	12

资料来源：笔者整理。

细观改革开放以来吉林省经济发展历程，从全国来看，吉林并不是经济大省，其工业基础也并不是十分深厚，尽管"156项"工程期间曾在吉林布局10项，在改革开放之初，吉林的经济实力也就相当于安徽的水平，然而不同的是吉林和安徽在改革开放进程中呈现为两种不同的发展路径，到1983年，安徽工业全国占比便已超过吉林，且其工业经济保持了较为稳定的增长态势，到2016年，安徽工业全国占比为3.53%，高于吉林1.4个百分点。

依据图14-4，在改革开放前期，吉林在全国的工业经济份额相对稳定，自进入20世纪90年代以来，吉林的工业经济份额呈现明显下滑态势，由最高点跌至最低点还不到10年时间（1989~1998年）。在经历多年的低位发展后，随着东北振兴战略的政策效应得到进一步释放，吉林的工业经济得到一定程度的恢复发展，其工业全国占比由2005年的1.59%提升到了2014年的2.32%。随后，与东北地区的辽宁、黑龙江一样，工业经济再次走向缓慢增长。

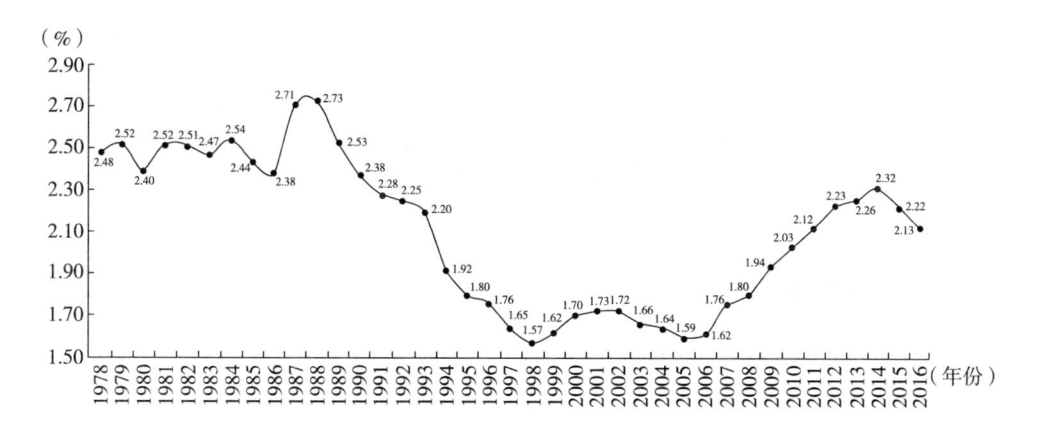

图14-4　1978~2016年吉林省工业全国占比变化情况

资料来源：笔者绘制。

（四）甘肃

甘肃的工业基础得益于"一五"期间的"156项"工程，其中8项布局在甘肃：兰州炼油厂、兰州氮肥厂、兰州石油机械厂、白银有色金属公司、兰州合成橡胶厂、兰州热电站、兰州炼油化工机械厂，以及1项军用项目——甘肃805厂。改革开放初期，由于中国轻重工业的比例严重失调，轻工业发展相对滞后，并不能很好地支持重工业发展，于是改革开放第一阶段的主要任务之一就是矫正重工业倾斜发展战略，解决轻、重工业失衡问题。

由于甘肃的工业结构是以重化工为主导，因而在改革开放初期的轻、重工业调整过程中，甘肃工业全国占比加速下滑，从1978年到1981年便由2.13%下降到1.54%。如图14-5所示为1978~2016年甘肃省工业全国占比的变化情况，改革开放以来，甘肃的工业经济份额不断下滑，西部大开发战略对甘肃工业经济发展的作用微乎其微，并没有将甘肃的工业发展扶上良性发展轨道，仅在一定程度上平抑了其产值全国占比的下滑态势。自2000年以来，甘肃的工业全国占比基本保持在 0.85% 左右，然而进入经济新常态后，在新发展理念的推动下，甘肃的重化工产业进一步收窄，从而使得其工业经济份额急剧下滑，直降到 2016 年的 0.62%。

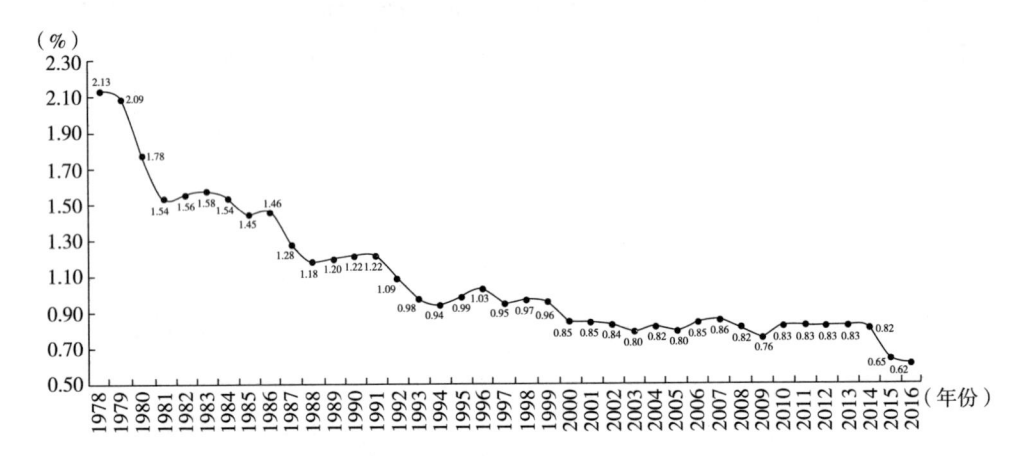

图 14-5　1978~2016 年甘肃省工业全国占比变化情况

资料来源：笔者绘制。

甘肃一直都是经济相对落后地区，由于有"一五"以来构建的重化工业基础，改革开放初期，其人均 GDP 位于全国中等水平，1978 年排名第 14 位。但随着改革开放的渐次深入，以及对重工业倾斜政策的矫正，甘肃经济长期处于低位运行状态，尤其是进入 21 世纪以来，甘肃的人均 GDP 已滑落至全国末位行列（见表 14-5）。

表 14-5　1978~2016 年甘肃省 GDP 与工业增加值全国排名位次变化

年份	1978	1979	1980	1981	1982	1983	1984	1985	1986	1987	1988	1989	1990
GDP 排名	24	24	24	25	26	25	26	26	25	26	27	27	27
工业增加值排名	19	19	19	22	22	23	23	23	24	24	26	25	25
人均 GDP 排名	14	16	18	23	23	22	23	23	24	24	25	27	27
年份	1991	1992	1993	1994	1995	1996	1997	1998	1999	2000	2001	2002	2003
GDP 排名	27	27	27	27	27	27	27	26	26	26	27	27	27
工业增加值排名	25	25	26	26	25	26	26	25	25	27	27	27	27
人均 GDP 排名	28	30	30	30	30	29	29	30	30	30	30	30	30

续表

年份	2004	2005	2006	2007	2008	2009	2010	2011	2012	2013	2014	2015	2016
GDP排名	26	27	26	27	27	27	27	27	27	27	27	27	27
工业增加值排名	27	27	26	26	27	27	26	26	27	27	27	27	27
人均GDP排名	30	30	30	30	30	30	29	29	30	30	31	31	31

资料来源：笔者整理。

工业份额持续下滑与人均GDP垫底，清晰刻画了改革开放以来甘肃省工业经济的衰退型塌陷。甘肃在工业经济萎缩的同时未能实现转型发展，由于其原有经济基础过度依赖重化工业，以至于在其工业产业收窄之际，人均GDP以更快的速度滑落，直至全国垫底。（见图14-6）

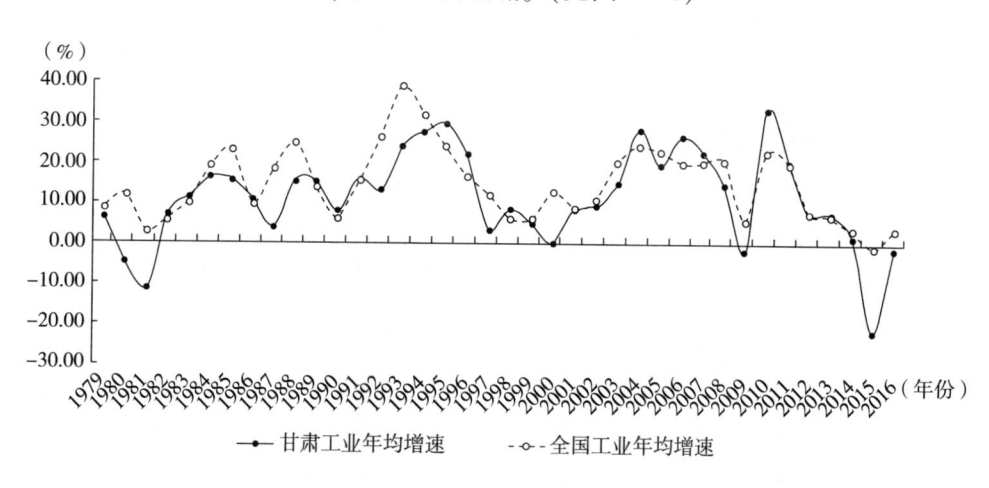

图14-6　1979~2016年甘肃省与全国工业年均增速对比

资料来源：笔者绘制。

二、发展型塌陷

改革开放之初，上海、天津、北京是名副其实的工业大省。1978年，工业对经济发展贡献率超过60%的省（市）只有上海、辽宁、天津、北京，其中以上海为最，其工业贡献率为76.05%，是改革开放以来全国唯一一个工业增加值占GDP比重超过70%的省级行政区，也是全国唯一一个工业贡献率长期（1978~1990年）超过60%的省级行政区（见表14-6）。

313

表 14-6　改革开放以来工业增加值占 GDP 比重超过 60% 的省（市）情况

单位：%

年份	1978	1979	1980	1981	1982	1983	1984	1985	1986	1987	1988	1989	1990
北京	64.52	64.42	62.52	59.44	57.64	53.93	52.62	50.81	49.56	47.29	46.19	46.68	43.78
天津	65.81	65.60	65.18	65.82	63.36	62.14	59.63	59.62	57.46	56.81	56.50	56.70	53.25
辽宁	67.71	64.49	65.02	60.29	58.90	55.55	55.52	57.69	53.86	52.23	50.44	49.07	45.44
上海	76.05	75.63	74.02	73.01	71.42	70.00	67.34	66.66	64.97	61.70	61.63	62.15	60.11

资料来源：笔者整理。

（一）上海

十年"文化大革命"使上海工业遭受了巨大损失。粉碎"四人帮"以后，上海工业百废待兴，从1976年10月到1978年底，上海对工业企业进行了全面整顿，上海工业得到了恢复性发展。尽管1978~1983年，上海工业增加值占比始终保持在70%以上，但其工业增速明显低于国内平均水平，最高增速也只有6.58%（1980年），仅为全国增速的一半左右（详见图14-7）。1985~1990年是中国市场取向全面展开阶段，上海工业发展也经历了艰难的阵痛，逐步从计划经济体制转向市场取向，在此期间的工业增长明显减速，由1985年的18.21%下降到1990年的8.53%。

纵观改革开放以来上海市工业增速的变化情况（见图14-7），发现上海工业增速变化是中国工业经济发展晴雨表，尽管自改革开放以来，上海在全国的工业份额持续下滑，但其工业发展态势不仅与全国工业发展态势极为一致，且与中国改革开放40年来的经济发展状况极为吻合。

在过去的40年中，上海市工业经济经历了一段跌宕起伏的发展历程，在全国经济过热的时点，上海工业经济与全国过热的经济形势基本保持一致——呈现超高速增长，在工业增速上表现为一个波峰。从整体来看，上海市工业经济增速在绝大部分年份都是低于全国水平的，这也从另一个侧面说明改革开放以来，上海的工业经济发展处于逐步萎缩状态，这一点主要体现在工业经济规模上。

随着全国工业经济进入加速发展期，上海适时引领改革开放新潮流，由工业经济主导的经济发展模式逐渐转向第三产业，其工业经济增速逐步放缓，且工业经济的相对规模呈现直线下滑的态势（见图14-8），从1978年的12.78%直接下降到2015年的2.60%，随后在2016年略有提升，为2.65%。单就改革开放以来上海工业全国占比的变化来看，上海的工业经济

第四篇 空间演进

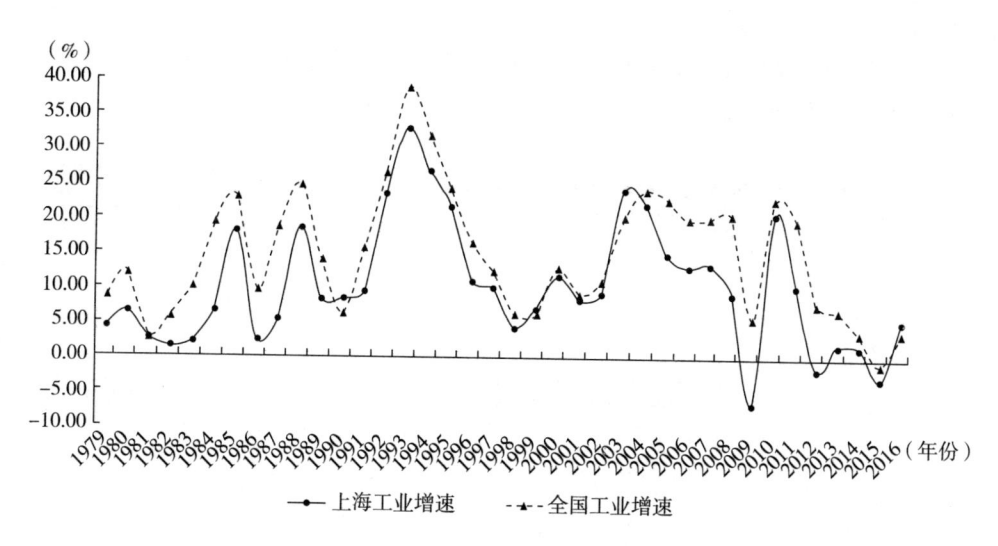

图 14-7　1979~2016 年上海市工业增速（同比去年增长）与全国增速对比
资料来源：笔者绘制。

发展也是一种典型的"塌陷"，其工业增加值排名从 1978 年的第 1 名，滑落到 2015 年的第 15 名，到 2016 年略微有所提升，上升至第 13 名。

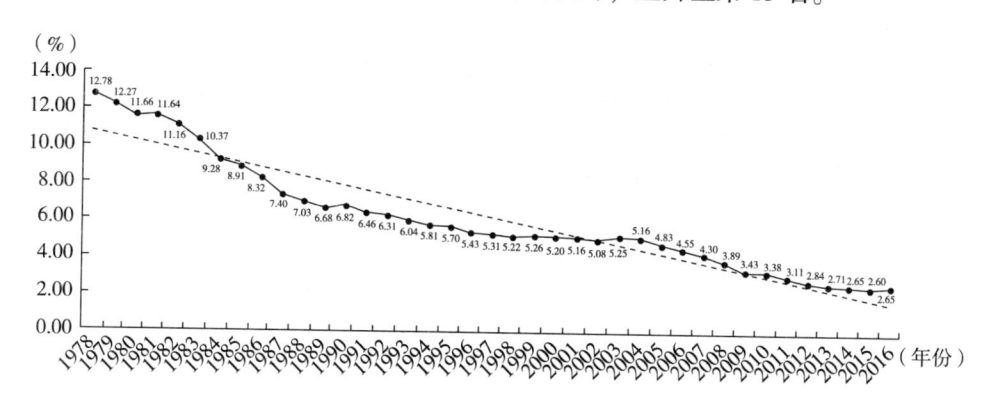

图 14-8　1978~2016 年上海市工业全国占比变化情况
资料来源：笔者绘制。

然而，与衰退型塌陷地区不同的是，上海尽管在工业增加值排名和工业全国占比方面均有大幅下降，但其经济发展水平在全国来看依然位于前列，1978~2010 年，上海的人均 GDP 始终处于全国第一，2010 年后也能稳定在第二或第三的位置（见表 14-7）。表明工业的"塌陷"并没有拖累上海

315

的经济发展，反而是上海良好的经济发展势头推动了上海工业经济的转型发展，同时也推动了上海工业向周边的江苏、浙江等地转移。

表 14-7　1978~2016 年上海市 GDP 与工业增加值全国排名位次变化

年份	1978	1979	1980	1981	1982	1983	1984	1985	1986	1987	1988	1989	1990
GDP 排名	1	2	2	3	4	5	5	5	7	7	9	10	10
工业增加值排名	1	1	1	1	1	1	1	1	3	4	4	5	5
人均 GDP 排名	1	1	1	1	1	1	1	1	1	1	1	1	1
年份	1991	1992	1993	1994	1995	1996	1997	1998	1999	2000	2001	2002	2003
GDP 排名	10	9	8	9	8	8	8	8	8	7	7	7	7
工业增加值排名	5	5	6	6	5	7	7	7	7	8	8	7	6
人均 GDP 排名	1	1	1	1	1	1	1	1	1	1	1	1	1
年份	2004	2005	2006	2007	2008	2009	2010	2011	2012	2013	2014	2015	2016
GDP 排名	7	7	7	7	7	8	9	11	11	12	12	12	11
工业增加值排名	7	7	7	7	8	9	10	12	14	15	15	15	13
人均 GDP 排名	1	1	1	1	1	1	2	3	3	3	3	3	2

资料来源：笔者整理。

整体来看，改革开放以来上海的工业发展是一种典型的"发展型塌陷"，地区经济发展与工业经济塌陷并存，其工业经济是在转型升级与产业转移的过程中塌陷的，并推动着上海加速步入后工业化社会。

（二）北京

新中国成立以来，在国家优先发展重工业战略要求下，北京实施了"由消费城市向生产城市转变"的战略，大力发展重工业，通过基础设施投资和大型项目的建设，基本形成了以化工、机械、冶金为支柱的国家重型工业基地，率先完成了城市重工业化的进程。

1978 年，北京是一座以工业托起的城市，其工业增加值占到 GDP 的 64.52%，仅次于天津，全国排名第四；尽管北京的工业增加值排名并不靠前，仅位列第八，却有极高的人均 GDP，为 1257 元，低于上海、略高于天津（见表 14-8）。

表 14-8　1978~2016 年北京市 GDP 与工业增加值全国排名位次变化

年份	1978	1979	1980	1981	1982	1983	1984	1985	1986	1987	1988	1989	1990
GDP 排名	14	14	14	14	14	14	14	14	14	14	14	15	15
工业增加值排名	8	8	8	9	8	10	11	11	11	12	13	12	14
人均 GDP 排名	2	2	2	2	2	2	2	2	2	2	2	2	2
年份	1991	1992	1993	1994	1995	1996	1997	1998	1999	2000	2001	2002	2003
GDP 排名	15	15	15	16	15	15	15	15	15	13	13	11	10
工业增加值排名	12	13	15	15	15	16	16	16	15	15	15	15	16
人均 GDP 排名	2	2	2	2	2	2	2	2	2	2	2	2	2
年份	2004	2005	2006	2007	2008	2009	2010	2011	2012	2013	2014	2015	2016
GDP 排名	10	10	10	10	13	13	13	13	13	13	13	13	12
工业增加值排名	15	17	19	22	22	23	23	23	24	24	24	24	22
人均 GDP 排名	2	2	2	2	2	2	2	3	2	2	2	2	1

资料来源：笔者整理。

改革开放的进程也是北京工业经济加速"塌陷"的过程，其工业占比随着改革开放深入逐渐减少。1978 年，北京的工业增加值位于全国前 10 行列，2015 年已经下降到第 24 名，尽管 2016 年略有回升，依然无法挤进前 20 名。但北京的人均 GDP 始终稳居高位，并于 2016 年荣升为全国榜首，人均 GDP 高达 119189 元，高出上海约 1500 元。

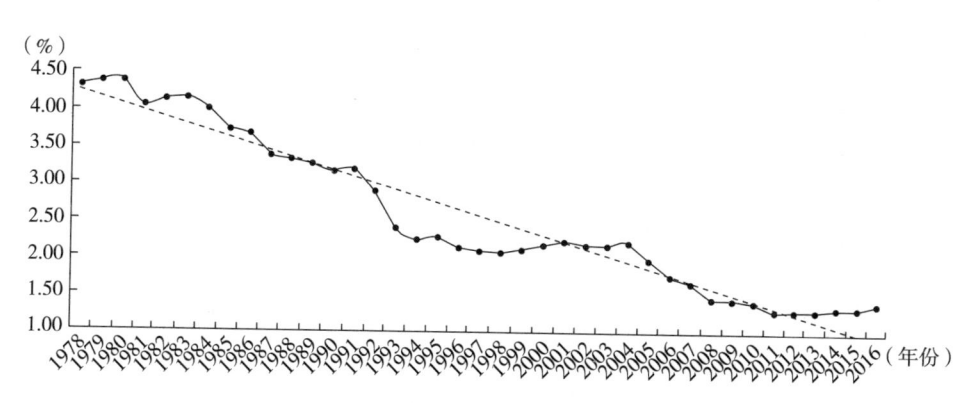

图 14-9　1978~2016 年北京市工业占比变化情况

资料来源：笔者绘制。

从北京工业增加值的全国占比来看，其工业经济的"塌陷"并不显著：

1978年其工业全国占比为4.32%，到2013年其工业全国占比降到最低点1.31%，随后回升至2016年的1.41%。北京工业经济发展有两个典型的下降区间1978~1998年、2001~2011年和两个缓慢回弹区间1998~2001年、2011~2016年（见图14-9）。

北京工业经济"塌陷"的同时，第三产业取得了长足的发展，其全国占比有较为显著的提升，从1978年的3.92%提升到2016年的5.38%。与此同时，第三产业迅速成为北京的主导产业，对经济发展的贡献率由1978年的23.69%蹿升到2016年的80.23%（见图14-10），成为全国三产占比最大的省（市/区），高出全国平均值30个百分点，2016年全国平均值为49.05%。

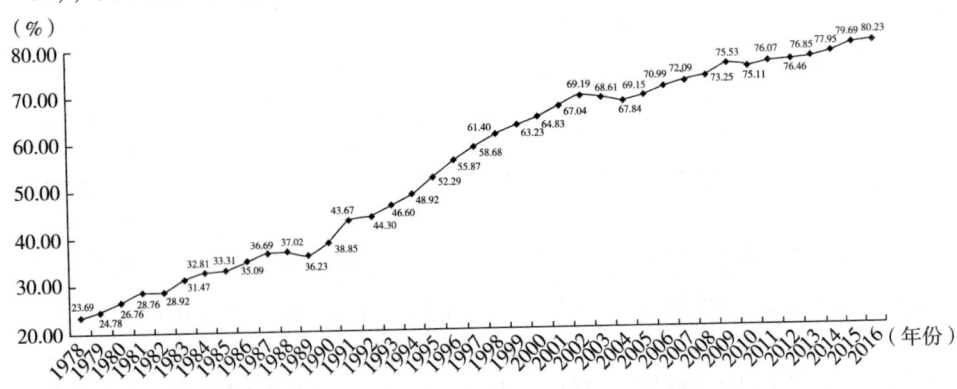

图14-10 1978~2016年北京市第三产业占GDP比重变化情况

资料来源：笔者绘制。

然而，北京工业经济的"塌陷"并不是像上海那样通过向周边地区辐射与转移来实现的。尽管改革开放40年来，北京也有部分工业向河北转移，如首钢迁移到河北唐山，但北京工业经济"塌陷"的内在动力更多地源于环保意识对重工业发展空间的挤压，快速发展的第三产业以更加高效、节能的方式取代了传统的重工业发展模式，鳞次栉比的写字楼取代了昔日的黑烟囱。

京津冀协同发展战略推出以来，北京加快非首都功能疏解步伐，越来越多的工业企业迁移至天津或河北。

（三）天津

天津是传统的工业城市，是中国的老工业基地之一。新中国成立后，天津利用已有的工业基础，获得了较快的发展，天津工业由以食品、纺织为主，发展成轻、重工业大体相等，部门比较齐全的综合性工业城市。作为北方最早的开放城市和近代工业发源地,天津为近代中国贡献了多个第一,加上地处首都门户和濒临渤海的优越位置,天津成为中国汲取世界近代文明最理想的窗口(李英华,2008)。① 中国的第一辆自行车、第一只手表、第一架照相机、第一台电视、第一台6000吨水压机、第一台模拟电子计算机等工业产品相继在天津问世,使天津成为国家重要的工业基地,为新中国的经济发展做出了重大贡献(尹平均等,2006)。②

改革开放以来,天津工业整体竞争力不断增强,老工业基地的优势和潜能逐年释放,逐渐发展成为现代工业的集聚地。1978年以来,天津的工业全国占比首先呈现下降趋势,由1978年的3.35%下降到1993年的2.00%,随后在1993~1997年基本稳定在2.00%左右,1998年由于受亚洲金融危机影响,天津工业全国占比降到历史最低点,为1.94%(见图14-11)。经历过短暂的阵痛后,天津工业产业得到优化升级,逐步建立起适应市场经济发展需要的企业组织结构,其工业化进程再次走向高速发展的快车道。

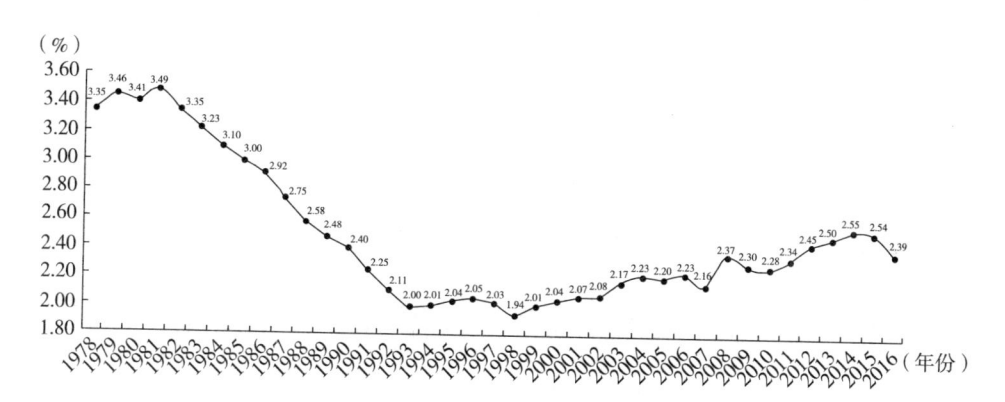

图 14-11 1978~2016 年天津市工业全国占比变化情况
资料来源:笔者绘制。

随着工业化进程的加快,天津工业呈现出不断发展的态势,成为推动全市经济增长的主导力量。尤其是天津滨海新区的开发纳入国家战略后,天津工业战略加速东移,滨海新区已成为天津工业最大的增长点,天津工业也由此踏上了转型与振兴的历程,天津的工业占比逐步回升,并于2015年上升

---

① 李英华:《近代中国看天津》,天津社会科学出版社2008年版。
② 尹平均、赵莉晓:《透视天津装备制造业》,《创新科技》2006年第11期。

到 2.54%。然而遗憾的是，在供给侧结构性改革进程中，天津的工业产业结构受"去产能、去库存、去杠杆、降成本、补短板"影响，在2015年、2016年两年连续负增长，同比上一年增速分别为-1.36%、-2.54%，可见，天津的工业发展还有一个艰难的产业结构调整与转型升级过程。

尽管改革开放以来天津的工业全国占比有一定幅度的下降，但其人均生产总值在过去的40年中获得了极大的提升，由1978年的1133元提升到2016年的115053元，增长超过100倍，其人均GDP一直稳居全国前3，甚至一度成为中国人均GDP最高的省（市/区）（见表14-9），2011~2015年，天津的人均GDP全国第一。

表14-9 1978~2016年天津市GDP与工业增加值全国排名位次变化

年份	1978	1979	1980	1981	1982	1983	1984	1985	1986	1987	1988	1989	1990
GDP排名	17	18	17	19	20	20	21	21	21	22	23	23	23
工业增加值排名	11	11	13	13	13	14	15	14	15	15	16	17	16
人均GDP排名	3	3	3	3	3	3	3	3	3	3	3	3	3
年份	1991	1992	1993	1994	1995	1996	1997	1998	1999	2000	2001	2002	2003
GDP排名	23	24	23	23	23	23	23	23	22	22	22	22	21
工业增加值排名	18	18	19	18	17	17	18	18	18	16	16	17	17
人均GDP排名	3	3	3	3	3	3	3	3	3	3	3	3	3
年份	2004	2005	2006	2007	2008	2009	2010	2011	2012	2013	2014	2015	2016
GDP排名	21	21	21	22	22	20	20	20	20	19	17	19	19
工业增加值排名	16	15	15	17	16	15	18	18	16	16	16	16	18
人均GDP排名	3	3	3	3	3	3	3	1	1	1	1	1	3

资料来源：笔者整理。

轻微的工业全国占比滑落，以及常年稳定且较高的人均GDP，表征了改革开放以来，天津的工业经济取得了长足进展，尽管其工业经济规模相对全国来说呈现出"塌陷"的部分特征，但整体来说，改革开放以来天津工业经济属于发展型塌陷，"塌陷"的工业经济并未显著影响天津的经济发展。

三、开放型崛起

开放型崛起是指这类地区很好地抓住了对外开放的契机,经过改革开放40来年的快速工业化进程,其工业经济地位显著提升,且工业占比相比改革开放前大幅提升,其崛起阶段主要在改革开放前期。开放型崛起的代表性地区是广东、江苏、浙江、山东,这些地区以改革开放为契机,紧靠世界经济发展潮流,适时对接国际市场,积极承接国际产业转移或大力发展外向型经济,不仅促进了其工业经济的快速发展,还极大带动了其经济的发展(见表14-10)。

表14-10　1978~2016年广东、江苏、浙江、山东四省的工业全国占比变化情况

单位:%

年份	1978	1979	1980	1981	1982	1983	1984	1985	1986	1987	1988	1989	1990
广东	4.69	4.66	4.54	5.09	5.25	5.30	5.44	5.32	5.44	6.02	6.80	7.16	7.60
江苏	7.21	7.15	7.64	7.91	7.79	8.06	8.06	8.82	9.74	9.28	9.26	9.21
浙江	2.89	3.15	3.72	4.13	4.04	4.32	4.51	5.12	5.39	5.49	5.55	5.35	5.28
山东	6.68	6.49	6.59	6.78	6.82	6.70	7.55	7.43	7.17	7.50	7.67	7.93	8.25
合计	21.47	21.46	22.50	23.91	23.90	24.38	25.57	26.69	26.83	28.75	29.29	29.70	30.34
年份	1991	1992	1993	1994	1995	1996	1997	1998	1999	2000	2001	2002	2003
广东	8.47	8.92	9.90	10.09	10.67	10.62	10.75	11.13	11.26	11.61	11.78	11.91	12.29
江苏	9.10	10.09	10.36	10.83	10.75	10.29	10.02	9.86	9.96	10.01	10.18	10.47	10.71
浙江	5.50	5.77	6.25	6.73	7.17	7.41	7.59	7.76	7.88	7.66	7.58	7.81	7.96
山东	8.33	8.82	8.58	9.16	9.14	9.25	9.29	9.40	9.40	9.53	9.54	9.70	10.18
合计	31.41	33.59	35.09	36.81	37.72	37.56	37.66	38.15	38.49	38.80	39.08	39.89	41.14
年份	2004	2005	2006	2007	2008	2009	2010	2011	2012	2013	2014	2015	2016
广东	12.19	12.26	12.18	12.09	11.59	11.49	11.10	10.63	10.33	10.25	10.51	11.00	11.45
江苏	10.79	10.91	10.83	10.55	10.12	10.45	9.97	9.61	9.57	9.72	10.18	10.60
浙江	7.89	7.42	7.40	7.37	6.96	6.68	6.55	6.33	6.14	6.12	6.05	6.26	6.54
山东	10.88	11.19	11.26	10.87	10.81	10.73	9.76	9.18	9.12	9.05	9.14	9.42	9.67
合计	41.74	41.78	41.66	40.89	39.48	39.35	37.38	35.75	35.15	35.00	35.42	36.85	38.34

注:表中的合计指广东、江苏、浙江、山东四省之和。

资料来源:笔者整理。

在1978年,除了江苏和山东的工业经济在国内具有显著优势外,广东和浙江的工业经济规模相对偏小,尤其是浙江的工业增加值还不及全国平均

水平，仅为2.89%。然而经过近40年的快速工业化进程后，广东、江苏、浙江、山东四省的工业增加值已超过全国的1/3，广东更是跃居国内工业第一大省，其工业全国占比为11.45%，直逼改革开放前的上海（1978，12.78%）。与此同时，江苏、浙江、山东的工业占比也有显著提升，分别提升至2016年的10.68%、6.54%、9.67%。

（一）广东

改革开放以来，广东工业经济建设充分利用改革开放先走一步的有利条件，坚持改革开放，积极利用外资，坚持企业技术进步，引进国外先进设备和技术，大力发展以公有制为主体的多种所有制经济，培育了一批支柱产业、重点企业和名牌产品，使广东工业经济取得了前所未有的丰硕成果（钟启权，2000）。[1]

改革开放伊始，广东的工业经济很快就步入高速增长通道。经过短暂的调整后随即在1981年开启了高速增长元年，当年工业经济相比1980年增长15.27%，比当年的全国平均值高出2.86%。在接下来的经济发展过程中，广东常年保持了高于全国水平超高速增长，特别是在全国经济形势过热的1988年和1993年，广东的工业经济实现了近乎疯狂的增长，1988年相比上年增长41.12%，1993年更是"火箭式"地蹿到了54.22%（见图14-12）。超高速增长的工业经济，以最快的速度为广东完成了工业积累，并于1993年超越江苏一跃成为国内第一工业大省，由1978年的工业排名第七晋升为全国第一，并一直稳坐国内第一工业大省的宝座至今。

在经历10多年的高速、超高速发展后，广东的工业经济逐步回归常态，并在1995年后基本保持了与全国平均水平相当或略高的增速。中共十八大以来，广东工业保持中高速增长，总量不断扩大，规模持续扩张（见表14-11）。2013~2016年，广东工业增加值年均增长7.3%；其中规模以上工业年均增速高于全部工业增加值增速0.4个百分点。2015年全省工业增加值突破3万亿元，2016年达到3.15万亿元。2013年以来，广东工业经济对经济的贡献稳定在40%左右。2017年，随着供给侧结构性改革稳步推进，工业生产增长动力逐步增强，稳中向好的态势更加明显。1~8月全省规模以上工业增加值同比增长6.7%，增幅比上年同期提高0.1个百分点。[2]

---

[1] 钟启权：《广东工业再图新高》，《中国投资》2000年第1期。
[2] 《中共十八大以来广东工业经济发展成就》，广东统计信息网，http://www.gdstats.gov.cn/tjzl/tjkx/201710/t20171009_374346.html，2018-05-17。

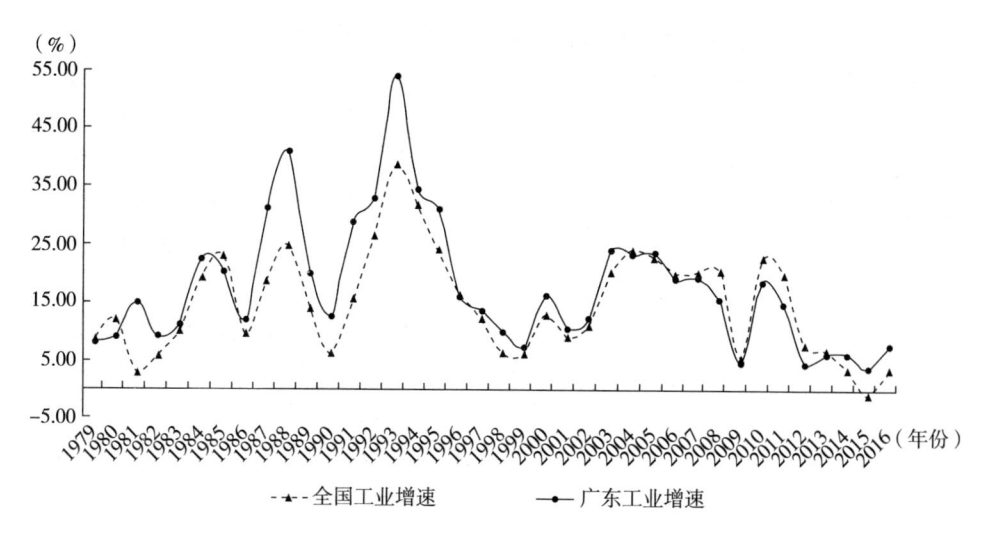

图 14-12　1979～2016年广东省工业增速（同比去年增长）与全国增速对比
资料来源：笔者绘制。

表 14-11　1978～2016年广东省GDP与工业增加值全国排名位次变化

年份	1978	1979	1980	1981	1982	1983	1984	1985	1986	1987	1988	1989	1990
GDP 排名	5	5	5	4	3	3	3	3	3	3	2	1	1
工业增加值排名	7	7	7	6	6	6	6	5	5	5	5	4	3
人均 GDP 排名	10	11	7	8	7	7	7	8	8	7	5	5	5
年份	1991	1992	1993	1994	1995	1996	1997	1998	1999	2000	2001	2002	2003
GDP 排名	1	1	1	1	1	1	1	1	1	1	1	1	1
工业增加值排名	2	2	2	2	2	1	1	1	1	1	1	1	1
人均 GDP 排名	5	4	4	4	5	5	5	5	5	5	5	5	5
年份	2004	2005	2006	2007	2008	2009	2010	2011	2012	2013	2014	2015	2016
GDP 排名	1	1	1	1	1	1	1	1	1	1	1	1	1
工业增加值排名	1	1	1	1	1	1	1	1	1	1	1	1	1
人均 GDP 排名	5	6	6	6	6	7	7	8	8	9	8	8	7

资料来源：笔者整理。

1978～2016年，广东的工业全国占比增长了6.76%，伴随着工业经济的超高速发展，广东的工业全国占比在不到30年的时间里由1978年的4.69%

上升到2005年的12.26%，尽管随后略有下降，但始终保持在10%以上，到2016年时为11.45%。工业经济的超高速发展使广东跻身于全国经济大省之列，并于1989年成为中国第一经济大省。由于广东人口众多，尽管坐拥第一经济大省地位，但是其人均GDP并不十分靠前，相比于改革开放初期，并没有显著提升，虽然在绝对值上不如北京、天津，但其增幅是史无前例的，从1978年的370元增加到2016年的74016元，相当于原来的200倍，以每年增加五倍的速度增长。

随着产业结构的不断优化和转型升级的持续推进，广东工业经济增长的动能发生积极变化，传统产业对工业经济增长贡献趋于下降。2016年先进制造业对广东规模以上工业增加值增长的贡献率超过六成，比2012年提高21.1个百分点；高技术制造业对广东规模以上工业增加值增长的贡献率比2012年提高16.5个百分点。传统产业和高耗能产业对工业增长的贡献率下降，2016年纺织服装、食品饮料、家具制造业、建筑材料、金属制品业、家用电力器具制造业六大传统产业对广东规模以上工业增加值增长的贡献率比2012年下降15.9个百分点；六大高耗能行业贡献率比2012年下降4.9个百分点。[1]

（二）江苏

新中国成立以来，尤其是改革开放以来，江苏用占全国1%的土地，养活了占全国6%的人口，创造了占全国10%的国民财富，书写了改革开放以来工业发展的新奇迹。改革开放以来，江苏工业成功地抓住了从社队企业到乡镇企业，再到民营经济和外资经济并重，并通过上市公司资本平台等重大机遇，使得江苏工业增加值在国民经济体系中的比重不断上升，综合实力不断增强（刘志彪等，2009）。[2]

江苏工业经济的蓬勃发展在很大程度上得益于"草根经济"（乡镇企业）的茁壮成长，工业经济的快速壮大也带动了江苏经济的快速发展，1986年，江苏成为新中国第一工业大省、第一经济大省（见表14-12）。特别是1992年10月上海浦东新区成立以后，江苏南部的苏州、无锡等地以最快的速度对接浦东新区的新机制，在竞争中走出了一条以吸收FDI进行加工贸易的国际化道路，吸引外商在苏南投资办厂或新建生产基地。

---

[1]《中共十八大以来广东工业转型升级成效》，广东统计信息网，http://www.gdstats.gov.cn/tjzl/tjkx/201710/t20171009_374347.html，2018-05-17。

[2] 刘志彪、吴福象：《新中国60年江苏工业发展的基本轨迹和基本经验》，《南京社会科学》2009年第12期。

表 14-12　1978~2016 年江苏省 GDP 与工业增加值全国排名位次变化

年份	1978	1979	1980	1981	1982	1983	1984	1985	1986	1987	1988	1989	1990
GDP 排名	2	1	1	2	2	2	2	1	1	1	1	2	3
工业增加值排名	3	3	3	3	3	3	3	2	1	1	1	1	1
人均 GDP 排名	6	6	6	6	6	6	6	7	6	6	6	6	7
年份	1991	1992	1993	1994	1995	1996	1997	1998	1999	2000	2001	2002	2003
GDP 排名	3	3	2	2	2	2	2	2	2	2	2	2	2
工业增加值排名	1	1	1	1	2	2	2	2	2	2	2	2	2
人均 GDP 排名	7	7	7	7	6	6	6	6	6	6	6	6	6
年份	2004	2005	2006	2007	2008	2009	2010	2011	2012	2013	2014	2015	2016
GDP 排名	3	3	3	3	3	2	2	2	2	2	2	2	2
工业增加值排名	3	3	3	3	3	3	2	2	2	2	2	2	2
人均 GDP 排名	6	5	5	5	5	4	4	4	4	4	4	4	4

资料来源：笔者整理。

与广东不同的是，在改革开放之初，江苏的工业基础和规模具有明显优势，其工业经济对国民经济的贡献显著优于广东，尽管广东在 1983 年就超越江苏成为第一工业大省，但广东的工业经济对国民经济所做的贡献相比于江苏还有一定差距。1978 年其工业全国占比高达 7.21%，仅次于上海和辽宁，经过改革开放不到 10 年的时间，江苏的工业经济规模超过上海成为新中国第一工业大省，且其工业经济对国民经济的贡献始终保持在 40% 以上，仅在 2015 年、2016 年才略微下降到 40% 以下（见图 14-13）。

改革开放以来，江苏的工业经济取得了长足发展，尽管其工业占比的上升幅度不如广东显著，但江苏顺应改革开放的时代需求，以锐意改革的姿态和开放包容的心态推动了其工业经济的强劲发展，如图 14-14 所示，1978~2016 年，江苏工业经济增速基本保持了在好的年份高于全国平均水平，即使在坏的年份也与全国平均水平基本持平。1995 年以后，江苏工业发展增速相对有所滑落，逐渐回归到全国平均水平，并且在 1985 年，广东超过江苏成为中国第一工业大省。进入新常态以来，江苏工业经济再次表现出强劲的发展动力，运行势态和质量效益显著趋好，竞争力和影响力大幅提升，已经到了"由大变强"的关键时刻。

（三）浙江

浙江是中国近代工业萌芽较早的省份之一。19 世纪 80 年代后期开始，

>> | 中国工业化进程40年

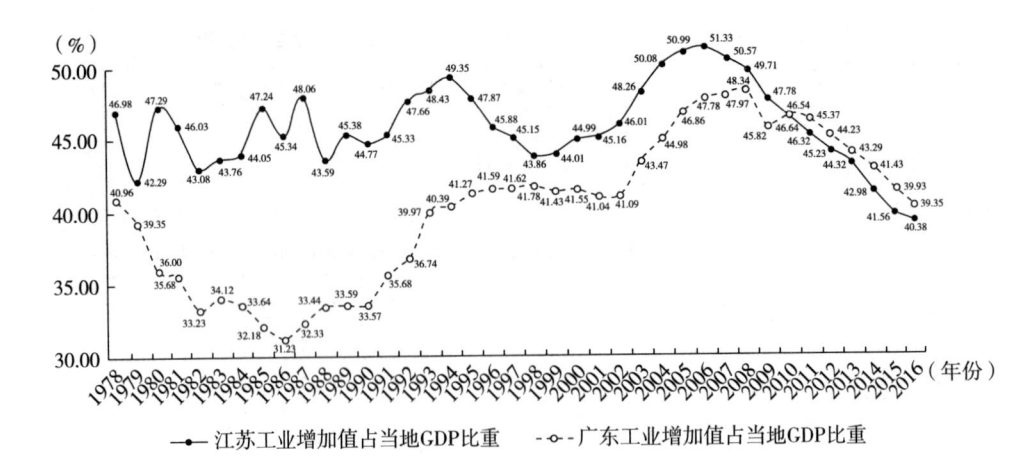

图14-13 1979~2016年江苏省与广东省工业增加值占当地GDP比重对比
资料来源：笔者绘制。

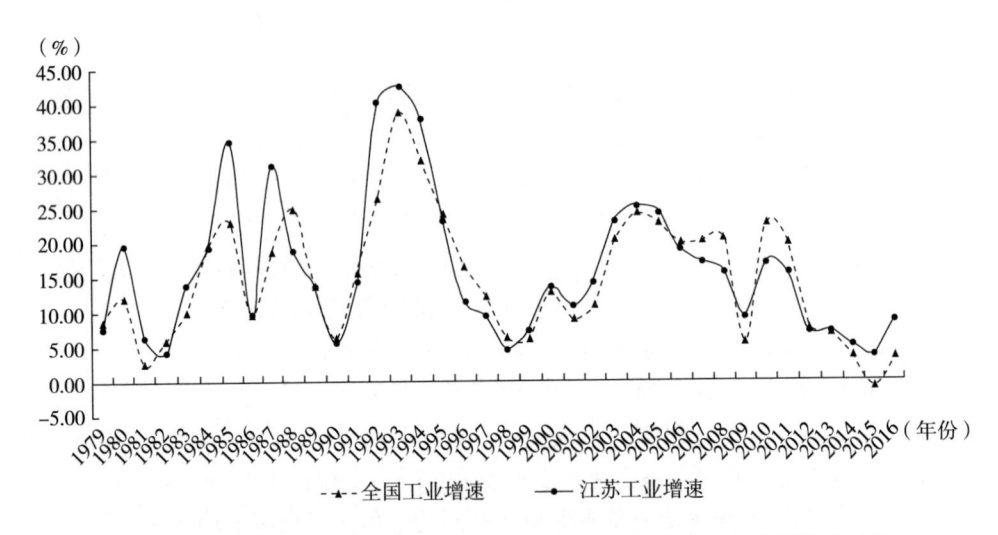

图14-14 1979~2016年江苏省工业增速（同比去年增长）与全国增速对比
资料来源：笔者绘制。

杭州、宁波先后建起了一些工厂，主要是以农产品为原料的轻纺、食品、制革等行业。1978年，非国有工业占全部工业增加值的38.7%，比全国高16.3个百分点，居全国之首。改革开放以来，浙江经济经历了几起几落的景气循环和循序渐进的发展阶段，而工业化始终是浙江经济运行轨迹的主线，是摆脱贫穷落后面貌、建成经济发达省份的根本途径。浙江紧紧抓住改革开放带来的机

326

遇，积极推进工业改革和制度创新，实现了从农业社会到工业化社会的历史性跨越，从工业小省到工业大省的历史性跃迁，形成了空间布局合理、产业特色鲜明、经营机制灵活、多种经济成分竞相发展的工业化新格局。

浙江工业领域在十一届三中全会精神的指引下，依托沿海区位条件，凭借"轻、小、集、加"的结构特点，利用较为活跃的市场因素，顺应农村大量剩余劳动力向非农产业转移的迫切需要，调整工业发展思路，着力推进农村工业化。改革开放之初，浙江是名副其实的工业小省，其工业全国占比仅为2.89%，还不及全国平均水平，其工业增加值在全国也仅相当于中等规模。

1983~1989年，根据改革进程和市场环境的变化，浙江及时调整单纯依靠传统轻纺工业增长的倾斜战略，将工业发展立足于省内省外两种资源、两个市场的循环，形成以市场为导向的加工型产业结构，1988年进一步扩展为"国际大循环"的外向型发展战略。在经历了1982年的短暂低谷（3.72%）之后，浙江工业增长速度迅速回升，到1985年增速高达39.69%，形成改革开放以来的第二个高峰（详见图14-15）。高增长之后，浙江工业在1986年快速回落到15.65%，此时已然高于全国平均水平5.92个百分点。

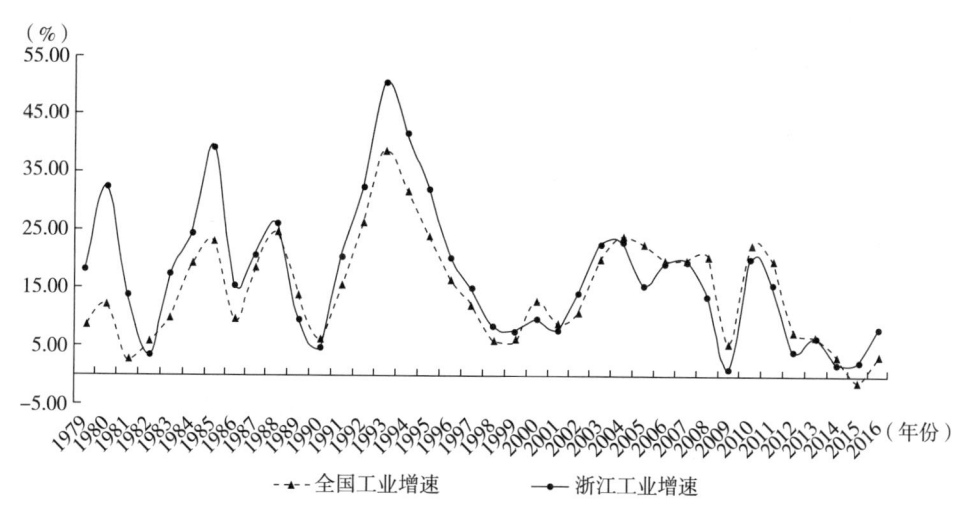

图14-15　1979~2016年浙江省工业增速（同比去年增长）与全国增速对比
资料来源：笔者绘制。

1991年，浙江工业在全国工业尚未回升的状况下先期增长，1991年浙江省工业增加值增长率升至20.45%。浙江工业经受住了改革开放以来第一次较大的考验。工业经济总量在全国的位次从1978年的第15位上升到20世纪90年代初的第6位（见表14-13）。农村工业增加值占浙江省工业增加值的比重从1978年的16%上升至1991年的48.3%，接近半壁江山。

1992年，邓小平同志发表重要谈话，中共十四大确立了社会主义市场经济体制的改革目标，对改革开放和经济发展产生了巨大的推动作用。浙江再次掀起工业化高潮，工业经济进入一个新的发展阶段，规模、结构、素质上了一个新的台阶。农村工业化高涨促进了浙江省工业跳跃式增长，1993年浙江省工业增长突破50%，创下了改革开放以来新的增长纪录。

表14-13　1978~2016年浙江省GDP与工业增加值全国排名位次变化

年份	1978	1979	1980	1981	1982	1983	1984	1985	1986	1987	1988	1989	1990
GDP排名	12	12	12	12	12	12	10	7	6	6	5	6	6
工业增加值排名	15	15	11	8	10	7	8	7	6	6	6	6	6
人均GDP排名	16	9	9	9	8	9	5	5	5	7	7	6
年份	1991	1992	1993	1994	1995	1996	1997	1998	1999	2000	2001	2002	2003
GDP排名	5	5	5	4	4	4	4	4	4	4	4	4	4
工业增加值排名	6	6	5	4	4	4	4	4	4	4	4	4	4
人均GDP排名	6	6	4	4	4	4	4	4	4	4	4	4	4
年份	2004	2005	2006	2007	2008	2009	2010	2011	2012	2013	2014	2015	2016
GDP排名	4	4	4	4	4	4	4	4	4	4	4	4	4
工业增加值排名	4	4	4	4	4	4	4	4	4	4	4	4	4
人均GDP排名	4	4	4	4	4	5	5	6	5	5	5	5	5

资料来源：笔者整理。

1994年，浙江工业总量在全国的位次上升到第4位，全国市场占有率达6.73%。即使在1998年面临亚洲金融危机冲击和国内有效需求不足的艰难时刻，浙江也应对挑战，把握转机，迎难而上，实现了工业增长目标。中国加入WTO以后，浙江工业化进入一个新的阶段，做出了建设先进制造业基地、走有浙江特色的新型工业化道路战略决策，推动着浙江的工业经济平稳有序发展。

从工业占比的变化情况来看（见图14-16），改革开放以来，浙江的工业经济经历了一个波动上升与缓慢下滑的过程。从1978年到2003年，浙江工业经济在全国的份额不断提升，尽管其中有波动下降，但其上升态势直到

2003 以后才开始转变。2003 年以后，伴随着西部大开发与中部崛起等国家战略的作用日渐显现，中西部地区的大部分省（市/区）迎来工业经济快速发展的黄金十年，在此期间，东部沿海各主要工业大省的工业经济份额逐渐缩小，取而代之的是中部地区工业经济份额缓步提升。浙江也不例外，大概在 2003 年前后，其工业经济开始进入低速增长轨道，以低于全国平均水平的速度增长，与此同时，浙江的工业占比也呈现下滑态势。直到中国经济进入新常态，伴随着新发展理念逐步深入，在供给侧结构性改革的推动下，浙江工业开始了一个小幅反弹，工业增速与工业全国占比都有所改善。

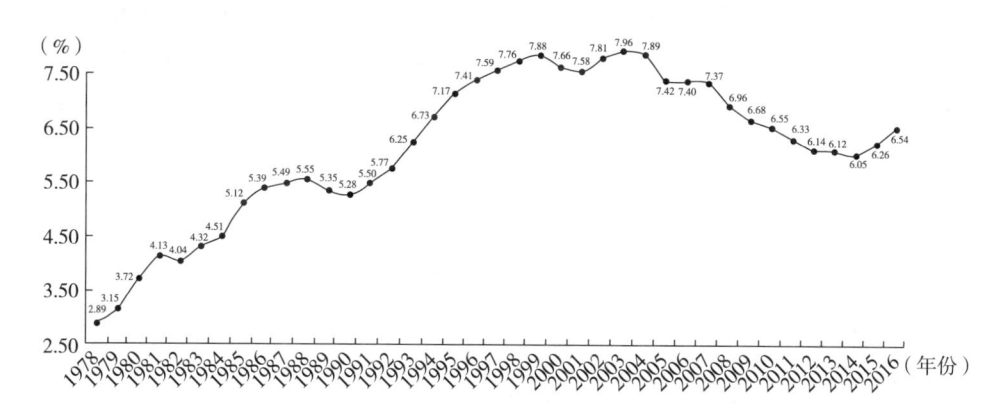

图 14-16　1978~2016 年浙江省工业全国占比变化情况
资料来源：笔者绘制。

改革开放以来，浙江的农村工业化和外向型经济蓬勃兴起，深刻改变了城乡工业布局，形成了沿海带动腹地、城乡工业共同发展的新格局，环杭州湾、温台沿海、金衢丽三大工业产业基本形成，工业区域发展的协调性有所增强。浙江工业保持了快速发展的势头，尤其在改革开放的前 25 年里，浙江工业以接近超高速的增长实现了到工业大省的历史性跨越，推动了工业经济总量的不断扩张，一跃成为工业较为发达的省份。2016 年，浙江省工业增加值 18655.12 亿元，占全国的 6.54%，比 1978 年的 2.9% 提高 3.65 个百分点。与此同时，浙江的人均 GDP 也有很大飞跃，1978 年，浙江人均 GDP 仅为 331 元，与当年的湖北相当，排名第 16 位；1995 年，浙江人均 GDP 跃升至 8149 元，跻身于全国第 4 位；尽管随后浙江的人均 GDP 排名有所下降，到 2016 年为第 5 名，但已提升到 84916 元，虽低于江苏，但远高于工业第一大省广东。

（四）山东

山东是我国重要的工业省份，工业经济在山东的国民经济体系中具有举足轻重的地位。改革开放以来，山东工业经济经历了承包制、厂长负责制、第一步和第二步利改税、国有企业改革、建立现代企业制度、放开搞活民营经济、全方位招商引资、国际化和对外开放、发展县域经济、实施大企业大集团战略、产业结构调整等一系列重点阶段，由一个农业工业经济省份发展成为全国的工业大省。

经过改革开放以来的发展，山东已形成了基础雄厚、门类齐全的制造业体系，成为山东国民经济的重要支柱。2016年，全省工业生产总值达到2.76万亿元，占全省生产总值的40.56%。无论规模总量还是经济效益，均居全国第3位。1989年，山东超越辽宁，成为新中国第二号工业大省，随后不久在1991年被广东超越，成为第三号工业大省（见表14-14）。

表14-14 1978~2016年山东省GDP与工业增加值全国排名位次变化

年份	1978	1979	1980	1981	1982	1983	1984	1985	1986	1987	1988	1989	1990
GDP排名	4	3	3	2	1	1	1	1	1	1	1	3	2
工业增加值排名	4	4	4	4	4	4	4	4	4	3	3	2	2
人均GDP排名	18	18	17	12	12	10	9	10	10	10	10	10	9
年份	1991	1992	1993	1994	1995	1996	1997	1998	1999	2000	2001	2002	2003
GDP排名	2	2	3	3	3	3	3	3	3	3	3	3	3
工业增加值排名	3	3	3	3	3	3	3	3	3	3	3	3	3
人均GDP排名	9	11	11	10	9	9	9	9	9	9	9	9	9
年份	2004	2005	2006	2007	2008	2009	2010	2011	2012	2013	2014	2015	2016
GDP排名	2	2	2	2	2	3	3	3	3	3	3	3	3
工业增加值排名	2	2	2	2	2	2	3	3	3	3	3	3	3
人均GDP排名	7	7	7	7	8	9	10	10	10	10	10	10	9

资料来源：笔者整理。

进入21世纪后，山东工业经济迎来了新一轮发展机遇，山东工业经济再次进入一个高速发展期（如图14-17中椭圆框内所示），工业经济规模稳步提升，并于2004年超越江苏成为仅次于广东的第二号工业大省。工业经济规模的快速壮大，也为山东的经济发展做出了巨大贡献，在这一年，山东成为中国第一经济大省。

快速增长的工业经济显著提升了山东工业在全国市场的份额。2000年，

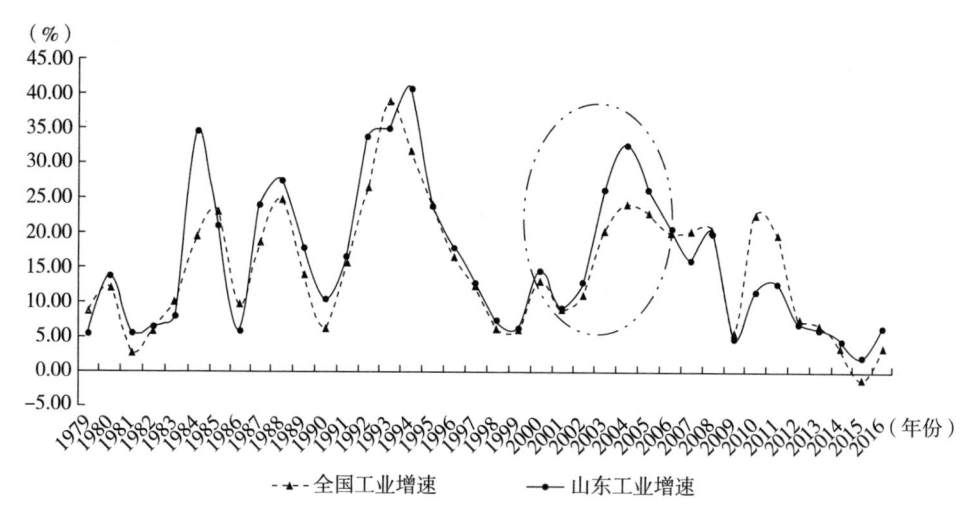

图 14-17　1979~2016 年山东省工业增速（同比去年增长）与全国增速对比
资料来源：笔者绘制。

山东的工业增加值为 3665.74 亿元，占全国工业增加值的 9.53%，而到 2006 年，山东工业增加值达 11555.99 亿元，其全国占比提升至 11.26%。随后，与东部沿海各省（市/区）的工业发展路径类似，山东工业经济的全国份额转入下行通道，并于 2013 年降至 9.05%。进入经济新常态以后，山东工业经济表现了强劲的动力，其工业经济顶住了"三去一降一补"的压力，实现了其工业经济全国占比的小幅回弹（见图 14-18）。

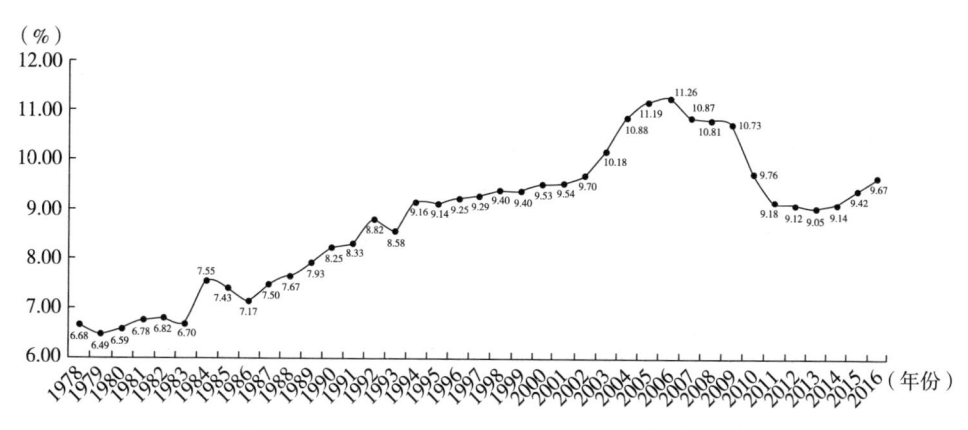

图 14-18　1978~2016 年山东省工业全国占比变化情况
资料来源：笔者绘制。

尽管山东的工业经济取得了显著进展，且已跨入工业大省行列。但山东的经济发展还是高度依赖工业。1978年，山东工业经济占地区生产总值的48%，经过近40年的改革开放，到2016年工业经济在其国民经济体系中的比重依然高达40.56%（见图14-19）。可见，快速发展的工业经济并未助力山东经济转型，依然是工业与第三产业并驾齐驱的工业大省。

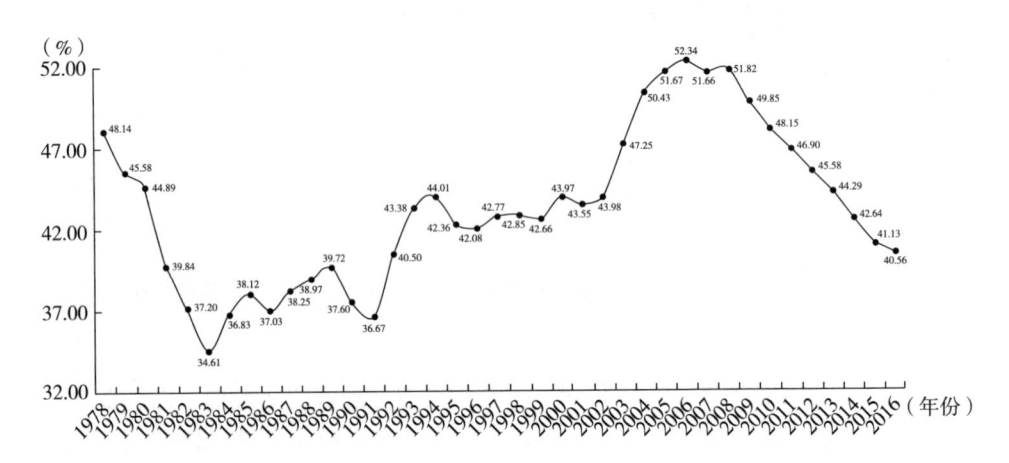

图14-19　1978~2016年山东省工业增加值占当地GDP比重
资料来源：笔者绘制。

四、承接型崛起

与开放型崛起不同的是，承接型崛起地区的工业经济普遍在进入21世纪后才步入快速发展轨道，其时间点基本与西部大开发、中部崛起的政策起点，以及中国加入WTO相吻合，也就是说，中部五省（河南、安徽、湖北、湖南、江西，除山西外）是在进入21世纪之后才步入工业经济快速发展阶段的。

改革开放初期，中部五省的工业经济份额相对较小，在1978年，五省的工业全国占比之和才13.72，仅比当时的工业第一大省（市）上海略高不到1个百分点，可见在改革开放之初，五省的工业基础相对薄弱，经过20多年的改革开放大潮，中部五省的工业经济并未取得理想的业绩，直到2000年，五省的工业全国占比之和才达到15.00%，此时中国第一工业大省的工业全国占比为11.61%。进入21世纪，尤其是2003年以后，东部沿海地区经过20多年的快速奔跑后，深刻感受到发展中的"制约之痛"，体会到耕地锐减、环境污染、能源困局、成本攀升等"成长中的烦恼"，亟须向中西部地区进行产业转移以实现"腾笼换鸟"。东部沿海地区将不再具有比较优势的传统产业转移到中西部地区，以期通过"腾笼换鸟"的方式达到经济转型、产业升级的目标。与此同时，西部大开发、中部崛起等政策的影响开始显现，中部五省搭乘产业转移的东风步入了工业经济发展的快车道。

2003年以来，中部五省工业经济迎来了新的发展契机，工业增加值全国占比不断攀升，表现出十分强劲的发展势头，由2004年的14.48%提升至2016年的20.41%（见图14-20）。尤其是进入经济新常态以来，中部五省不但工业经济规模持续扩张，且其工业经济份额也稳中有增。

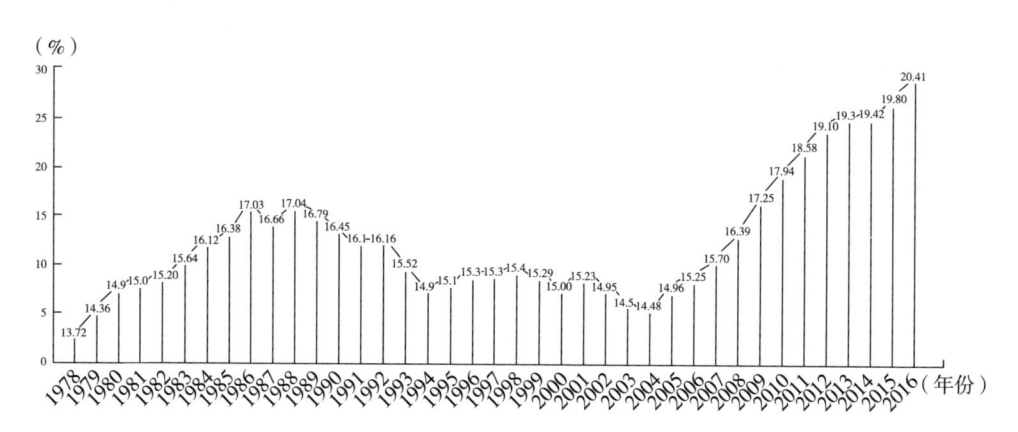

图14-20　1978~2016年中部五省工业增加值全国占比变化情况
资料来源：笔者绘制。

尽管改革开放以来，中部五省的工业经济取得了长足进步，特别是21世纪以来通过积极承接东部沿海地区的产业转移，极大地推动了中部地区工业经济的发展。然而，中部各省的经济实力还不是很强，无论从经济体量还是人均地产总产值来看，中部各省的经济发展潜能还有待进一步挖掘，特别是其工业经济依然有较大的增长空间（见表14-15）。

同时，我们也要看到，纵使改革开放以来中部五省通过积极承接东部沿海的产业转移推动了工业经济的加速发展，但截至2016年，中西部地区承接产业转移的成效还不十分显著（见表14-15）：

表 14-15　1978~2016 年中部五省 GDP、工业增加值排名变化情况

年份		1978	1979	1980	1981	1982	1983	1984	1985	1986	1987	1988	1989	1990
GDP 排名	安徽	13	13	13	13	13	13	13	13	13	13	13	13	13
	江西	16	16	15	16	16	17	17	16	16	17	17	18	19
	河南	9	8	7	6	7	6	6	6	5	5	6	5	5
	湖北	10	9	10	10	10	10	9	10	9	10	10	9	9
	湖南	11	11	11	11	12	11	12	12	12	11	11	11	11
工业增加值排名	安徽	18	17	17	17	17	16	16	16	14	14	14	14	12
	江西	23	21	21	21	23	21	19	19	19	20	20	21	21
	河南	10	9	9	10	9	9	10	10	9	10	9	9	9
	湖北	12	13	10	11	11	12	9	9	10	9	10	10	10
	湖南	13	12	14	14	14	13	13	13	13	13	12	13	13
人均 GDP 排名	安徽	27	27	28	26	27	24	21	21	21	21	20	20	24
	江西	23	23	23	22	22	25	26	25	25	26	26	24	26
	河南	28	28	27	27	29	23	28	26	27	25	24	25	28
	湖北	15	12	14	13	15	14	13	16	15	13	17	16	15
	湖南	22	20	19	21	21	21	22	22	22	22	22	22	22

年份		1991	1992	1993	1994	1995	1996	1997	1998	1999	2000	2001	2002	2003
GDP 排名	安徽	13	13	14	14	14	14	14	14	14	15	15	15	15
	江西	18	18	18	18	18	18	18	18	18	18	17	17	18
	河南	7	6	7	6	5	5	5	5	5	5	5	5	6
	湖北	9	10	10	10	11	11	11	11	11	12	11	12	12
	湖南	11	11	11	11	10	10	12	12	12	11	12	13	13
工业增加值排名	安徽	13	12	13	14	14	14	14	14	14	14	14	14	15
	江西	21	21	22	23	23	23	23	22	22	22	22	21	21
	河南	9	8	8	7	6	5	6	6	8	7	7	6	7
	湖北	11	10	11	12	12	12	12	11	11	11	11	11	11
	湖南	14	14	12	13	13	13	13	13	13	13	13	13	13
人均 GDP 排名	安徽	30	29	28	28	25	26	25	26	25	26	26	27	27
	江西	25	26	27	26	28	27	27	27	28	25	27	26	25
	河南	29	28	25	24	23	19	20	20	21	19	21	21	21
	湖北	15	15	17	16	16	16	16	16	16	16	16	16	17
	湖南	23	21	21	22	21	20	19	19	19	19	19	19	20

续表

年份		2004	2005	2006	2007	2008	2009	2010	2011	2012	2013	2014	2015	2016
GDP排名	安徽	14	15	15	14	14	14	14	14	14	14	14	14	13
	江西	17	18	19	19	20	19	19	19	19	20	18	18	16
	河南	5	5	5	5	5	5	5	5	5	5	5	5	5
	湖北	13	12	12	12	10	11	11	10	9	9	9	8	7
	湖南	12	13	13	13	11	10	10	9	10	10	10	9	9
工业增加值排名	安徽	17	16	16	15	17	14	14	14	12	12	12	12	11
	江西	20	20	20	19	19	19	19	19	18	17	17	17	15
	河南	6	5	5	5	5	5	5	5	5	5	5	5	5
	湖北	12	12	12	11	11	10	9	9	9	9	9	7	7
	湖南	13	13	13	12	12	12	12	10	10	10	10	10	9
人均GDP排名	安徽	27	28	28	28	27	26	27	26	26	25	26	25	25
	江西	25	24	24	25	26	25	25	24	25	26	25	24	23
	河南	19	17	17	17	17	19	20	23	23	23	22	22	20
	湖北	17	16	16	16	16	14	13	13	14	13	13	11	11
	湖南	21	20	21	22	21	20	21	20	20	19	17	16	16

资料来源：笔者整理。

（1）中部五省的工业增加值虽然都有所提升，但排名均相对不是特别靠前，仅河南的工业增加值排名提升较为显著，湖北与湖南也在奋力追赶。1978年，中部五省的工业增加值排名由前到后依次是河南、湖北、湖南、安徽、江西，其排名依次为10、12、13、18、23，其工业占比依次为3.65%、3.21%、3.20%、2.24%、1.43%；到2016年，中部五省的工业增加值排名均有不同幅度的提升，由前到后依次是河南、湖北、湖南、安徽、江西，其排名依次为5、7、9、11、15，其工业全国占比依次为5.98%、4.40%、3.98%、3.53%、2.53%。

（2）人均GDP稳步提升，但仍有较大上升空间。1978年，中部五省安徽、江西、河南、湖北、湖南的人均GDP排名依次为30、25、29、15、23，到2016年分别提升至25、23、20、11、16，无一省进入前10行列。

（3）中部五省的工业全国占比之和提升幅度较小，与东部沿海各省（市/区）相比依然有较大差距。2016年，五省的工业全国占比之和才20.41%，不及广东与江苏两省之和。

335

第十五章 大国工业的经济版图演化

新中国成立初期,为了尽可能迅速地实现工业化、缩小与发达国家之间的发展差距,我国制订和实施了以建设"156项"为核心的第一个五年计划。新中国大规模的工业化起步最为主要的标志就是第一个五年计划规定以"156项"工程为中心的工业化建设,并因此成为新中国工业化的奠基石与里程碑(胡伟等,2018)。[①] 中国工业经济发展空间格局在"一五"期间初步成形:为了改变新中国成立初期工业布局不合理的状况,促进区域经济均衡发展,在充分考虑国防需要的基础上,我国政府将"156项"中相当大一部分布置在工业基础薄弱的内地,主要分布在西安、兴平、哈尔滨、富拉尔基、鹤岗、抚顺、沈阳、阜新、太原、兰州、成都、包头、株洲、武汉、洛阳、吉林等城市,改变了新中国成立初期70%左右的工业企业集中在沿海的布局。

"156项"工程初步改变了旧中国工业布局不合理的状况,促进了区域间工业经济的平衡发展。"三线"建设是我国沿海地区工业生产能力向腹地的一次大推移,在工业与管理经验上,是继"一五"时期之后,又一次全国性的传播与扩散。1964年8月,国家建委召开一、二线搬迁会议,提出要大分散、小集中,少数国防尖端项目要"靠山、分散、隐蔽"(简称山、散、洞),突出国防建设,在工业布局上突出大三线建设,三线建设再次将工业化推进腹地。"三线"地区在较短的时间内,建成了一批重要项目,形成了若干新的工业中心,"三线"地区的某些省份一跃成为工业门类齐全、机械装备程度较高的地区,整个"三线"地区工业生产能力在全国占有很大比重。

改革开放以来,各省(市/区)的工业化进程分异显著,中国工业经济空间格局发生了很大变化。传统的工业中心有的加速实现工业化,进入后工

[①] 胡伟、陈竹:《156项工程:中国工业化的起点与当代启示》,《工业经济论坛》2018年第5期。

业化社会，有的趋于衰落，成为由盛转衰的典型；新兴工业中心不断崛起，东部沿海部分地区以改革开放为契机，成为新兴工业经济中心；中西部地区以区域协调发展和经济全球化为机遇，竭力打造全方位的内陆开放型经济新体系，并积极承接东部沿海的产业转移，逐步涌现出一批新兴工业中心。

1999 年，中国进入区域协调发展战略全面实施阶段，此后的几年间，中国工业发展的区域格局再次发生重大变化，区域产业转移逐渐演变为社会主义市场经济条件下普遍的经济活动，成为影响中国区域产业重新布局以及产业结构调整的重要因素（胡伟等，2015）。[①] 工业由东部地区向中西部地区迁移的轨迹与趋势日渐清晰，中西部地区承接东部地区工业转移渐成气候。

进入经济新常态，工业经济发展的动力机制急速转变，传统由要素驱动的工业经济体系逐步向由创新驱动的工业经济体系转变，中国工业经济空间格局再次进入重大调整阶段。

一、模型与方法说明

重心是指在区域经济空间里各个方向上的经济力量保持相对均衡的合力作用点。重心模型（Ebdon，1978；Shaw，1985）[②][③] 表示各个方向上的力量在合力作用点的对比保持相对稳定。

设定各省（市/区）的人口、地区生产总值、工业增加值为作用力，即可得到改革开放以来中国逐年演变的人口重心、GDP 重心与工业重心，重心计算公式为：

$$x_j = \sum_{i=1}^{n} M_{ij} \times X_{ij} / \sum_{i=1}^{n} M_{ij} \quad (15-1)$$

$$y_j = \sum_{i=1}^{n} M_{ij} \times Y_{ij} / \sum_{i=1}^{n} M_{ij} \quad (15-2)$$

其中，$G(x_j, y_j)$ 表示重心点，j 表示年度（j = 1978，1979，…，2016），i 表示各省（市/区）（i=1，2，3，…，31），M_i 表示各省（市/区）的属性值（分别用总人口、地区生产总值、工业增加值表示），（X_i、Y_i）表示 i 省（市/区）的地理位置。

[①] 胡伟、张玉杰：《中国工业发展的空间格局演变》，《经济地理》2015 年第 35 期。
[②] Ebdon. D. Statistics in Geography (2rd ed) [M]. Oxford：Basil Blackwell, 1978.
[③] Shaw. G., Wheeler. D. Statistical Techniques in Geographical Analysis (2rd ed) [M]. New York：Wiley, 1985.

1978~2016年，由于中国各省（市/区）的地理坐标位置基本不变，且各省（市/区）的工业化发展水平与速度不一，同一省（市/区）每年也存在不同程度的差异，任何一个省（市/区）工业发展的变化都可能影响到重心的迁移，因此工业重心是随着各省（市/区）工业化进程的差异而动态变化的。

结合地理加权叠置分析与重心模型，可以基于地理信息系统的空间分析与空间统计分析方法，依据各省（市/区）历年总人口、地区生产总值、工业增加值得到各年的人口重心、GDP重心和工业重心，经过图层叠置与合并，可得逐年演变的人口重心迁移轨迹线、GDP重心迁移轨迹线以及工业重心迁移轨迹线，从而展示出清晰的路径演变。

本章所用空间分析工具和制图工具为Arcgis10.3。

二、工业重心演化路径：向南向西又向南

通过构建各省（市/区）GDP、人口与工业增加值的重心轨迹线，清晰刻画了改革开放以来中国工业经济空间格局演化的内在规律。

改革开放之初，经济实力强劲的地区主要集中在东部沿海地区。尽管新中国成立以来的"156项"工程和三线建设极大地促进了内地工业的发展，拉近了沿海与内地的工业经济发展差距，但大量工业经济集聚在沿海地区的现况并未得到根本改变。1952年，近70%的工业集中在沿海地区，只有30.6%的工业分布在内地；"一五"后期，到1957年，内地工业得到了显著提升，工业全国占比提升到了34.1%；伴随着"三五""四五"时期三线建设对内地工业的倾斜，内地工业再次获得了快速发展，到1978年，全国工业已有39.1%分布在内地（详见表15-1）。工业70%集中在沿海的局面得到很大程度的改善，"三七分"的内地与沿海工业布局演变为"四六分"，区域间工业经济发展逐渐趋向均衡。

表15-1　1952~1978年工业增加值的沿海和内地构成比重　　单位：%

年份	工业增加值 沿海	工业增加值 内地	轻工业 沿海	轻工业 内地	重工业 沿海	重工业 内地
1952	69.4	30.6	71.5	28.5	65.5	34.5
1957	65.9	34.1	66.3	33.7	65.6	34.4
1962	63.8	36.2	66.6	33.4	61.3	39.7
1965	63.1	36.9	67.3	32.7	58.8	41.2

续表

年份	工业增加值		轻工业		重工业	
	沿海	内地	沿海	内地	沿海	内地
1970	63.1	36.9	68.2	31.8	59.3	40.7
1975	61.0	39.0	64.1	35.9	58.6	41.4
1978	60.9	39.1	64.5	35.5	58.2	41.8

资料来源：《中国工业经济统计资料（1949~1984）》①。

从轻、重工业的地区分布来看，相比于重工业，轻工业更多地分布在沿海地区，1952年，71.5%的轻工业分布在沿海地区，65.5%的重工业分布在沿海地区。到1978年，内地工业取得长足发展，工业全国占比显著提升，仅有35.5%的轻工业分布在内地，重工业的41.8%分布在内地，高于内地39.1%的工业全国占比。可见，在"156项"工程和三线建设的助力之下，内地重工业的增长显著优于轻工业，从而也为内地工业发展轻、重失调埋下了伏笔。

1978年，沿海地区工业增加值占全国的60.9%，而地域更加广阔的内陆地区仅为39.1%，改革开放的前几年中，由于侧重于调整轻、重工业之间的比例关系，沿海地区工业级经济在轻、重工业结构调整中出现小幅波动，到1984年，沿海地区工业全国占比略有下降，下降至59.8%，与此同时，内陆地区工业全国占比提升至40.2%。② 整体来看，沿海与内地的工业经济实力并未发生实质性转变，工业经济依然主要集中在沿海地区，近60%的工业依然布局在沿海地区；内地表现出明显的重工业化趋势：重工业比重逐年提升，由1978年的41.8%提升到1984年的45.2%，轻工业比重却略微下滑，由1978年的35.3%下降到1984年的35.1%（见表15-2）。

表15-2　1978~1984年工业增加值的沿海和内地构成比重　　单位：%

年份	工业增加值		轻工业		重工业	
	沿海	内地	沿海	内地	沿海	内地
1978	60.9	39.1	64.5	35.5	58.2	41.8
1979	60.6	39.4	64.7	35.3	57.6	42.4
1980	61.5	38.5	65.2	34.8	58.2	41.8

---

① 国家统计局工业交通物资统计司：《中国工业经济统计资料（1949~1984）》，中国统计出版社1985年版，第139页。

② 同①，第137页。

续表

年份	工业增加值		轻工业		重工业	
	沿海	内地	沿海	内地	沿海	内地
1981	60.5	39.5	64.5	35.5	56.1	43.9
1982	59.8	40.2	64.1	35.9	55.4	44.6
1983	59.7	40.3	64.3	35.7	54.7	45.3
1984	59.8	40.2	64.9	35.1	54.8	45.2

资料来源：《中国工业经济统计资料（1949~1984）》①。

依据中心模型，中国地理版图中心（103°17′54″E，36°43′42″N），位于甘肃省境内。与地理重心相比，人口、GDP 及工业重心均显著偏向东部地区，由东向西依次为工业重心轨迹线、GDP 重心轨迹线、人口重心轨迹线，且在 1978~2016 年，三大重心轨迹线均未呈现显著西移迹象。改革开放 40 年来，虽然中国工业经济发展的空间格局经历了较大的调整与转变，但工业经济主要布局在东部地区的大格局尚未改变，经济活动更多地分布在靠近东部沿海地带的区域经济发展空间格局也未有实质性改变。

将三大重心轨迹线进行放大，得到如图 15-1 所示的三大重心轨迹线局部图。1978~2016 年，工业经济重心整体表现为向南迁移→向西迁移→向南迁移的态势，以向南迁移为主要趋势，由 1978 年的 35°6′9″N 迁移至 2016 年的 32°26′10″N，同时也伴有小幅西移趋势，由 1978 年的 116°9′38″E 迁移至 2016 年的 114°44′37″E，依据图 15-1 可见，工业重心南向迁移的趋势十分显著，仅在 2003~2013 年表现出明显西移态势。

GDP 重心轨迹线也表现出与工业重心轨迹线极为相似的演化路径。改革开放 40 年来，中国经济重心逐渐南移，但其南移幅度不如工业重心显著，且其在 1991~2003 年有一段逐渐东移的经历，随后在 2003~2012 年才表现出与工业重心类似的西移轨迹，但其西移幅度相比于工业重心偏小（见图 15-1）。1978~2016 年，中国经济重心以南移为主，由 1978 年的 114°53′15″E、34°9′47″N 迁移至 114°30′9″E、32°41′8″N，主要表现为 GDP 重心点纬度的南移，由 34°9′47″N 迁移至 32°41′8″N，经度的西移很微弱，仅西移了约 23′。

---

① 国家统计局工业交通物资统计司：《中国工业经济统计资料（1949~1984）》，中国统计出版社 1985 年版，第 139 页。

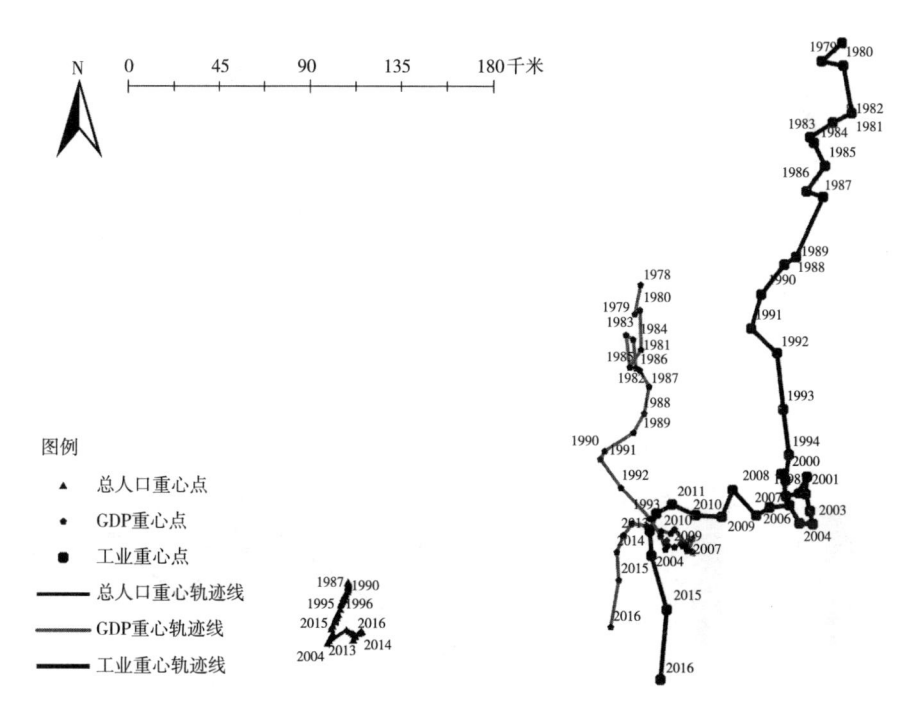

图 15-1　1978~2016 年人口、GDP、工业重心轨迹线局部图
资料来源：笔者使用 Arcgis10.3 绘制。

人口重心的演变路径则与工业重心表现出极为不一致的发展态势，真实刻画了"孔雀东南飞"的景象：1978~2004 年人口重心显著南移，同时伴有轻微西移倾向，2004~2011 年则表现出与工业重心截然相反的演变路径，在工业重心和 GDP 重心均西移之际，人口重心却一路向东，随后在 2011 年之后向西南方向迁移。1978~2016 年，人口重心由 1978 年的 113°8′52″E、33°0′44″N 迁移至 2016 年的 113°8′45″E、32°45′32″N，在改革开放的前二十几年中，人口重心西移的趋势还是依稀可见的，到 2004 年其重心点位置为 113°0′27″E、32°45′26″N，但随后人口重心加速东移（见图 15-2）。可见，在改革开放的 40 年中，尽管经济（GDP）重心和工业重心在显著南移的同时均有不同幅度的西移，但人口重心除了小幅南移之外，还略微东移了一点点。

341

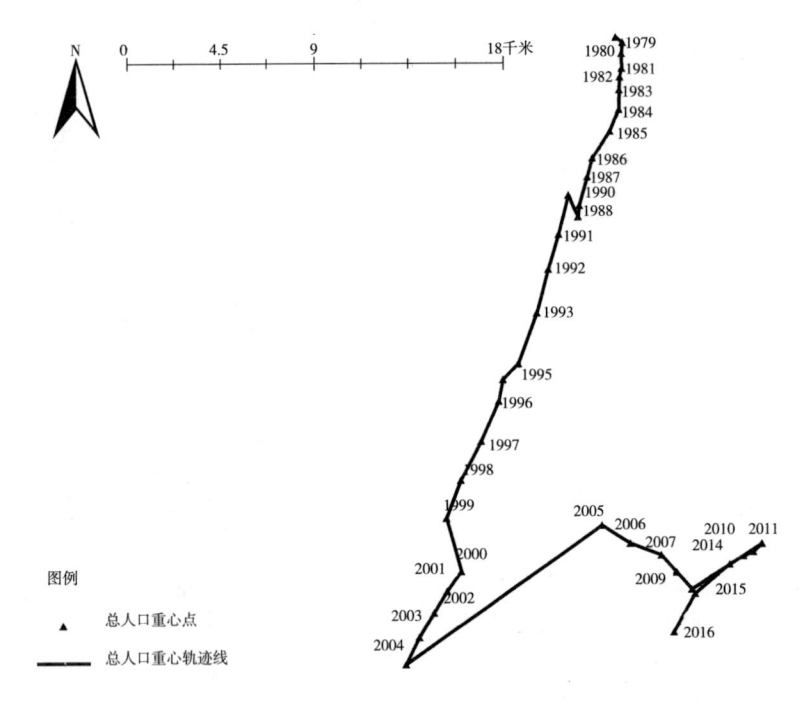

图 15-2　1978~2016 年各省（市/区）总人口重心轨迹线

资料来源：笔者使用 Arcgis10.3 绘制。

工业重心的西移并未带动人口重心西移。2003~2013 年，工业重心呈现显著西移态势，然而人口重心却是转向东移（见图 15-2），由此表明中西部工业经济的承接型崛起并未吸引原本迁移到东部沿海地区的人口回流，与之相反的是，由于东部沿海地区基础设施相对更加完善，且公共服务水平较高，对人口的吸引力还有继续强化的趋势。

纵观改革开放以来中国工业经济空间格局的演变路径（见图 15-3），其阶段性特征十分显著，根据工业重心的走向及趋势，可分为三个阶段：

第一阶段：1978~2003 年，由北向南，工业重心向南迁移，这一阶段主要是东北地区工业经济加速滑落和长三角、珠三角地区工业经济快速增长，从而推动着工业重心南移。

第二阶段：2003~2013 年，由东向西，工业重心向西迁移，这一阶段主要是在西部大开发与中部崛起等战略的推动下，中西部地区承接东部沿海工业转移逐渐升温，由此中西部地区进入工业经济发展快车道，由此推动着工业重心由东向西迁移。

第三阶段：2013~2016年，由北向南，工业重心再次向南迁移，这一阶段主要是东北工业经济由滑落转向"塌陷"，与此同时，珠三角地区工业经济活力再次迸发，由此推动着工业重心再次由北向南迁移。

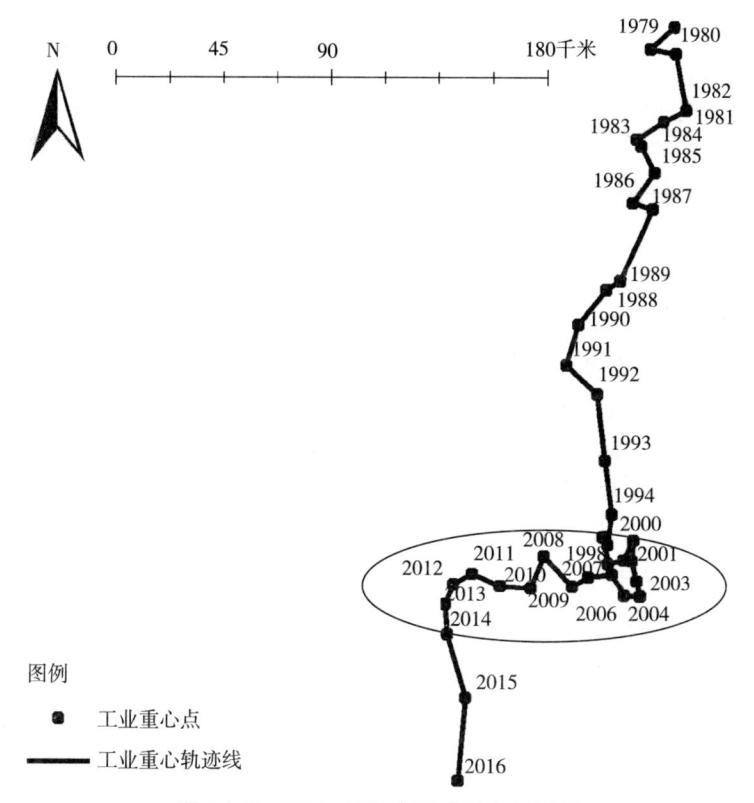

图例
■ 工业重心点
—— 工业重心轨迹线

图15-3　1978~2016年工业重心轨迹线

资料来源：笔者使用Arcgis10.3绘制。

三、竞放，向南而生：改革春风吹东岸

1978~2003年，是改革开放的前25年，在此期间，中国各项经济建设取得举世瞩目的成就。1978年，全国GDP总量为3471.92亿元，人均GDP仅362元，1987年GDP总量突破万亿元大关，人均GDP提升至千元以上，达到1064元，GDP总量于2001年突破10万亿元大关，此时人均GDP达到8557元，到2003年，GDP总量为13.93万亿元，人均GDP首次突破万元，

343

达10845元。

1978~2003年,各省(市/区)的人均GDP空间分布格局发生了显著变化,1978年,有十三省(市/区)的人均GDP超过全国水平,由高到低依次为上海、北京、天津、辽宁、黑龙江、江苏、青海、吉林、西藏、广东、宁夏、山西、河北,上海最高,为2485元,贵州最低,为175元,上海是贵州的14.2倍;2003年,仅九省(市/区)的人均GDP超过全国水平,依次为上海、北京、天津、浙江、广东、江苏、福建、辽宁、山东,上海依然稳居第一,达到40130元,是最低省份贵州的10.8倍,贵州为3701元,仅相当于上海1985年左右的水平。从空间分布来看,1978年,人均GDP在全国平均水平之上的省(市/区)主要是分布在全国地理版图偏北的地方以及西部地区的个别省(市/区),南部只有上海、江苏、广东;到2003年,人均GDP在全国平均水平之上的省(市/区)已经没有中西部地区的省(市/区),几乎清一色地分布在东部沿海地区,东北三省也显著下滑,仅辽宁一省的人均GDP还在全国平均水平之上。

从各省(市/区)人均工业增加值的空间变化来看,1978~2003年,人均工业增加值的空间格局发生了显著变化,在改革开放的引领下,在"两个大局"的统筹下,改革东风劲吹东岸,促使着改革开放前一致向北的工业空间格局向东、向南转移。1978年,人均工业增加值在全国平均水平之上的仅九省(市/区),由高到低依次为上海、北京、天津、辽宁、黑龙江、江苏、山西、吉林、甘肃,这些省(市/区)主要分布在全国地理版图靠北的位置,这九省(市/区)的地域分布较为广泛,四大板块均有布局,且东北地区具有显著优势,东北三省的人均工业增加值均在全国水平之上;到2003年,这一空间分布格局显著改变,人均工业增加值在全国平均水平之上的省(市/区)增加至11个,由高到低依次为上海、天津、浙江、北京、江苏、广东、山东、辽宁、福建、黑龙江、河北,显而易见,这十一省(市/区)除黑龙江和辽宁属东北地区外,其余九省(市/区)均分布在东部沿海地区,且东部十省(市)除海南外,其余各省(市/区)的人均工业增加值均高于中西部地区的省(市/区)。改革开放以来,东南沿海一带工业经济长足发展,并已形成一条沿海工业经济先发带——"海马带",中西部地区的工业经济在改革开放的前半程发展迟滞,无一省(市/区)的人均工业增加值达到全国平均水平。

1978~2003年,各省(市/区)工业全国占比的变化情况也真实刻画了改革开放前25年中国工业经济空间格局的演变。广东、浙江的工业全国占比增加值最大，由1978年的4.69%、2.89%提升至2003年的12.29%、7.96%，分别提升了7.60个、5.07个百分点。江苏、山东、福建三省的工业占比也有显著增加，由1978年的7.21%、6.68%、1.47%提升至2003年的10.71%、10.18%、3.68%，分别提升了3.50个、3.50个、2.21个百分点。这五省（广东、浙江、江苏、山东、福建）均是东部沿海省份，且在地理版图上偏南方。

如表15-3所示，与此同时，地理位置偏北的省（市/区），如辽宁、黑龙江、北京等地的工业全国占比显著下滑。辽宁、上海的工业全国占比减少最多，由1978年的9.56%、12.78%减少至2003年的4.56%、5.25%，分别减少了5.00个、7.53个百分点，以上海减幅为最，辽宁次之。其次是北京和黑龙江也有较大幅度的下降，由1978年的4.32%、6.20%下降到2003年的2.18%、3.34%，分别减少了2.14个、2.85个百分点。中部地区仅有靠近沿海省（市/区）的河南、安徽、江西三省工业全国占比有所提升，中部地区另外三省山西、湖北、湖南的工业全国占比是下降的；在此期间，西部地区大部分省（市/区）的工业全国占比是下降的。

表15-3　1978~2003年各省（市/区）工业全国占比增减情况

单位：%

增减范围	省（市/区）数	省（市/区）名称
5<X	2	广东、浙江
2<X≤5	3	江苏、山东、福建
0<X≤2	8	河南、云南、河北、江西、新疆、海南、内蒙古、广西
-2<X≤0	14	安徽、西藏、宁夏、贵州、青海、湖北、重庆、陕西、湖南、山西、四川、吉林、天津、甘肃
-5<X≤-2	2	北京、黑龙江
X≤-5	2	辽宁、上海

资料来源：笔者整理。

根据各省（市/区）在1978~2003年的工业全国占比增减情况来看，占比增加最多的省（市/区）无一例外地分布在南部或东南部，占比下降最多的省（市/区）基本也都分布在北部（上海除外）。特别是整个东北地区的工业全国占比下降显著，由1978年的18.24%下降到2003年的9.57%，也即在改革开放的前 25 年中，东北三省的工业全国占比几乎折半，这是导致工业重心南移的重要推力——北弱。

此外，南部诸省如广东、浙江、江苏、福建等的工业全国占比显著上升，是拉动工业重心南移的另一个重要力量——南强。至此，南强北弱的工业经济发展空间格局初步形成，以至于在 1978~2003 年的 25 年里，中国工业经济重心一路南移（见图 15-4），直到 2003 年才进入工业重心西移的拐点。

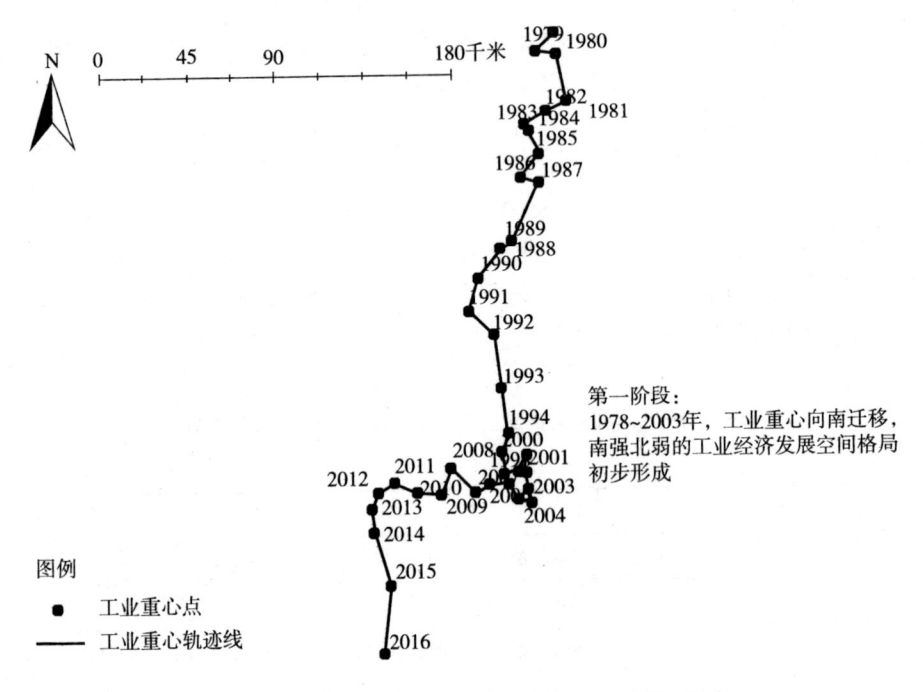

图 15-4　改革开放以来工业重心轨迹迁移第一阶段

资料来源：笔者使用 Arcgis10.3 绘制。

20 世纪末，党和国家有意识地采取措施推动中西部地区经济发展，并于 2000 年推出西部大开发战略。进入 21 世纪以来，西部大开发掀开了国家发展战略的新篇章，通过积极构建西部政策"洼地效应"，推动西部地区更快更好发展。在政策的影响下，东部沿海发达地区的人才、资金、产业开始流向西部大地。2003 年，中国工业重心轨迹进入特殊拐点期，自此，在随后的 10 年里，中国工业重心一路西迁。

四、转移，西快东慢：区域战略大放异彩

2003~2013年，是东部沿海产业向中西部转移的10年，也是西部大开发与中部崛起两大战略纵情绽放的10年。在此期间，中西部地区工业经济快速发展，经济实力显著增强。2003年，全国经济总量为13.93万亿元，人均GDP为10845元，西部地区经济总量23702亿元，占全国总人口28.36%的西部地区在全国经济总量上仅占17.02%，西部十二省（市/区）的经济总量还不及广东和江苏两省之和；西部地区的人均GDP仅为6507元，还不到全国平均水平的60%，比全国平均水平低4338元。随后，西部地区人均GDP快速攀升，并于2006年进入万元时代，人均GDP为10974元，约为当年全国平均水平的61.64%。2013年，西部地区人均GDP达到34392元，为全国平均水平的73.98%（见图15-5）。

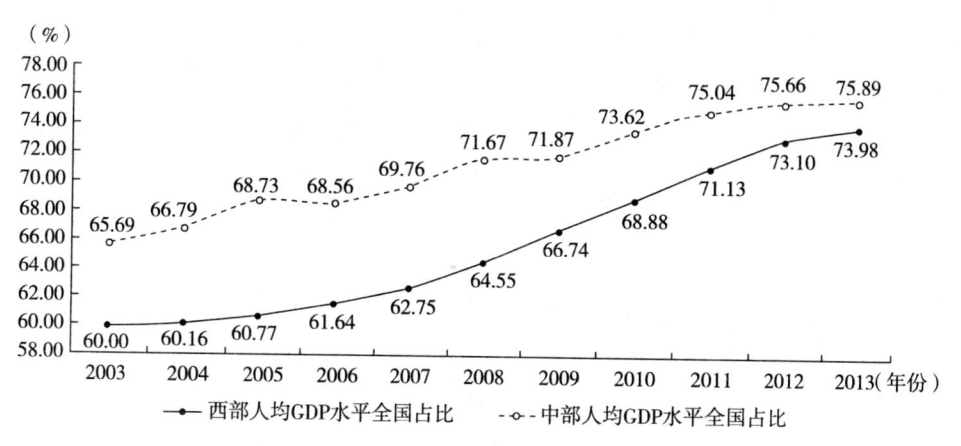

图15-5 中部、西部人均GDP与全国平均水平的比值

资料来源：笔者绘制。

2003年，中部地区经济总量25871亿元，占全国总人口28.27%的中部六省在全国经济总量上仅占18.57%；中部地区的人均GDP仅为7125元，略高于西部地区，为全国平均水平的65.69%。尽管中部地区人均GDP上升速度略慢于西部地区，但由于起点比西部地区略好（见图15-6），中部地区于2005年进入万元时代，为10576元，约为当年全国平均水平的68.73%。2013年，中部地区人均GDP为35280元，为全国平均水平的75.89%，高出西部地区不到1000元。

改革开放初期，中西部地区由于身处内陆，被边缘化的迹象逐渐明显，

"东—西""东—中"发展差距逐渐扩大，中、西部地区逐渐沦为中国区域经济发展的"洼地"，中、西部经济总量在全国的份额持续下滑。到2005年，中、西部GDP全国占比均下降到改革开放以来的最低点，中部为18.57%，西部为17.02%，相比于改革开放前均有不同程度的下降。20世纪90年代后期以来，党和国家意识到日益加剧的区域经济发展不均衡已严重影响到中国整体经济实力的提升，先后推出一系列政策措施促进中、西部地区经济发展。进入21世纪，西部大开发、中部崛起等旨在推动广大内陆地区经济快速发展、缩小区域发展差距的战略举措相继推出并实施，为中西部地区摆脱经济发展"洼地"做出了巨大的贡献。2003年以来，中西部地区进入高速增长通道，经济实力快速提升，"东—西""东—中"发展差距日趋缩小。在图15-6中，虚线框所示部分为2003~2013年中、西部地区GDP全国占比的明显提升，10年来，中西部地区基本恢复到其在改革开放前的经济地位，具体表现在GDP全国占比已十分接近1978年的水平。2013年，中、西部的GDP占比分别为20.21%、20.00%，中部六省的经济实力与西部十二省（市/区）的经济实力基本相当。10年间，中部与西部的整体经济差距也逐渐缩小，如图15-6中虚线框内所示，中部、西部两条折线之间的差距逐渐缩小。

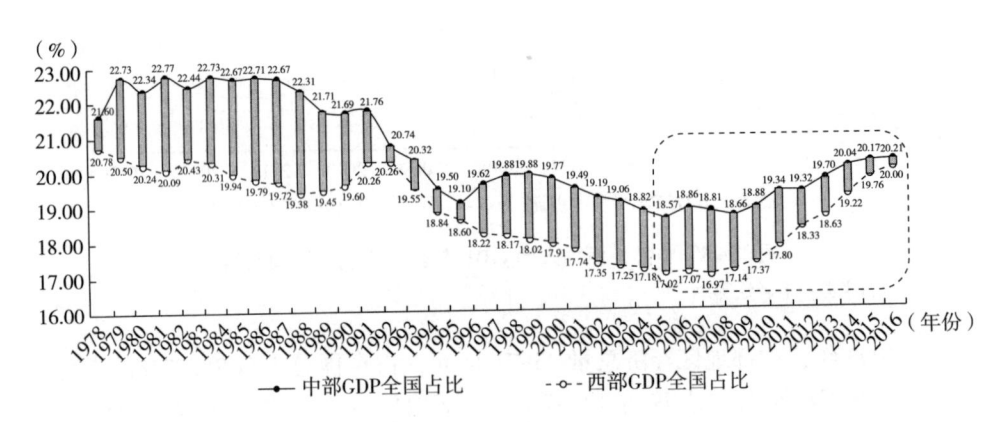

图15-6 1978~2013年中部、西部GDP全国占比变化情况

资料来源：笔者绘制。

2013年，全国人均GDP为46489元，有十一省（市/区）的人均GDP超过全国水平，由高到低依次为天津、北京、上海、江苏、浙江、内蒙古、辽宁、广东、福建、山东、吉林，天津最高，为100105元，贵州依然最低，

为 23151 元，不足天津的 1/4。从空间分布来看，2013 年，人均 GDP 超过全国平均水平的省（市/区）在 2003 年的基础上增加了内蒙古和吉林，依然以东部沿海的"海马带"为主。

从各省（市/区）人均工业增加值的空间变化来看，2003～2013 年，人均工业增加值的空间格局并未发生显著变化，虽然在过去的 10 年间中西部地区的工业全国占比明显回升，但其人均工业增加值与东部地区相比依然存在较大差距，中西部地区绝大部分省（市/区）的人均工业增加值依然在全国平均水平之下。2013 年，全国人均工业增加值为 19740 元，是 2003 年 4365 元的 4 倍多。十一省（市/区）人均工业增加值超过全国平均水平，由高到低依次为天津、江苏、内蒙古、上海、浙江、辽宁、广东、福建、山东、吉林、陕西，与 2003 年相比，减少了北京和黑龙江，增加了内蒙古、吉林和陕西，中部六省无一达到全国平均水平，西部地区也仅有内蒙古和陕西。

人均 GDP 与人均工业增加值高于全国平均水平的省（市/区）高度重叠，仅北京的人均工业增加值低于全国平均值、人均 GDP 远高于全国平均水平，陕西人均工业增加值略高于全国平均值、人均 GDP 低于全国平均水平。表明在过去的 10 年中，东部沿海地区依然是中国的"发达地区"，中西部地区依然有一段艰难的追赶历程。

虽然在工业经济总量和人均值上与东部地区存在较大差距，但在 2003～2013 年的 10 年间，中西部地区工业经济以明显高于全国平均水平、高于东部增速的速度快速增长，并逐步形成了"西快东慢"的工业经济发展空间新格局。如表 15-4 所示，西部大开发、中部崛起、东北振兴等区域战略的成效日益显著：2003 年，十二省（市/区）的工业经济增速高于全国平均值，中西部地区占半席，增速由高到低依次为山西、内蒙古、宁夏、江西、陕西、新疆；2008 年，工业经济增速超过全国平均值的省（市/区）上升到 19 个，其中属于中西部的省（市/区）为 15 个，增速由高至低依次为内蒙古、重庆、陕西、宁夏、青海、新疆、河南、湖南、安徽、四川、广西、湖北、贵州、山西、江西，至此，中国工业经济已全面进入"西快东慢"时代；2013 年，中西部地区工业经济增速依然保持领先优势，工业经济增速超过的全国平均值的十九省（市/区）中有十三省（市/区）在中西部，增速由高至低依次为贵州、安徽、西藏、江西、四川、陕西、湖南、云南、广西、青海、湖北、宁夏、甘肃。在此期间，在东北振兴战略的推动下，东北地区工业经济增速也有所回升，尤其是吉林和辽宁的工业增速已逐步提升到全国平均水平之上，2013年，东北地区仍有吉林和辽宁的工业经济增速高于全国增速。

表15-4 2003~2013年工业经济增速高于全国平均值的省（市/区）列表

年份	2003	2004	2005	2006	2007	2008	2009	2010	2011	2012	2013
工业经济增速 高→低	山西	山东	内蒙古	内蒙古	内蒙古	内蒙古	重庆	新疆	青海	贵州	贵州
	山东	山西	河南	海南	宁夏	天津	湖北	广西	安徽	陕西	安徽
	内蒙古	江西	青海	青海	广西	辽宁	内蒙古	江西	湖南	云南	福建
	天津	内蒙古	新疆	新疆	吉林	重庆	安徽	甘肃	陕西	西藏	西藏
	宁夏	青海	辽宁	陕西	青海	陕西	江西	安徽	山西	湖北	江西
	上海	宁夏	江西	甘肃	海南	宁夏	四川	山西	四川	安徽	四川
	广东	新疆	陕西	宁夏	重庆	青海	吉林	四川	宁夏	吉林	陕西
	江苏	陕西	山东	广西	西藏	新疆	湖南	湖南	湖北	天津	湖南
	江西	广西	四川	四川	山西	河南	西藏	青海	重庆	湖南	云南
	陕西	甘肃	江苏	西藏	西藏	湖南	江西	陕西	内蒙古	福建	天津
	浙江	天津	山西	江西	安徽	安徽	广西	黑龙江	江西	四川	广西
	新疆	北京	贵州	河南	湖南	四川	福建	湖北	广西	青海	青海
	—	河南	广东	湖南	辽宁	广西	陕西	吉林	吉林	海南	湖北
	—	河北	—	吉林	河南	湖北	青海	海南	新疆	内蒙古	吉林
	—	四川	—	天津	四川	吉林	吉林	宁夏	辽宁	海南	广西	辽宁
	—	—	江苏	—	山东	甘肃	贵州	—	重庆	河北	辽宁	宁夏
	—	—	—	重庆	云南	山西	—	福建	天津	北京	甘肃
	—	—	—	安徽	陕西	河北	—	内蒙古	辽宁	—	北京
	—	—	—	湖北	福建	江西	—	云南	黑龙江	—	江苏
	—	—	—	—	—	—	—	宁夏	西藏	—	—
	—	—	—	—	—	—	—	—	贵州	—	—
	—	—	—	—	—	—	—	—	甘肃	—	—
	—	—	—	—	—	—	—	—	福建	—	—

注：表中的增速为同比去年增速（%），均为当年价格。
资料来源：笔者整理。

逐渐提速的中西部工业经济与增速明显下滑的东部沿海工业经济,在地理空间上形成了鲜明对比,"西快东慢"的工业经济发展空间新格局已然形成,并深刻影响着东、中、西工业布局的空间格局演变。2003~2013年,中国工业经济空间格局再次发生重大变化:东部沿海省(市/区)工业全国占比下降,中西部省(市/区)工业全国占比上升。

内蒙古、四川、安徽、湖南、陕西的工业全国占比增加值最为显著,由2003年的1.38%、2.86%、2.24%、2.65%、1.80%提升至2013年的2.97%、4.33%、3.34%、3.74%、2.81%,分别提升了1.59个、1.47个、1.10个、1.09个、1.01个百分点。湖北、江西、河南、广西、重庆、吉林六省(市/区)的工业全国占比也有明显提升,分别提升了0.94个、0.87个、0.83个、0.70个、0.63个、0.59个百分点。工业全国占比下降超过0.5%的七省(市)除黑龙江位于东北地区外,其余六省(市)均位于东部地区(见表15-5)。

根据各省(市/区)2003~2013年的工业全国占比增减情况来看,占比增加最多的省(市/区)均分布中西部,占比下降最多的省(市/区)分布在东部和东北的黑龙江。2003~2013年,东部工业全国占比下降显著,由2003年的60.02%下降到2013年的50.20%,减少了9.83个百分点。在区域发展战略纵情绽放的10年里,东部工业全国占比显著下降,这是导致工业重心西移的重要推力——东降。

表15-5 2003~2013年各省(市/区)工业全国占比增减情况

单位:%

增减范围	省(市/区)数	省(市/区)名称
1<X	5	内蒙古、四川、安徽、湖南、陕西
0.5<X≤1	6	湖北、江西、河南、广西、重庆、吉林
0<X≤0.5	7	天津、贵州、青海、新疆、辽宁、宁夏、甘肃
-0.5<X≤0	6	西藏、海南、山西、福建、云南、河北
-1<X≤-0.5	1	北京
X≤-1	6	山东、江苏、黑龙江、浙江、广东、上海

资料来源:笔者整理。

此外,中西部诸省(市/区)如内蒙古、四川、安徽、湖南、陕西、湖北、江西、河南、广西、重庆等的工业全国占比明显上升，是拉动工业重心西移的另一个重要力量——西升。至此，西快东慢的工业经济发展新态势塑造了"西升东降"的工业经济发展新格局，以至于在2003~2013年的10年里，中国工业经济重心几乎一路东移，并在2011年之后表现出较为明显的南移趋势，直到2013年才彻底扭转西移态势。

综上所述，2003~2013年，在西部大开发与中部崛起两大发展战略的推动下，中西部地区通过积极承接东部沿海地区的工业转移，工业经济实现了较快较好的发展，"西快东慢"的工业经济发展空间格局初步形成。

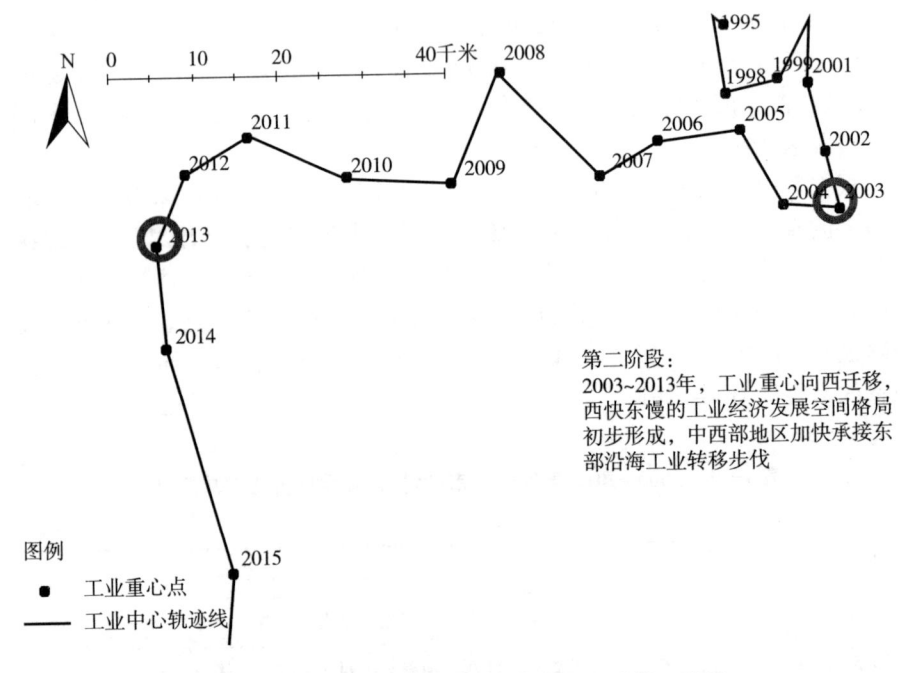

图15-7　改革开放以来工业重心轨迹迁移第二阶段

资料来源：笔者使用Arcgis10.3绘制。

五、转型，路向南方：新常态动能转换南北分异

自2008年金融危机以来，全球经济经历了极大的动荡。受全球金融危机的影响，中国经济也出现了增速放缓的现象，国际市场动荡和外需相对收缩对我国经济增长形成了制约。尽管在此过程中，国家从宏观上采取了

一系列稳增长的调控政策和措施,但由于固定资产投资增速回落、内需不足的矛盾凸显,以及外部环境带来的不利影响,中国经济下行压力仍然很大。由于总量矛盾与结构性矛盾交织在一起,尤其是改革开放以来,经济高速增长过程中长期积累的不平衡、不协调、不可持续的矛盾尚未得到有效化解。

2013年10月,习近平同志在出席亚太经合组织工商领导人峰会时明确提出:"中国经济已经进入新的发展阶段,正在进行深刻的方式转变和结构调整。"随后在2013年底召开的中央经济工作会议上,作出了中国经济正处在"三期叠加"阶段的判断。① 中国经济发展步入新常态,经济增速从10%左右的高速增长转向7%左右的中高速增长。从要素结构、产业结构、经济总量等方面来看,中国经济逐步转向中高速是短期需求减弱与中期结构调整叠加的结果,符合经济发展的内在规律。② 经济发展向新常态的转变,是中国经济从量变到质变长期积累、发展演化的结果。它一方面表明,我国的经济发展取得了巨大的历史成就,达到了新的高度,站上了新的平台;另一方面表明,我国的经济发展还任重道远,现代化还有很长的路要走。③

进入经济新常态,在经济增长速度换挡期、结构调整阵痛期和前期刺激政策消化期"三期叠加"的宏观背景下,创新驱动发展成为引领发展的第一动力。伴随着新技术创新与应用的步伐逐步加快,世界经济在大调整大变革中出现了一些新的变化趋势,原有的经济增长模式难以为继,这些使得我国发展的环境、条件、任务等都发生了新的变化,经济发展进入新常态,转方式、调结构的要求日益迫切。面对新变化、新情况,改革开放40年来所坚持的粗放发展模式、简单地追求增长速度的发展道路亟须深刻变革,需要以创新发展的理念来引领和推动我国经济继续向前发展,不断开创经济发展新局面。

2016年,全国人均GDP为56533元,人均GDP超过全国水平的省(市/区)由2013年的11个降至10个,由高到低依次为北京、上海、天津、江苏、浙江、福建、广东、内蒙古、山东、重庆,北京最高,为118198元,

---

① 三期叠加:①增长速度换挡期,是由经济发展的客观规律所决定的。②结构调整阵痛期,是加快经济发展方式转变的主动选择。③前期刺激政策消化期,是化解多年来积累的深层次矛盾的必经阶段。
② 牛犁:《如何看待当前中国经济形势?》,《人民日报》2015年9月24日第010版。
③ 张宇:《新常态下我国经济发展的新特点》,《人民日报》2015年12月15日第010版。

上海次之，为116562元，天津由2013年的最高下降到第三，为115053元，甘肃最低，为27643元。从空间分布来看，2016年，人均GDP超过全国平均水平的省（市/区）除重庆位于西部地区外，其余六省（市）均在东部沿海，辽宁和吉林也黯然落入全国平均水平之下。2016年，人均GDP较高（高于全国平均值）的地区依然以东部沿海的"海马带"为主，东北黯淡，广袤的中西部也只有内蒙古和重庆。

从各省（市/区）人均工业增加值的空间变化来看，2013~2016年，人均工业增加值的空间格局并未发生显著变化，中西部地区绝大部分省（市/区）的人均工业增加值依然在全国平均水平之下，东北地区也仅有吉林的人均工业增加值勉强超过全国平均值。2016年，全国人均工业增加值为20667元，相比2013年的19740元略有提升。人均工业增加值超过全国平均水平的10省（市/区），由高到低依次为天津、江苏、浙江、上海、福建、广东、内蒙古、山东、吉林、湖北，与2013年相比，减少了辽宁和陕西，增加了湖北，中部六省仅湖北超过全国平均水平，西部地区也仅有内蒙古。

2013~2016年，南部地区工业经济以明显高于全国平均水平、高于北部增速的速度增长，并再次形成了"南强北弱"的工业经济发展空间新格局。如表15-6所示，经济新常态下，新旧动能转换南北分异显著：2013年，工业经济增速超过全国平均值的十九省（市/区）中有十三省（市/区）在中西部，吉林和辽宁的工业经济增势有所回弹，黑龙江的工业经济增速明显下滑，相比于2012年为负增长（-2.87%）；2014年，全国工业经济增速显著下滑，由2013年的7.03%下降到3.67%，这一年，仅贵州和福建实现了两位数的工业经济增速，内蒙古、河南、重庆、青海、黑龙江、海南、山西七省（市）工业经济负增长，中国工业由高速增长期进入低速缓冲期；2015年，全国工业经济增幅继续下滑，改革开放以来首次出现负增长，全国平均增速为-0.80%，这一年，仅重庆、西藏、贵州、湖北、广西、江苏、广东、福建、浙江、山东、湖南、江西、宁夏、河南十四省（市/区）工业经济有不同增长，其余十七省（市/区）均为负增长，其中以辽宁、新疆、黑龙江、山西、甘肃五省（区）工业增速下滑最为严重，均在-10%以上，甘肃更是达到了-21.43%；2016年，全国工业经济增速明显回升，全国增速达到2014年水平，为3.66%，西藏、贵州、重庆、江苏、安徽、湖北、北京、浙江、福建、广东、河南、宁夏、广西、山东、河北、上海、江西十七省（市/区）保持了高于全国水平的工业经济增长，这一年，东北地区工业经济"塌方式"下滑，东北三省均负增长，黑龙江和辽宁最为严重，吉林工业经济相比 2015 年减少了 10.03%，辽宁则仅相当于 2015 年的 3/5，减少了 39.50%。

表15-6　2013~2016年人均工业增加值分布情况

2013 年		2014 年		2015 年		2016 年	
高于全国均值	负增长	高于全国均值	负增长	高于全国均值	负增长	高于全国均值	负增长
贵州	黑龙江	贵州	内蒙古	重庆	北京	西藏	吉林
安徽		福建	河南	西藏	云南	贵州	海南
福建		西藏	重庆	贵州	天津	重庆	甘肃
西藏		湖南	青海	湖北	安徽	江苏	新疆
江西		吉林	黑龙江	广西	内蒙古	安徽	天津
四川		陕西	海南	江苏	上海	湖北	山西
陕西		江西	山西	广东	吉林	北京	内蒙古
湖南		广东		福建	河北	浙江	黑龙江
云南		天津		浙江	海南	福建	辽宁
天津		北京		山东	青海	广东	
广西		安徽		湖南	四川	河南	
青海		广西		江西	陕西	宁夏	
湖北		江苏		宁夏	辽宁	广西	
吉林		新疆		河南	新疆	山东	
辽宁		山东			黑龙江	河北	
宁夏		湖北			山西	上海	
甘肃					甘肃	江西	
北京							
江苏							

注：表中的增速为同比去年增速（%），均为当年价格。
资料来源：笔者整理。

逐步调整的南部工业经济与增速急速下滑的东北工业经济，在地理空间上再次形成鲜明对比，"南强北弱"的工业经济发展空间格局再次得到强化，并深刻影响着东、中、西工业布局的空间格局演变。2013~2016年，中国工业经济空间格局再次经历深刻调整：东北地区工业全国占比下降，南部各省（市/区）工业全国占比上升。

广东、江苏的工业全国占比增加最为显著，由2013年的10.25%、9.57%提升至2016年的11.45%、10.68%，分别提升1.20个、1.11个百分点。山东、福建的工业全国占比也有明显提升，分别提升了0.62个、0.57个百分点。东北三省工业全国占比均有不同程度的下降，吉林下降了0.13个、黑龙江下降了0.62个、辽宁下降了2.29个百分点（见表15-7）。

表15-7　2013~2016年各省（市/区）工业全国占比增减情况　单位：%

增减范围	省（市/区）数	省（市/区）名称
1<X	2	广东、江苏
0.5<X≤1	2	山东、福建
0<X≤0.5	12	湖北、浙江、贵州、广西、湖南、重庆、安徽、江西、北京、宁夏、河南、西藏
-0.5<X≤0	12	海南、云南、青海、上海、天津、吉林、陕西、新疆、甘肃、河北、内蒙古、四川
-1<X≤-0.5	2	黑龙江、山西
X≤-1	1	辽宁

资料来源：笔者整理。

根据各省（市/区）2013~2016年的工业占比增减情况来看，占比增加最多的省（市/区）均分布在全国地理版图偏南的区域，占比下降较多的省（市/区）分布在东北地区和全国地理版图偏北的区域。2013~2016年，东北地区工业全国占比下降显著，由2013年的8.83%下降到2016年的5.80%，减少3.03，这是导致工业重心南移的重要推力——北弱。

在此期间，南部诸省如广东、江苏、福建等的工业全国占比显著上升，是拉动工业重心南移的另一个重要力量——南强。2013~2016年，中国工业经济重心再次转向南移（见图15-8）。至此，"南强北弱"的工业经济发展空间格局再次稳固。

第四篇 空间演进

第三阶段：
2013—2016年，工业重心再次南移，进入经济新常态，新旧动能转化为南北分异；男强北弱的工业经济发展空间格局再次稳固

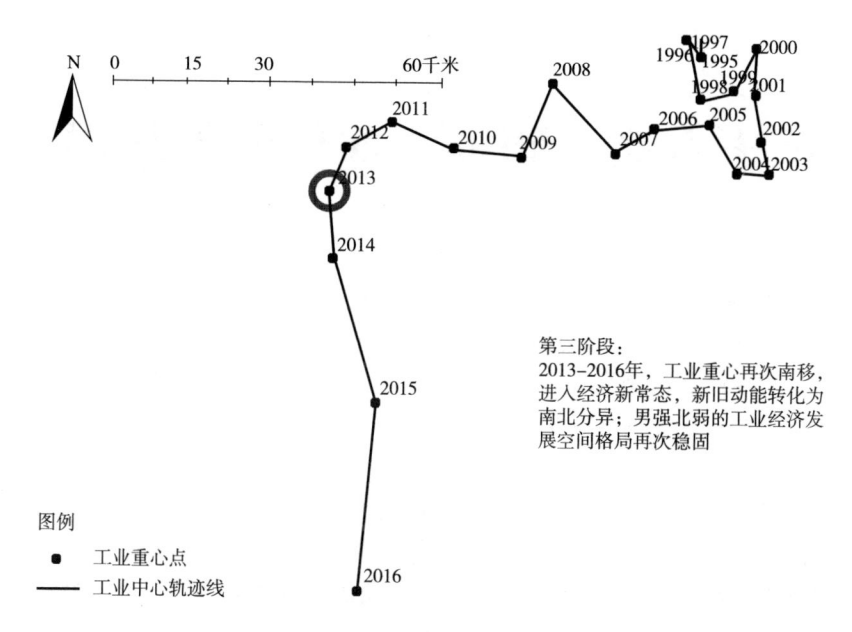

图例
● 工业重心点
—— 工业中心轨迹线

图15-8 改革开放以来工业重心轨迹迁移第三阶段

资料来源：笔者使用Arcgis10.3绘制。

第十六章　腹地工业化的新机遇

20世纪80年代初期，东部沿海率先掀开中国改革开放的大幕。一时间，大量外资蜂拥而至，外向型经济异军突起，先进技术与科学经营管理层出不穷，加工贸易产品远销海外。改革开放以来，工业化的先发地区和经济增长极主要位于东部沿海地区的中心城市圈，内陆地区尽管在近十几年来取得快速进展，但总体上滞后于沿海地区。改革开放初期，地理位置和工业基础依然是工业经济大放异彩的主要因素，东部沿海各省（市）搭乘改革开放的东风，在改革与开放中不断壮大其工业经济，在沿海地区逐步形成了若干具有较大经济实力的工业化前沿地区：长江三角洲、珠江三角洲、环渤海经济圈等。

沿海工业前沿地区（沿海工业中心）中心的形成与壮大，显著提升了沿海各省（市/区）的工业经济实力，但同时拉大了与内陆地区的工业经济差距，东高西低的工业经济发展空间格局在一定时间内并未得到显著改善，尽管近10年来，西快东慢的工业经济发展空间新格局逐渐形成，但中西部地区的工业无论是经济规模还是产业附加值与东部沿海地区相比依然有较大差距。经过10多年的产业承接与快速工业化进程，中原经济区、重渝经济区、关中—天水经济区等一批内陆工业化地区涌现，成为带动中西部地区经济快速发展的新引擎。

然而，在改革开放中快速壮大的东部沿海工业，面临着日益严峻的生态环境保护、比较成本攀升等各种压力，尤其是进入21世纪以来，越来越多的沿海工业选择向外拓展或向内转移，以实现生产与市场的地区均衡。伴随要素成本上升，东部沿海地区的很多产业开始向成本更低的地区转移。近年来，中国工业化推进的空间态势总体上已处于从先发地区向更广阔的腹地空间加速扩散的过程（金碚，2013）。[①] 特别是西部大开发与中部崛起战略推

---

① 金碚：《加快腹地经济发展是中国工业化中期的战略方向》，《区域经济评论》2013年第1期。

出以来，中西部地区承接沿海地区产业转移加速，一批新兴工业中心在内陆地区逐渐涌现，中西部地区的工业经济份额开始稳步提升，其中以中部五省（山西除外）最为显著。与此同时，沿海地区工业经济进入转型升级快车道，发展方式由资源要素投入驱动转向创新驱动，在供给侧结构性改革的推动下，沿海工业有再度焕发活力的迹象，其工业经济增长动力正不断强化。2007年，长期以来"东快西慢"的区域增长格局发生了重大转变，当年西部地区经济增长速度首次超过东部，从2008年开始中西部地区增长速度全面超过东部。东部十省（市）国内生产总值占全国的比重在2006年达到55.65%的峰值后逐年下降，到2016年已降至52.58%。①

从工业经济的全国版图演化来看，沿海地区已普遍进入工业化后期阶段，再发达的工业经济也不可能成为其国民经济的主导产业。地域广阔的中西部地区，由于其工业基础较为薄弱，且在改革开放中未能及时抓住第一波工业经济发展高潮，虽然自21世纪以来其工业经济强势推进，在增速和增量上都十分显著，但中西部地区的工业化进程还显著滞后于沿海地区。改革开放40年来，东部十省的工业全国占比相比于改革开放初期有所提升，尽管在2004年达到峰值60.56%后呈现逐年下降的趋势，到2013年降至50.20%，但这一趋势在进入经济新常态以后开始出现反转，东部十省的工业全国占比再次回升，到2016年已回升至53.76%。

中国未来工业化的最显著空间特征将是向三大经济腹地快速推进。这三大经济腹地是：沿海腹地、内陆腹地、县域腹地。沿海腹地是指东部沿海区域中的较不发达地区；内陆腹地是指中、西部地区；县域腹地是指广大的农村（金碚，2013）。②

如今，越来越多的世界500强企业落户中西部，③国内许多知名品牌也转战内陆。而有着近3万家加工贸易企业的广东从2011年起就已经启动了新一轮加工贸易转型升级。截至2015年，珠三角地区转入粤东西北地区的加工贸易项目累计达779个，陆续向中西部转移加工贸易产能近400亿美元。

---

① 罗兰：《沿海开放 创新效应溢全球》，《人民日报》（海外版）2016年5月24日第011版。
② 金碚：《加快腹地经济发展是中国工业化中期的战略方向》，《区域经济评论》2013年第1期。
③ 《超300家世界500强企业落户四川 稳居中西部第一》，四川新闻网，http://scnews.news-sc.org/system/20160524/000676566.html，2018-05-12。

一、西部大开发：政策向西、工业西进

20世纪90年代末到21世纪初，中国工业经济发展的区域差距在改革开放以来经历了短暂的缩小后再次呈现扩大态势，1999年，工业经济前五的产值之和已超过全国工业增加值的44%，而在1987年时仅为38.92%。伴随着区域工业经济发展的持续扩大，区域经济发展差距也加速扩大，1978年，中部十省（市/区）的GDP占全国的43.62%，而到1999年，东部十省的GDP已超过全国经济总量的一半，占到全国的52.89%，其余二十一省（市/区）的GDP之和还不到全国的一半。加快缩小区域经济发展差距，成为21世纪的主要任务。

西部，中国最辽阔的区域，拥有2/3的国土面积，拥有中国最长的边境线；西部，曾经是中国最封闭、最落后的地区，相当长一个时期，与东部存在明显的差距。西部地区包括四川省、陕西省、甘肃省、青海省、云南省、贵州省、重庆市、广西壮族自治区、内蒙古自治区、宁夏回族自治区、新疆维吾尔自治区、西藏自治区、恩施土家族苗族自治州、湘西土家族苗族自治州、延边朝鲜族自治州。随着改革的深化，西部地区落后的经济发展面貌已成为制约中国整体经济实力提升的主要因素之一。西部开发，不仅关系到西部自身经济发展的问题，也关系到整个中国经济腾飞的问题。如何加快西部地区经济发展，越来越成为中央重视的课题。实施西部大开发，是关系国家经济社会发展大局、关系民族团结和边疆稳定的重大战略部署。

1995年，中共十四届五中全会指出要坚持区域经济协调发展，逐步缩小地区发展差距。[①] 会议还指出坚持区域经济协调发展，是今后改革的战略任务，并提出了一系列支持中西部发展的措施，包括中央转移支付、优先安排资源开发和基础设施建设项目，鼓励企业到中西部地区投资。

1996年，八届人大四次会议通过《中华人民共和国国民经济和社会发展"九五"计划和2010年远景目标纲要》，指出要引导地区经济协调发展，形成若干各具特色的经济区域，促进全国经济布局合理化，逐步缩小地区发展差距，并提出具体政策措施，如加快中西部地区改革开放的步伐，引导外资更多地投向中西部地区；加强东部沿海地区与中西部地区的经济联合与技

[①] 《中国共产党第十四届中央委员会第五次全体会议公报》，中国共产党历次代表大会数据库，http://cpc.people.com.cn/GB/64162/64168/64567/65397/4441773.html，2018-05-12。

术合作等。①

1999年9月，中共十五届四中全会通过《中共中央关于国有企业改革和发展若干重大问题的决定》，明确提出"国家要实施西部大开发战略。中西部地区要从自身条件出发，发展有比较优势的产业和技术先进的企业，促进产业结构的优化升级。东部地区要在加快改革和发展的同时，本着互惠互利、优势互补、共同发展的原则，通过产业转移、技术转让、对口支援、联合开发等方式，支持和促进中西部地区的经济发展。"②

2000年1月，国务院成立了西部地区开发领导小组。由国务院总理朱镕基担任组长，副总理温家宝担任副组长。经过全国人民代表大会审议通过之后，国务院西部开发办于2000年3月正式开始运作。

2000年10月，中共十五届五中全会通过《中共中央关于制定国民经济和社会发展第十个五年计划的建议》，发行长期国债14亿元，把实施西部大开发、促进地区协调发展作为一项战略任务，强调："实施西部大开发战略、加快中西部地区发展，关系经济发展、民族团结、社会稳定，关系地区协调发展和最终实现共同富裕，是实现第三步战略目标的重大举措。"同月，国务院颁发《关于实施西部大开发若干政策措施的通知》，指出实施西部大开发的重点任务是：加快基础设施建设；加强生态环境保护和建设；巩固农业基础地位，调整工业结构，发展特色旅游业；发展科技教育和文化卫生事业。还从增加资金投入、改善投资环境、扩大对外对内开放、吸收人才和发展科技教育等方面提出政策主张。③ 2004年3月，《国务院关于进一步推进西部大开发的若干意见》提出进一步推进西部大开发的十条意见。④

在一系列强政策的刺激下，西部地区经济发展明显好转，工业经济更是取得长足进展。2000年，西部十二省（市/区）的GDP才占到全国的17.35%，到2016年，西部地区的GDP已提升到全国的20.10%。工业经济的增长更为显著，西部地区的工业全国占比在2000年时为13.93%，到2013年时达到19.33%的峰值，进入经济新常态后，西部地区在新旧动能转换进

---

① 《中华人民共和国国民经济和社会发展"九五"计划和2010年远景目标纲要》，全国人民代表大会，http：//www.npc.gov.cn/wxzl/gongbao/2001-01/02/content_5003506.htm，2018-05-11。
② 《中共中央关于国有企业改革和发展若干重大问题的决定》，中国共产党新闻网，http：//cpc.people.com.cn/GB/64162/71380/71382/71386/4837883.html，2018-05-13。
③ 《国务院关于实施西部大开发若干政策措施的通知》，中国政府网，http：//www.gov.cn/gongbao/content/2001/content_60854.htm，2018-05-11。
④ 《国务院关于进一步推进西部大开发的若干意见（国发〔2004〕6号）》，中国政府网，http：//www.gov.cn/zwgk/2005-08/12/content_21723.htm，2018-05-11。

程中遇阻，其工业经济增速下滑，以至于工业全国占比自2013年之后有些许滑落（见图16-1）。

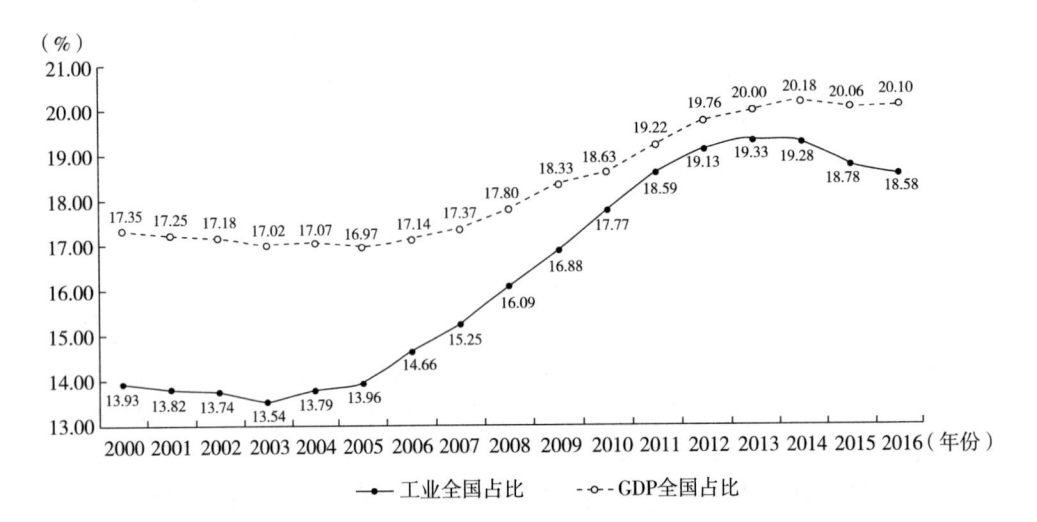

图 16-1 西部大开发以来西部地区工业和GDP全国占比变化情况
资料来源：笔者绘制。

依据图16-1，西部地区的工业全国占比在2000~2003年有一个短暂滑落的过程，表明在此阶段，西部大开发的政策刺激还处于摩擦期。2003年之后，西部地区工业经济进入一个前所未有的快速增长期，在短短10年内（2003~2013年）其工业全国占比由2003年的13.54%跃升至2013年的19.33%，极大地加速了西部地区的工业化进程。

当然，也要看到西部地区的整体经济实力还较弱，即使在改革开放以来其经济发展取得显著成就，但经济发展还相对落后，与东部地区的绝对差距日益扩大。所幸西部大开发战略及时推出，显著改变了"东—西"差距持续扩大的局面。1978年，东部十省（市/区）[①] 经济总量占全国的43.62%，而西部十二省（市/区）[②] 的经济总量仅占全国的20.78%，还不及东部地区的一半，东部十省（市/区）的GDP全国占比超过西部十二省（市/区）

[①] 1988年4月13日，海南行政区从广东省划出，独立建省，海南省和海南经济特区正式成立。因此，在1988年前东部地区只有九省（市/区），为研究方便，本书按东部十省（市/区）。

[②] 1997年3月八届全国人大五次会议批准设立重庆直辖市。因此1997年前，西部地区只有十一省（市/区），为研究方便，本书按西部十二省（市/区）。

22.84%。然而，改革东风最先吹到沿海地区，随着改革开放的逐渐深入，东部沿海地区与西部地区的经济发展差距持续扩大，并在2005年时达到峰值，东部沿海地区的GDP全国占比高出西部地区38.58个百分点，此时东部地区的经济总量（GDP）占全国的55.55%，而西部地区的GDP全国占比还不如改革开放初期（1978年为20.78%），仅为16.97%，相比于改革开放前明显下降。

尤其是20世纪90年代以来，"东—西"经济发展差距呈现加速扩大态势，1990年，东部的GDP全国占比高于西部25.79个百分点，随后一直加速上扬，直到2005年，东部地区［十省（市/区）］的GDP是西部地区［十二省（市/区）］的3.27倍，达到新中国历史上"东—西"差距的高峰。

西部大开发战略的深入推进与实施，极大地改变了"东—西"差距持续扩大的局面。随着西部大开发系列政策和措施在西部地区落地，西部地区大部分省（市/区）的经济有了显著好转，"东—西"经济发展差距进入持续缩小的黄金十年，到2014年，"东—西"差距再次到达拐点，"东—西"GDP全国占比之差下降到30.98%，是西部大开发战略取得的历史性突破，也是中国区域经济逐渐走向协调发展的关键10年。在2014年，东部十省（市/区）的GDP全国占比依然在50%以上，为51.16%，而西部十二省（市/区）的GDP全国占比还不及改革开放前的水平，仅占全国的20.18%。

尽管西部大开发显著改变了西部地区经济发展严重落后的现状，并很大程度地弥合了"东—西"发展差距，在改革开放的前20多年中，在"两个大局"战略的指引下，东部地区获得的发展先机是西部地区可望而不可即的，即使到了西部大开发阶段，东部沿海地区有义务、有责任支持西部地区实现更快更好的发展，但这种支持是有条件的，也是有限的，不仅没有填补"东—西"之间的发展沟壑，也没有为西部地区带来持续强劲的发展动力。进入经济新常态以来，"东—西"发展动能的差距再次显露出来，西部地区经济总量的全国占比步入下滑通道，由2014年的20.18%下降到2016年的20.10%，与此同时，东部地区的经济总量全国占比则进入上升通道，由2014年的51.16%上升到2016年的52.58%。至此，"东—西"经济发展差距再次走向扩大，如图16-2所示，东部地区与西部地区GDP全国占比之差在2014年到达波谷后再次上扬。

相比于"东—西"经济发展差距，"东—西"工业经济差距更显著。对比图16-2与图16-3，工业经济似乎能更早地感知经济形势的变化："东—

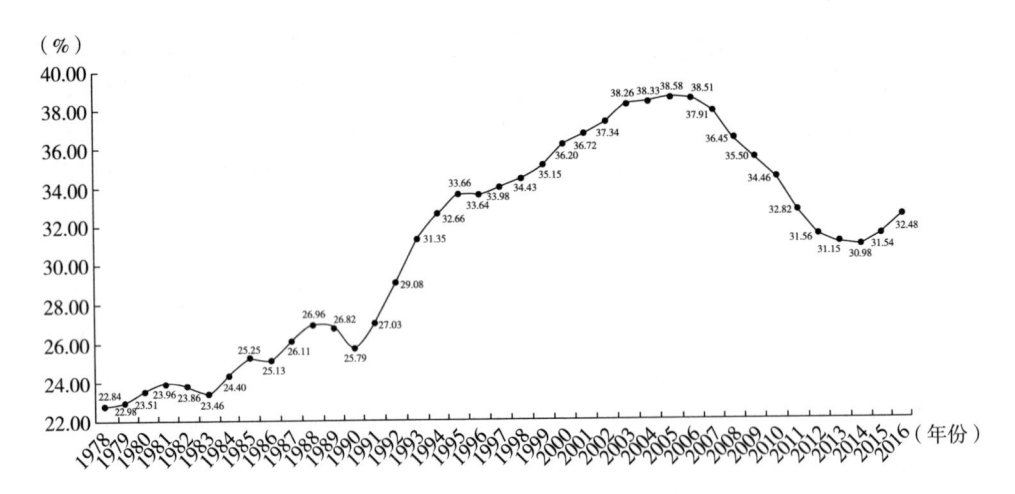

图 16-2　改革开放以来东部地区与西部地区 GDP 全国占比之差

资料来源：笔者绘制。

"西"工业经济差距在 1989 年进入差距急速扩大前的波谷（见图 16-3），而 GDP 则在 1990 年才进入急速扩大前的波谷（见图 16-2），且两者的"差距"也有较大差异，波谷时，工业经济的"东—西"全国占比之差为 33.77%（1989 年），GDP"东—西"全国占比之差为 25.79%；"东—西"工业经济差距在 2004 年达到峰值，为 46.77%，而 GDP 差距则在 2005 年达到峰值，为 38.58%；在随后的"东—西"差距缩小进程中，工业经济又是先于 GDP 到达差距最小的拐点（波谷），工业经济在 2013 年时抵达拐点，"东—西"之差为 30.87%，此时，"东—西"工业经济差距得到了历史性的修复，低于 1978 年的 32.32%，GDP 在 2014 年到达拐点，"东—西"之差为 30.98%。

进入经济新常态，"东—西"工业经济发展的差距再次出现裂缝，随之进入差距扩大新阶段。西部地区依靠东部援助和产业转移构建起来的工业经济体系，基本还处于东部地区过剩产能向内地转移的阶段，资源密集型、劳动密集型产业在新发展理念下成为被调整、被转型、被升级的主要对象，面临日益严峻的环保压力，西部地区以要素投入驱动的工业经济不得不慢下来，摸索新的经济增长方式。

改革开放以来至 2003 年，西部地区工业经济在全国的比重一直处于下滑态势，尽管其间有过几次波动，如 1979 年、1983 年、1986 年、1991 年等年份有小幅上升，但整体还是趋于下降，到 2003 年，西部地区工业全国占

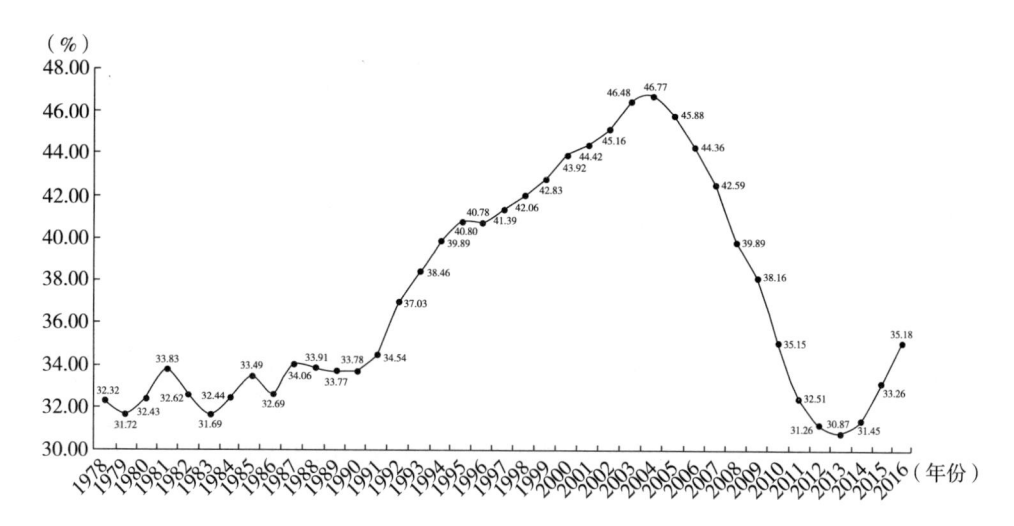

图 16-3 改革开放以来东部地区与西部地区工业占比之差

资料来源：笔者绘制。

比已低至新中国成立以来的历史最低点 13.54%（见图 16-4），当时广东一省的工业全国占比就达 12.29%，可以说，在改革开放的前 25 年（1978~2003 年）中，西部地区的工业经济整体呈现倒退趋势。正是西部大开发战略的强刺激和各级政府的强推动，促进了西部地区工业经济的恢复性发展，工业经济增速显著提升，并一度超过全国平均水平，在一定时期内形成了"西快东慢"的经济发展空间新格局。

西部大开发虽然最大限度地弥合了改革开放以来"东—西"之间工业经济发展差距，并在 2012~2014 年将其差距缩小至低于改革开放初期的水平，如图 16-5 所示，2012~2014 年的"东—西"工业全国占比之差分别为 21.26%、30.87%、31.45%，均低于 1978 年的 32.32%。然而，西部大开发还只是在工业经济规模上弥合了"东—西"发展差距，更难弥合的是"东—西"在工业产业结构和产出效益方面的差距，东部地区正在进入创新驱动发展阶段，由高速度增长转向高质量发展，而广袤的西部地区在较长一段时间内依然需要高速度的增长来缩短与东部地区之间的发展差距。

西部大开发推动了西部地区工业经济的高速增长，并显著提升了工业化对西部地区经济发展的贡献，工业增加值占 GDP 的比重由 2002 年的 30.92% 提升至 2011 年的 43.02%。

>> 中国工业化进程40年

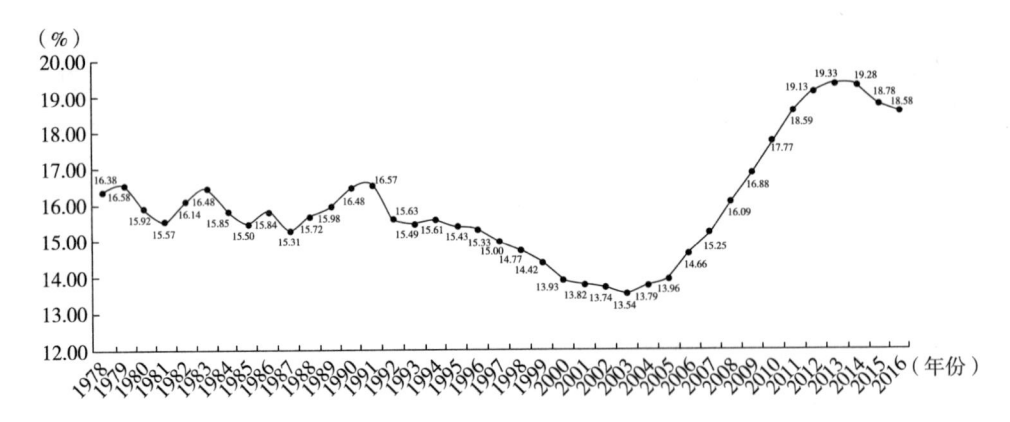

图 16-4 改革开放以来西部地区工业全国占比变化情况

资料来源：笔者绘制。

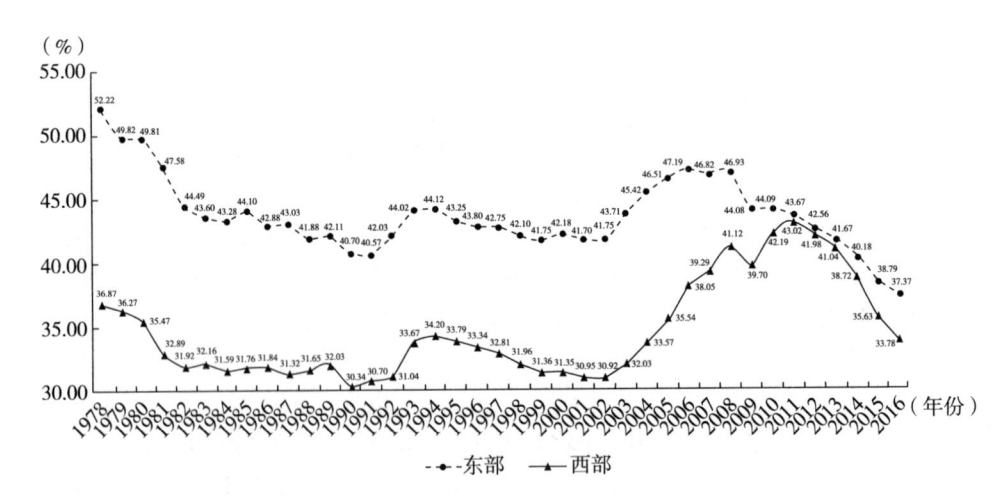

图 16-5 改革开放以来东部地区与西部地区工业占 GDP 比重

资料来源：笔者绘制。

二、东北振兴：世易时移、回天乏术

20 世纪 90 年代以前，东北地区作为我国经济相对发达的地区，同时也是我国最重要的工业基地，但相比经济发展更快的其他地区，东北地区经济发展已经明显慢下来了，逐渐落后于东部沿海地区。GDP 由改革开放初（1978 年）的 14.00% 逐年下降，到 1998 年已下降到 10% 以下，为 9.97%，随后到东北振兴战略之前，东北地区 GDP 全国占比持续下滑。如图

16-6 所示，东北地区 GDP 全国比重自改革开放以来一直处于下滑态势，直到东北振兴战略推出才止跌。

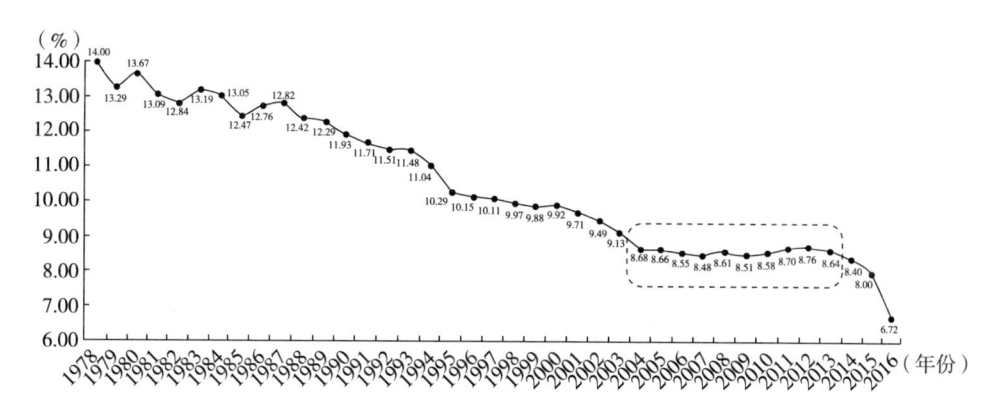

图 16-6　1978~2016 年东北地区 GDP 全国占比

资料来源：笔者绘制。

与之相似的是，1978 年以来，东北地区工业全国占比也一直下滑，到 2003 年已跌落至 10% 以下，为 9.57%。面对东北地区持续下行的经济发展态势，东北老工业基地振兴战略呼之欲出，既彰显了党和国家对提振东北经济的魄力与担当，也昭示着老工业巨人重振雄风的气概。

2003 年 10 月，中共中央、国务院发布《关于实施东北地区等老工业基地振兴战略的若干意见》，明确实施东北等老工业基地振兴战略的一系列支持政策和措施。东北地区等老工业基地振兴战略实施以来，东北三省经济增速开始加快，逐步缩小了与全国的发展差距。2008 年东北三省地区 GDP 全国占比升至 8.61%，比 2007 年高出 0.13 个百分点，这是进入 21 世纪后东北三省地区 GDP 全国占比首次止跌回升。

东北振兴战略推出以来，东北地区工业经济增速稳步回升，尤其是吉林和黑龙江的工业经济增速在个别年份超过了全国平均增速，遗憾的是，辽宁的工业近期长期处于低位增长态势，即使在东北振兴战略的推动下，辽宁工业经济增速仍常年低于全国平均水平，仅 2010 年在全国经济过热中出现一次异常高速增长（见图 16-7）。

从 2003 年以来东北地区 GDP 和工业全国占比变化来看，东北振兴并未显著提升东北三省的经济实力（见图 16-8）。东北振兴战略，与其说是东北经济发展的再次提振，还不如说是东北地区经济的止跌，2003 年以来，东北

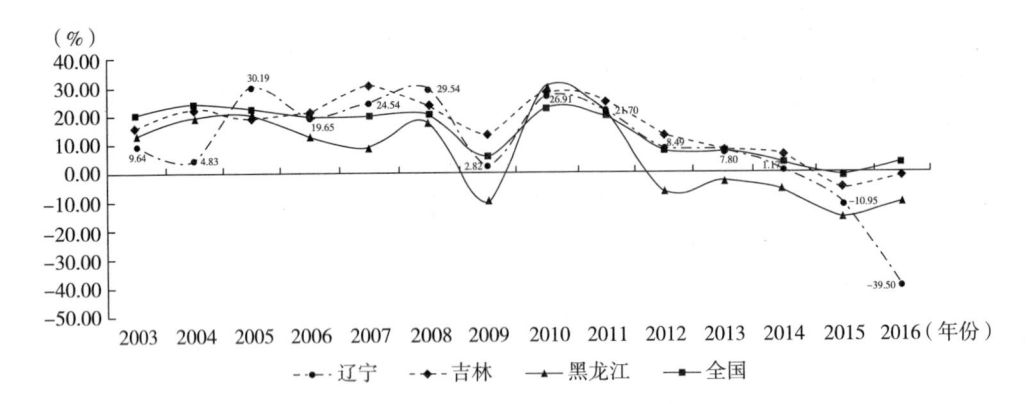

图 16-7 东北振兴战略推出以来东北三省工业增速

资料来源：笔者绘制。

三省经济下行态势得到了很好的控制，但老工业基地的振兴事业依然任重而道远。特别是进入经济新常态以来，东北三省工业经济增速再次跌落，辽宁更是断崖式下跌，优势传统产业再次进入"寒冬"，"保增长、促转型、谋升级"任务异常艰巨。到 2016 年，东北三省的 GDP 仅占全国的 6.72%，仅相当于改革开放前辽宁的水平，三省经济总量在全国的占比相当于蒸发了黑龙江和吉林；东北三省工业全国占比下降至 5.80%，还不及改革开放前黑龙江的水平，改革开放 40 年以来，东北三省的工业经济相当于蒸发了辽宁和吉林。

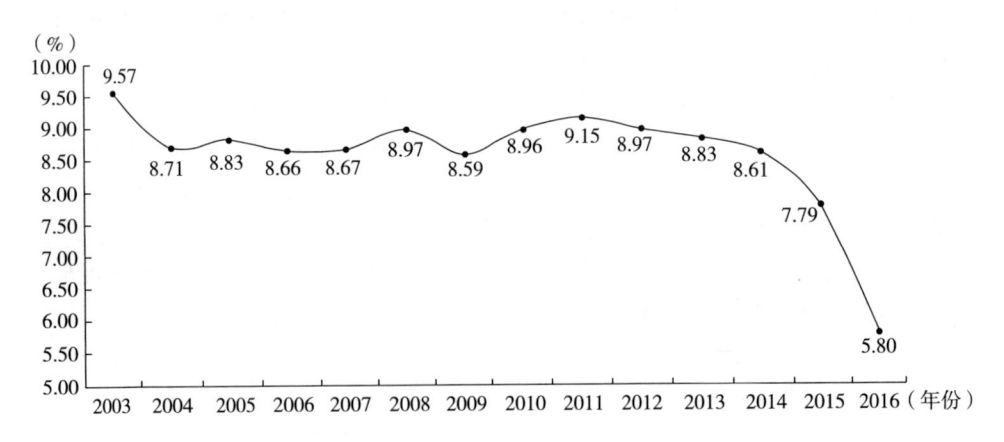

图 16-8 东北振兴战略推出以来东北地区工业全国占比

资料来源：笔者绘制。

东北地区是我国最早建立起来的工业基地，在国家发展中举足轻重。然而，改革开放40年来，英雄已近暮年，雄风不再。即使在2003年推出东北振兴战略，并辅之以一系列政策、措施，东北地区经济仍未如愿复苏。在深入推进供给侧结构性改革的背景下，东北地区经济增速"换挡"过于猛烈，再次陷入"塌陷"困境，新动能、新政策成为东北地区工业经济再次起航的动力之源。

为了推动东北经济脱困向好，实现新一轮振兴，由国家发展和改革委员会制定了新时期东北地区等老工业基地振兴的规划。2016年4月，中共中央、国务院发布《关于全面振兴东北地区等老工业基地的若干意见》，指出当前和今后一个时期是推进老工业基地全面振兴的关键时期。2016年11月1日，《东北振兴"十三五"规划》由国务院批复原则同意通过，自2016年11月7日发布之日起实行。随后不久，国务院印发《关于深入推进实施新一轮东北振兴战略加快推动东北地区经济企稳向好若干重要举措的意见》，要求深入推进实施中共中央、国务院关于全面振兴东北地区等老工业基地的战略部署，按照立足当前、着眼长远、标本兼治、分类施策的原则，实施若干重要举措，推动东北地区经济企稳向好。至此，新一轮东北振兴战略正高歌北上，然而，东北地区的现实依然是新的增长点尚未形成规模，工业增长转换动力不足。

三、中部崛起：蓄势待发、后劲可待

中国中部地区，东接沿海，西接内陆，按自北向南、自东向西排序包括山西、河南、安徽、湖北、江西、湖南6个相邻省份。中部地区是我国的人口大区、交通枢纽、经济腹地和重要市场，在中国地域分工中扮演着重要角色。中部地处我国内陆腹地，资源优势和区位优势突出，但是由于种种原因，2004年之前中部地区在全国经济总量的比重不断下降。1978年，中部地区的GDP占全国的21.60%，到2003年，这一比重下降至18.57%（见图16-9）。

改革开放以来，中部地区工业经济经历了一段曲折的发展历程，1978~1986年，中部地区工业全国占比显著提升，由1978年的16.68%提升至1986年的19.87%，随后，伴随着改革开放的进一步深入，尤其是东部沿海地区工业经济的快速发展，中部地区工业全国占比逐年下滑，到1994年跌落至改革开放前的水平，仅为16.84%。1994年以后，中部地区工业经济滑落态势得到遏制，但并未进入发展快车道，只是在一定时期内稳住了其工业

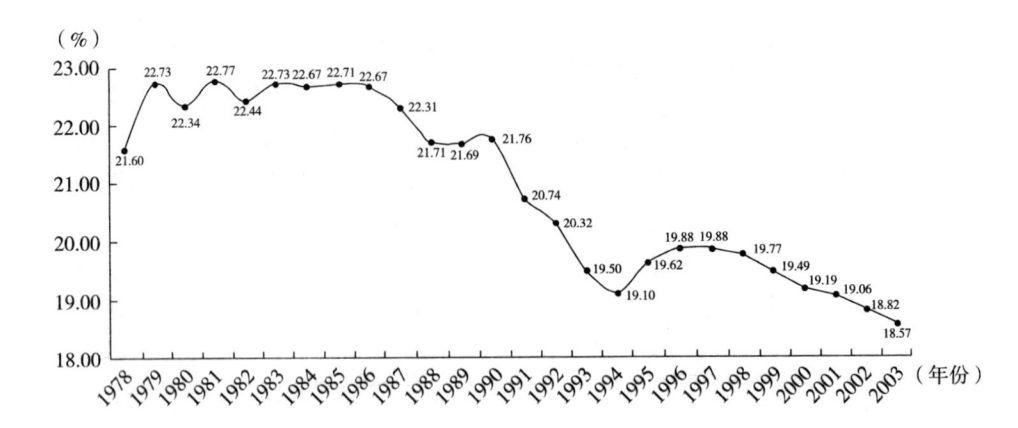

图 16-9 改革开放至 2003 年中部地区 GDP 全国占比变化

资料来源：笔者绘制。

全国占比持续下滑的势头（见图 16-10）。

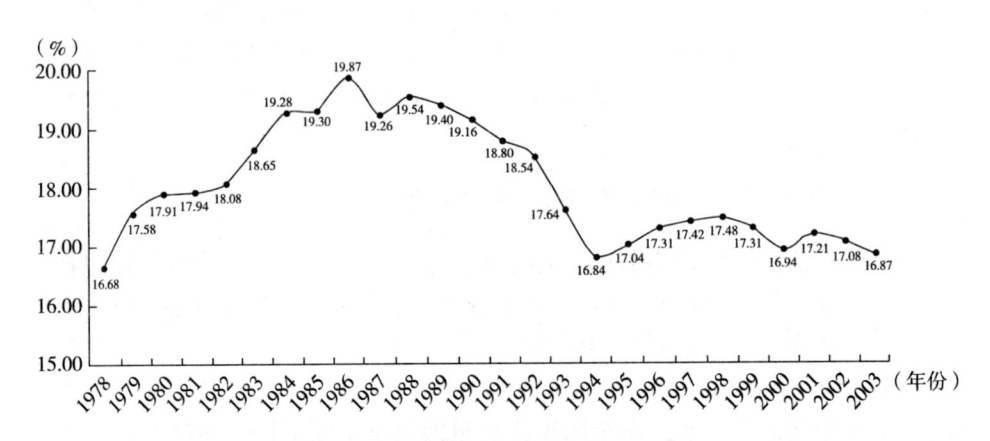

图 16-10 改革开放至 2003 年中部地区工业全国占比变化

资料来源：笔者绘制。

2004 年《政府工作报告》首先提出"促进中部地区崛起"，2006 年 4 月 15 日，中共中央、国务院发出《关于促进中部地区崛起的若干意见》（中发〔2006〕10 号），要求把中部地区建设成全国重要的粮食生产基地、能源原材料基地、现代装备制造及高技术产业基地和综合交通运输枢纽，使中部地区在发挥承东启西和产业发展优势中崛起。自此，中部地区发展进入新时期。

促进中部地区崛起以来,中部地区工业经济得到了显著的恢复性发展,其工业经济增速长期保持在全国平均水平之上。如表16-1所示,自2004年以来,中部六省进入了一个工业经济快速增长的黄金机遇期,进入2006年到2011年,中部六省工业经济增速显著提升,每年至少有五省工业经济增速超过全国水平,2008年更是全面超过全国增速。尽管由于受国际金融危机影响,2009年中国工业经济增速全线下滑,由2008年的20.72%直降至2009年的5.78%,中部地区依然有安徽、江西、湖北、湖南四省工业增速在12%以上,湖北更是接近20%。在随后的2010年和2011年,中部地区工业经济持续高速增长,仅河南省工业经济增速低于全国水平,其余五省均高速增长。然而,2011年之后,中国工业经济逐步进入转型发展阶段,工业经济增速开始慢下来,中部地区工业经济增速依然稳健有力,安徽、江西、湖北、湖南等省工业经济增势稳定向好。

表16-1　2003~2016年中部六省工业经济增速变化　　单位:%

年份	2003	2004	2005	2006	2007	2008	2009	2010	2011	2012	2013	2014	2015	2016
山西	30.31	32.46	23.75	17.35	26.43	22.02	-8.21	32.37	27.95	1.07	0.16	-9.32	-20.31	-4.83
安徽	12.62	18.56	22.13	20.45	25.66	26.73	16.55	33.03	30.60	13.65	11.24	5.91	-2.02	8.77
江西	22.91	32.05	27.68	24.09	26.11	21.48	15.53	34.11	26.25	7.69	10.40	6.44	1.01	4.35
河南	19.27	26.68	34.34	23.19	24.49	27.14	3.71	20.71	16.72	7.66	6.28	-0.95	0.09	7.71
湖北	14.20	18.15	22.59	20.22	17.84	25.45	19.71	29.76	26.93	14.02	8.18	4.38	4.91	8.71
湖南	17.32	22.84	20.05	23.02	25.31	26.79	12.60	30.83	28.83	12.51	9.44	7.49	1.82	3.58
全国	20.31	24.22	22.83	19.98	20.19	20.72	5.78	22.74	19.95	7.80	7.03	3.67	-0.80	3.66

资料来源:笔者整理。

可见,中部崛起战略不仅很好地发挥了中部地区"承东启西"的重要战略作用,还推动了中部六省工业经济的再次腾飞。尽管2011年后,山西省工业经济显著下滑,但中部六省的工业经济全国占比依然稳中有升。如图16-11所示,虽然在2014年和2015年中部地区工业全国占比有轻微下降,但很快在2016年又回归了稳定的增长区间,并于2016年提升至21.87%。

与西部地区和东北地区不同的是,进入经济新常态以来,中部地区工业

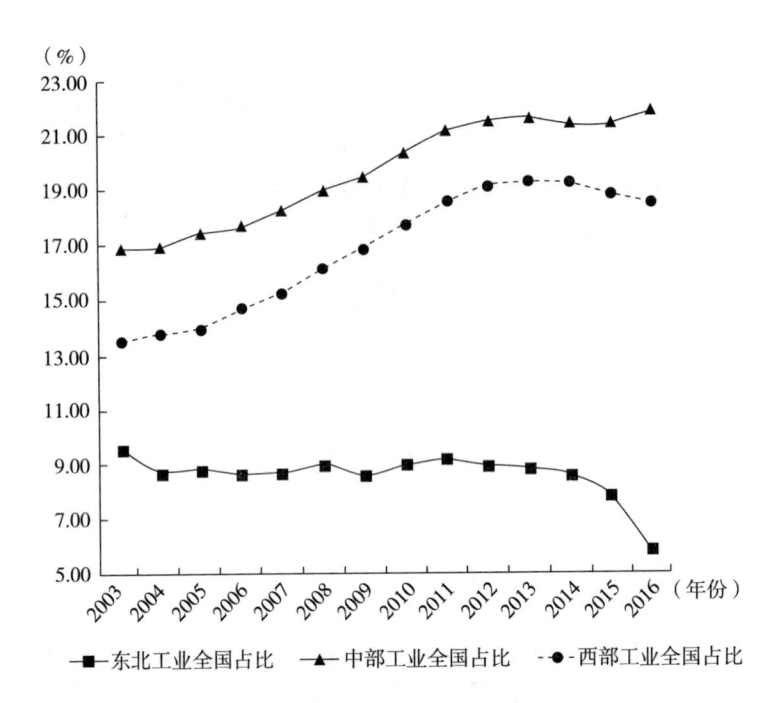

图 16-11　2003~2016 年中部、西部与东北工业全国占比对比

资料来源：笔者绘制。

经济发展动力依然强劲，经过 2014 年、2015 年这两年的短暂调整之后，中部地区工业经济在 2016 年很快回稳。如图 16-11 所示，在 2014 年、2015 年之际，西部地区和东北地区的工业全国占比均呈现下滑态势，唯独中部地区呈小小幅波动后迅速回归的增势态势。

中部崛起战略不仅促进了中部地区工业经济的"承接型崛起"，也显著加速了中部地区的城镇化进程，并推动了一系列以省会城市为中心的城市群崛起。到 2010 年，中部地区已经初步形成了以武汉城市圈、中原城市群、长株潭城市群、皖江城市带、环鄱阳湖城市群和太原城市圈六大城市群为主的发展格局。

2012 年，国务院发布《关于大力实施促进中部地区崛起战略的若干意见》（国发〔2012〕43 号），指出随着工业化、城镇化深入发展，中部地区广阔的市场潜力和承东启西的区位优势将进一步得到发挥，中部地区有序承接国内外产业转移。但中部地区经济结构不尽合理、城镇化水平偏低、资源环境约束强化、对外开放程度不高等矛盾和问题仍然突出，转变发展方式任务依然艰巨,促进中部地区崛起任重道远。

2016年,国家发展和改革委员会印发《促进中部地区崛起"十三五"规划》,促进中部地区崛起,是落实四大板块区域布局和"三大战略"的重要内容,是构建全国统一大市场、推动形成东中西区域良性互动协调发展的客观需要,是优化国民经济结构、保持经济持续健康发展的战略举措,是确保如期实现全面建设小康社会目标的必然要求。

然而,"东—中"发展落差并未弥合,在新时代,新发展理念对中部地区工业经济持续向好发展,以及加快转型升级提出了诸多要求,如何在创新驱动发展的新一轮改革浪潮中抓住发展机遇,依然是中部六省促进区域协调发展的历史使命。

四、格局再定:"四大板块+三大战略"

中共十八以来,以习近平同志为核心的党中央高度重视我国区域协调发展问题,明确提出要拓展发展新空间,形成以沿海沿江沿线经济带为主的纵横经济轴带,培育壮大若干经济区,先后提出一系列新观点和新举措,可概括为"四大板块、三个支撑带和三大经济带"战略。

"四大板块"是指东部、中部、西部和东北,这一区域的划分目的在于调控区域差距,促进区域协调发展。"三个支撑带"是指环渤海、长三角和珠三角,环渤海支撑东北、华北和西北经济带、长三角支撑长江经济带,珠三角支撑西南中南以及华南经济带,这三个支撑带可促进区域间合作和互助。三大经济带是指京津冀经济带、长江经济带和"一带一路"经济带,这三大经济带有助于东中西地区协调发展,以及建立面向全球化的开放体系。

"十三五"时期,我国区域协调发展总体思路是:以区域发展总体战略为基础,以"一带一路"建设、京津冀协同发展、长江经济带发展为引领,形成以沿海沿江沿线经济带为主的纵向横向经济轴带,塑造要素有序自由流动、主体功能约束有效、基本公共服务均等、资源环境可承载的区域协调发展新格局。这意味着我国区域发展战略走向全局性和整体性(范恒山,2016)。①

---

① 范恒山:《促进区域协调发展不能"一刀切"》,《解放日报》2016年11月22日第001版。

数据说明：

本篇选取 1978~2016 年的全国/地区生产总值（GDP）、工业增加值、三次产业产值、全国总人口等作为分析工业化的经济要素指标，数据来自《新中国 50 年统计资料汇编》《新中国 60 年统计资料汇编》，以及 2010~2017 年《中国统计年鉴》。

1978~2008 年数据来自《新中国 50 年统计资料汇编》《新中国 60 年统计资料汇编》；2010~2016 年数据来自 2010~2017 年《中国统计年鉴》。

人口数据说明：

1. 1981 年及以前数据为户籍统计数，1982 年、1990 年和 2000 年数据为人口普查数据，1987 年、1995 年和 2005 年数据根据全国 1%人口抽样调查数据推算，其余年份数据为人口变动情况抽样调查推算数。1982~1989 年和 1990~1999 年数据分别根据 1990 年和 2000 年人口普查数据进行了调整。

2. 总人口和按性别分，人口中包括中国人民解放军现役军人，按城乡分，人口中现役军人计入城镇人口。

3. 2010 年人口数据为当年人口普查数据推算数；其余年份数据为年度人口抽样调查推算数据。各地区数据为常住人口口径。